BURGENLAND

Natur und Kultur zwischen Neusiedler See und Alpen

Gunnar Strunz

TRESCHER VERLAG

2., aktualisierte Auflage August 2015

Trescher Verlag
Reinhardtstr. 9
10117 Berlin
www.trescher-verlag.de
post@trescher-verlag.de

ISBN 978-3-89794-322-3

Herausgegeben von Bernd Schwenkros und
Detlev von Oppeln

Reihenentwurf und Gesamtgestaltung:
Bernd Chill
Gestaltung, Satz und Bildbearbeitung:
Ulla Nickl
Lektorat: Anna Zimmermann,
Hinnerk Dreppenstedt
Stadtpläne und Karten: Johann Maria Just,
Martin Kapp, Ulla Nickl

Druck: Druckhaus Köthen

Gedruckt auf chlorfrei gebleichtem Papier

Printed in Germany

Alle Angaben in diesem Reiseführer wurden sorgfältig recherchiert und überprüft. Dennoch können Entwicklungen vor Ort dazu führen, dass einzelne Informationen nicht mehr aktuell sind. Gerne nehmen wir dazu Ihre Hinweise und Anregungen entgegen. Bitte schreiben Sie an **post@trescher-verlag.de**.

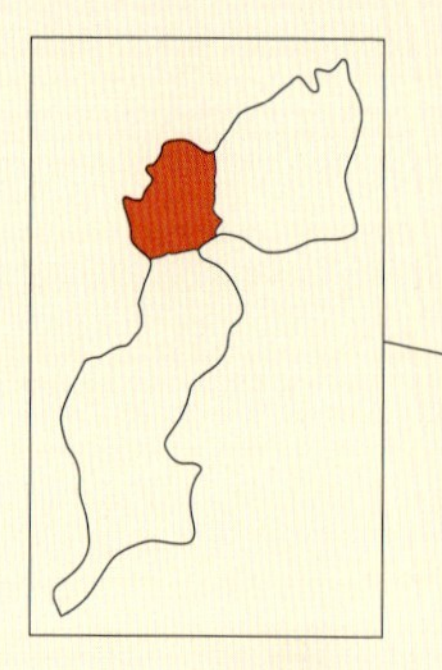

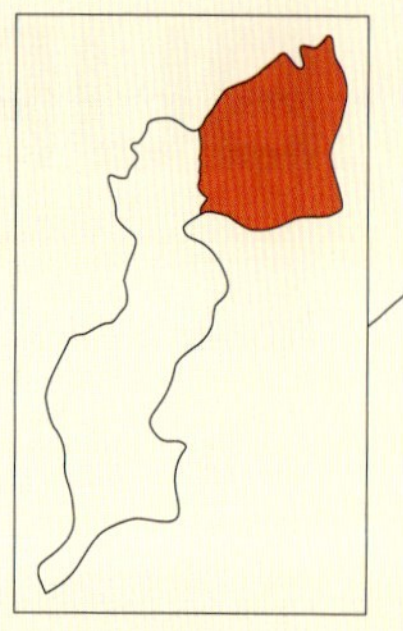

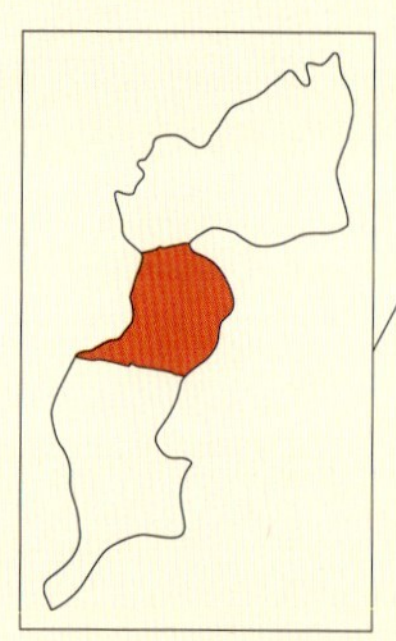

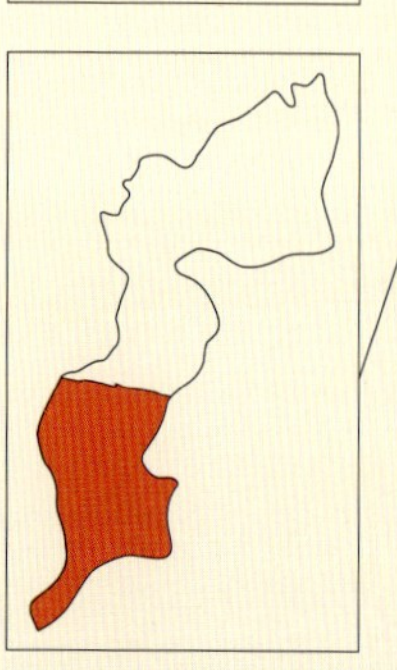

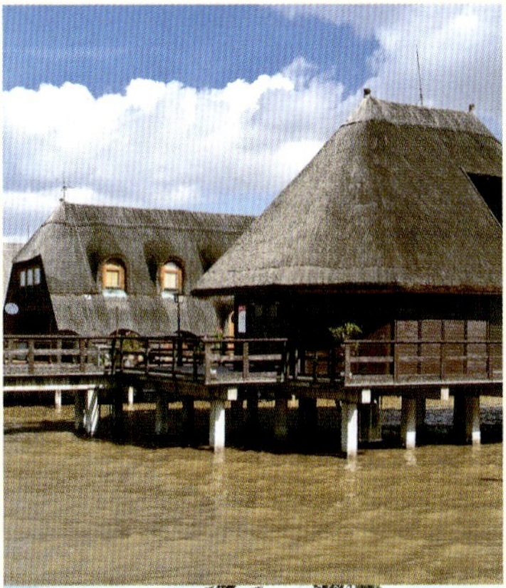

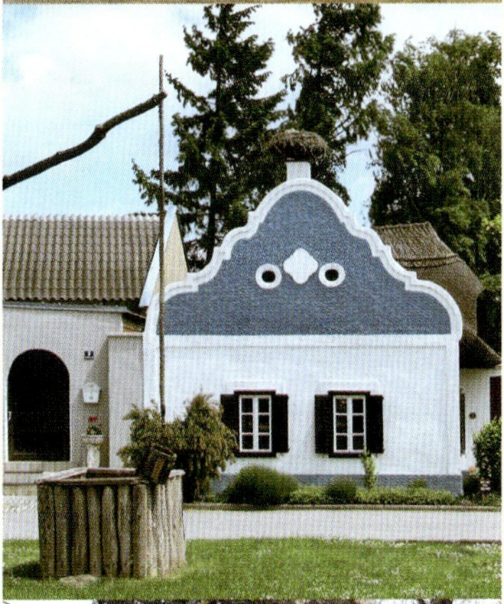

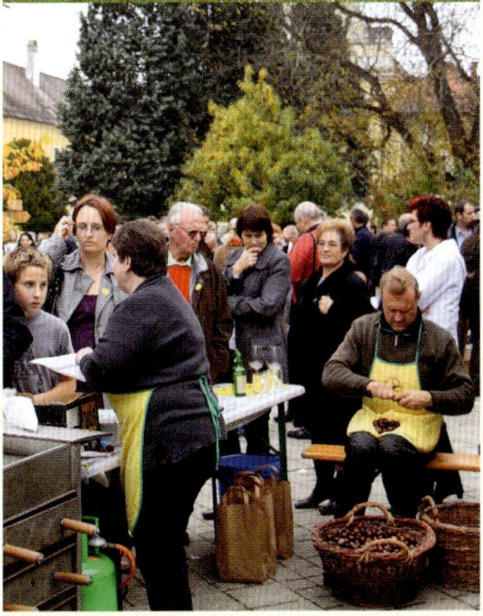

EXTRA

Vorwort

Österreich ist das beliebteste Urlaubsland der Deutschen und gehört überhaupt zu den meistbesuchten Urlaubsländern Europas. Die Gäste reisen nach Wien, in die Wachau, zu den Seen des Salzkammerguts oder Kärntens und im Winter zum Skifahren nach Tirol und in die Region um Salzburg. An vielen anderen Regionen Österreichs aber gehen die Besucherströme weitgehend vorbei. Dazu zählt auch das Burgenland, obwohl hier Kunstschätze und Naturschönheiten in großer Zahl eine Entdeckung lohnen.

Dabei nimmt das Burgenland innerhalb Österreichs eine Sonderstellung ein. Es gehörte, im Unterschied zu allen anderen östereichischen Bundesländern, rund tausend Jahre lang zu einem anderen Staat: zu Ungarn. Diese Zugehörigkeit machte das Land zum umkämpften Grenzgebiet, ja sogar zur Grenze zwischen dem Heiligen Römischen Reich deutscher Nation und dem Territorium der ungarischen Könige. Kein Wunder, dass in diesem Gebiet neben den Ungarn und Österreichern ein großer Anteil verschiedener ethnischer Minderheiten ihre Heimat finden konnte: Kroaten, Walachen, Slowenen, Roma.

Erst seit 1921 gibt es dieses Burgenland als verwaltungstechnische Einheit. Es wurde von den Siegermächten des Ersten Weltkrieges von Ungarn in einer willkürlichen Grenzziehung abgeschnitten und an Österreich angegliedert. Schon die Wahl des Namens ist eine Kuriosität. Er bezieht sich keineswegs auf Burgen im eigentlichen Sinn, sondern möchte ausdrücken, dass das Land ein Konglomerat von Teilen vier ehemaliger Komitate ist, deren Verwaltungsstädte sämtlich auf -burg enden: Preßburg, Ödenburg, Eisenburg und Wieselburg. Doch keine dieser Komitatsstädte befand und befindet sich auf dem Territorium des neuen Landes! Diese Angliederung nahm nicht auf Geschichte, nicht auf vorhandene politische Strukturen oder das Leben der Bewohner Rücksicht. Daraus resultiert eine weitere Besonderheit, die ungewöhnliche äußere Form des Landes.

Das Burgenland war auch das einzige Bundesland Österreichs, das in der NS-Zeit verwaltungstechnisch verschwand, da es zwischen dem Gau Niederdonau und der Steiermark aufgeteilt wurde. Und nach 1945, gerade neu entstanden, wurde das junge Gebilde erneut Grenzland, nun für 45 Jahre: Es lag am Eisernen Vorhang. Der aber wurde 1989 mit dem Durchschneiden der ungarischen Grenzanlagen durch österreichische und ungarische Minister hier geöffnet und letztlich zum Verschwinden gebracht. Das historische Grenzland Burgenland ist auch Grenzland in naturkundlicher Hinsicht: Es ist der Übergangsbereich der Alpen in die weite pannonische Ebene, die Grenze zwischen atlantischem Feucht- und pannonischem Trockenklima. Gerade das führte zu ganz eigenen geographischen Besonderheiten, die sonst nur in den Steppen Mittelasiens zu finden sind.

Die meisten Touristen setzen ›Burgenland‹ mit dem Gebiet um den Neusiedler See gleich und ignorieren seine südliche Hälfte. Um dieses schöne Land mit seinen vielen Schätzen in seiner Gänze besser bekannt werden zu lassen und die Neugierde darauf zu wecken, entstand dieser Reiseführer.

Die Wallfahrtskirche St. Emmerich liegt direkt an der Grenze zu Ungarn

Hinweise zur Benutzung

In den einleitenden Abschnitten finden sich die wichtigsten Informationen zum Burgenland, zur Anreise und zum Aufenthalt. Das Kapitel ›Land und Leute‹ erläutert Geographie und Geologie, Klima, Geschichte, Kultur, Brauchtum sowie die regionalen Kulinaria dieses Bundeslandes. Der Reiseteil beschreibt das ganze Land gemäß dessen üblicher Einteilung entlang gut befahrbarer, logischer Routen und stellt innerhalb dieser Abschnitte die einzelnen Landschaften, die Städte unter anderem Ortschaften mit ihren Sehenswürdigkeiten, Museen sowie bedeutsamen Freizeitangeboten vor. Grundsätzlich sind alle deutschen Ortsnamen auch mit ihrer ungarischen Bezeichnung angegeben. In Orten mit bedeutendem kroatischen Bevölkerungsanteil wird die kroatische Ortsbezeichnung genannt, die Siedlungen nahe der slowenischen Grenze bzw. mit slowenischer Bevölkerung erhalten auch den slowenischen Namen. Vorgestellt werden auch die ungarischen Orte, die sich in relativer Nähe zum Burgenland befinden und auch einen Abstecher lohnen.

Besonderes Gewicht wurde auch auf die Darstellung von touristisch besonders attraktiven Wanderwegen und Panoramapunkten gelegt. Die bei den Wanderungen angegebenen Gehzeiten sind reichlich kalkuliert und gelten damit auch für ungeübtere Wanderer. Die Geographie des Burgenlandes erübrigt den Hinweis, dass alle empfohlenen Wanderungen ohne alpine Ausrüstung machbar sind und auch keine Trittsicherheit und Schwindelfreiheit voraussetzen.

Wichtige Informationen zu Unterkunftsmöglichkeiten und zur Gastronomie stehen in den blauen Infokästen am Ende des jeweiligen Unterkapitels. Die Preisangaben für die Hotels und Gasthöfe sind überwiegend – wie generell in Österreich üblich, anders als beispielsweise in Deutschland – in Euro pro Person und Nacht mit Frühstück angegeben. Die ›Reisetipps von A bis Z‹ sowie die Literatur- und Internethinweise, die eine vertiefende Vorbereitung ermöglichen, beschließen das Buch.

Die Karten in den Klappen dieses Bandes und die zu den größeren Orten im Innenteil ermöglichen überall eine problemlose Orientierung. Doch bei allen im Buch empfohlenen Wanderungen wird auch der Erwerb von Wanderkarten oder der genannten Wanderführer empfohlen. Oft sind gute lokale Wander- oder Radkarten auch kostenlos bei den jeweiligen Tourismusämtern erhältlich.

Eine Station auf dem Liszt-Weg in Raiding

Die schöne Pinkaschlucht im Südburgenland

Zeichenlegende

- Allgemeine Informationen, Tourismusbüro
- Unterkünfte
- Zelt- und Campingplätze
- Einkehrmöglichkeiten
- Weinstuben, Weinverkostung und -verkauf
- Cafés
- Museen, sonstige museale Einrichtungen
- Feste, kulturelle Veranstaltungen
- Freibad
- Wandermöglichkeiten, Hinweise für Wanderer
- Segelmöglichkeiten
- Surfmöglichkeiten
- Fahrradwege
- Thermen, Wellnesseinrichtungen, Spaßbäder
- Golfplatz
- Angelmöglichkeiten
- Erlebnispark
- Naturschutzeinrichtungen
- Zoologische Gärten
- Einkaufsmöglichkeiten

Das Wichtigste in Kürze

Einreise

Das Schengen-Land Österreich ist ausschließlich von Ländern umgeben, die ihrerseits das Schengener Abkommen unterzeichnet haben. Deshalb finden an den Staatsgrenzen keine Kontrollen mehr statt. Dennoch empfiehlt es sich, stets ein gültiges Personaldokument mitzuführen, wobei Kinder im Pass der Eltern eingetragen sein sollen oder einen eigenen Kinderausweis besitzen müssen.

Geld

Österreich ist seit 2002 Euroland, Abhebungen sind mit EC- oder Kreditkarte an allen Bankautomaten möglich. Fast alle Tankstellen akzeptieren Kreditkarten, die ebenso in den meisten Geschäften angenommen werden.

Informationen vor Reisebeginn

Burgenland Tourismus, Johann-Permayer-Str. 13, 7000 Eisenstadt, Tel. 02682/63384-0, www.burgenland.info.
Austria-Info Urlaubsservice, Postfach 83, 1043 Wien, Tel. 0180/2101818, www.austria.info.
Österreich Werbung Wien, Margaretenstr. 1, 1040 Wien, Tel. 01/588660, www.austria.info.
Österreich Werbung Deutschland, Klosterstr. 64, 10179 Berlin, Tel. 030/219148-0, www.austria.info.
Telefonischer Urlaubsservice: 0800/40020000.

Individuell oder organisiert?

Es gibt ein großes Angebot an Busreisen, die an den Neusiedler See führen, meist aber nur als Abstecher einer Wienreise. Reisen ins Mittel- und Südburgenland sind nicht im Angebot deutscher und kaum in dem österreichischer Reiseunternehmen zu finden. Zahlreiche Touren mit Wellnesspaketen gibt es in die großen Thermen des Landes, nach Lutzmannsburg, Stegersbach oder Tatzmannsdorf – doch naturgemäß ignoriert man dabei die zahllosen Sehenswürdigkeiten des Landes. So empfiehlt sich der Individualurlaub. Das Burgenland besitzt in allen Landesteilen eine ausgezeichnete Infrastruktur, Touristenämter, Lokale und Übernachtungsmöglichkeiten.

Klima und Reisezeit

Das Burgenland liegt im Übergang zwischen See- und Kontinentalklima und zählt zumindest im mittleren und nördlichen Teil zu den sonnenreichsten Regionen Mitteleuropas. Der Frühling setzt hier erst zu Beginn des Mais ein, doch dauert die milde Witterung mindestens bis Mitte Oktober an. Im Hügelland im Süden gibt es wenig strenge Winter, doch sind hier die Sommer nicht so heiß wie in den anderen Landesteilen. Wintersport ist nur an wenigen Stellen im Hügelland (unter anderem Rosaliengebirge oder Region Kukmirn) an kleinen und kleinsten Hängen möglich.

Öffentliche Verkehrsmittel

Zumindest das nördliche Burgenland ist gut mit der Bahn erreichbar. Von Wien aus gelangt man bequem nach Neusiedl am See (über Bruck oder Parndorf) und Eisenstadt (mit Umsteigen). Die mittleren und südlichen Landesteile sind mit der Bahn nur schlecht erreichbar. Doch gibt es landesweit ein gutes und alle Ecken abdeckendes Buslininennetz. www.postbus.at gibt Auskunft.

Preisniveau

Das Burgenland ist ein eher preisgünstiges Reiseland. Österreich besitzt diesbezūglich ein Ost-West-Gefälle; Vorarlberg ist dabei die teuerste Region, das Weinviertel und das Burgenland - abgesehen vielleicht von Rust oder Neusiedl - sind die preiswertesten.

Unterkunft

Im Burgenland gibt es eine Fülle von Übernachtungsmöglichkeiten in allen Preisniveaus: Hotels, Gasthöfe, Pensionen und Privatquartiere. Bisweilen muss man insbesondere bei kleineren Gasthöfen und Privatunterkünften einen Zuschlag zahlen, wenn man weniger als drei Tage bleibt, oder es wird ab der dritten Nächtigung billiger. In vielen Orten kommt Kurtaxe hinzu.

Campingplätze gibt es nicht in allen Teilen des kleinen Bundeslandes - die meisten der wenigen Anlagen befinden sich um den Neusiedler See.

Wichtige Telefonnummern

Internationale Vorwahl Österreich: 0043.

Internationaler Notruf (funktioniert ohne SIM-Karte oder Münzeinwurf): 112.

Polizei: 133.

Feuerwehr: 122.

Krankenwagen (›Rettung‹): 144.

Bergwacht/Bergrettung: 140.

Auto-Pannenhilfe: 120 (ÖAMTC), 123 (ARBÖ).

Sperren von EC- und Kreditkarten: 0049/116116 bzw. 0049/30/40504050.

Wichtiges für die Anreise

Mit dem Auto: Führerschein, Fahrzeugschein und grüne Versicherungskarte sind mitzuführen. Das Burgenland erreicht man von Deutschland am besten via Wien. Wer in die nördlichen Landesteile möchte, benutzt dann die Autobahn A4 Richtung Budapest, für den Süden des Landes fährt man von Wien aus in Richtung Graz–Eisenstadt ist über die A3 direkt angeschlossen. Die vierspurige Schnellstraße S31 verläuft von hier weiter südwärts. Über sie ist der Süden bis einschließlich Güssing sehr gut angebunden.

Mit dem Flugzeug: Der nächstgelegene Flughafen ist Wien-Schwechat, von Eisenstadt nur etwa 35 Kilometer entfernt.

Mit der Bahn: Auch hier gilt: Anreise stets via Wien oder Wiener Neustadt. Von dort bestehen Verbindungen nach Mattersburg und Eisenstadt. Neusiedl am See ist besser über die Strecke nach Budapest zu erreichen oder über Bruck an der Leitha. Wer in den Süden des Burgenlandes möchte und gern mit der Bahn fährt, sollte die aktuell bestehenden Linien via Graz nutzen. Unter www.oebb.at gibt es weitere Auskünfte.

Die bedeutendsten Sehenswürdigkeiten

Natur:

Nationalpark Neusiedler See-Seewinkel (S. 125)

Naturpark Raab-Örség-Goričko mit dem Neuhauser Bergland (S. 219)

Architektur:

Eisenstadt mit dem Esterházy-Schloss (S. 51)

Burg Forchtenstein (S. 90)

Rust (S. 117)

Schloss Halbturn (S. 127)

Burg Lockenhaus (S. 166)

Burg Schlaining (S. 190)

Kellerviertel Heiligenbrunn (S. 205)

Sonstiges:

Dorfmuseum Mönchhof (S. 126)

Blaudruckwerkstatt Koó in Steinberg (S. 161)

Schlösslberg bei Mogersdorf (Schlachtfeld von 1664, S. 219)

Ausführliche reisepraktische Hinweise bieten die Reisetipps von A bis Z ab Seite 231.

Sicherlich gibt es in Mitteleuropa keine Region, die mehr Grenzland ist und war als das Burgenland. Es war jahrhundertelang umkämpftes Gebiet zwischen Ungarn und dem Heiligen Römischen Reich, später ging hier der Eiserne Vorhang nieder. Aber das Burgenland ist auch Grenzland in erdgeschichtlicher, klimatischer, zoologischer und botanischer Hinsicht. Das alles hat das kleine Land so vielfältig gemacht.

Abendstimmung in der Pannonischen Tiefebene

LAND UND LEUTE

Das Burgenland im Überblick

Regierungsform: Bundesland der Republik Österreich.

Fläche: 3962 Quadratkilometer; damit nach Wien und Vorarlberg das drittkleinste österreichische Bundesland.

Gesamteinwohnerzahl: ca. 288 000 (1.1. 2015).

Bevölkerungsdichte: 73 EW pro km².

Hauptstadt: Eisenstadt (13 674 Einwohner).

Weitere größere Städte (alle Angaben vom 1.1. 2015): Neusiedl am See (7584), Oberwart (7508 Einwohner), Mattersburg (7177).

Nachbarländer: Im Nordosten grenzt das Burgenland an die Slowakei, im Osten an Ungarn, im Südosten an Slowenien. Im Norden und Nordwesten ist es dem Bundesland Niederösterreich benachbart, im Westen und Südwesten der Steiermark.

Ausdehnung: In Nord-Süd-Richtung ca. 143 km, in West-Ost-Richtung ca. 85 km.

Höchste Erhebung: Geschriebenstein (884 m) im Günser Gebirge, direkt an der ungarischen Grenze.

Tiefster Punkt: 114 Meter bei Apetlon (Seewinkel), gleichzeitig auch tiefstgelegene Stelle ganz Österreichs.

Flüsse: Keiner der wichtigsten, das Burgenland durchströmenden Flüsse Leitha, Raab, Pinka und Lafnitz entspringt oder mündet auf dessen Territorium – mit Ausnahme der Wulka, die aber nur klein ist. Sie entspringt am Rosaliengebirge und mündet nach 40 Kilometern in den Neusiedler See.

Nationalpark: Neusiedler See-Seewinkel.

Religion: Knapp 80 Prozent der Burgenländer sind katholisch, daneben gibt es einen ziemlich hohen Protestantenanteil von 14 Prozent, dazu kommen 6 Prozent anderer Religionen und Konfessionslose.

Sprachen: Deutsch (83%), Burgenlandkroatisch (10,3%), Ungarisch (2,4%), Kroatisch (1,3%), Romanes (0,1%), Slowakisch (01,%), Sonstige (2,8%).

Das Wappen des Burgenlandes

Ausländeranteil: ca. 5,4%.

Verwaltungsstruktur: Sieben Verwaltungs- und Gerichtsbezirke, dazu die beiden kreisfreien Städte (Statutarstädte) Eisenstadt und Rust.

Regierungschef: Seit 2000 durchgehend Landeshauptmann Hans Nießl (SPÖ).

Letzte Wahl: Am 31. Mai 2015, danach wieder 2020.

Wirtschaft: Trotz einzelner größerer mittelständischer Industriebetriebe ist das Burgenland vor allem Agrarland. Es ist Österreichs wichtigstes Weinbaugebiet und daneben europäischer Vorreiter beim Einsatz und Ausbau der Windenergie.

Zeitzone: MEZ.

Landeswappen: Vor einem goldenen Hintergrund sitzt ein roter gekrönter Adler, nach links blickend, auf einem kleinen schwarzen Fels. Er trägt einen waagerecht rot-weiß-dreigeteilten Brustschild. Über seinen Flügelspitzen befinden sich schwarze Tatzenkreuze.

Die burgenländische Landeshymne

1. Mein Heimatvolk, mein Heimatland, mit Österreich verbunden!
Auf Dir ruht Gottes Vaterhand, Du hast sie oft empfunden.
Du bist gestählt in hartem Streit zu Treue, Fleiß und Redlichkeit.
Am Bett der Raab, am Heiderand, Du bist mein teures Burgenland!

2. Rot-Gold flammt Dir das Fahnentuch, Rot-Gold sind Deine Farben!
Rot war der heißen Herzen Spruch, die für die Heimat starben!
Gold ist der Zukunft Sonnenlicht, das strahlend auf Dich niederbricht!
Stolz trägt das Volk Dein Wappenband: Du bist mein teures Burgenland!

3. Mein Heimatvolk, mein Heimatland! Mit Öst'reichs Länderbunde
hält dich verknüpft das Bruderband schon manche gute Stunde!
An Kraft und Treue allen gleich, Du jüngstes Kind von Österreich.
Zu Dir steh' ich mit Herz und Hand: Du bleibst mein teures Burgenland!

Worte: Ernst Görlich (1935)
Melodie: Peter Zauner (1935)

Natur und Mensch

Das Burgenland befindet sich am Ostsaume Österreichs, wird dort auf 24 Kilometern Länge von der Slowakei, von Ungarn (270 km) und Slowenien (12 km) begrenzt. Im Norden und Nordwesten rührt es an Niederösterreich, im Westen und Südwesten ist es der Steiermark benachbart. Von der nördlichsten Siedlung Kittsee bis nach Neuhaus ganz im Süden erstreckt sich das Burgenland über 160 Kilometer. So hat das kleine Land, das mit 3962 Quadratkilometern Österreichs drittkleinstes Bundesland ist (nach Wien und Vorarlberg), eine sehr unregelmäßige Form.

Landschaftsformen

Die höchste Erhebung des Burgenlandes ist der Geschriebenstein (884 m), unmittelbar an der ungarischen Grenze und zwischen Mittel- und Südburgenland gelegen. Er ist die höchste Erhebung des Günser Gebirges, das sich grenzüberschreitend bis zur ungarischen Stadt Kőszeg (deutsch Güns) erstreckt. Der tiefstgelegene Punkt des Burgenlandes ist gleichzeitig der tiefstgelegene auch ganz Österreichs. Er befindet sich auf 113 Meter Höhe südöstlich von Apetlon im Seewinkel.

Der Norden und Nordosten des Burgenlandes gehört der Pannonischen Ebene an und ist trotz der äußerst flachen Leithaniederung ein kaum gegliedertes Tiefland.

Hier liegt der Neusiedler See, ein salzhaltiger Steppensee, der etwa 320 Quadratkilometer Fläche aufweist. Er wird fast ausschließlich durch Niederschläge gespeist, eine im Verhältnis nur geringe Wasserzufuhr erfolgt durch die Wulka und einige kleine Bäche. Er entwässert ausschließlich durch den künstlich geschaffenen Einserkanal in Richtung Raab bzw. Donau. Die breite Ebene östlich des Sees heißt Seewinkel. Seine Landschaft ist charakterisiert durch etwa 40 ›Lacken‹, wassergefüllte flache Mulden, die im Sommer oft austrocknen.

Nach Nordwesten hin bildet in diesem Bereich das Leithagebirge, das am Sonnenberg mit 484 Metern seinen höchsten Punkt besitzt, eine geographische wie auch die politische Grenze zu Niederösterreich und damit 1000 Jahre lang die ungarische Westgrenze. Es erstreckt sich oberhalb von Eisenstadt bis kurz vor Neusiedl. Südwestlich von Eisenstadt begrenzt die breite Mulde der Wiener Neustädter Pforte (um 200–250 Meter hoch gelegen) das Leithagebirge. Durch sie führen seit alters die Straßen von Ungarn nach Österreich, wodurch sie auch eine strategische Bedeutung besitzt. Südlich der Wiener Neustädter Pforte verengt sich das Burgenland. Seine Westseite bildet hier das Rosaliengebirge, das am Heuberg 784 Meter Höhe erklimmt. Wie das Leithagebirge ist es eine alte politische Grenze zwischen Österreich und Ungarn.

Südlich des Rosaliengebirges, wo sich das Burgenland bei Sieggraben verengt, beginnt die Hügellandschaft des Mittel- und Südburgenlandes. Gekennzeichnet ist das Mittelburgenland durch eine weitwellige Terrassenlandschaft. Nach Osten hin, Richtung Ungarn, senkt sich das Hügelland schnell zur Pannonischen Ebene hinab, deren westlichste Ausläufer auch ins Mittel- und Südburgenland hineinreichen. Das Tal der Rabnitz teilt das Mittelburgenland. Westlich davon liegen die Landseer Berge (höchste Erhebung ist der Pauliberg mit 761 m), östlich davon liegt das schon deutlich flachere Blaufränkischland. Die Gegend um Oberpullendorf gilt als geographischer Mittelpunkt des gesamten Burgenlandes. Das Mittelburgenland endet am Nordsaum des Günser Gebirges, wo sich auch die höchste Erhebung des Burgenlandes, der schon erwähnte Geschriebenstein, befindet. Hier beginnt nun das Südburgenland, dessen Hügel- und Mittelgebirgslandschaft sich nur wenig von der des Mittelburgenlandes unterscheidet. Im Norden des Südburgenlandes ist das sich von Nordwest nach Südost durchziehende Pinkatal ein bedeutendes geomorphologisches Element, genau wie das etwa 15 Kilometer weiter südlich parallel dazu führende Stremtal. Die bis auf den südlichsten Zipfel ziemlich genau von Nord nach Süd verlaufende Westgrenze des Südburgenlandes wird durch das Tal der Lafnitz gebildet, die sich bei Loipersdorf nach Südost wendet und bei Szentgotthárd ungarisches Gebiet erreicht. Die Mogersdorfer Berge mit dem Schlösslberg (Schlossberg) säumen hier das Südufer. Jenseits des Schlösslbergs tritt mit dem Raabtal nochmals ein geländebestimmendes Element auf. Hier, am Südende des Burgenlandes, ist dieses nur noch knapp zehn Kilometer breit und keilt südlich von Neuhaus am Klausenbach aus. Die wichtigsten Flüsse des Landes sind Leitha und Wulka im nördlichen Burgenland sowie die kleineren Flüsse Rabnitz, Strem, Pinka, Lafnitz und Raab im Süden. Sie entwässern nach Osten hin und damit zur Donau, das heißt zum Schwarzen Meer.

Auch Mohnblumenfelder finden sich im Burgenland

Geologie

Wie die Karte zeigt, ist der größte Teil des Burgenlandes ein tertiäres Senkungsfeld. Im Rahmen der alpinen Faltung erfolgte am Ostsaum des neu entstehenden Gebirges gleichzeitig die Absenkung des Vorlands. In diesem Vorland erfolgte vor 20 bis 8 Millionen Jahren die Ablagerung von erodiertem Material, das aus dem neuen Gebirge stammte. Diese Sedimentation erfolgte rasch und in großer Menge, da die Alpenfaltung rasch vor sich ging und sich zwischen Bergen und Vorland ein immer höheres Relief herausbildete, womit Transport beziehungsweise Gewässererosion rascher vor sich gingen. So konnte sich eine verhältnismäßig mächtige Decke an (inzwischen verfestigtem) Lockermaterial bilden, das heute weite Teile des Burgenlandes einnimmt und die hügelige Mittelgebirgslandschaft des Mittel- und Südburgenlandes ausmacht. Aus diesen Sedimenten ragen zeitlich meist nicht genauer einstufbare Granit-, Gneis- und Glimmerschieferareale hervor, die aus dem jüngeren Paläozoikum stammen und damit etwa 280 bis 250 Millionen Jahre alt sind. Oft sind diese Gesteine von jüngeren Schichten (Kalke/Mergel/Tone) der Kreidezeit überlagert oder umgeben, wie es Leitha- und Rosaliengebirge zeigen. Diese Kalkgesteine können durch migrierende Wässer ausgelaugt sein und Höhlen aufweisen, wie es im Leithagebirge an vielen Stellen der Fall ist. Das Günser Gebirge und die Region um Bernstein stellen etwas Besonderes dar: Es haben sich sogenannte tektonische Fenster gebildet, durch die man viel ältere Gesteine sehen kann, die in größeren Tiefen entstanden sind, jedoch während der Alpenfaltung in oberflächennahe Bereiche gerieten und durch die Erosion freigelegt wurden. Das ›Rechnitzer Fenster‹, wie das Günser Gebirge geologisch oft genannt wird, zeigt Gesteine des Penninikums, einer alpinen Baueinheit, deren Material vor etwa 240 bis 220 Millionen Jahren gebildet wurde und erosiv mit der abklingenden Alpenfaltung freigelegt wurde. Im Süden des Burgenlandes trifft man vereinzelt auf vulkanische Aktivität, wie es beispielsweise der Basalt des Güssinger Burgbergs zeigt. Dieser Vulkanismus ist ebenso mit der Alpenfaltung in Beziehung zu bringen und besonders in der angrenzenden Oststeiermark zu beobachten. In seinem Zusammenhang

Nur selten friert der Neusiedler See im Winter ganz zu

Die geologische Struktur Österreichs

kam es zur Bildung von Mineralquellen (Güssing, Tatzmannsdorf). Nordöstlich von Güssing findet man am Hochcsaterberg und in benachbarten Gebieten verschiedene sedimentäre Gesteine des Jungpaläozoikums, entstanden vor zwischen 350 und 220 Milliarden Jahren. Sie gehören zur Baueinheit des Höheren Ostalpins. Alle Gesteine aus der Zeit vor der alpinen Faltung wurden einst entweder am südlichen Kontinentalrand von Ur-Europa abgelagert oder im Ur-Mittelmeer zwischen den aufeinander zudriftenden Kontinenten Europa und Afrika. Dabei kam es zu Aufschiebungen, Verfaltungen und Umwandlungen unter besonderen Druck- und Temperaturbedingungen, die dann in der Kollision mit der eigentlichen Auffaltung der Alpen gipfelten.

Klima

Wie das Burgenland historisches Grenzland ist, so liegt es auch klimatisch an der Nahtstelle zweier großer Klimazonen: im Übergangsbereich von atlantischem (See-) zu pannonischem (kontinentalen) Klima. Das Mittelburgenland wie auch große Teile der pannonischen Ebenen zählen zu den sonnenreichsten Regionen Mitteleuropas, auch gibt es hier die höchsten Durchschnittstemperaturen Österreichs. Die Verdunstung großer Wassermengen des Neusiedler Sees lässt die Luftfeuchtigkeit relativ hoch werden, was in Zusammenhang mit der Temperatur zu besonderer Fruchtbarkeit der Böden führt. Wenngleich der Frühling hier verhältnismäßig spät einsetzt, bleibt das Wetter doch bis Mitte Oktober warm und mild. Ganzjährig strömen aus dem pannonischen Tiefland Winde herein, die die sommerliche Hitze (Juli und August im Durchschnitt mehr als 25 Grad) erträglich machen – nicht von ungefähr ist die ausnehmend starke Nutzung von Windenergie auf diese starken Luftströmungen zurückzuführen. Die Winde vermindern auch die Niederschläge und letztlich sind sie auch dafür verantwortlich, dass es im

Burgenland zur Winterszeit kaum Schnee gibt. Etwas anders zeigt sich das Klima im Mittel- und Südburgenland, die weniger pannonisch-kontinental geprägt sind. Es regnet mehr (810–1000 mm), auch liegt mehr Schnee. Doch auch hier sind die Winter mild und die Sommer nicht allzu heiß (um 21 Grad Durchschnittstemperatur in Juli und August). Dieser Klimatyp wird auch illyrisch genannt.

Klimatische Tabelle Burgenland gesamt (Durchschnittswerte)												
	Jan	Feb	Mär	Apr	Mai	Jun	Jul	Aug	Sept	Okt	Nov	Dez
Max. Temperaturen	2	4	9	15	19	22	25	24	21	14	8	3
Min. Temperaturen	-3	-1	1	6	10	14	15	15	12	7	4	0
Sonnenstunden	2	3	4	5	7	8	8	7	6	4	2	2
Regentage	8	7	7	8	8	9	9	8	7	6	8	8

Pflanzen- und Tierwelt

Während die südlichen Landesteile keinerlei Besonderheiten in der Flora und Fauna zeigen, die sie beispielsweise von der Steiermark oder dem südöstlichen Niederösterreich unterscheiden, zeigt die Gegend um den Neusiedler See eine europaweit einzigartige Flora und Fauna. Während gute 25 Prozent des Burgenlandes von Wald bedeckt sind (meist Eichen- und Buchenwälder wie im Leithagebirge beziehungsweise Nadelhölzer in den südlichen Landesteilen), ist die Region um den Neusiedler See fast waldfrei. Hier trifft man dafür auf in Europa ungewöhnliche asiatische Steppenpflanzen. Insbesondere an den Salzlacken des Seewinkels existiert eine Vegetation, die sonst nur in Südrussland oder Zentralasien zu finden ist, wie Salzkresse und Kampferkraut. Der sehr salzhaltige Boden des Seewinkels ließ daneben eine besondere Flora entstehen, die sonst nur an den Küsten der Ozeane gedeiht. Klangvolle und ungewöhnliche Pflanzennamen wie Afrikanische Meerviole, Sibirische Glockenblume oder Iranisches Zickgras bezeugen dies. Aber auch die Tierwelt der Umgebung des Neusiedler Sees ist für Europa selten: Man trifft auf die Rauhhäutige Fledermaus, Steppeniltis und -maus, Abendsegler, Erdziesel (ein dem Murmeltier verwandter Nager). Verschiedene Insekten und Kriechtiere, die sonst nur in arabischen Ländern, in Ostafrika oder der Mongolei anzutreffen sind, sind ebenso um den Neusiedler See heimisch. Seine Vogelwelt zieht Ornithologen aus aller Welt an. Von den etwa 300 existierenden Arten seien besonders erwähnt: das Schwarze Wasserhuhn, der Silberreiher, die Große Rohrdommel, Graureiher, Großtrappe, Kernbeißer, Zwergfalke, Pirol, Wasserralle, Ohrentaucher, Säbelschnäbler, Löffler, Purpurreiher, Östlicher Kaiseradler, Seeadler, Graugans, Bienenfresser, Säbelschnäbler, Kampfläufer, Seeregenpfeifer, Fluss-Seeschwalbe, Rotschenkel, Uferschnepfe, Großer Brachvogel, Schafstelze, Sumpfohreule, Wiesenweihe und der Weißstorch, der gleichsam das Wappentier der Region wurde. Zwischen Purbach und Donnerskirchen trifft man auf alle Reiherarten Europas.

Sprache und Religion

87,4 Prozent der burgenländischen Bevölkerung sind deutschsprachig beziehungsweise von der Ethnie her deutsch. Sie leiten ihre Abstammung von den Bayern her, die erstmals während der Zeit Karls des Großen ins Land gekommen waren. Von daher rührt die Verwandtschaft des österreichischen Dialekts mit dem bayerischen. Von den etwa 285 000 Bewohnern des Burgenlandes zählen 5,9 Prozent zu den sogenannten Burgenlandkroaten. Etwa 16 000 davon sprechen mit dem Burgenlandkroatischen eine eigene Variante des Kroatischen und pflegen ihre ethnische Identität. Doch dadurch entstand ein nach außen hin oft verzerrtes Bild der Minderheit: Der Tamburizza spielende, in Tracht und mit Weinflasche am Kopf tanzende Burgenlandkroate wurde schnell zum Stereotyp. Bei aller staatlichen Anerkennung de iure sieht die Minderheit de facto viele Defizite: Es gäbe zuwenige kroatischsprachige Kindergärten und Schulen, und angeblich werde bei Volkszählungen ständig das Bild vermittelt, dass die kroatische Volksgruppe im Verschwinden begriffen sei. Demgegenüber erfreuen sich die Sendungen des ORF in kroatischer Sprache einer wesentlich höheren Hörerquote, als Kroaten statistisch vorhanden sind. Doch man muss zugeben: Vielen Burgenländern der kroatischen Volksgruppe scheint eine Zugehörigkeit zu dieser nicht mehr erstrebenswert. Die Ausdünnung von Kultur und der gesprochenen Sprache führte zu immer stärkerer Identifikation mit der deutschsprachigen Mehrheit, wodurch die Betroffenen selbst sich nicht mehr als Burgenlandkroaten sehen und dies auch in Volkszählungen und Umfragen artikulieren. Die Bewahrer einer eigenständigen burgenländisch-kroatischen Kultur werden von den eher deutschsprachigen Kroaten als konservativ und überheblich kritisiert. Der Verlust der kroatischen Identität wird mittelfristig den Charakter des Burgenlandes verändern – nicht zu dessen Vorteil.

Die Kroaten kamen nach dem ersten Türkeneinfall 1529 ins Land. Sie waren einesteils vor den Türken auf der Flucht und andernteils zur Wiederbesiedlung der zerstörten Dörfer von den ungarischen Königen ins Land geholt worden.

Kroatisches Kulturerbe: eine Tamburizzagruppe

Kroatische Siedlungsgebiete im Burgenland liegen unter anderem um Eisenstadt, südlich von Oberpullendorf und östlich von Oberwart. Zu den Kroaten zählen auch die dalmatinischen Walachen, die einen eigenen Dialekt sprechen (Gemeinden in Althodis, Podgoria, Spitzzicken)

2,5 Prozent der Landesbevölkerung sind Ungarn – das Burgenland war 1000 Jahre lang ein Teil Ungarns, wenngleich ein fast ausschließlich deutsch besiedelter –, die ebenfalls noch ihre eigene Sprache sprechen. Um Oberwart und Oberpullendorf existieren die größten der magyarischen Siedlungsgebiete. Dazu kommen etwa 2500 (etwa 0,1 Prozent) Burgenlandroma, die ebenfalls um Oberwart leben. Diese verschiedenen Volksgruppen sind als autochthone Sprachgruppen staatlich anerkannt, alle drei besitzen ein Anrecht auf die Verwendung ihrer Sprachen im amtlichen Schriftverkehr. In Ortschaften, die mindestens 25 Prozent zweisprachiger Bevölkerung aufweisen, werden auch zweisprachige Ortstafeln in der jeweiligen Sprache aufgestellt. Die großen jüdischen Gemeinden (besonders in den berühmten ›Siebengemeinden‹), die seit dem 14. Jahrhundert im Burgenland bestanden und für Handel und Kultur stets eine besondere Rolle gespielt haben, existieren seit dem Zweiten Weltkrieg nicht mehr. Ungefähr drei Prozent der Burgenländer haben als ehemalige ›Gastarbeiter‹ türkische oder arabische Wurzeln. Erwähnenswert sei noch, dass aus dem Burgenland seit über 150 Jahren aus wirtschaftlichen Gründen viele Emigranten in die USA auswanderten, insbesondere nach Chicago, wo heute mehr Burgenländer leben als im Burgenland selbst. Die Mehrheit der Burgenländer (einschließlich Kroaten und Ungarn) bekennt sich zum römisch-katholischen Glauben. Ungewöhnlich ist im Vergleich zu anderen österreichischen Regionen der mit 14 Prozent sehr hohe Protestantenanteil (augsburgisches und helvetisches Bekenntnis).

Geschichte des Burgenlandes

Das Gebiet des nachmaligen Burgenlandes war 1000 Jahre lang die westlichste Region des ungarischen Königreichs. Somit deckt sich seine Historie in großen Teilen mit der allgemeinen Landesgeschichte Ungarns. Genaugenommen kann man erst seit 90 Jahren, seit dem Entstehen des österreichischen Bundeslandes Burgenland, von einer eigenständigen Geschichte reden. Im Rahmen dieses Reiseführers wird für den Leser zu dessen besserem Verständnis eine gedrängte Darstellung auch der 1000 ungarischen Jahre unternommen, wobei selbstverständlich der Schwerpunkt auf den Ereignissen liegt, die unmittelbar das spätere Burgenland betreffen.

Von der Frühzeit bis zur ungarischen Landnahme

Die eindeutig ältesten Siedlungsspuren im Burgenland gehen auf das fünfte vorchristliche Jahrtausend zurück, wie Funde nahe Eisenstadt und im Wulkatal bezeugen. Die bekannte ›Venus von Draßburg‹ ist hierbei das älteste je auf burgenländischem Gebiet gefundene Kunstwerk. Sie stammt aus dem dritten Jahrtausend vor unserer Zeitrechnung. In jener Epoche, der Jungsteinzeit, waren

Bauern im Pinka-, Lafnitz- und Raabtal sesshaft. Aus der Bronzezeit, die von etwa 1800 v. Chr. bis 800 v. Chr. andauerte, stammt das seltsame, nicht zu deutende Kultgerät von Haschendorf (→ S. 155), das nach neueren Erkenntnissen eine ähnliche Funktion wie die berühmte Himmelsscheibe aus dem thüringischen Nebra besaß. In die Bronzezeit fällt das Erscheinen des indogermanischen Volks der Illyrer, die in der Antike entlang der adriatischen Küste und deren Hinterland siedelten und zahlreiche Hügelgräberfelder hinterlassen haben. Zwischen Leithagebirge und Neusiedler See, wie aber auch im nördlichen Südburgenland (Schandorfer Gräberfeld) bestanden größere illyrische Siedlungsgebiete. Immer wieder mussten sich die Illyrer der um das 8. und 7. Jahrhundert v. Chr. von Osten vordringenden Skythen, einem Reiternomadenvolk aus Mittelasien, erwehren. Aus der älteren Eisenzeit (um 750 v. Chr.) stammen besonders viele Funde wie die Mondidole, Tierfiguren und Urnen aus dem Gebiet zwischen Donnerskirchen und Purbach. Gegen 400 v. Chr. verschwanden die Illyrer und machten den Kelten Raum, die im ganzen ostalpinen Raum siedelten. Bis zur Zeitenwende blieben nun das spätere Burgenland wie auch der angrenzende ostalpine Raum keltisch. Besonders erwähnenswert ist hierbei der intensive Erzbergbau, den die Kelten trieben und an den um Oberpullendorf (→ S. 159) viele Bodendenkmale erinnern. Dieser Bergbau brachte der Region einen gewissen Wohlstand ein. In der Keltenzeit war das Burgenland ein Gebiet regen, prosperierenden Handels, wie einst der Fund von 180 keltischen Münzen bei Güssing zeigen konnte.

Die Römer dehnten in der Zeit um Christi Geburt ihr Reich bis an die Donau aus, um sich Feinden aus dem Norden und Osten gegenüber besser verteidigen zu können. Das Keltengebiet wurde Teil der neugegründeten Provinz Pannonia, deren Westgrenze die Leitha war und die im Norden bis zur Donau reichte. Deren bedeutendste Orte waren Carnuntum (heute Petronell) und Savaria (Steinamanger, Szombathély). Durch das Burgenland verlief ein Zweig der legendären Bernsteinstraße, die die Ostsee mit dem Mittelmeer verband. Die Stadt Scarabantia – das spätere Ödenburg, heute Sopron – war hier ein wichtiger Handels-

Rekonstruktion der Römerstadt Carnuntum

punkt. Der Schriftsteller Plinius der Ältere berichtet bereits vom Lacus pelso, dem Neusiedler See. Um das Jahr 166 verwüsteten germanische Heere die Provinz Pannonien, in der erst seit kurzem die bodenständige Bevölkerung romanisiert war. Kaiser Marc Aurel gelang es später, die Germanen wieder zu verjagen. Doch mit den Goten kamen im 4. Jahrhundert erneut Feinde ins Land. Im Jahr 378 besiegten sie die Römer, woraufhin es zu Ansiedlungen gotischer Bevölkerung kam. Parallel dazu erfolgte die Christianisierung des Gebiets. Nachweislich befand sich im Bereich der heutigen Kirche von Donnerskirchen schon eine frühchristliche Kultstätte. Die gotische Herrschaft wurde durch die Hunnen unter ihrem König Attila empfindlich gestört. Erfolglos versuchten römische Truppen, die Hunnen aufzuhalten oder zu besiegen. Feldherr Aetius musste ihnen das Land überlassen. 433 nahmen sie ganz Pannonien in Besitz. Doch mit dem Tode Attilas 453 gewannen wieder Goten die Herrschaft über das Land, denen aber bald, bereits um 490, die Langobarden folgten. Nachweislich bestand eine langobardische Herrschaft über Pannonien bis zum Jahre 568. Doch die so folgenreiche Völkerwanderung hatte längst ein Vakuum in Pannonien geschaffen. In die freien weiten Räume strömte das aus den mittelasiatischen Steppen stammende Nomadenvolk der Awaren ein. Sie sollten fast 200 Jahre lang Pannonien beherrschen. Gleichzeitig siedelten sich slawische Völker an, die aber den Awaren tributpflichtig waren. Gegen das Jahr 800 gelang es Karl dem Großen, das Awarenreich zu zerschlagen. Als ›karolingische Ostmark‹, die bis zum Plattensee reichte, wurden der größte Teil des römischen Pannoniens sowie das spätere östliche Niederösterreich und die spätere Steiermark Teil seines Herrschaftsgebiets. Karl ließ bajuwarische Siedler ins Land kommen, die vom awarischen Joch befreiten Slawen formten im sogenannten Großmährischen Reich den ersten slawischen Staat der Geschichte. Österreichs so charakteristisches bayerisch-slawisches Erbe geht auf jene alte Siedlermischung zurück.

Pannonien wird ungarisch

Doch die Bewegung, die die Zerschlagung des Awarenstaats mit sich brachte, ließ ein weiteres Reitervolk, das ursprünglich in Südrussland ansässig gewesen sein soll, nach Westen vordringen: die Magyaren. Um 900 erreichten sie Pannonien. In der berühmten Schlacht bei Brezalauspurc (Preßburg) 907 eroberten sie große Teile von Karls Ostmark und zogen weiter westwärts. ›Die Ungarn kommen‹ sollte fast 50 Jahre lang ein Schreckensruf bleiben. Als ihr Expansionsdrang 955 in der Schlacht auf dem Lechfeld durch Otto den Großen erfolgreich gestoppt wurde, zogen sie sich nach Pannonien zurück, und wurden dort sesshaft – seit über 1000 Jahren ist es ungarisches Siedlungs- und Staatsgebiet.

Das spätere Burgenland wurde Grenzregion und durch ein besonderes Grenzregime, die Gyepü, gesichert. In diesem System aus Pfählen und Erdwällen kann man durchaus einen Vorläufer des Eisernen Vorhangs des 20. Jahrhunderts erkennen – nicht von ungefähr waren hie wie da durch ein Grenzsystem von geographisch sehr ähnlichem Verlauf Mittel- und Osteuropa voneinander getrennt. In diesem Zusammenhang erscheint eine weitere Ethnie auf der Bühne, die Petschenegen, ein Reitervolk aus dem Gebiet des späteren Kasachstan. Sie wurden

Konrad II., zeitgenössische Darstellung

mit der Verteidigung der Westflanke Ungarns beauftragt. Insbesondere bewachten sie die Geländesenke zwischen Leitha- und Rosaliengebirge, die später Wiener Neustädter Tor genannt wurde. Sie war das Tor zum Westen. Durch sie konnten Feinde leicht ins Herz des ungarischen Reiches vorstoßen. Doch es schien, als wenn bis auf weiteres die alte Gegnerschaft beseitigt sei: Denn Ungarn wurde im Jahr 1000 christlich, und sein legendärer König Stephan I. heiratete zwei Jahre später die Tochter des deutschen Kaisers Heinrich II., Gisela von Bayern. Zahlreiche deutsche Rittergeschlechter siedelten sich im späteren Burgenland an. In ihrem Gefolge kamen auch deutsche Handwerker und Siedler. Die alte Bezeichnung ›Heanzenland‹ (Heinzenland) für das Gebiet des späteren Burgenlandes bezog sich auf die in jenen Jahren eingewanderten Bayern mit ihrem besonderen Dialekt. So entstand die ungewöhnliche Situation, dass das zu Ungarn gehörige Gebiet überwiegend deutsch besiedelt wurde und blieb – ein Umstand, der über 800 Jahre später zum Entstehen des österreichischen Bundeslandes Burgenland führen sollte. Nur noch einmal, 1030, versuchten die Ungarn einen Westfeldzug. Der deutsche König Konrad II. unterlag einem ungarischen Angriff – doch wurde erstmals die ungarische Westgrenze an der Leitha vertraglich festgelegt.

Vom Mittelalter bis zu den Türkenkriegen

Der pannonische Grenzraum war stets von vielen Seiten umkämpft. Die österreichischen Babenberger rangen mit den Ungarn um das Gebiet. Ein neuer Feind erschien 1241 mit den Tataren beziehungsweise Mongolen im Land. Der Ungarnkönig Béla IV. war gezwungen, den Babenbergerherzog Friedrich II. um Schutz anzugehen. Dieser wurde allerdings nur gegen Überlassung des burgenländischen Grenzraums gewährt. Doch nachdem die Mongolen 1242 Mitteleuropa wieder verlassen hatten, suchten die Ungarn ihr Land zurückzubekommen und zogen gegen Friedrich ins Feld. Friedrich war das Glück nicht hold: In der berühmten Schlacht an der Leitha vom 15. Juni 1246 fiel er. Mit seinem Tod entstand ein machtpolitisches Vakuum, in dem Böhmen und Ungarn um den Besitz Österreichs kämpften, doch auch die einheimischen Adeligen im Kampf um mehr Eigenständigkeit angestachelt wurden. Die Wirren um die Vorherrschaft in Österreich führten zur Schlacht auf dem Marchfeld vom 26. August 1278. Der deutsche König Rudolf I. von Habsburg besiegte hier das Heer des Böhmenkönigs Ottokar II. Przemysl. Österreich sollte nun 640 Jahre in habsburgischem Besitz bleiben.

Vier wichtige ungarische Herrscher: Maria, Béla IV., Wenzeslaus und Matthias Corvinus

Die bedeutendsten der erwähnten einheimischen Adelsgeschlechter waren die Grafen von Mattersburg, die aus Spanien gegen 1180 hier eingewandert waren, sowie die Herren von Güssing (aus dem ungarischen Geschlecht der Héder). Sie waren zwar ihrerseits selbst zugewandert, allerdings zu dieser Zeit bereits etabliert. Je nach politischer Situation taktierten sie zwischen Ungarn und den Babenbergern und bekämpften sowohl die einen wie die anderen – je nach den politischen Erfordernissen.

Gegen 1260 war es den Güssingern durch ihren skrupellosen Opportunismus gelungen, fast das ganze mittlere und südliche Burgenland in ihre Macht zu bekommen. Rudolf von Habsburgs Sohn Albrecht war mit den österreichischen Landen belehnt worden und setzte die Babenbergerpolitik fort, die Ostflanke Österreichs zu befrieden. Damit musste aber zuerst der Unruheherd der Güssinger beseitigt werden. In den Kämpfen der ›Güssinger Fehde‹ 1289/90 eroberte Albrecht fast alle Burgen und Befestigungsanlagen der Güssinger, womit er ungarisches Gebiet besetzte. Im Frieden von Hainburg 1291 erhielt König Andreas III. von Ungarn seine Burgen zurück – allerdings wurden viele davon geschleift. Die Region des späteren Burgenlandes war damals schon ein ständiges Streitobjekt zwischen Ungarn und Österreich – wie sie es bis ins 20. Jahrhundert blieb. Als Karl Robert von Anjou 1308 ungarischer König wurde, verbot er den ungarischen Kaufleuten den Handel mit Österreich und ließ Wiener Kaufleute oft einfach gefangensetzen – ein zusätzlicher Grund für Streitigkeiten. Das gab Habsburg mehr und mehr Auftrieb, das westliche Ungarn dauerhaft mit Österreich zu verbinden. So kam es zu keiner Befriedung der umkämpften Grenzregion. Nach 1373 erhielten die österreichischen Kaufleute zwar ihre Handelsfreiheiten teilweise zurück, doch war das nur ein geringes Zugeständnis der Ungarn.

Herzog Friedrich V. (der spätere deutsche Kaiser Friedrich III.), der 1440 die österreichischen Regierungsgeschäfte übernahm, entschied sich für einen militärischen Schlag gegen Ungarn, um die Krise um das Grenzgebiet zu bereinigen. Von 1445 bis 1459 eroberte er fast alle Burgherrschaften Westungarns. Das führte dann zu einer paradoxen Situation: Die ungarischen Magnaten mussten den Eindringling 1459 auf der Güssinger Burg zum König von Ungarn ›wählen‹ – mit scheinbarer Legitimation. Denn Ungarn wie auch sein Heer waren durch die jahrelangen Kämpfe zermürbt, und vor allem stand der Erbfeind der Christenheit, wie es damals hieß, der Türke, vor den Toren des Landes. Der vorherige Ungarnkönig Wladislaw I. (der auch König von Polen war) war im Kampf gegen die Osmanen gefallen.

Die Türkenkriege, die zunächst an der Westflanke Ungarns noch nicht beunruhigten, riefen an der Süd- und Ostgrenze des Landes Verteidigungsmaßnahmen auf den Plan. Dem ungarischen Heerführer Johann Hunyádi gelang es, die Türken zurückzuwerfen. In einer Welle patriotischer Begeisterung wurde nun sein Sohn Matthias Corvinus vom ungarischen Volk und den Magnaten zum Gegenkönig ausgerufen. Das 1459 an Österreich angeschlossene spätere Burgenland wurde 1462 im Frieden von Ödenburg wieder an Ungarn zurückgegeben. Es scheint, dass Friedrich dafür keine andere Wahl hatte. Denn Matthias Corvinus zog nun seinerseits gegen die habsburgischen Lande – die er bis zu seinem Tod 1490 beherrschen sollte –, nachdem er Wien bereits 1485 eingenommen hatte. Erst Friedrichs Sohn Maximilian I. (1459–1519) konnte Niederösterreich und Westungarn wieder habsburgisch machen – mit der Belehnung vieler Herrschaften an deutsche Adlige erhielt auch das deutsche Element wieder Auftrieb. Mit dem Tod des Corvinus gelangte die ungarische Krone für einige Zeit an die polnischen Jagiellonen. Doch der letzte Jagiellonenkönig Ludwig starb 1526, gerade 20-jährig, in der berühmten Feldschlacht von Mohács: Die Türken standen an Ungarns Grenze. Alle internen Auseinandersetzungen mussten zugunsten einer gemeinsamen Verteidigung beseite gelegt werden.

Durch eine zweischneidige Fügung der Geschichte traten Erbverträge in Kraft, die anlässlich der 1515 erfolgten Doppelhochzeit zwischen dem habsburgischen und jagiellonischen Haus ausgehandelt worden waren. Nach diesen erbten die Habsburger die ungarische Krone mit dem Erlöschen der jagiellonischen Linie im Mannesstamm. Das rief zwangsläufig die Türken auf den Plan. Schon seit einigen Jahren planten sie, Ungarn in ihre Gewalt zu bekommen – das, wie sie meinten, wegen der schwachen Jagiellonenherrschaft (die mehr nach Polen orientiert war) leicht einzunehmen sei. Doch jetzt wurde Habsburg ihr Hauptgegner. Der erste große Feldzug der Türken gegen Westen kulminierte 1526 in der Schlacht von Mohács (unweit der heutigen kroatischen Grenze) – ausgelöst gerade durch jene Erbverträge. Und wie durch katalytischen Effekt fiel in jener Schlacht der letzte der jagiellonischen Könige Ungarns – womit die erwähnten Verträge wirksam wurden. Habsburg erbte die Stephanskrone – die siegreichen Türken besetzen die Mitte und den Osten Ungarns. Und die westlich gelegenen Lande verblieben bis zum Ende des 17. Jahrhunderts in der Furcht eines weiteren erfolgreichen Vordringens der Osmanen. Habsburg konnte Ungarn für fast 200 Jahre nur so weit beherrschen, als es nicht in türkischer Hand war.

Das Zeitalter der Türkenkriege

So wurde 1526 für das östliche Mitteleuropa ein Schicksalsjahr. Als die Türken von Süden, von Kroatien her, nach Ungarn einfielen, fast das ganze Land in ihre Macht brachten, die Hauptstadt Ofen (das spätere Budapest) besetzten, der Bischof von Esztergom daher schleunigst seinen Sitz nach Preßburg verlegte, geriet Wien in Gefahr, ebenso von den Türken eingenommen zu werden. 1529 zog Sultan Süleyman der Prächtige gegen die Stadt. Bei ihrem Vormarsch und bei allen Angriffen konzentrierten sich die Türken nicht auf Burgen und Städte, sondern ließen das Land mit all seinen Dörfern besonders harte Zeiten erfahren. Die Landbevölkerung wurde aufgerieben; sie hatte Glück, wenn sie nur verschleppt wurde. Zwischen 1529 und 1532 ereigneten sich mehrere Vorstöße des türkischen Heers, die aber erfolglos blieben. Die Einnahme Wiens misslang. Nach 1532 zogen sich die Türken im Wesentlichen auf das Gebiet zurück, das sie vor dem Marsch auf Wien (1526–1528) eingenommen hatten. Die Mitte und der Norden des späteren Burgenlandes wurden hierbei fast völlig verwüstet. Um die zerstörten und menschenleeren Dörfer wieder zu beleben, sowie die Wirtschaft wieder anzukurbeln, wurden neue Siedler ins Land gerufen. Vor allem Kroaten kamen in diesen Jahren ins Land. Sie waren aus ihrer Heimat vor den Türken geflohen und nun auf der Suche nach einem neuen Zuhause. Die ›Burgenlandkroaten‹ sind bis heute eine ethnische Minderheit im Land und stellen knapp 10 Prozent der Gesamtbevölkerung.

Parallel zu der Türkenbedrohung entwickelte sich für Habsburg ein weiterer Gegner: der Protestantismus. Nach 1520 wandte sich das deutsche Bürgertum im Land überwiegend der Lehre Luthers (Augsburger Bekenntnis) zu, der ungarische Adel tendierte mehr zum Kalvinismus (Helvetisches Bekenntnis). Gegen 1600 hatte die neue Lehre weitgehend Fuß gefaßt, die Kroaten jedoch waren überwiegend katholisch geblieben. Über 60 Städte und Gemeinden im Burgenland waren zu jener Zeit evangelisch; ein Zentrum der Reformation war unter der Herrschaft von Balthasar Graf Batthyány insbesondere Güssing.

Türkische Soldaten, Darstellung aus dem 17. Jahrhundert

In der zweiten Hälfte des 16. Jahrhunderts kam es erneut zu türkischen Vorstößen. Fast 200 mal versuchten zwischen 1575 und 1582 türkische Heere nach Westen vorzustoßen, gelangten zwar nicht über das Südburgenland hinaus, hielten dieses allerdings besetzt. Erst 1598 konnten sie von dort zurückgetrieben werden.

Um die Jahrhundertwende setzte die Gegenreformation an. Habsburg durfte angesichts des drohenden äußeren Fein-

Sturm der Türken auf die Löwenbastei 1683, Ölgemälde (1837) von Leander Russ

des keine Gegner im Inneren dulden. Denn ›gut habsburgisch‹ hieß ›gut katholisch‹. Viele Adelige gingen nur aufgrund der Konfession in die Gegnerschaft zum Herrscherhaus über. Franziskaner, die sich 1625 in Eisenstadt und 1648 in Güssing niederließen, waren die Vorreiter der Rekatholisierung. Doch bis heute blieb der Anteil der Protestanten im Burgenland größer als in jeder anderen österreichischen Region.

Wenngleich es zu Beginn des 18. Jahrhunderts bezüglich der Türken im Lande ruhig blieb, verheerten doch erneut Kämpfe das Land. 1605 kam es unter Führung des siebenbürgischen Fürsten Stephan Bocskai (1557–1606) zu einem antihabsburgischen Aufstand. Bocskai versammelte Tausende von Söldnern, ungarische Aufständische, Tataren und selbst Türken in seiner Armee und zog durch Nordungarn bis in die Steiermark und nach Niederösterreich, wo er weite Teile der Länder verwüstete. Dabei hatte das Burgenland erneut viel zu erleiden. Bocskais Aufstand gegen das habsburgische Joch scheiterte, der ungarische Adel erhielt nun jedoch bedeutende Zugeständnisse, Glaubensfreiheit und die Stände sollten ein Mitspracherecht in allen Regierungsangelegenheiten erhalten. Bocskai selbst konnte sich zunächst straffrei nach Siebenbürgen zurückziehen, wurde aber bald darauf vermutlich vergiftet.

Gute zehn Jahre später kam es zu einem weiteren Aufstand gegen Habsburg. Wieder war es ein siebenbürgischer Fürst, der den Kampf mit Habsburg zu bestehen versuchte. Gabor (Gabriel) Béthlen fiel 1620 in Westungarn und im späteren Burgenland ein. Bei Lackenbach im Mittelburgenland gelang dem Heer des königstreuen Adeligen Nikolaus Esterházy (1583–1645) der Sieg über Béthlens Truppen. Bauern aus dem nahen Neckenmarkt verstärkten als Freiwilligentruppe die Soldaten des Esterházy, der ihnen dafür eine eigene Regimentsfahne schenkte.

Dieser Kampf hatte indirekte, jedoch sehr weitreichende Folgen. König Ferdinand II. (gleichzeitig deutscher Kaiser) belohnte die Treue des ungarischen Magnaten. 1621 war in diesem Zusammenhang ein besonderes Jahr. Nikolaus überließ Béthlen aufgrund eines kaiserlichen Ausgleichs die Herrschaft Munkács in Oberungarn und erhielt dafür die bisher habsburgischen Besitztümer Eisenstadt und Forchtenstein. Nikolaus Esterházy wurde 1625 zum Palatin, zum Ersten Stellvertreter des Königs gewählt, er wurde 1626 in den Grafenstand berufen und erhielt 1629 das Goldene Vlies und damit die Mitgliedschaft im gleichnamigen Orden, seit 1430 ein Privileg für besondere Verdienste. Damit begann der meteorhaft glänzende Aufstieg der Adelsfamilie, die nun einen gewaltigen Grundbesitz ihr Eigen nennen konnte. Nach Nikolaus' Tod trat sein erst 19-jähriger Sohn Ladislaus die Erbschaft an. Tragisch war sein Ende: Zusammen mit drei Cousins wurde er 1652 von einer marodierenden Türkenbande ermordet. Überhaupt machten in jenen Jahren verstreute türkische Störtrupps das Leben im Land gefährlich. Es war aber ein Glück für das Land, dass 1652 Paul (1635–1713), der erst 17-jährige Bruder des Ladislaus, die Regentschaft übernahm. Als erster Esterházy war er im alten Eisenstädter Schloss zur Welt gekommen. Er zeigte einen edlen Charakter und großes Kunstverständnis. Er spielte selber Cembalo und komponierte. Seine ›Harmonia Caelestis‹ für Singstimmen und Instrumente wurde 1711 in Wien veröffentlicht. Pauls Bauwillen ist der Ausbau des Eisenstädter Schlosses (1662–1672), der Eisenstädter Kalvarienberg und die Eisenstädter Gnadenkirche (1701–1707) zu verdanken. Doch auch das Kloster in Frauenkirchen und der Wiederaufbau der zerstörten Lorettokirche wären ohne ihn nicht möglich gewesen. Paul holte dafür ausländische Baukünstler ins Land. Zugegebenermaßen wären all diese kostspieligen Maßnahmen nicht denkbar gewesen, wenn er nicht das Vermögen seines Schwagers Franz Graf Nádasdy hätte an sich bringen können – dieser war 1671 wegen seiner Beteiligung am Magnatenaufstand hingerichtet worden.

Nach 1670 siedelte Paul in sieben Orten des Landes (den sogenannten Siebengemeinden) etwa 3000 Juden an, die Kaiser Leopold I. aus Wien vertrieben hatte. Für den Schutz durch den Landesfürsten mussten sie Schutzgeld bezahlen. Im Gegenzug dazu nannten sie sich selbst stolz ›Hochfürstlich Esterházysche Schutzjuden‹. Paul wirkte als Offizier an der Türkenschlacht von 1683 mit, später war er Oberkommandierender des kaiserlichen Heers und eroberte die Stadt Ofen für die Habsburger zurück. Für seine Verdienste im Türkenkrieg und für die Unterstützung Habsburgs bei der Rückgewinnung der ungarischen Krone wurde er 1687 in den Reichsfürstenstand erhoben. Kaiser Karl VI. erweiterte diese Ehre 1711, indem er sie für alle Nachkommen Pauls vererbbar machen ließ. Paul wurde in der esterházyschen Familiengruft im Eisenstädter Franziskanerkloster beigesetzt. Unter seiner Ägide war die Familie unvorstellbar reich geworden. 5000 Quadratkilometer Grund (in verschiedenen Landesteilen Ungarns) befanden sich in ihrem Besitz. Wenngleich es andere Adelsfamilien gegeben hat, die zu Pauls Zeit mit den Esterházy hatten konkurrieren können – einzig ihr Besitz überstand die Jahrhunderte bis heute.

Doch immer wieder bedrohten die Türken das Land. 1664 drang ein türkisches Heer in das Südburgenland vor. Bei Mogersdorf bereitete ihnen der kaiserliche

General Rainer von Montecuccoli eine vernichtende Niederlage, in deren Folge er ihnen einen 20-jährigen Frieden diktieren konnte (→ Seite 221). Es schien wirklich eine längere Epoche des Friedens angebrochen zu sein. Doch erneut kam es zu einem Aufstand ungarischer Adliger gegen Habsburg, dem sogenannten Magnatenaufstand, diesmal unter Franz Graf Nádasdy. Der glücklose Aufrührer wurde 1671 in Wien hingerichtet, sein Besitz wie der der anderen Rebellen ging an die Esterházy über. Doch der Aufruhr schwelte weiter. Die Spannungen zwischen Österreich und Ungarn dauerten an. 1678 verband sich Emmerich Graf Thököly mit den Türken (!) im Kampf gegen Habsburg. Daraufhin kam es zu einem langwährenden Kleinkrieg, dem ›Kuruzzenkrieg‹, der unter einem anderen Anführer – Thökölys Stiefsohn Franz II. Rákóczi (1676–1735) – bis in das zweite Jahrzehnt des 18. Jahrhunderts andauern sollte. ›Kuruzzen‹ nannte sich der bunt zusammengewürfelte Haufen der Thökölyschen Söldner. Kaiser Leopold gelang es zwar auf dem Reichstag von Ödenburg 1681, den Ungarn Zugeständnisse zu machen und die Verfassung zu erneuern, womit Thököly isoliert wurde; aber dessen Truppen führten ihre Scharmützel noch jahrelang weiter. Überdeckt wird der Kuruzzenkrieg allerdings von den Ereignissen des europäischen Schicksalsjahrs 1683. Die Türken brachen – ermutigt nicht zuletzt durch Thököly – den Montecuccoli-Frieden von 1664 und stürmten erneut gegen Wien. Ihr Anführer Kara Mustafa ließ während des Vormarsches viele burgenländische Dörfer und auch einen Teil Eisenstadts niederbrennen. Doch die ›Zweite Türkenbelagerung‹ Wiens musste am 12. September 1683 von den Türken unter großen Verlusten abgebrochen werden, nachdem ein polnisches Entsatzheer unter König Jan Sobieski III. die Entscheidung herbeigeführt hatte. Die Türken wurden weit zurückgeschlagen, Kara Mustafa wurde am 25. Dezember 1683 auf Befehl des Sultans wegen dieser Niederlage mit einer Seidenschnur erdrosselt und 1686 konnte sogar das türkische Hauptquartier in Ofen (deutscher Name der ungarischen Stadt Buda, heute Teil von Budapest) eingenommen werden. Damit hatte die über 150 Jahre dauernde militärische Bedrohung durch den Islam ein Ende. Im Haus Habsburg durfte man sich zurücklehnen und sich den Schönen Künsten widmen. Die Glaubensfeinde im Inneren wie im Äußeren waren befriedet. Es setzte eine reiche Bautätigkeit ein, ausgeführt in einem neuen prächtigen, selbstbewussten Stil – dem Barock. Architekten, Stukkateure, Maler und bildende Künstler empfanden es als Lust, in dieser Zeit zu leben.

Kulturblüte, Adelsaufstand und Magyarisierung

Das goldene Zeitalter der Baukunst hielt fast bis zum Ende des 18. Jahrhunderts an. Das Burgenland blieb in dieser Epoche von größeren Auseinandersetzungen verschont – abgesehen von einem zweiten Kuruzzenaufstand unter Franz II. Rákóczi. Es war der letzten und größte Aufstand ungarischer Adliger gegen Habsburg, sieht man einmal von den revolutionären Ereignissen des Jahres 1848 ab. Die Esterházy verhielten sich jedoch durch alle Wirren hindurch stets kaisertreu – schon aus Dankbarkeit gegenüber dem Kaiserhaus. Bei diesem Aufstand wurden das Burgenland und die südliche Steiermark zwischen den Jahren 1703 und 1711 stark verwüstet. Die Gründe für dieses Aufbegehren waren vielfältig.

Zunächst fühlten sich die Ungarn von dem absolutistischen Herrschaftsgebaren der Habsburger diskriminiert, des Weiteren wurden die Eigentumsverhältnisse im Land nach der Vertreibung der türkischen Okkupanten nicht zur Zufriedenheit des Magnatentums geregelt. Mangels schriftlicher Eigentumsdokumente aus der Zeit vor dem ersten türkischen Einfall fiel vormaliges Magnatenland nun an Habsburg.

Viele Magnaten waren Protestanten. Habsburgs eifernde Gegenreformation stieß bei ihnen auf großen Widerstand. Dazu kamen überhöhte Kriegssteuern, mit denen das Land nach den Türkenkriegen wieder emporgebracht werden sollte; doch war die Summe zu hoch, um selbst von den Adeligen aufgebracht zu werden. Und als man 1701 begann, ungarische Bauern gewaltsam in die habsburgischen Heere einzuberufen, um sie im Spanischen Erbfolgekrieg einzusetzen, war das Maß voll. Die habsburgertreue Familie Esterházy und ihre Besitzungen waren ausgesuchtes Ziel der Kuruzzen; Esterházy-Schlösser und Dörfer wurden besonders stark heimgesucht. Doch aller Widerstand konnte nichts gegen die habsburgische Übermacht ausrichten. Mit der verlorenen Schlacht von Trenčín (heutige Nordwestslowakei) vom 3. August 1708 begann der Kuruzzenaufstand in sich zusammenzufallen. 1711 nahmen die kaiserlichen Truppen dann die letzte Kuruzzenbastion Košice (Kaschau, Ostslowakei) ein. Franz (Ferenc) Rákóczi entkam zunächst nach Polen, 1713 ging er ins Exil nach Frankreich und 1718 in die Türkei, die ihm Asyl gewährte. Er starb 1736 und wurde zunächst in der katholischen Kirche von Smyrna (heute Izmir) beigesetzt. Seine Gebeine kehrten 1906 nach Ungarn zurück. Rákóczi ist im Dom von Kaschau (ungarisch Kassa) beigesetzt und gilt als einer der großen ungarischen Nationalhelden.

Als verspätete Reaktion auf die Zwangsrekrutierung ungarischer Bauern während des Spanischen Erbfolgekriegs erfolgte im ersten Drittel des 18. Jahrhunderts – wenngleich taktisch sehr ungeschickt – die Unterdrückung und Ausbeutung der deutschen Landbevölkerung in Westungarn durch die ungarischen Adelsfamilien. Maria Theresia (1714–1780) versuchte dies als habsburgischer Souverän und ungarische Königin zu beenden, hatte aber letztlich wegen der noch bestehenden Leibeigenschaft kaum die Möglichkeit, dem Adel das Ende der Unterdrückung verbindlich anzuordnen. Vor allem hatte sie mit den drei schlesischen Kriegen für sie entscheidendere Probleme zu lösen. Ein Bauernaufstand in den Jahren 1763 bis 1765 führte für das Landvolk zu keiner Erleichterung. Erst Maria Theresias Nachfolger, Kaiser Joseph II. (1741–1790), erleichterte in der Vielzahl seiner Reformen das Los der Landbevölkerung, wie er auch durch sein Toleranzedikt von 1781 die antiprotestantischen Restriktionen linderte. Jetzt durften auch die Evangelischen wieder eigene Gotteshäuser errichten.

In der zweiten Hälfte des 18. Jahrhunderts wurde Eisenstadt unter Fürst Nikolaus I. Esterházy (1714–1790) zum Kulturzentrum. Die fürstliche Kapelle wurde unter Joseph Haydn (1732–1809) ein Ensemble von Weltrang; europaweit bekannte Künstler konzertierten hier. Als Kapellmeister und Komponist avancierte Haydn – neben Mozart und Beethoven – zu einem der drei großen Wiener Klassiker. Er gilt als Schöpfer der Symphonie und des Streichquartetts – musikalische Formen, die es in ihrer späteren Form vor Haydn nicht gab. Unter ›Sinfonia‹ verstand man etwas anderes; Streichquartette gab es vor Haydn als

Joseph II. führte tiefgreifende Reformen durch

sogenannte Trisonaten ohne Gleichberechtigung der Instrumente (→ ›Der Kapellmeister Joseph Haydn‹ Seite 65).

Die Esterházy und die Batthyány beherrschten in jenen Jahren den größten Teil des späteren Burgenlandes, die Esterházy den Nordteil, den Batthyány gehörte der Süden.

Die napoleonischen Wirren am Beginn des 19. Jahrhunderts beendeten die künstlerische und kulturelle Blüte des Landes. Selbst die Esterházy begannen zu verarmen – teils durch die jahrelange zu stark ausgeuferte Prunkwirtschaft, teils durch die Besatzungskosten, die die französische Armee einforderte; nicht zu vergessen sind auch die Kosten für den Wiederaufbau des Landes nach dem Wiener Kongress. Nun begann in Europa das Zeitalter der großen Freiheitskämpfe – die Julirevolution in Frankreich 1830, die antirussischen Aufstände in Polen im gleichen Jahr –, gipfelnd im Jahr 1848. Überall in Europa ging das Volk auf die Barrikaden: in Deutschland, in Österreich, in Ungarn. Man begehrte mit aller Macht gegen Habsburg auf, forderte die Selbständigkeit, die Loslösung von einem jahrhundertelangen Zwangsbündnis. Zumindest auf dem Gebiet des späteren Burgenlandes kam es kaum zu Kampfhandlungen im damaligen Westungarn. Denn auch diesmal hielt die Familie Esterházy zu Habsburg. Anders war es bei den Batthyány. Lajos (Ludwig) Batthyány wurde nach dem Preßburger Landtag von 1848 der erste ungarische Ministerpräsident – gewählt von den Magnaten. Der seit den Tagen der Märzrevolution im gleichen Jahr hochnervöse österreichische Militärapparat wurde in höchste Aufregung versetzt, als eine neu gegründete panslawistische Bewegung nun ihrerseits Regionen mit überwiegend slawischer Bevölkerung aus dem ungarischen Königreich herauslösen wollte. Batthyány geriet nun zwischen die Fronten: Auf der einen Seite strebte er danach, Ungarn als Ganzes zu behalten, doch losgelöst von Habsburg; auf der ande-

Lajos Batthyány, Bild (1846) von Joseph Martignoni

ren Seite wollten die slawischen Nationalisten ihrerseits Ungarn zerstückeln. Habsburg musste handeln. Feldmarschall Graf Lamberg (1791–1848) verhängte das Kriegsrecht über Ungarn. In Pest empfing ihn eine erregte Volksmenge und tötete ihn an der Donaubrücke kaltblütig. Nun eilte am 9. September 1848 der kroatischstämmige Feldmarschall-Leutnant Joseph Graf Jelačić (1801–1859) in die ungarische Hauptstadt, gefolgt von den 200 000 Soldaten des Fürsten Alfred zu Windisch-Graetz (1787–1862), die nun mit brutaler Gewalt den ungarischen Freiheitskampf niederschlugen. Auch russische Truppen kamen den Österreichern zu Hilfe – zu sehr fürchtete man Ähnliches im eigenen Land und machte sich daher Bundesgenossen. Auch in Wien ging das Volk im sogenannten Oktoberaufstand auf die Straße, um mehr Freiheitsrechte zu erhalten. Windisch-Graetz schlug auch diese Bewegung blutig nieder. Der ungarische Revolutionsführer Lajos Kossuth (1802–1894) floh mit einem großen Teil des ungarischen aufständischen Heeres in die Türkei, dem alten Bundesgenossen gegen Habsburg. Lajos Batthyány sah sich auf verlorenem Posten und entschied sich – er galt als gemäßigter Reformer –, den Aufstand zu beenden. Er huldigte Kaiser Ferdinand, doch als oberster Repräsentant des aufständischen Ungarnstaats wurde er gefangengenommen und am 6. Oktober 1849 in Pest hingerichtet. Auch 13 Generäle – die sogenannten Märtyrer von Arad – wurden exekutiert. Die Hinrichtung löste weltweit Empörung aus. Der 6. Oktober 1849 ist seither in Ungarn nationaler Trauertag. Am Ort von Batthyánys Hinrichtung brennt seit damals ein ewiges Licht. Der neue Kaiser Franz Joseph (1830–1916) übernahm nach der Abdankung Ferdinands im Dezember 1848 die Staatsgeschäfte. Doch die blutige Niederschlagung des ungarischen Aufstands vergiftete seine ersten Amtsjahre. Er musste manche Attentate ungarischer Nationalisten überstehen.

Kaiser Franz Joseph (1830–1916) in jüngeren Jahren

Außenpolitische Schwierigkeiten mit Italien und mit Preußen nach der verlorenen Schlacht von Königgrätz 1866 zwangen ihn innenpolitisch zu Zugeständnissen. So entstand 1867 der sogenannte ›Ausgleich‹: Ungarn war nun im Habsburgerstaat fast gleichberechtigtes Königtum neben dem österreichischen Kaisertum – jetzt erst war die (berühmte und verklärte) k.u.k.-Doppelmonarchie entstanden. Ungarn durfte gemäß der Bestimmungen dieses Vertrags in seinen überwiegend durch andere Völker besiedelten Landesteilen die Magyarisierung vorantreiben – doch gut die Hälfte aller Einwohner Ungarns waren keine Ungarn. Man setzte sich den Plan, nach etwa 40 Jahren die ganze nicht-ungarische

Bevölkerung erfolgreich magyarisiert zu haben. So kam es im Burgenland zum Kampf gegen alles Deutsche. Die deutsche Sprache wurde selbst an den Schulen unterdrückt. Die burgenländischen Städte und Gemeinden erhielten nach 1898 ausschließlich ungarische Namen. Wirtschaftliche wie auch diese politische Not zwangen nun viele Burgenländer zur Auswanderung, vor allem nach Amerika. Bis zum Beginn des Ersten Weltkrieges verließen 15 000 Burgenländer ihre Heimat.

Das Burgenland entsteht

Der Erste Weltkrieg und seine Folgen ließen das alte Habsburgerreich zerbrechen. Schon im November 1918 war der Bevölkerung wie auch den Politikern klar, dass die Landkarte Europas völlig neu gestaltet werden würde. In Frankreich wurden in verschiedenen Pariser Vororten die Verträge ausgehandelt, nach denen alte Staaten verschwanden, neue Formen erhielten oder überhaupt neue Staaten entstanden. Dabei sah der am 10. September 1919 unterzeichnete Pariser Vorortvertrag von Saint-Germain-en-Laye vor, dass ein etwa 4300 Quadratkilometer großes Gebiet Westungarns mit einer damaligen Bevölkerung von etwa 340 000 Personen an Österreich abgetreten werden sollte. Dieses neue Gebiet trug zunächst die Bezeichnung ›Deutsch-Westungarn‹, später wurde es ›Vierburgenland‹ genannt. Denn dieses Territorium war ursprünglich auf dem Gebiet vier ungarischer Komitate gelegen: Preßburg (Pozsony), Wieselburg (Moson), Ödenburg (Sopron) und Eisenburg (Vas). Die deutschsprachige Bevölkerung hatte

Österreich-Ungarn vor und nach dem Vertrag von Trianon

mehrheitlich den Willen zum Anschluss an Deutsch-Österreich bekundet. Dieses wiederum suchte die Angliederung an das Deutsche Reich, was die Siegermächte aber untersagten. Eine merkwürdige Episode war dabei die Ausrufung einer ›Republik Heinzenland‹ am 22. November 1918 in Mattersburg, die das spätere Burgenland umfassen sollte. ›Heinzen‹ war ein spätmittelalterlicher Name für die Deutschen in Westungarn. Diese Republik hatte aber nur zwei Tage Bestand.

Auch für Ungarn war es nicht einfach: Das neue Ungarn sollte gemäß des Vertrags von Trianon (4. Juni 1920) sehr klein werden, gemessen am Ungarn der königlichen Epoche. Oberungarn (die Slowakei) würde Teil der neugegründeten Tschechoslowakei sein, Siebenbürgen Teil des neuen Rumäniens und Kroatien wurde dem neuen Staat Jugoslawien zugesprochen. Ungarn hatte somit Gebietsverluste von gut zwei Dritteln seines früheren Territoriums hinzunehmen. Dazu kam noch die von den Siegern diktierte Abtretung an Österreich, wo in Wiener Neustadt inzwischen eine ›Verwaltungsstelle für den Anschluss Deutsch-Westungarns‹ ihre Arbeit aufgenommen hatte. Ein österreichisches Gesetz über den Anschluss trat am 25. Januar 1920 in Kraft und sah ein neues Bundesland mit der Hauptstadt Ödenburg vor. Am 28. August 1920 marschierten Einheiten der österreichischen Gendarmerie und Zollwache in Ödenburg ein, wo es zu Scharmützeln mit ungarischen Freischärlern kam. Seitens der Ungarn nahm man die Entscheidung des Trianoner Vertrags nur mit größtem Widerstand hin. Vielleicht hätte man sich mit dem Verlust des Vierburgenlandes abfinden können, doch die bedeutende Stadt Ödenburg wollte man auf keinen Fall hergeben. Das Hin und Her führte zum sogenannten Venediger Protokoll vom 13. Oktober 1921. In ihm verpflichtete sich Ungarn, das Vierburgenland, das jetzt nur ›Burgenland‹ hieß, vertragsgemäß an Österreich abzutreten – unter der Bedingung allerdings, dass in der Stadt Ödenburg und ihrem Umland eine Volksabstimmung durchgeführt werden würde, in der die Bevölkerung dieses Teilgebiets entscheiden sollte, ob sie zu Österreich gehören oder bei Ungarn bleiben wolle.

Das österreichische Bundesheer besetzte am 13. November vorsichtshalber das Burgenland mit der Ausnahme des Ödenburger Gebiets. Habsburgs letzter Herrscher Karl I. versuchte, über seine zahlreichen ungarischen Anhänger Ödenburg als Ausgangspunkt zu nutzen, auf den ungarischen Thron zurückzukehren – daraufhin schickten ihn die Sieger ins Exil nach Madeira.

Am 14. Dezember 1921 sollte dann die Ödenburger Volksabstimmung erfolgen. Ihre inkorrekte Durchführung ist bis heute Faktum: Unter anderem wurden Wählerlisten gefälscht und deutschsprachige Wähler dabei behindert, zur Abstimmung zu gehen. Unter diesen fragwürdigen Umständen entschied sich eine Mehrheit von 65 Prozent für den Verbleib Ödenburgs bei Ungarn. Und das wurde nun festgeschrieben – auch wenn das Resultat bei allen Nicht-Ungarn umstritten blieb. Österreich suchte nun eine neue Hauptstadt für das Burgenland. Die Wiener Neustädter Verwaltungsstelle übersiedelte provisorisch nach Bad Sauerbrunn; dort trat am 15. Juni 1922 der neu gewählte burgenländische Landtag zusammen, und dort entschied man sich am 30. April 1925 für Eisenstadt als neue Hauptstadt. Eine juristische Option für Ödenburg blieb dabei bestehen, indem man in der Landesverfassung nur von einem Sitz der Landesregierung, aber nicht von einer Hauptstadt sprach. Zugegebenermaßen war die Entscheidung nicht schwer -- welcher Ort sonst hätte diese repräsentative Funktion in angemessener Weise ausüben können! Und erst jetzt wurde der Grenzverlauf des Burgenlandes gegenüber Ungarn von einer internationalen Kommission festgelegt, nachdem am 10. Januar 1923 als letzter vormals ungarischer Ort Luising bei Heiligenbrunn an Österreich abgetreten worden war. Einige kleine Orte im Pinkatal wurden dagegen wieder Ungarn zugesprochen. Der teils bizarre Grenzverlauf des Burgenlandes rührt von den Entscheidungen jener Jahre. Zu Aussiedlungen oder Vertreibungen kam es dabei zu keiner Zeit. Kurios bleibt im Fall des Burgenlandes zu bemerken, dass keine der erwähnten namengebenden vier Städte nun auf dessen Gebiet lag. Sie blieben allesamt bei Ungarn, Preßburg – nun in Bratislava umbenannt – lag nun in der neugegründeten Slowakei.

Die Zwischenkriegszeit

Im neuen Bundesland Burgenland fehlte es an allen Enden an Infrastruktur. Wenngleich die neue Grenze weiterhin durchlässig war, wurden doch administrativ jahrhundertelang gewachsene Strukturen zerbrochen. Der Aufbau gestaltete sich schwierig, vor allem da sich zeigte, dass es kaum möglich war, mit dem neuen demokratischen System an die Strukturen der jahrhundertelangen Feudalherrschaft anzuknüpfen. Das Burgenland war ein Gebiet ohne größere Städte mit fast ausschließlich bäuerlicher Bevölkerung – damals Österreichs ärmste und rückständigste Region. Am 30. Januar 1927 kam es in Schattendorf, südöstlich von Eisenstadt, zu einem folgenschweren Zwischenfall. Während einer sozialdemokratischen Kundgebung schossen Mitglieder eines rechtsstehenden Frontkämpferbunds auf die zwar zahlenmäßig überlegenen, jedoch unbewaffneten Teilnehmer eines Aufmarsches des Republikanischen Schutzbunds, einer paramilitärischen Einheit der SPÖ (Sozialdemokratische Partei Österreichs). Ein Mitglied des Schutzbunds und ein achtjähriges Kind kamen ums Leben. Nachdem die Täter wegen angeblicher Notwehr freigesprochen wurden, stürmten einen Tag nach dem Urteil, am 15. Juli 1927, aufgebrachte Arbeiter und SPÖ-Aktivisten den Wiener Justizpalast und legten in ihm Feuer. Bundeskanzler Ignaz Seipel ließ diesen Aufstand (später Julirevolte genannt) mit Waffengewalt niederschlagen, wobei es zu 89 Toten kam; auch die Polizei hatte große Verluste zu beklagen. Das so verschärfte politische Klima mündete in die späteren bürgerkriegsähnlichen Auseinandersetzungen der Jahre 1933/34 und endete letztlich im Austrofaschismus.

Bundeskanzler Ignaz Seipel

Als neues Bundesland hatte das Burgenland zunächst nur 17 Jahre Bestand, denn es wurde nach dem Anschluss Österreichs an das Deutsche Reich im März 1938 aufgeteilt. Sein nördlicher Teil gelangte mit Wirkung vom 15. Oktober 1938 an den Gau Niederdonau, sein südlicher wurde der Steiermark zugeschlagen. Von den Auswirkungen des Zweiten Weltkrieges blieb das Burgenland größtenteils verschont. Nur Eisenstadt hatte im Sommer 1944 einen kleineren Bombenangriff zu beklagen. Gegen Jahresende 1944 ließen die nationalsozialistischen Machthaber durch Zwangsarbeiter und KZ-Häftlinge im Burgenland den sogenannten Südostwall errichten, ein militärisch funktionsloses Sperrsystem gegen die anrückende Rote Armee. Der Wall wurde als Ganzes nicht fertiggestellt, und an den Stellen, wo er vollendet war, konnte er von der Roten Armee leicht überwunden werden. Bei Klostermarienberg erreichte sie erstmals burgenländischen Boden. In den letzten Kriegswochen kam es in Rechnitz am Günser Gebirge und in Deutsch Schützen zu Massakern an Juden und Zwangsarbeitern.

Nachkriegszeit und Gegenwart

Das Wiederentstehen des Burgenlandes nach dem Zweiten Weltkrieg war keine Selbstverständlichkeit. Bedeutende österreichische Politiker hatten sich dagegen ausgesprochen. Karl Renner, Kanzler von 1918 bis 1920, hatte zwar 1919 für den Anschluss des Ländchens an Österreich gekämpft, vertrat direkt nach Kriegsende aber als österreichischer Bundespräsident die Ansicht, das Burgenland nicht mehr auferstehen zu lassen, um ungarische Revisionsansprüche verhindern zu können: Es war abzusehen, dass sich bald zwischen Ungarn und Österreich die Grenze zwischen sowjetischem und westlichem Einflussbereich senken sollte. Doch Renners Vorbehalte wurden vom burgenländischen Patriotismus überstimmt: Am 1. Oktober 1945 wurde ein Gesetz zur ›Wiedererrichtung des selbstständigen Bundeslandes Burgenland‹ verabschiedet. Österreich blieb nach Kriegsende

Österreich und seine Bundesländer heute

Diese symbolträchtige Tat der beiden Außenminister Alois Mock und Gyula Horn läutete eine neue Epoche in Europa ein

in seinem Osten russisches Besatzungsgebiet. Erst mit dem Staatsvertrag 1955 wurde das Besatzungsrecht aufgehoben, Österreich verpflichtete sich dafür zur Neutralität zwischen den Machtblöcken USA und UdSSR. Ungarn dagegen blieb unter sowjetischer Herrschaft. Nach dem niedergeschlagenen Volksaufstand in Oktober und November 1956 in Ungarn flohen etwa 200 000 Personen ins Burgenland, viele blieben auch dort. Allein über die Brücke von Andau im Seewinkel strömten damals 70 000 Ungarn nach Österreich. 1957 ließ die ungarische Regierung die Grenze zum Burgenland stärker befestigen. Ein weiteres Mal wirkte das Burgenland in einer weltgeschichtlichen Rolle: Bei Klingenbach durchschnitten am 27. Juni 1989 die Außenminister Ungarns und Österreichs, Gyula Horn und Alois Mock, in einem symbolischen Akt den Drahtzaun zwischen beiden Ländern. Im Sommer 1989 flohen zehntausende DDR-Bürger über Ungarn in den Westen, ins Burgenland. Seine alte Funktion als Brücke zwischen Ost und West hat das Land in jenem Jahr in besonders herausragender Weise erfüllt.

Über 20 Jahre nach jener Zeit zeigt sich das frühere Armenhaus Österreichs als sehr vital. Die Besonderheiten des Burgenlandes beleben Österreichs ohnehin überreiche Fülle touristischer Attraktionen in ganz einzigartiger Form. Begünstigt von der Grenzöffnung und von milliardenschwerer Förderung seit dem Beginn von Österreichs EU-Mitgliedschaft 1995 hat es manches andere Bundesland bereits überholt, wenngleich etwa 20 000 Burgenländer außerhalb des Landes ihren Arbeitsplatz haben. 3000 davon arbeiten in Ungarn. Weder wirtschaftlich noch im Tourismus scheint es größere Hemmnisse und Vorbehalte zwischen beiden Ländern zu geben. Burgenländische Winzer sind bis nach Südungarn engagiert. Zwischen beiden Ländern existieren grenzüberschreitende Tourismusregionen, der Nationalpark Neusiedler See erstreckt sich ebenfalls über zwei Staaten. Ist man zu emphatisch, wenn man sagt, dass aus dem jahrhundertelangen Gegeneinander – insbesondere nach 1918 – nun ein harmonisches Neben- und Miteinander geworden ist?

Das Burgenland heute

Administrativ ist das Burgenland in sieben politische Bezirke und sieben Gerichtsbezirke gegliedert, dazu kommen mit Eisenstadt und Rust zwei Statutarstädte (kreisfreie Städte). Die Namen der sieben politischen Bezirke lauten (von Nord nach Süd): Neusiedl am See, Eisenstadt/Umgebung, Mattersburg, Oberpullendorf, Oberwart, Güssing und Jennersdorf. Der Bezirk Neusiedl am See ist dabei mit 1037 Quadratkilometern der größte und mit fast 55 000 Bewohnern der bevölkerungsreichste. Mit 53 Bewohnern je Quadratkilometer ist er aber recht dünn besiedelt. Die sogenannten ›politischen Bezirke‹ sind reine Verwaltungseinheiten und entsprechen den deutschen Kreisen. Ein Äquivalent zu den deutschen ›Regierungsbezirken‹ gibt es in Österreich nicht. Die Gerichtsbezirke decken sich im Burgenland mit den politischen Bezirken – in anderen Bundesländern ist das nicht zwingend der Fall.

Der Landtag wird in den österreichischen Bundesländern alle fünf Jahre gewählt, im Burgenland letztmalig am 31. Mai 2015. Der Regierungschef eines Bundeslandes wird in Österreich Landeshauptmann genannt. Er besitzt im Burgenland einen Stellvertreter, des Weiteren stehen ihm gemäß dem Anteil der Parteien im burgenländischen Landtag zusätzlich fünf Landesräte – den deutschen Ministern entsprechend – aus SPÖ und ÖVP zur Seite. Diese sieben Personen bilden die eigentliche Landesregierung. Fünf Abgeordnete entsendet das Burgenland in den Nationalrat (entspricht dem deutschen Bundestag) und drei in den Bundesrat, der Vertretung der einzelnen Länder.

Bei der letzten Wahl erzielte die ÖVP (Österreichische Volkspartei) 29,1 Prozent, die SPÖ (Sozialdemokratische Partei Österreichs) 41,2 Prozent, die rechtskonservative FPÖ (Freiheitliche Partei Österreichs) 15,0 Prozent, die Grünen 6,4 Prozent sowie die Liste Burgenland (LBL) 4,8 Prozent. Zusätzlich gewannen die Kleinparteien: NEOS 2,3 und CPÖ 0,4 Prozent der Stimmen (beide waren 2010 nicht angetreten). Die beiden großen Parteien verloren auf Kosten von FPÖ, Grünen und der LBL. Landeshauptmann blieb aber Hans Nießl (SPÖ), der dieses Amt bereits seit dem Jahr 2000 innehat.

Die Bezirke des Burgenlandes

Bezeichnung	Fläche (km²)	Einwohner (1.1.2015)	KFZ-Kennzeichen
Neusiedl am See	1.037,55	56 985	ND
Eisenstadt-Umgebung	452,67	41 645	EU
Rust (Statutarstadt)	19,99	1929	E
Eisenstadt (Statutarstadt)	42,84	13 674	E
Mattersburg	237,64	39 348	MA
Oberpullendorf	700,79	37 616	OP
Oberwart	732,09	53 583	OW
Güssing	485,03	26 248	GS
Jennersdorf	253,20	17 201	JE

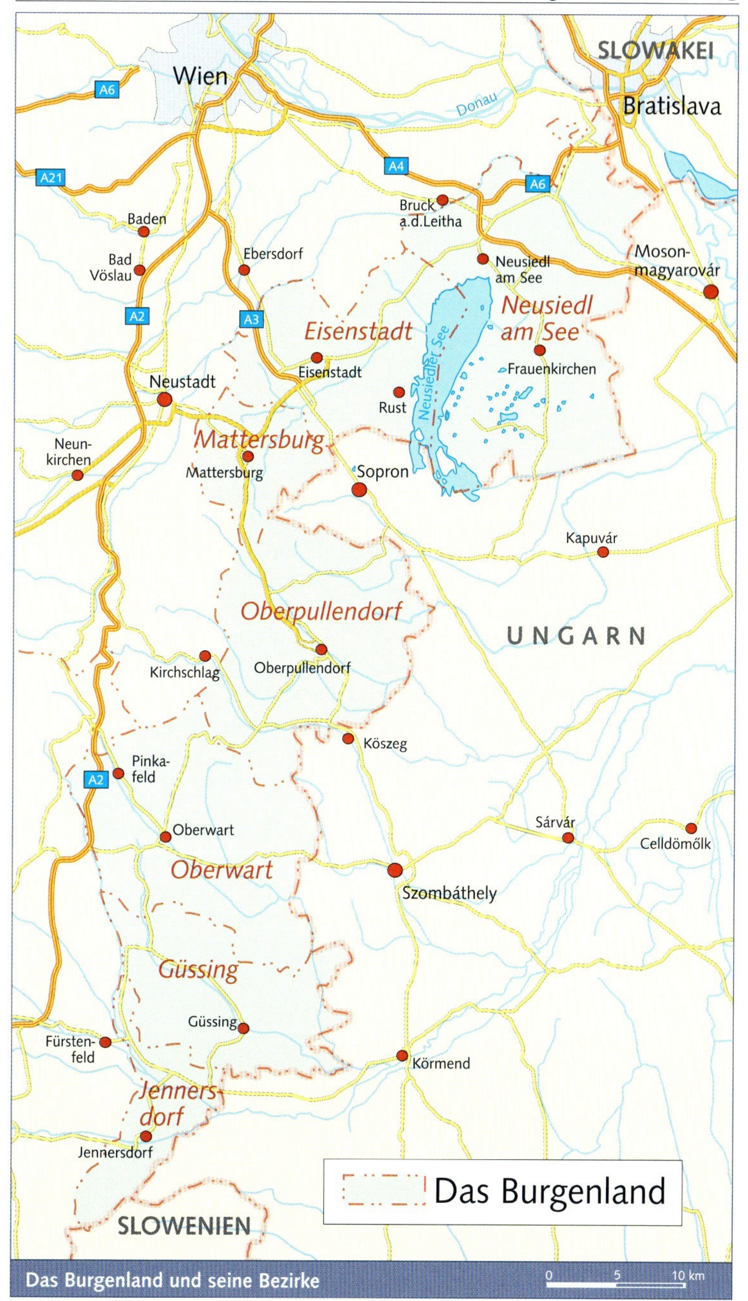

Das Burgenland und seine Bezirke

Wirtschaft

Obwohl es im Burgenland einige Wirtschaftszentren und Technologieparks gibt, ist es in erster Linie ein Agrarland und besitzt – neben Niederösterreich – eine sehr große Bedeutung als Österreichs wichtigstes Weinbaugebiet. Daneben besteht Getreide-, Obst- und Gemüseanbau wie auch der Anbau von Tabak. 2014 betrug die ertragsfähige Weingartenfläche im Burgenland etwa 16 000 Hektar – ein Anteil von 31,5 Prozent an der Weingartenfläche Österreichs. Bodenschätze sind so gut wie nicht vorhanden, der einst wichtige Antimonbergbau um Schlaining ruht seit über 50 Jahren.

5,1 Prozent der Bevölkerung sind in der Land- und Forstwirtschaft (1971: 26,8 Prozent), 31,6 Prozent in der Industrieproduktion und 63,3 Prozent im Dienstleistungssektor tätig. Trotz der in den letzten Jahrzehnten zunehmenden Struktur- und Absatzprobleme (vor allem Abbau der Vollerwerbsbetriebe) spielt die Landwirtschaft – auch außerhalb des Weinbaus – immer noch eine bedeutende Rolle. Industrie- und Bauarbeiter finden im Burgenland nicht genügend Arbeitsplätze; sie müssen zunehmend pendeln, vor allem nach Wien. Rund 23 000 Burgenländer pendeln je nach Entfernung täglich oder jeweils zum Wochenbeginn nach Wien. Mit 8,4 Prozent liegt die Arbeitslosenquote des Burgenlandes etwas unter der gesamtösterreichischen. Große Bedeutung hat das Burgenland als Produzent von Windenergie. Während im Jahr 2000 nur etwa drei Prozent des im Land erzeugten Stroms aus Windkraft erzeugt wurden, waren es 2011 bereits 50 Prozent. Das Ziel, bis 2013 den Energiebedarf des Landes vollständig nur durch Windkraft zu decken, ist heute fast erreicht.

Besonders erwähnenswert ist die Energieautonomie der Stadt Güssing im Südburgenland (→ S. 210).

Bildende Kunst und Architektur

Im Burgenland trifft der Besucher auf viele großartige Architekturdenkmäler aus vergangenen Jahrhunderten. Dabei verwundert es aber kaum, dass im über ein Jahrtausend umkämpften Grenzgebiet des Burgenlandes kaum Bauwerke aus den älteren Epochen erhalten geblieben sind.

Burg Lockenhaus, das herausragende mittelalterliche Bauwerk des Landes

Romanik

Insbesondere die Bausubstanz der Romanik ist fast vollständig verloren, zumindest ist beinahe alles später gotisiert und barockisiert worden. Erwähnenswert sind dennoch die außerhalb der Stadtmauern stehende Jakobikirche in Güssing und die Ruster Fischerkirche, in der man auf die mit Fresken geschmückte West- und Nordmauer eines romanischen Vorgängerkirchleins trifft. Von der romanischen Kirche in Zahlung bei Eltendorf (Bezirk Jennersdorf) sind nur das Rundbogenportal und die Apsis erhalten.

Gotik

Bedeutend zahlreicher sind die gotischen Baudenkmäler. Aus der Fülle sei nur das Wichtigste genannt: die Pfarrkirche von Zurndorf bei Kittsee, die Kirche mit ihrem Karner in St. Margarethen, die Martinskirche in Mattersburg, Teile des Doms von Eisenstadt (sämtlich frühgotisch). Herausragende Beispiele für gotische Profanarchitektur sind der Rittersaal der Burg Lockenhaus wie auch der Bergfried von Forchtenstein. Die Gnadenstatue von Frauenkirchen (um 1350) ist sicherlich die schönste holzgeschnitzte Marienstatue im Burgenland.

Für die Spätgotik seien erwähnt: die Ruster Fischerkirche, die Stadtkirche in Stadtschlaining, der größte Teil des Eisenstädter Doms und eine Fülle von Dorfkirchen wie beispielsweise die von Mariasdorf und St. Georgen, beide nahe Eisenstadt gelegen.

Renaissance

Die Türkenkriege und die mit ihnen verbundenen Verteidigungsanstrengungen ließen dem Land im 16. Jahrhundert nur wenig Raum für künstlerische Entfaltung. So ist im Burgenland die Renaissance nur wenig vertreten, sieht man von der Umgestaltung vieler Dorfkirchen zu Wehrkirchen ab. Doch es gibt ganz vereinzelt Kleinode aus der Renaissance: die Batthyány-Grabdenkmäler in der Güssinger Klosterkirche oder der Nádasdy-Sarkophag in der Augustinerkirche von Lockenhaus.

Barock

Wie überall in den habsburgischen Landen war die Barockepoche eine Zeit voll größter künstlerischer Aktivität. Die äußeren Feinde (die Türken) wie auch die inneren (die Protestanten) waren vernichtet oder zumindest bedeutungslos geworden. Als Ausdruck des religiösen Triumphes wie auch der unzerstörbaren habsburgischen Macht entstanden Kirchen wie auch Profangebäude voll größter Prachtentfaltung, eine Emphase, die bis ins letzte Drittel des 18. Jahrhunderts andauerte. So ist auch im Burgenland die Zahl bedeutender Barockbauten sehr groß. Im Zuge der Gegenreformation wurden Wallfahrtskirchen erneuert oder umgebaut (Frauenkirchen, Loretto). Es war aber auch die Zeit der großen Adelsfamilien: Esterházy im Norden, Nádasdy in der Mitte und Batthyány im Süden, die sich mit vielen Schlössern und Palais den Nachruhm sichern wollten. Eines der bedeutendsten Barockschlösser Österreichs ist das Schloss Halbturn, daneben das in Kittsee, wobei man die kleineren Schlossanlagen von Nikitsch, Kohfidisch und Nebersdorf nicht vergessen sollte. Ein herausragendes kirchliches Bauwerk von singulärem, eigenwilligem Charakter ist der Eisenstädter Kalvarienberg. Herrlichster Barock ist die Innenausstattung der Kirche in Kleinhöflein bei Eisenstadt. Der burgenländische Adel zog dabei die prominentesten Künstler hinzu, Meister, die auch dem Wiener Hof zur Verfügung standen: Lucas von Hildebrandt, Fischer von Erlach Vater und Sohn, Franz Anton Maulpertsch, Martino Altomonte oder Stephan Dorffmeister.

19. und 20. Jahrhundert

Die napoleonischen Kriege, die beginnende Industrialisierung, aber auch der finanzielle Niedergang mancher Adelsfamilien ließen die Bauwut allmählich abklingen. Immerhin entstand das reizvolle klassizistische Schloss Draskovich in Güssing und das Eisenstädter Schloss wurde verändert und dem Stil der neuen Zeit angepasst. Im 20. Jahrhundert baute man zumindest einige Kirchen im Stil der Zeit, wie es die modernistischen Bauten von Stegersbach und Oberwart zeigen.

Die jüngste Epoche möchte wieder auf Traditionelles zurückgreifen. Wenngleich keine Schlösser oder großbürgerlichen Palais mehr entstehen, so pflegt das Bürgertum eine besondere Wohnkultur – in Geist und Absicht verwandt der Vorarlberger Holzarchitektur. ›Pannonisch Wohnen‹ ist hierbei ein feststehender Begriff. Gemeint ist aber eher ein Gesamtkunstwerk aus Ursprünglichkeit von Natur und Landschaft, Wein- und Tischkultur in Verbindung mit kulinarischem Genuss. Die Bauten, in denen diese Symbiose realisiert wird, zeichnen sich durch jahrhundertelang bewährte Elemente aus: dicke Deckenbalken, alte Holzstiegen und weiß getünchtes Mauerwerk. Gastronomie wie Privatleute pflegen diese Traditionen mit viel Idealismus (www.pannonischwohnen.info).

Halbturn ist die bedeutendste Schlossanlage im Burgenland

In vielen Dörfern haben sich die Kellerhäuser erhalten

Volksarchitektur

Im Burgenland ist sehr viel an traditioneller ländlicher Architektur erhalten. Der Besucher begegnet meist drei Formen von Bauernhöfen. Der Streckhof mit dem Giebel zur Straße zieht sich weit in die Tiefe, rechtwinklig zur Straße. Oftmalige Erbteilungen solcher Streckhöfe führten zu besonders langgestreckten Formen, mit denen die sogenannten Hofgassen – vor allem in Mörbisch – entstanden: teilweise überdachte Wege entlang der gesamten Hausanlage. Daneben gibt es den Hakenhof, der eigentlich nur eine Variante des Streckhofs darstellt, in der der Hofraum durch ein Quergebäude in der Tiefe abgeschlossen wird. Oft wird daran parallel zum Haupthaus ein weiterer Komplex angefügt, wodurch ein Dreiseithof entsteht. Die dritte Form ist der Zwerchhof, zunächst ein normaler Streck- oder Hakenhof. Doch er weist an der Straßenseite neben dem Giebel ein Quergebäude mit Tordurchfahrt auf. Charakteristisch für das Burgenland sind im Seewinkel die Tschardaken (Csardaken): luftige, hölzerne, scheunenähnliche Gebilde zur Lagerung von Mais. Eine Besonderheit, den niederösterreichischen Kellergassen zumindest verwandt, sind die hölzernen, strohgedeckten Keller- und Weinpresshäuser von Heiligenbrunn bei Güssing.

Essen und Trinken

Die einheimische burgenländische Küche ist reichhaltig, oftmals fett und sicherlich daher manchmal nur schwer verdaulich. In den meisten Restaurants, die ihren Speiseplan auf die internationale Kundschaft abgestimmt haben, erhält man sie daher nur selten.

Die traditionelle pannonische Küche ist während der Woche fleischlos beziehungsweise fleischarm ausgerichtet. Gemäß dem, was der Boden saisonal hergibt, werden Kartoffeln, Bohnen, Kraut, Sauerkraut und Rüben in verschie-

Der Weinbau hat eine lange Tradition

denen Variationen zubereitet. Strudel, Bohnensterz, Suppen und verschiedene Gulaschvariationen, die mit Zwiebel, Knoblauch und Paprika gewürzt werden, sind hierbei landestypisch.

Insbesondere der Sterz ist ein typisch burgenländisches Gericht. Er wird mit Weizenmehl zubereitet, das trocken geröstet, zunächst mit heißem Wasser, danach mit heißem Schmalz übergossen wird, bis die Röstmasse deutlich krümelig wird. Er kann auch mit gerösteten Kartoffeln (Bettlersterz) oder gekochten Bohnen (Bohnensterz) zubereitet werden, wobei es immer auf ausreichende Zugabe flüssigen Schweineschmalzes ankommt.

Burgenländischer Wein

Insbesondere der Norden des Landes ist vom Weinanbau geprägt. Die größten burgenländischen Weingebiete liegen um den Neusiedler See, wo vorwiegend gehaltvolle Weißweine und vollmundige Rotweine gekeltert werden. Das Blaufränkischland im Mittelburgenland lässt auf schweren Löß- und Lehmböden eben diese edle rote Sorte – den Blaufränkisch – gedeihen. Im Südburgenland finden sich einige kleine Weingebiete. Hier werden mineralisch-würzige Rotweine angebaut – als Spezialität gibt es den sehr wohlschmeckenden erdbeermundigen Uhudler, den die Vinophilen meist nicht schätzen, da er ein Verschnitt ist.

Burgenländische Weine waren jahrhundertelang an den europäischen Fürstenhöfen – natürlich auch am Wiener Hof – besonders geschätzt. Zu den weißen Spitzenweinen zählen der Welschriesling (leicht herb, mit feiner Blume), der Neuburger (vollmundig, mit milder Würze), der Traminer (goldgelb, mit typischem Aroma), der Müller-Thurgau (mild, spritzig bis kräftig), Muskat-Ottonel (leicht süßlich, mit charakteristischem Geschmack). Vielgetrunkener Tischwein ist der Grüne Veltliner (süffig, mit angenehmer Säure). Der rote Blaufränkische ist samtig-mild, leicht herb, bei ausgeprägtem Bukett.

Überall in den burgenländischen Weinbaugebieten trifft man auf private Kellereien, in denen all diese Weine erworben werden können. In den Kellern können die Weine vor dem Kauf verkostet werden (www.weinburgenland.at).

Rezepte

Bohnensterz (für vier Personen)
Zubereitung: 500 g Bohnen in Salzwasser kochen, 500 g Mehl und 1 TL Salz auf dem Herd bei schwacher Hitze rösten, bis es bräunlich ist. Öfter umrühren. Mit 250 ml heißem Wasser und 500 ml Bohnenwasser aufgießen, mit heißem Schmalz abschmecken und durchrösten.

Grammelpogatscherln (für vier Personen)
Ein altes burgenländisches Gericht sind die ›Grammelpogatscherln‹. Unter Grammeln versteht man kleine angebratene Stücke fetten Schweinespecks. Diese Grammeln werden mit viel Schmalz, mit Mehl und Sahne, Wein (wahlweise auch Most), Kümmel und Salz zu einem Teig verarbeitet, der sodann gebacken wird.
Zutaten: 125 g Grammeln, 20 g Backhefe, 3 EL Milch, 150 g Mehl, 1 TL Salz, 2 EL Sauerrahm, 2 EL Wein, 1 Ei.
Zubereitung: Grammeln fein hacken, Hefe und Milch verrühren. Mehl mit Salz, Sahne, Wein und Ei mischen, die gehackten Grammeln und die angerührte Hefe dazugeben, einen glatten Teil kneten, fingerdick auswalken, dreimal hintereinander dreifach zusammenschlagen und wieder ausrollen, dann eine Stunde ruhen lassen. Den Teig fingerdick auswalken, 3 bis 4 cm große Krapfen ausstechen, auf ein Backblech legen, eine Stunde rasten lassen, dann mit verquirltem Ei bestreichen und bei 200 Grad goldbraun backen. Die Grammelpogatscherln können vor dem Backen nach Geschmack mit Kümmel bestreut werden.

Pannonischer Weinrostbraten (für vier Personen)
Zutaten: 4 Rostbratenscheiben (jeweils etwa 180 g), 60 ml Öl, Pfeffer, Salz, 250 g Zwiebel, 300 g geschälte Tomaten, 2 Knoblauchzehen, 250 ml Weißwein, etwas Majoran, Mehl, Gewürze zum Abschmecken, Sahne.
Zubereitung: Die Zwiebeln, Tomaten, Knoblauchzehen mit den Gewürzen im Wein köcheln lassen, dann passieren. Rostbraten klopfen, Rand einige Male einschneiden, salzen, pfeffern, bemehlen, im Fett rasch anbraten, in die Weinsoße geben und weichdünsten. Rostbraten herausnehmen, die Soße mit Sahne verfeinern und eventuell nachwürzen. Als Beilage: Kartoffelkroketten.

Neusiedler Fisch (für 2 bis 4 Personen)
Die reichen Fischbestände des Neusiedler Sees machen auch Fisch zum Bestandteil der einheimischen Küche.
Zutaten: 1 Zander (500g bis 1000 g), Zitronensaft, Salz, Pfeffer, Petersilie, Thymian, Mehl, Butterschmalz.
Zubereitung: Den Fisch schuppen, waschen und trocken tupfen. Anschließend die Haut in größeren Abständen leicht einschneiden (ziselieren), mit Salz, Pfeffer und Zitronensaft würzen. Je einen Petersilien- und Thymianzweig in die Bauchhöhle legen und den Fisch etwa 20 Minuten rasten lassen. Butterschmalz erhitzen, den Fisch in Mehl wenden und auf beiden Seiten knusprig anbraten. In den vorgeheizten Ofen stellen und bei 180 Grad 20 bis 25 Minuten fertig braten.
Als Beilage eignen sich Petersilienkartoffeln, junge Gemüse und Blattsalate.

»So viel Hauptstadt wie nötig, so wenig Hauptstadt wie möglich« – Eisenstadt mag nur eine Kleinstadt sein, doch ist sie als alter Esterházy-Sitz von großer Bedeutung für die Landesgeschichte. Die fürstliche Pracht des Schlosses vereinigt sich mit der Ackerbürgerarchitektur der Innenstadt zu einer bezaubernden Symbiose. Auch die Umgebung der Stadt bietet eine Fülle von bedeutenden Sehenswürdigkeiten wie beispielsweise den St. Margarethener Steinbruch.

Schloss Esterházy, Eisenstadt

EISENSTADT UND UMGEBUNG

Eisenstadt

Die kleinste aller österreichischen Landeshauptstädte mit ihren nur 13 000 Bewohnern macht auf den ersten Blick keineswegs den Eindruck eines solchen wichtigen Zentrums und erinnert mehr an einen biederen Marktflecken, an die kleine Hauptstadt eines deutschen Duodezfürstentums. Aber bei näherer Begegnung zeigt sich Eisenstadt (Kismárton), die geschichtsreiche alte Esterházy-Residenzstadt, von einer höchst repräsentativen Seite.

Stadtgeschichte

Wie archäologische Funde vom Burgstallberg – unmittelbar nördlich der Stadt im Leithagebirge – zeigten, war das Gebiet um das spätere Eisenstadt schon in der Hallstattzeit (um 1200–500 v. Chr.) besiedelt. In den folgenden Jahrhunderten gehörte es zum keltischen Königreich Noricum, das dann um die Zeitenwende dem Römerreich eingegliedert und damit Teil der Provinz Pannonia wurde. Große Funde von Skulpturen, Keramiken und Münzen im Ostteil des heutigen Stadtgebiets lassen vermuten, dass hier eine größere Ansiedlung bestanden haben muss, zumal am Rand des Leithagebirges auch eine bedeutende Römerstraße vorbeiführte. Alle Funde kann man heute im Burgenländischen Landesmuseum bewundern. Mit dem Niedergang des römischen Imperiums und der Völkerwanderung kamen Germanen, aber auch aus den Steppen Asiens die Awaren ins Land. Nachdem es Karl dem Großen gegen 800 gelungen war, die Awaren niederzuringen, besiedelten bayerische Stämme das Gebiet. Jetzt kam es nach und nach zu Konfrontationen mit dem nach Westen expandierenden Ungarnreich, bis letztlich die ungarische Herrschaft etwa von der Jahrtausendwende an – insbesondere nach der Zerschlagung des ›Großmährischen Reichs‹ – gesichert war und fast 1000 Jahre Bestand hatte. Das spätere Eisenstädter Gebiet war wie das ganze spätere Burgenland der westlichste Zipfel Ungarns.

Im Jahr 1118 wird erstmalig ein ›castrum ferreum vocatur‹ in der Chronik des Otto von Freising erwähnt, doch ist nicht sicher, ob es bei diesem ›eisernen Schloss‹ sich tatsächlich um das spätere Eisenstadt gehandelt hat. Neuere Historiker interpretieren diesen Punkt als die Komitatsburg Eisenburg (vasvár).

Eisenstadt auf einem Merian-Stich um 1675

▲ Karte S. 53

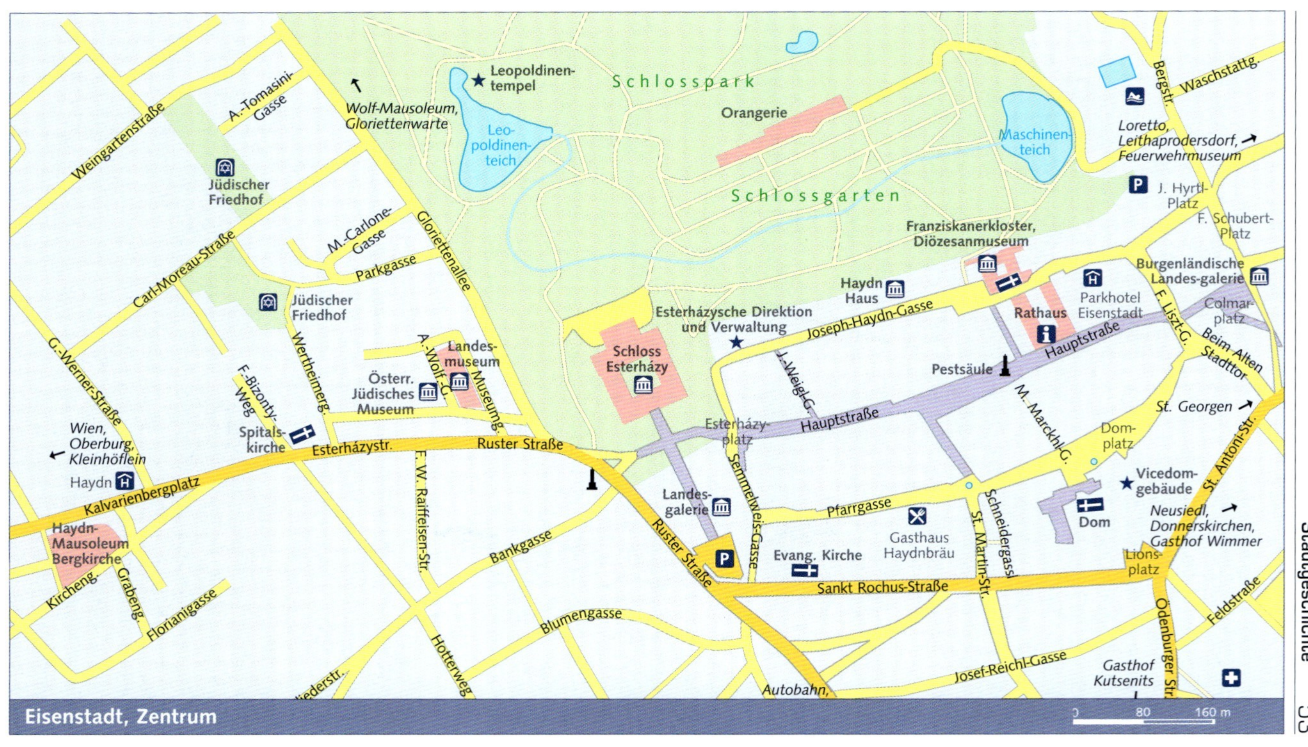

Eisenstadt und Umgebung

Eine eindeutige erste Erwähnung der Stadt erfolgte durch die Beschreibung einer ›capella sancti Martini de minore Mortin‹, übersetzt einer Martinskapelle in Kleinmartinsdorf. Daher rührt auch etymologisch die ungarische Bezeichnung ›Kismarton‹. Gegen 1300 bestand auch eine erste Judengemeinde in Eisenstadt, das in dieser Zeit nur ein – wenn auch recht großes – Angerdorf war. Es zog sich entlang der heutigen Hauptstraße, an die sich gegen 1350 die heutige Joseph-Haydn-Gasse und die Pfarrgasse mit dem Domplatz anschlossen.

Als Eisenstadt um 1370 in den Besitz der Adelsfamilie Kanizsai gelangte, wurde es mit einer Stadtbefestigung umgeben: Es sollte die Residenz zunächst dieser Familie werden. Man errichtete einen burgähnlichen Herrensitzes, der sich in etwa im Bereich des heutigen Schlosshofs befand. 1373 erhielt es dann auch das Stadtrecht, durch das erstmals der deutsche Name Eisenstadt in der Geschichte erwähnt ist. Der Name bezog sich dabei keineswegs auf Erzvorkommen oder Bergbau, sondern wollte nur den wehrhaften Charakter der neuen Stadt betonen. 1445 gelangte Eisenstadt in habsburgischen Besitz, die Kanizsais mussten ihre Residenz verpfänden. Aber es gelang ihnen nicht mehr, sie zurückzuerhalten. Eisenstadt war nun de facto ein Teil Niederösterreichs und als besondere Exklave nach verschiedenen Streitigkeiten als ›habsburgischer Besitz innerhalb der ungarischen Landesgrenzen‹ deklariert. Diese politisch schwierige Situation löste sich alsbald zugunsten Habsburgs: Die Türken drangen nach Mitteleuropa vor. 1526 vernichteten sie beim südungarischen Mohács das Heer des Ungarnkönigs Ludwig II. Da der gerade 20-jährige König im Kampf fiel und keine männlichen Nachkommen hinterließ, traten Erbverträge in Kraft, die die Habsburger nun auch zu ungarischen Königen machten. Besondere Pfandverträge bestanden jedoch weiterhin. Doch zunächst galt es, sich der heranstürmenden Türken zu erwehren 1529 und 1532 nahmen sie Eisenstadt ein und zerstörten es in großen Teilen. Doch der Ort kam im Vergleich zu anderen westungarischen Orten glimpflich davon. Nachdem es den Türken aber nicht gelungen war, Wien einzunehmen und sie sich wieder zurückgezogen hatten, ging man an die Verstärkung der Stadtbefestigung. Doch die Stadt erholte sich nur allmählich von den Zerstörungen. denn auch das ganze Umland war übel zugerichtet.

Zweischneidig war das Wirken des ›Pfandherrn‹ Hans von Weißpriach zwischen 1554 und 1571. Einerseits tolerant, errichtete er für die Juden und Protestanten eigene Wohnbezirk, doch andererseits war er gleichzeitig ein rücksichtsloser Unterdrücker der Bevölkerung. Als die Klagen über ihn zu groß wurden, löste Kaiser Maximilian II. 1572 die erwähnten Pfandverträge auf und gab das Versprechen, niemals wieder die Stadt zu verpfänden. Doch Eisenstadt sollte sich nicht erholen: Der vernichtende Stadtbrand von 1589 zerstörte gut die Hälfte von dem, was mühevoll wieder aufgebaut worden war.

Eine neue Epoche kündigte sich an, als Kaiser Ferdinand II. 1622 die Burgherrschaft Eisenstadt – jedoch ohne die Bürgerstadt – an den Grafen Nikolaus Esterházy (1583–1645) übergab, wenngleich zunächst nur als Pfandgut. Denn Ungarns Magnaten forderten lange schon von den Habsburgern, Westungarn wieder auch von Ungarn beherrschen zu lassen und die unmittelbare Verwaltung durch Österreich zu beenden. 1648 übernahm Ladislaus Esterházy (1626–1652) die Burg. Die Eisenstädter Bürger dagegen, die sich an das Versprechen Maximili-

▲ Karte S. 53

ans erinnerten, waren keineswegs damit einverstanden und entschlossen sich kurzerhand, unter Einsatz großer städtischer und privater Gelder, sich an den Kaiser Ferdinand, inzwischen der Dritte, zu wenden. Mit 16 000 Gulden und 3000 Eimer Wein (ein Eimer entsprach damals etwa 60 Liter) erkauften sie sich den Status einer ›Königlichen Freistadt‹ und entzogen sich damit der Macht jedwedes Burgherrn. Eisenstadt war damit nur dem ungarischen König untertan.

In der zweiten Hälfte des 17. Jahrhunderts gelang es Eisenstadt, endlich wieder zu prosperieren. Neben der Esterházyschen Burg bestand eine königliche Freistadt und seit 1671 auch ein Judenbezirk. Außerhalb der Stadtmauern, jedoch auf eigenem Terrain, siedelte Paul I. Esterházy (1635–1713) unmittelbar an der Befestigungsgrenze der Freistadt und in sechs weiteren Orten, den sogenannten Siebengemeinden, etwa 3000 Juden an, darunter Samson Wertheimer (1658–1742), den späteren berühmten Rabbiner. Überhaupt setzte in jenen Jahren eine reiche Bautätigkeit ein – wie überall im Habsburgerreich. Paul, inzwischen in den Reichsfürstenstand aufgestiegen, baute nun die mittelalterliche Burg der Kanizsai in ein prächtiges Barockschloss um, das 1672 vollendet war. Überhaupt verwandelten die Esterházy durch reges Bauen das Bild des ganzen westlichen Ungarn nachhaltig. Eisenstadt wurde neben dem etwa 35 Kilometer entfernten Esterháza zum Hauptsitz der Familie, die den größten Teil Westungarns in ihrem Besitz hatte und in allen Regionen Schlösser besaß.

Doch 1683 zogen die Osmanen erneut gen Wien. Glücklicherweise blieb sie diesmal unzerstört, da sich die Stadtväter von vornherein mit dem ungarischen Grafen Emmerich Thököly verbündeten, der sich durch seine Feindschaft mit Habsburg seinerseits mit den Türken verbündet hatte. Doch Thökölys Truppen, die Kuruzzen, zogen noch viele Jahre durchs Land. Ihr Kampf gegen Habsburg und um die Loslösung von Wien ließ sie zu Beginn des 18. Jahrhunderts Eisenstadt plündern und verwüsten. Die in ganz Mitteleuropa wütende Pest der Jahre 1709 bis 1713 raffte einen großen Teil der Bevölkerung der Stadt dahin. Eisenstadt war wieder dort, wo es sich schon einmal 1529 befunden hatte.

Aber die Esterházy machten ihre Residenz nun zu einem kulturellen Zentrum. 1707 entstand westlich der Burg der Kalvarienberg mit der Kapelle Maria Einsiedel, das zweifellos bedeutendste Architekturdenkmal der Stadt neben dem Schloss. Eisenstadt wurde zu einem Ort eindrucksvoller fürstlicher Hofhaltung. Insbesondere wurden auch Musik, Theater und Malerei gepflegt. Fürst Nikolaus I. (1714–1790) holte 1761 den bis dahin wenig bekannten Joseph Haydn an den Hof, wo er 30 Jahre lang als Kapellmeister wirkte und gleichsam zum Begründer der Gattung Symphonie wurde. Die Betonung auf die Musen am Esterházyschen Hof führte aber auch dazu, dass man die Stadtbefestigung einriss, die Tore abbrach, da man meinte, sie nicht mehr zu benötigen. Schnell waren auch die Folgen des großen Stadtbrandes von 1768 beseitigt.

In der ersten Hälfte des 19. Jahrhunderts wuchs Eisenstadt dann über seine jahrhundertelang existierenden Grenzen hinaus. Es entstand im Süden die Rochusvorstadt um die St. Rochusstraße bis zur Neusiedler Straße hin. In der zweiten Hälfte des 19. Jahrhunderts ging dann die Esterházysche Herrlichkeit zu Ende. Gegen 1870 war klar, dass man zu lange auf zu großem Fuß gelebt hatte. Der Bankrott und damit verbundene Skandal wurde nur durch direkte Intervention Kaiser Franz Josephs vermieden. Damit versank Eisenstadt allmählich in Bedeutungslosigkeit, zumal man sich bewusst nach Wien ausgerichtet hatte, da die überwiegend deutsche Bevölkerung sich der Magyarisierungsbewegung aus Budapest zu widersetzen versuchte. Nach dem Ende des Ersten Weltkriegs und der Auflösung der k.u.k.-Monarchie wurde der überwiegend deutsche besiedelte Teil Westungarns mit Eisenstadt und Ödenburg im Friedensvertrag von Saint Germain-en-Laye 1921 an die neugegründete Republik Österreich angeschlossen und das Bundesland Burgenland ausgerufen. Als Landeshauptstadt war ursprünglich Ödenburg (Sopron) vorgesehen. Doch Ungarn weigerte sich zunächst – entgegen der Bestimmungen des Vertrags –, den erwähnten Teil Westungarns überhaupt an Österreich zu übergeben. Als die Siegermächte dies endlich durchsetzten, gelang es den Ungarn, eine Volksabstimmung im Ödenburger Gebiet über die Zugehörigkeit zu Österreich oder Ungarn durchzuführen. Durch allerlei Mauschelei, vor allem da die Abstimmung unter Kontrolle Italiens durchgeführt wurde, das aufgrund alter Gegnerschaft natürlich nicht auf österreichischer Seite stand, kam Ödenburg und sein Umland zu Ungarn. So musste man mit Eisenstadt vorlieb nehmen, das dann 1925 die Landeshauptstadt wurde. Dabei war Eisenstadt nur als Zwischenlösung vorgesehen – denn der Anspruch auf Sopron (Ödenburg) als Hauptstadt des neuen Bundeslandes sollte zunächst nicht fallen gelassen werden. In der Landesverfassung von 1926 heißt es daher auch, »Sitz der Landesregierung ist Eisenstadt, der Landtag tagt am Sitz der Landesregierung« – eine Landeshauptstadt wird nicht erwähnt. Doch bald wurde klar, dass an ödenburg nicht mehr als Hauptstadt zu denken war. Und so ging man zähneknirschend daran, wenigstens Eisenstadt repräsentativ auszustatten.

Das alte Statut als Freistadt wurde 1927 erneuert. Da Eisenstadt zunächst keine geeigneten Repräsentationsbauten als Landeshauptstadt besaß (das Esterházy-Schloss war in Privatbesitz), residierte die Regierung bis 1930 provisorisch im nahen Sauerbrunn. Erst in diesem Jahr bezog sie das neue Landhaus und andere administrative Bauten, die in den letzten fünf Jahren entstanden waren. Nach 1938 kam es durch Eingemeindungen zur Vergrößerung der Stadt. Allerdings verlor es mit dem Anschluss Österreichs die Funktion als Landeshauptstadt. Der nördliche und mittlere Teil des Burgenlandes wurden in den Gau Niederdonau eingegliedert, der südliche kam zur Steiermark. Während des Kriegs blieb Eisenstadt, anders als das nahe Wiener Neustadt, zunächst unbehelligt. Das einzige Bombardement auf die Stadt am 10. Mai 1944 ist in Zusammenhang mit der Bombardierung Wiener Neustadts zu sehen. Dabei wurden 20 Häuser zerstört. Die Endkämpfe ließen die Stadt unbehelligt, die Front ging über sie hinweg. Am 1. Mai 1945 wurde Eisenstadt von Sowjettruppen besetzt.

Die Landeshauptstadt Eisenstadt ist heute auch Sitz des Burgenländischen Landesmuseums und -archivs, des Österreichischen Jüdischen Museums und des Haydn-Museums. Auf einer Fläche von 43 Quadratkilometern wohnen knapp 13 000 Personen, 4 bzw. 2 Prozent gehören der ungarischen und kroatischen Minderheit an.

Bedeutende Eisenstädter Persönlichkeiten

Einige bedeutende Persönlichkeiten wurden in Eisenstadt geboren oder haben hier gewirkt. Die wichtigste Person, die mit Eisenstadt in Verbindung gebracht

▶ Karte S. 53

Der Mediziner Josef Hyrtl, Lithographie (1850) von Eduard Kaiser

wird, ist natürlich Joseph Haydn (→ Essay S. 65). Ein anderer großer Komponist, Franz Liszt, konzertierte 1820 achtjährig im Eisenstädter Schloss, kam aber später nur noch selten in die Stadt. Der Italiener Luigi Tomasini (1741–1808) war während der Haydn-Zeit ein bedeutender Violinist an der fürstlichen Kapelle. Gebürtiger Eisenstädter ist Joseph Weigl (1766–1846), dessen Oper ›Die Schweizerfamilie‹ am Anfang des 19. Jahrhunderts in Österreich viel gespielt wurde. Auch Josef Hyrtl (1810–1894) kam hier zur Welt. Man kann ihn als Begründer der modernen Anatomie ansehen. Hyrtl war ein großer Philantroph, speiste die Armen und ließ in Eisenstadt ein Waisenhaus erbauen. Bereits 26-jährig wurde er zum Professor der Anatomie in Prag ernannt. Der bedeutende Bildhauer und Porträtist Gustinus Ambrosi (1893–1975) ist mit großartigen Plastiken von Figuren der antiken Mythologie zu großem Ruhm gekommen. Die zumindest in Österreich bekannte Schauspielerin Maria Perschy (1938–2004) stammt ebenfalls aus Eisenstadt. Internationalen Ruhm erlangte sie in den Film ›Nasser Asphalt‹ (1958) an der Seite von Horst Buchholz. Leider ließ sie sich in späteren Jahren herab, in B-Produktionen mitzuwirken (unter anderem ›Das Geisterschiff der schwimmenden Leichen‹). Dass auch viele Mitglieder der Familie Esterházy in Eisenstadt geboren wurden, braucht nicht besonders herausgestellt werden.

Stadtspaziergänge

An den Fuß des Leithagebirgs geschmiegt und auf einem nach Süden fallenden Hang angelegt, öffnet sich Eisenstadt weit zur ungarischen Ebene hin. Man spürt, dass sich diese Stadt schon rein äußerlich immer als nach Ungarn gewendet verstand. Alle Blicke von hier haben keine andere Möglichkeit, als in Richtung Tiefebene und damit nach Ungarn zu gehen. Eisenstadts historischer Kern lässt sich in den Schlossbereich, die königliche Freistadt sowie Unter- und Oberstadt aufteilen. Dominiert wird die Stadtsilhouette vom Esterházyschen Schloss, das zwischen Unterberg und Freistadt liegt und diese gleichsam verbindet.

Das Schloss

»Ein seltsamer Bau, der etwas befremdend wirkt. Was hier von den Baumeistern Carlo Martino Carlone und den Polieren Sebastiana Bartoletto und Antonio Carlone zwischen 1663 und 1672 als Festgewand dem mittelalterlichen Baukern übergeworfen wurde, ist eine Mischung aus herkömmlichem Barock und orientalischer Prachtentfaltung, eine Komposition also, der das Einheitliche fehlt. Verwirrend dieses Aufbauten der pavillonartigen Türme, zwischen denen wie zierliche Dachreiter Zwiebelhelme hervorblicken. Allzu prunkvoll die vorgeblendete Balustrade, das stark schattende Hauptgesims und die auf dem Dachfirst hinziehenden Laufgänge, welche die als Aussichtswarten gedachten Eckpavillons miteinander verbinden. Der exotische Charakter der Schlossfront wird noch verstärkt durch die prächtigen, ›Maskarons‹ genannten Konsolfratzen und durch die vor den Fenstern des Mezzanins stehenden Steinbüsten ungarischer Heerführer. Alles in allem: ein Anhäufen von architektonischem Schmuck, der die Wirkung der viergeschossigen, mit Schönbrunner Gelb getönten Front eher mindert als hebt.«

Der Kunsthistoriker Max Rieple (1902–1981) hat mit diesen eindrucksvollen Worten das Schloss beschrieben. Und in der Tat: Irgendwie wirkt es tatsächlich etwas unharmonisch: groß in seiner doch eher bescheidenen Umgebung.

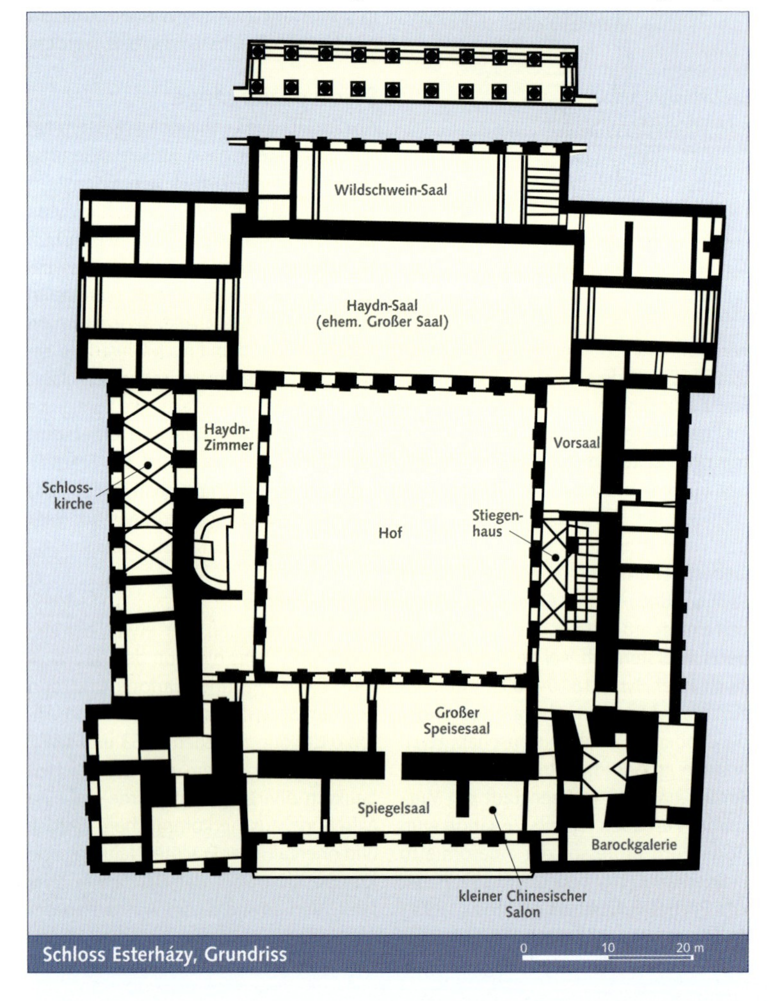

Schloss Esterházy, Grundriss

Die mittelalterliche vierflügelige Burg, die einen Wassergraben besaß, ist noch deutlich zu erkennen. Allerdings weiß man kaum etwas über ihr Aussehen und über ihre Geschichte zwischen der Erbauung und dem Anfang des 17. Jahrhunderts, als sie in einigen Stichen festgehalten wurde. Übrigens wurde das Schloss nach Carlones barockem Umbau, bei dem der Wassergraben bestehen blieb, im ersten Jahrzehnt des 19. Jahrhunderts durch Pierre Charles de Moreau erneut verändert. Dabei erhielten die vier barocken Turmhelme flache Zeltdächer, die parkseitigen Türme wurden dabei völlig neu gebaut, vor die Fassade wurden Altane mit dorischen Säulen gesetzt, und entlang der Gartenfront entstand eine monumentale korinthische Säulenvorhalle. Die Umbauten wurden aber nicht abgeschlossen, da die napoleonischen Wirren die Finanzen der Familie Esterházy ziemlich zerrütteten. Im Südwestturm hängt seit Carlones Zeiten die größte Glocke des Burgenlandes mit einem Gewicht von 7200 Kilogramm.

Die Vorderfront des Schlosses zeigt über der ersten Etage 18 Steinbüsten ungarischer Heerführer, wobei die beiden mittleren Büsten Graf Nikolaus Esterházy (1582–1645) zeigen, den ältesten der geschichtlich bedeutsamen Fürsten, und Fürst Paul I. Esterházy (1635–1713).

Der großartigste Raum des Innern ist der **Haydn-Saal** im hinteren Trakt. Carlone schuf ihn als großen Fest- und Repräsentationsraum des Schlosses. Die Deckenfresken von Carpoforo Tencalla entstanden zwischen 1665 und 1670 und stellen Szenen aus dem Roman ›Amor und Psyche‹ des Apuleius (um 123–um 175) dar. Der Saal wird ganzjährig als Konzertsaal genutzt. In der mittelalterlichen Burg befand sich hier der Rittersaal.

Im Südtrakt existieren weitere **Prunkräume**: der Spiegelsaal mit seinen blaugestreiften Seidentapeten, der klassizistische Große Speisesaal im Empirestil und der kleine chinesische Salon. Im Westtrakt der Burg erfolgte 1660 die Einweihung der **Schlosskirche** durch den Erzbischof von Gran (Esztergom). Hier

Schloss Esterházy, Hauptseite

werden in einem Glassarg die Reliquien des heiligen Konstantin aufbewahrt, die der Familie 1685 von Papst Innozenz IX. geschenkt wurden. In der Kapelle fanden seit 1674 geistliche Konzerte statt. Ein kleines ständiges Ensemble war damit beauftragt. Aus ihm ging jene fürstliche Kapelle hervor, die durch Joseph Haydn zu Weltruhm gelangen sollte. Nicht versäumen sollte man noch den Besuch des **Burgenländischen Weinmuseums** im Keller des Schlosses.

Sehr besuchenswert ist auch der knapp fünf Quadratkilometer große **Schlosspark**. Er erhielt seine heutige Form ebenfalls zu Beginn des 19. Jahrhunderts. Besonders beeindruckend ist der Leopoldinentempel mit seinen dem ägyptischen Stil nachempfundenen Säulen im nordwestlichen Bereich, malerisch über einem künstlichen Felsmassiv erbaut. Im 19. Jahrhundert rauschte ein künstlicher Wasserfall über die Felsen hinab. Eine 1803 schon eingebaute Dampfmaschine pumpte pro Minute 1500 (!) Liter Wasser empor. Die ehemalige Orangerie – übrigens neben der von Schönbrunn die größte in Österreich – wird für Ausstellungen genutzt. In der Nordostecke des Parks gibt es einen Obelisk. Von den östlichen Regionen des Parks hat man eine schöne Sicht auf die Altstadt von Eisenstadt.

An der Franziskanerkirche gibt es einen Durchlass vom Park zur Joseph-Haydn-Gasse hin. Der Schlossfront gegenüber, genau in der Sichtachse, sind am Abhang die ehemaligen Stallungen zu finden: langgestreckte, mit Säulen versehene Unterkünfte der vormaligen Dienerschaft. In ihnen befindet sich neben einem Café auch eine Vinothek. Durch die Stallungen verlief einst die Hauptzufahrt zum Schloss. Die Verlängerung dieser Trasse geht in die Ruster Straße über und die ist die alte Route nach Ungarn hinein, Richtung Rust, Sopron und nach Esterháza zum zweiten großen Familienschloss. Vor der Nationalbank, westlich des Schlossplatzes, sitzt Franz Liszt in einem weißen **Marmordenkmal** auf einer Bank. Der berühmte Klaviervirtuose und Komponist, der im unweiten Raiding 1811 geboren wurde, konzertierte als pianistisches Wunderkind 1820 im Eisenstädter Schloss. Das Denkmal wurde 1936 anlässlich seines 50. Todestags errichtet.

▶ Karte S. 53

In der Hauptstraße

Durch die Hauptstraße

Vom Schloss nach Osten verläuft die Hauptstraße, die alte historische Achse des ursprünglichen Angerdorfs Eisenstadt. Eine große Zahl schöner Hausfassaden, meist aus dem 18. Jahrhundert, säumen die Hauptstraße. In den Grundmauern stammen viele Häuser noch aus der Zeit vor 1589, dem Jahr des großen Stadtbrands. Nummer 19, auch Jobhaus genannt, weist in seiner linken Hälfte ein Renaissanceportal auf. Am Keilstein im Torbogen lässt sich die Jahreszahl 1590 entdecken. Es ist damit das älteste datierbare Bürgerhaus der Stadt. Vor dem Erker steht eine Säule mit einer Glockenmadonna aus dem Jahr 1896.

Haus Nummer 22 ist das barocke Orgelbauerhaus. Hier befand sich seit 1526 eine Ledermanufaktur und seit etwa 1900 eine Orgelbauwerkstatt. In das Privathaus hat der Eigentümer in den letzten Jahren einen kleinen Konzertsaal für etwa 100 Personen eingebaut, wo sich auch eine Orgel aus dem Jahr 1787 befindet. Während der Saison werden hier verschiedene Konzertveranstaltungen abgehalten (Infos beim Tourismusbüro). Sehr sehenswert ist der gleichsam verzauberte Garten des Hauses. Hauptstraße 25 ist ein Gasthof, der ebenfalls auf das 16. Jahrhundert zurückgeht.

Die **Pestsäule** entstand nach 1713, als die damals europaweit wütende Pest abgeklungen war. Um ihren Sockel sind unter anderem die Pestheiligen Rochus (mit Pestbeulen) und Sebastian sowie die Heiligen Franziskus und Nepomuk zu sehen. An der Spitze der Säule ist mit Gottvater, Jesus und dem heiligen Geist die heilige Dreifaltigkeit dargestellt. Der Florianibrunnen steht seit 1628 hier, genau in der Mitte der königlichen Freistadt Eisenstadt. Die Floriansfigur stammt aber aus dem 19. Jahrhundert.

Unverkennbar 20. Jahrhundert: Fenster im Dom

Das **Rathaus** (Nummer 35) entstand um 1650, erhielt aber sein jetziges Aussehen durch einen Umbau gegen 1760. Dabei wurden aber viele der urspünglichen Renaissance-Elemente beibehalten wie etwa die Decke in der Rathausvorhalle. Zwischen den Fenstern symbolisieren verschiedene Frauengestalten die Tugenden (Mäßigkeit, Stärke, Weisheit, Gerechtigkeit, Mildtätigkeit, Hoffnung und Treue), rechts des Mittelerkers sind Szenen aus dem Alten Testament dargestellt. Am Erker sieht man das Esterházysche Wappen neben einer Sonnenuhr. In der östlichen Hälfte der Hauptstraße lohnt Nummer 40 mit seinem gotischen Erker einen Blick.

Um den Domplatz

Hinter der Pestsäule kann man durch die schmale Matthias-Marckhl-Gasse zum Domplatz kommen. Eisenstadt ist erst seit 1960 Diözese und die ehemalige Stadtpfarrkirche St. Martin seit diesem Jahr Domkirche. St. Martin ist Schutzpatron vieler ungarischer Kirchen – er kam ja zur Römerzeit in Samaria, dem späteren Szombathély (Steinamanger) zur Welt. Äußerlich ist der **Dom** eine spätgotische Hallenkirche aus den Jahren vor 1500 auf den Fundamenten eines bedeutend älteren Baus. Der Nordturm wurde nachweislich 1520 errichtet. Mauerreste, die bis aufs 13. Jahrhundert zurückweisen, konnten innerhalb des Doms gefunden werden. Die drohende Türkengefahr, wie sie sich schon in diesen Jahren zeigte, ließ die Architekten eine besondere Art von Wehrkirche errichten: Unter dem Walmdach des Turms befinden sich vier Ecktürmchen mit Schießscharten. Auch band man die Kirche in die Stadtbefestigung ein, die neben der normalen Stadtmauer an dieser Stelle noch eine fünfeckige Bastion besaß. Deren Reste lassen sich von der St. Rochus-Straße und dem Lionsplatz noch einsehen. Hier befindet sich noch der Pulverturm.

Die Kirche brannte beim großen Stadtbrand 1589 aus und wurde 1629 erneut geweiht. Wie überall im Habsburgerreich, wurden die Kirchen im 18. Jahrhundert barockisiert und sehr oft im 19. Jahrhundert dann neogotisch umgestaltet. So ist auch der Eisenstädter Dom in seiner Architektur Spiegelbild verschiedener Epochen.

Aus dem 16. Jahrhundert sind die Grabsteine einiger Ritter erhalten, aus der Zeit um 1495 stammt das Ölbergrelief in der nördlichen Vorhalle, das älteste erhaltene Kunstwerk in der Kirche. Stephan Dorffmeister schuf ursprünglich als Hochaltarbild die ›Verklärung des heiligen Martin‹ (1777), das sich heute im nördlichen Seitenschiff befindet. Die Krypta der Stadtkirche wurde nach 1960 zur Bischofsgruft. Neben dem Hochaltar befindet sich der Zugang, nahe dabei eine modernere Pietá von Anton Hanak (1875–1934). Die Kirchenfenster wurden erst in den 1950er Jahren von Franz Deed und Margret Bilger geschaffen.

Erwähnt sei noch das **Vicedomgebäude** – heute Hotel – am Domplatz (Nummer 42) aus der Zeit um 1540 bis 1580 mit seinem sehr schönen Durchgang. Der Vicedom war Vertreter des Kaisers während der Zeit der Verpfändung der Herrschaft Eisenstadt. Am Domplatz befindet sich auch noch ein **Brunnen** aus den Jahren um 1710. Nach Osten hin existieren auf dem Domplatz noch Teile der **Stadtmauer**, die jedoch verbaut worden sind.

▲ Karte S. 53

Im Westen des Domes, in der Pfarrgasse, gibt es noch eine Reihe alter Häuser. Nummer 8 besitzt ein sogenanntes Korbbogentor, Steinfiguren von Heiligen an der Fassade und im Hof einen Rest der Stadtmauer. Um Schneidergassl und St.-Martin-Straße lässt sich die mittelaterliche Stadtmauer noch gut einsehen. Südlich der Pfarrgasse, an der St.-Rochus-Straße, befinden sich sowohl die Bischofsresidenz wie auch die 1935 errichtete evangelische Stadtkirche.

Um die Joseph-Haydn-Gasse

Die Joseph-Haydn-Gasse – zu Haydns Zeiten und danach Klostergasse – ist zweifellos neben der Hauptstraße die schönste Straße Alt-Eisenstadts. Es fallen einige Lücken in der historischen Zeile auf: Der Bombenangriff auf Eisenstadt am 10. Mai 1944 zerstörte hier einige Häuser.

Die nördliche Häuserzeile ist direkt in die hier gut erhaltene Stadtmauer an- und eingebaut. Nummer 1 ist die monumentale **Esterházysche Direktion und Verwaltung**. Das Gebäude entstand 1792 durch Umbau eines aufgelassenen, seit 1678 bestehenden Augustinerklosters. Im September 1807 lebte hier einige Zeit Ludwig van Beethoven, der sich gerade für einige Tage in der Stadt aufhielt, um seine C-Dur-Messe in der Schlosskirche aufzuführen. Nummer 17 ist mit einer beeindruckenden Rokoko-Fassade versehen, die Fassadenmalereien symbolisieren die vier Jahreszeiten. In der Nummer 21 lebte Joseph Haydn zwischen 1766 und 1778. 1768 brannte es während eines Stadtbrands ab, wobei viele Manuskripte des Komponisten verlorengingen. 1778 verkaufte Haydn das Haus, denn er lebte danach überwiegend im Schloss Esterháza (heute Fertőd) nahe des Südufers des Neusiedler Sees, wohin Fürst Nikolaus in jenem Jahr seine Resi-

Die bezaubernde Haydngasse

denz verlegte. Das erwähnte Haus war Haydns Eigentum. Die Wohnräume im ersten Stock sind original erhalten und als ausnehmend authentisches **Haydn-Museum** eingerichtet, das man unbedingt besuchen sollte. Auch wer weniger die klassische Musik schätzen mag, wird von dieser originalgetreu rekonstruierten Bürgerwohnung aus der zweiten Hälfte des 18. Jahrhunderts sehr angesprochen sein. Übrigens: Durch die gesamte Innenstadt führt seit dem Jubiläumsjahr 2009 (200. Todestag) ein **Haydn-Pfad**, der alle wichtigen Stationen des Eisenstädter Lebens des Künstlers verbindet. Schön ist auch Haus Nummer 24 mit seinen reichen Umrahmungen von Portal und Fenster im Obergeschoss; sehr schön sind insbesondere die Hausnummern 23 (prächtiges barockes Rundbogenportal), 25 (Erker auf Konsolen des Obergeschosses) und 27 (Bibelspruch über dem Portal, sowie ausladender Erker über der Tür). Zwischen Haus Nummer 27 und der Franziskanerkirche kann man über einen Durchgang in den Schlosspark gelangen. Von diesem Durchgang aus lässt sich gut die Stadtmauer überblicken, die in der Haydngasse meist die hintere Hausmauer in der nördlichen Häuserzeile darstellt.

Die **Franziskanerkirche** wurde schon 1630 im Zuge der Gegenreformation gebaut. Eine ältere gotische Kirche ging in den Neubau ein. Hier bestand seit 1414 ein Minoritenkloster, das 1529 beim ersten Türkeneinfall zerstört wurde. Die neue Klosterkirche wurde dem heiligen Michael geweiht. Das Innere beeindruckt durch die von italienischen Künstlern geschaffenen Renaissancealtäre aus der Zeit um 1630 bis 1640 mit ihren reichen Stuckverzierungen.

Nördlich an die Kirche schließen sich die dreigeschossigen Klostergebäude des **Franziskanerklosters** an. Es besitzt einen quadratischen Hof, und im Gartentrakt des Klosters befindet sich in einer neugotischen Pfeilerhalle die Esterházy-Gruft. Ihr wesentliches Bauteil ist eine Tumba aus rotem und weißem Marmor. In ihr ist Fürst Paul I. Esterházy (1635–1713) beigesetzt, einer der bedeutendsten Vertreter des Adelsgeschlechts. Von ihm bis zu Fürst Dr. Paul Esterházy (1901–1989) sind fast alle Fürsten dieses großen Hauses hier zu Grabe getragen worden. Die Gruft ist leider nicht öffentlich zugänglich.

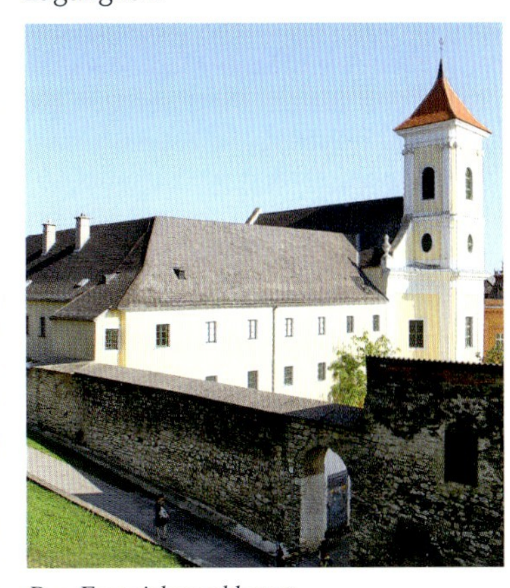

Das Franziskanerkloster

Die unscheinbare Magdalenenkapelle

Seltsam ist die Geschichte der Ehefrau von Fürst Paul I., Ursula. Sie verstarb am 31. März 1682. Dem damaligen Brauch entsprechend, wurde sie stehend aufgebahrt. Dabei zeigte sich bald, dass ihr Leichnam nicht verweste, sondern allmählich mumifizierte. Die Bevölkerung sah darin ein Zeichen von Heiligkeit bei Ursula, und es setzten regelrechte Wallfahrten zu ihrer Grabstätte ein, bis man sie Anfang des 20. Jahrhunderts umbettete und die Gruft verschlossen wurde. Das östliche Ende der Joseph-Haydn-Gasse liegt am Josef-Hyrtl-Platz, wo sich auch ein 1960 errichtetes **Denkmal** dieses großen Eisenstädter Mediziners befindet. Von diesem Platz verläuft die Johann-Permayer-Straße ostwärts. Wo sich heute das Arbeitsamt (Nummer 10) befindet, kam am 24. Februar 1893 der bedeutende Bildhauer, Porträtist und Lyriker Gustinus Ambrosi zur Welt. Bereits mit acht Jahren wurde er aufgrund einer Meningitis taub. Während des Zweiten Weltkriegs wurden viele seiner Plastiken, die sich Gestalten der antiken Mythologie annehmen, wie auch sein Wiener Atelier zerstört. Das Ambrosi-Museum in Wien jedoch hütet das, was übriggeblieben ist.

▲ Karte S. 53

Die Permayerstraße endet am Europaplatz, wo sich das 1926–1929 erbaute Landhaus des burgenländischen Landesregierung befindet. Davor steht ein ungewöhnliches, zum 200. Geburtstag 1932 für Joseph Haydn errichtetes **Denkmal**: eine Art steinerner Urne in Würfelform mit Erde aus allen deutschen Regionen. Jugendliche aus vielen Gegenden Deutschlands und Österreichs veranstalteten damals einen Sternmarsch und brachten Erde ihrer Heimatregionen nach Eisenstadt.

Im Osten der historischen Innenstadt

Vom Hyrtlplatz führt die Franz-Liszt-Gasse zur Straße Beim alten Stadttor. Hier befand sich einst das Untere Tor, von dessen Mauteinnahmestation noch zwei alte Steinpfeiler auf beiden Seiten der Straße bestehen. Haus Nummer 2 ist ein prächtige Eckhaus aus den Jahren um 1700, Nummer 4 ist ein schöner Barockbau aus der gleichen Epoche. An der Ecke zur St.-Antoni-Straße steht die vormalige **Magdalenenkapelle** aus dem Jahr 1765, an der seit 1958 ein Krieger- und Gefallenendenkmal mit einer nach drei Seiten offenen Pfeilervorhalle angebaut ist. In der Antonistraße trifft man auf die Antonisäule von 1678.

An der Bürgerspitalgasse 2 liegt der **Haydn-Kräutergarten**. Das Terrain außerhalb der damaligen Stadt war von Haydn zusammen mit dem Wohnhaus erworben worden. Hier baute seine Frau Anna Aloisia Gartenkräuter für die Küche an. Das kleine Gärtchen blieb durch die Zeiten erhalten und ist heute ein Schaugarten genau solcher Kräuter, wie sie im 18. Jahrhundert für die Küche verwendet wurden. Das hölzerne Gartenhäuschen ist original aus Haydns Zeit erhalten und soll ihm als Komponierstätte gedient haben.

Der Kapellmeister Joseph Haydn

Der böhmische Graf Karl Morzin war Joseph Haydns erster Dienstherr. Seit 1759 war Haydn auf dessen Schloss nahe Pilsen als Kapellmeister beschäftigt; über sein Leben vor dieser Zeit weiß man nur wenig, nur einige Eckdaten wie Geburtsdatum und -ort sind bekannt und wo er wann gelebt hat. Auf dem Schloss des Grafen entstanden auch die ersten seiner insgesamt 104 Symphonien. Diese Gattung hatte in diesen Jahren noch nicht jene künstlerische Bedeutung – die ›Sinfonia‹ war meistens nur ein kleineres instrumentales Vor- und Zwischenspiel in Opern und Oratorien –, die sie später in den Werken Mozarts und Beethovens und deren Nachfolger haben sollte. Es war Haydn, der die Gattung Symphonie reformierte und zu wirklich künstlerischer Höhe führte.

Haydn heiratete 1760, es wurde eine der unglücklichsten Künstlerehen der Geschichte. Maria Anna, mit ihren 32 Jahren nach damaliger Meinung bereits eine alte Jungfer, war zänkisch, eifersüchtig, bigott, eine schlechte Hausfrau, verschwendungssüchtig und dazu noch unfähig zum Kindergebären. Bis heute bleibt unklar, warum der ansonsten so kluge und umgängige Haydn bei der Wahl seiner Gattin eine so fatalistische Sorglosigkeit an den Tag gelegt hat. Vielleicht war es eine

Joseph Haydn, Portrait (1791) von Thomas Hardy

psychologische Sache: Denn er war ursprünglich in Maria Annas Schwester Therese verliebt; diese aber war von den Eltern für den Nonnenstand bestimmt worden.

Schon nach zwei Jahren war die böhmische Zeit zu Ende: Morzin musste wegen finanzieller Engpässe seine Kapelle auflösen. Als Fürst Paul II. Anton Esterházy (1711–1762) davon hörte, beschloss er, sich den bereits namhaften Haydn zu sichern. Paul Anton war ein Musikfreund und spielte Violine und Cello mit großem Können. Mit der Ernennung Haydns – zunächst nur als Vizekapellmeister –, der dabei das ausnehmend hohe Gehalt von damals 400 Gulden jährlich bezog, schrieb er sich in die Musikgeschichte ein. Haydns Anstellungsvertrag vom 1. Mai 1761 ist erhalten. In ihm ist festgehalten, dass Haydn zunächst dem »Capel-Meister Gregorius Werner subordiniert« sein sollte. Zu Haydns Glück starb dieser 1766, und er konnte auf dessen Stelle nachrücken. Außerdem sollte er als »Haus-Officier angesehen und gehalten werden«. Haydn musste sich »wie es einem Ehrliebenden Haus-Officier bei einer fürstlichen Hoffstatt wohl anstehet, nüchtern [gemeint ist sachlich, objektiv] und mit denen Musicis nicht Brutal, sondern mit arth bescheiden, ruhig, ehrlich aufzuführen wissen wird, haubtsächlich wenn vor der Hohen Herrschaft eine Musique gemacht wird, solle er Vice-Capel-Meister samt denen subordinirten allezeit in Uniform und nicht nur er, Joseph heyden selbst, sauber erscheinen, sondern auch die andern darin anhalten, in weißen Strümpfen, weißer Wäsche, eingepudert und entweder in Zopf oder Har-Beutel, jedoch durchaus gleich sich sehen lassen.« Dann heißt es weiterhin: »Heyden soll verbunden seyn, solche Musicalien zu Componiren, was vor eine Hochfürstliche Durchlaucht verlangen werden, sothanne neue Composition mit niemand zu Comunciren, viel weniger abschreiben zulassen, sondern für Ihro Durchlaucht eintzig und allein vorzubehalten.» Dann musste Joseph Haydn »alltäglich vor und nach-Mittag in der anti-chambre erscheinen und sich melden lassen, alldie die Hochfürstl. Ordre ob eine Musique solle, abwarthen, alsdann aber nach erhaltenem Befehl, solche denen anderen Musicis zu wissen machen.«

Eine Fülle weiterer Verpflichtungen war Inhalt dieses Vertrags, den so heute niemand mehr unterschreiben würde. Aber Haydn unterzeichnete, teils aus Angst vor materieller Not, teils im Bewusstsein, einem ganz hervorragenden Ensemble

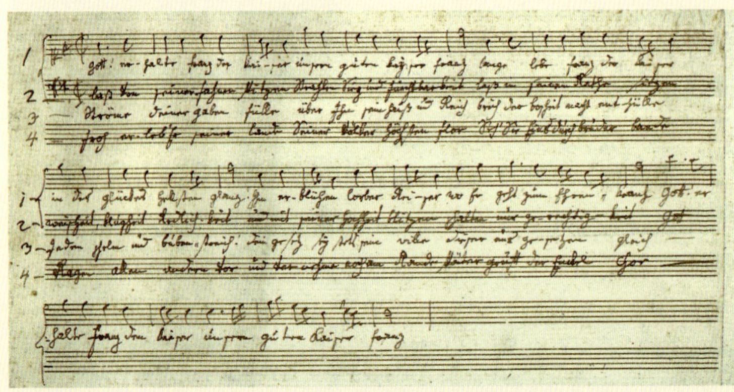

Entwurf des ›Kaiserliedes‹ mit vier Strophen, vermutlich vom Januar 1797

vorzustehen, dem nur die fähigsten Instrumentalisten angehörten. Es war eine Kapelle, mit der man als kreativer Komponist musikalisch experimentieren konnte. Haydn prägte dem Fürsten letztlich seinen Stil auf und komponierte nicht gemäß dem fürstlichen Geschmack. Bereits 1762 starb Paul II. Anton. Ihm folgte Nikolaus I. Esterházy (1714–1790), genannt der Prachtliebende. Nikolaus baute die Kapelle um, die Musiker erhielten ganz neue Instrumente aus Italien, und das Notenarchiv des Orchesters wurde mit den neuesten Schöpfungen der Meister aus ganz Europa aufgestockt. Der große Geiger Luigi Tomasini wurde zum ersten Violinisten ernannt. Haydn erhielt eine Gehaltserhöhung, musste sich aber verpflichten, für den Fürsten zusätzliche, ganz bestimmte Kompositionen zu liefern. Denn der spielte das ›Baryton‹, ein heute vergessenes, celloähnliches Instrument. Haydn komponierte 195 (!) Trios für Baryton, Viola und Cello, was ihm aber nichts half, denn der teilweise ungnädige Fürst ermahnte ihn, noch mehr für diese Besetzung zu schreiben. Nikolaus ließ am Südufer des Neusiedler Sees im heutigen Fertőd ein neues, prächtiges Schloss errichten, das die Zeitgenossen das ›ungarische Versailles‹ nannten: Esterháza. Haydn hatte seinen Dienst abwechselnd in Eisenstadt und im knapp 40 Kilometer entfernten Esterháza zu verrichten.

Drei unterschiedliche Gebiete oblagen Haydn bei Fürst Nikolaus: Als Dirigent probte er täglich mit dem Orchester und den Sängern; den Großteil der Stücke, die aufgeführt wurden, hatte er selbst zu komponieren. Er war gleichsam ein Hofbeamter, der sich zusätzlich als Bibliothekar, Instrumentenverwalter und Personalchef zu betätigen hatte, was er alles erfolgreich bewältigte. Seine Leistungen als Komponist brachten dem Esterházyschen Hof Ruhm und Ehre ein, doch in all den fast 30 Jahren seiner Arbeit am Hof reifte er – neben Mozart und Beethoven – zu einem der drei großen Klassiker heran, der gleichsam die Symphonie ›erfinden‹ konnte. Haydn experimentierte mit der Form, mit neuen Instrumentalkombinationen, ja überhaupt betrat er mit seiner Art der motivischen Arbeit bisher ungeahntes Neuland. Darin ist Haydn ein viel intellektuellerer Komponist als Mozart, wenngleich ihn das 19. Jahrhundert oft als ›gemütvoll‹, als ›Papa Haydn‹ abgetan hat.

Als Fürst Nikolaus, dem der inzwischen knapp 60-jährige Haydn 28 Jahre lang gedient hatte, 1790 starb, übernahm sein Sohn Fürst Anton I. (1738–1794) die Regentschaft. Doch der teilte die Interessen seines Vaters nicht, auch zeigte sich, dass das Vermögen der Familie Esterházy nicht zuletzt durch Nikolaus´ Liebe zu Pracht und Luxus etwas geschrumpft war. Haydn wurde mit einer guten Abfindung in Pension geschickt, die Kapelle größtenteils aufgelöst. Offiziell blieb er bis zum Lebensende aber fürstlicher Hofkapellmeister. Aus aller Welt erhielt er Einladungen, überall wollte man den berühmten Mann kennenlernen, der ja all die Jahre zuvor nicht hatte reisen dürfen. Haydn zog noch 1790 nach Wien um und begab sich 1791 nach England, das er in den nächsten Jahren wieder und wieder besuchte. Eine neue, vielleicht noch fruchtbarere Schaffensphase begann nun, gekrönt von seinen letzten zwölf Symphonien, kostbaren Streichquartetten, prunkvollen Messen und insbesondere den großen Oratorien ›Die Schöpfung‹ und ›Die Jahreszeiten‹, mit denen der 69-jährige Komponist 1801 sein Schaffen beschloss. Nur einige kleine Liedkompositionen und ein unvollendetes Quartett folgten noch. Am 31. Mai 1809 starb der in aller Welt hochverehrte Joseph Haydn während der Belagerung Wiens durch französische Truppen.

St. Georgen

Im östlichen Vorort St. Georgen am Leithagebirge, etwa 2,5 Kilometer außerhalb des Stadtzentrums, sollte man sich in der dortigen mauerumwehrten **Georgskirche** unbedingt die spätgotische steinerne Kanzel und die Wandgemälde ›Das jüngste Gericht‹ und ›Die Krönung Mariens‹ von 1623 ansehen. Viel bestaunt ist in St. Georgen der **Attilastein**, ein weitbekanntes archäologisches Denkmal und wahrscheinliche eine römische Grabstelle. Der Stein befindet sich beim früheren Dorfbrunnen vor dem Gasthaus ›Attilabrunnen‹ (Brunnengasse 1). In der oberen Hälfte des Steins sind ein Mann und eine Frau eingemeißelt, wobei die Namen ›Atili‹ und ›Atiliae‹ lesbar sind. Die Sage behauptet, dass der Stein anlässlich der Hochzeit des Hunnenkönigs Attila mit Ildiko im Jahr 453 aufgestellt wurde, auch wird behauptet, dass Attila sich an dieser Stelle habe taufen lassen und dass sich hier auch sein Grab befinde. Denn er starb in seiner Hochzeitsnacht. Die seriöse Forschung sieht in dem Stein dagegen nur die Porträtstele eines Römers namens Marcus Atilius Amoenus.

Von St. Georgen verläuft ein vielbegangener Wanderweg entlang des **Tiergartens**, einem alten Esterházyschen Waldgebiet, nach Donnerskirchen. Am Weg, in dessen östlicher Hälfte befindet sich die gut 500 Jahre alte Stieleiche mit 6 Meter Stammumfang.

Kalvarienbergkirche und Mariensäule

Unterberg

Der Stadtteil Unterberg schließt sich westlich an den Schlossbereich an. Er war jahrhundertelang Wohngebiet der Eisenstädter Juden, die in Eisenstadt seit 1296 ansässig waren. Das nachweislich erste Ghetto (um 1560) lag im westlichen Bereich der späteren Joseph-Haydn-Gasse. Fürst Paul I. Esterházy wies 1671 den Juden nahe des Meierhofs des Schlosses, um die heutige Meierhofgasse und Unterbergstraße ein Viertel als neuen Wohnbezirk zu, das später den Namen Unterberg trug. Nachdem Kaiser Leopold I. durch Betreiben seiner fanatisch antisemitischen Ehefrau Margareta Theresia das Wiener Judenviertel hatte auflösen lassen – auch fürchtete man, dass die Juden, von denen viele Handelsbeziehungen zu den Osmanen unterhielten, als Spione tätig sein konnten –, kamen viele jüdische Flüchtlinge aus Wien nach Ungarn. Dort wurden sie sie in den Esterházyschen Besitzungen aufgenommen, darunter auch in Eisenstadt.

▶ Karte S. 53

Unterberg war von 1732 bis 1939 eine eigene Gemeinde, denn es war auch äußerlich von der Bürgerstadt abgegrenzt und besaß eigene Zugänge. In der Museumsgasse – gleich hinter der Stadtinformation rechts – besitzt Haus Nummer 5 schöne Laubengänge, Haus Nummer 7 hat einen schönen Innenhof. Diese Gebäude sind zum **Burgenländischen Landesmuseum** zusammengefaßt. Die Häuser waren einst im Besitz von Sándor Wolf (1871–1946). Die Wolfs waren eine großbürgerliche jüdische Familie, die seit Jahrhunderten in Eisenstadt ansässig war. Sándor Wolf war Kunstsammler und stiftete 1939 seine mehr als 26 000 Objekte umfassende Sammlung dem Burgenländischen Landesmuseum, das gleichzeitig in sein Haus umzog. Denn die Nationalsozialisten zwangen Wolf zur Emigration.

Unweit des Burgenländischen Landesmuseums befindet sich das ehemalige Wertheimerhaus des Bankiers und Oberrabbiners Samson Wertheimer. Es ist ein sehr schöner Barockbau aus dem Jahr 1719. Heute befindet sich darin das **Österreichische Jüdische Museum**, das als erstes Museum seiner Art in Österreich 1972 gegründet wurde. Zu bewundern ist neben vielen Exponaten zur Geschichte der Juden in Österreich insbesondere noch die private Synagoge des Bankiers im Hoftrakt. Ein Pfosten mit Eisenketten an der Hauswand weist noch auf jene Zeit hin, in der am Sabbat abends um die Synagoge die Straßen abgesperrt wurden, um eine möglichst strenge Einhaltung der Sabbatruhe zu gewährleisten, im übrigen ein Brauch, wie er nur bei den Eisenstädter Juden gepflegt wurde. 1938 wurde die Synagoge zerstört, aber nicht angezündet, da sie in den Häuserkomplex eingebaut war und man keinen Brand des gesamten Viertels riskieren wollte. Am oberen Ende der Wertheimergasse, hinter dem alten Meierhof, liegt der **jüdische Friedhof**. Hier sind Grabsteine vom 17. bis zum 19. Jahrhundert erhalten, der älteste stammt aus dem Jahr 1679.

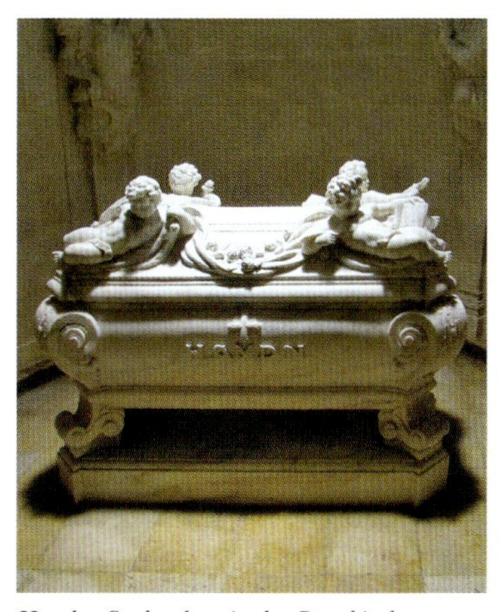

Haydns Sarkophag in der Bergkirche

An der Ostseite der vormaligen Judenstadt verläuft die Gloriettestraße. Geht man sie vom Schloss aus die Gloriettestraße 750 Meter empor, zweigt rechts die Straße Wolfgarten ab. Sie führt zum **Wolf-Mausoleum**. Sándor Wolf errichtete 1927 für seine Frau Ottilie ein Urnenmausoleum, in dem auch nach dem Krieg verstorbene Angehörige der Familie noch beigesetzt wurden.

Die Gloriette-Allee endet kurz danach unterhalb der **Gloriette**, errichtet 1806 von Pierre Charles de Moreau durch Umbau eines älteren, kleinen Jagschlosses in Zusammenhang mit der Neugestaltung des Schlossparks. Ganz charakteristisch ist die Freitreppe mit den vier ionischen Säulen. In der Gloriette gibt es ein nobles Café (www.gloriette.net). Es lohnt ein Besuch der oberhalb der Gloriette gelegenen **Gloriettenwarte** (353 Meter), von der man einen herrlichen Rundblick genießt. Eine lohnende Wanderung verläuft von hier weiter ins

Leithagebirge hinauf, Richtung Sonnenberg, von dort über das Flurstück ›Beim Juden‹ ostwärts Richtung Buchkogel und dann an der Kürschnergrube hinab zur Johannesgrotte und zurück in die Stadt. Gute vier Stunden sollte man für diese leichte Wanderung auf schönen Waldwegen ansetzen.

Oberberg

Westlich an den Unterberg schließt sich der Ortsteil Oberberg an. Zunächst kommt man an der **Kirche** und dem **Spital der Barmherzigen Brüder** vorbei, das sich gleich hinter der Mündung der Wertheimergasse in die Esterházystraße befindet. Die Kirche von 1740 weist eine reiche Innenausstattung auf. Sehenswert ist besonders der Hochaltar mit dem Bild des heiligen Antonius von 1768.

Danach öffnet sich die Esterházystraße zum Kalvarienbergplatz. Rechts, am Haus Esterházystraße 40, erinnert eine Tafel an Franz Liszt, der hier am 20. Februar 1840 zu Besuch war.

Die großartige Kalvarienbergkirche (Haydnkirche) und der ihr vorgelagerte Kalvarienberg prägen den Platz auf überwältigende Weise. Die **Kalvarienbergkirche** wirkt durch ihre seltsame gerundeten, vielfältigen Dachteile und -formen fast expressionistisch. Sie war ursprünglich als größte Wallfahrtskirche Ungarns konzipiert worden. 1715 begann mit dem Bau, weihte die Kirche aber erst 1803. Denn sie blieb unvollendet, und nur das Presbyterium der geplanten Riesenkirche wurde letztendlich ausgebaut. Der massige Block zeigt im Westen ganz ungewöhnlich die Stümpfe unvollendeter

Eine Station auf dem Passionsweg

Karte S. 53

Türme. Innen überwölbt eine großartige Kuppel einen Raum mit runder Grundfläche. In der Kuppel befindet sich das Fresko ›Christi Himmelfahrt‹ von Christian Köppl (1772). Das Altarbild ›Mariä Heimsuchung‹ stammt von Stephan Dorffmeister. Die Orgel von 1776 ist eine der zahlreichen Haydn-Orgeln in Eisenstadt, Instrumente, auf denen er selbst gespielt hat. In der Kirche wurde mehrere von Haydns späten Messen uraufgeführt. Im Nordturm wurde 1932 das Haydn-Mausoleum errichtet. Unter seltsamen Umständen fand der 1809 gestorbene Komponist hier erst 1954 seine letzte Ruhe. Der kuppelüberragte Raum, gestaltet aus Kalksandstein aus dem Steinbruch von St. Margarethen (15 Kilometer südöstlich von Eisenstadt) wird durch ein kunstvolles schmiedeeisernes Gitter abgeschlossen. Der kunstvolle, historisierende Sarg ist aus weißgrauem Marmor, einer von vier Engeln trägt ein Notenblatt mit Haydns Kaiserhymne. Unter dem Südturm befindet sich eine Schatzkammer mit Sakralgegenständen aus Esterházyschem Besitz.

Die **Mariensäule** aus dem Pestjahr 1713 wurde erst 1755 auf diesem Platz aufgestellt und zeigt wie die Pestsäule in der Hauptstraße auch die Pestheiligen Rochus und Sebastian.

Zwischen 1701 und 1707 entstand von dem ganzen Baukomplex zunächst der **Kalvarienberg**, für den jener von Maria Lanzendorf bei Wien zum Vorbild genommen wurde, jedoch später etwas Singuläres entstand. Fürst Paul I. Esterházy hatte hier bereits 1674 eine kleine Kapelle errichten lassen, an deren Stelle sich später ein künstlicher Hügel erheben sollte und auf dem jener einzigartige Kalvarienberg entstand. Eine breite Treppe führt in die Gnadenkapelle. Die Marienstatue ist eine Nachbildung jener von Maria Einsiedeln in der Schweiz und ist schon 1690 durch den Eisenstädter Bildhauer Michael Felser verfertigt worden. 24 Stationen versinnbildlichen nun die Leidengeschichte Christi. In einer teilweise grellen, pathetisch, jedoch auch sehr volksnahen Weise wird entlang des **Passionswegs**, der sich durch das Innere des Kalvarienhügels und der Kirche nach oben zieht, mit insgesamt 260 lebensgroßen Stein- und Holzfiguren der Leidensweg Christi dargestellt. Als künstlerisch bedeutsamst sind hierbei die Stationen 11 bis 15 anzusehen, wo unter anderem von Pilatus die Kreuzigung verlangt wird. Es sind schwarzgekleidete Bürgersleute, die dazu aufrufen. Ein ›Bergwerk des Glaubens‹, ›eine von krassem Realismus ins Unheimliche transzendierende Gewaltenwelt‹ nannte der Schriftsteller Reinhold Schneider diese außergewöhnliche Konzeption. Am oberen Ende des Passionswegs betritt man das Freie. Hier befindet sich, in der Spitze der Kirche, die **Kreuzkapell**e, errichtet 1710 von Felix Nierinck, einem Franziskanerlaienbruder. Von hier hat man einen weiten Rundblick über Eisenstadt.

Die westlichen Vororte

Vom Stadtteil Oberberg führt die Wiener Straße stadtauswärts. In deren Haus Nummer 1 kamen 1766 der Komponist Joseph Weigl und 1810 der Anatom Josef Hyrtl zur Welt. Etwa 750 Meter weiter stadtauswärts erreicht man den Ortsteil **Kleinhöflein**. Hier lohnt ein Besuch der **Pfarrkirche**, einer ehemaligen hochaufragenden Wehrkirche mit einem prächtigen Hochaltar.

Im nahen **Großhöflein** steht der **Edelhof,** manchmal wegen seiner kleinen – heute ungenutzten Schwefelquelle – auch Badhof genannt. Das ist ein altes, umgebautes Esterházy-Schloss. Hier starb Graf Nikolaus Esterházy 1645. Er ist zwar nicht der Ahnherr der Dynastie,

doch von all ihren bedeutenden Persönlichkeiten der älteste.
Hauptstraße Nummer 3 ist das reichgeschmückte **Pleiningerhaus**, auch die **Pestsäule** ist hier besonders prächtig gestaltet. Lohnend ist auch ein Blick auf das **Rathaus** von 1675 und den Pranger von 1614. Im südwestlich gelegenen markanten Waldhügel des Föllig findet man im Gipfelbereich (285 Meter) die Ruine eines kleinen **Esterházyschen Jagdschlosses**.

 Eisenstadt

PLZ: 7000. **Vorwahl**: 02682.
Eisenstadt Tourismus, Hauptstr. 35, Tel. 67390, www.eisenstadt-tourismus.at.

Haydn-Hotel, Kalvarienbergplatz 1, Tel. 62751, www.haydnhotel.at, p. P. im DZ 43–53 €.
Parkhotel Eisenstadt, Joseph-Haydn-Gasse 38, Tel. 75325, www.parkhotel-eisenstadt.at, p. P. im DZ 43–46 €.
Gasthaus Haydnbräu, Pfarrgasse 22, Tel. 63945, www.haydnbraeu.at. Hauseigenes Bier und sehr gute Speisen.
Gasthof Wimmer (vormals Attilabrunnen), Brunnengasse 1, Eisenstadt-St. Georgen, Tel. 62429, www.gasthof-wimmer.at. Bodenständige Gerichte und Weine aus der eigenen Winzerei, p. P. im DZ ab 30 €. Nur Barzahlung!
Gasthof Kutsenits, Mattersburger Straße 30, Tel. 63511, p. P. im DZ 17–21 €.
Gloriette, Gloriettealle 51, Tel. 62985, www.gloriette.net. Mo–Sa 10–23, So 9–21 Uhr. Vorzügliche Einkehrmöglichkeit.

Schloss Esterházy, Esterházyplatz, www.schloss-esterhazy.at, tgl. Juli bis Sept. 9–18 Uhr, Okt. bis Juli 9–17 Uhr. Im Schloss befindet sich auch das **Burgenländische Weinmuseum,** www.esterhazy.at/de/weinmuseum, in den Wintermonaten Mo–Fr 10–17, im Sommer Mo–So 10–18 Uhr.
Landesmuseum Burgenland, Museumgasse 1–5, Tel. 7194000 (Verw.), www.landesmuseum-burgenland.at, Mitte März bis Weihnachten tgl. 9–17 Uhr, außerhalb dieser Zeiten siehe aktuelle Information auf der Webseite. Das Museum dokumentiert 10 000 Jahre Menschheitsgeschichte im Burgenland, daneben Geologie und Biologie, Archäologie, Kunst, Volkskunde, Wirtschafts- und Zeitgeschichte etc. im pannonischen Raum.
Haydn-Haus, Jos.-Haydn-Gasse 19–21, Tel. 791600, www.haydnhaus.at. Apr./Mai Di–Sa 9–17, So 10–17 Uhr; sonst Mo–Sa 9–17, So 10–17 Uhr.
Burgenländische Landesgalerie, Franz-Schubert-Platz 6, Tel. 7195000, www.landesgalerie-burgenland.at. Zeitgenössische burgenländische Kunst in den Alten Stallungen unterhalb des Schlosses. Di–Sa 9–17, So 10–17 Uhr.
Burgenländisches Diözesanmuseum, Joseph-Haydn-Gasse 31 (Franziskanerkloster), Tel. 777235 oder 0676/880701017, www.martinus.at. Mitte März bis Mitte Nov. tgl. 9–17 Uhr. Kirchengeschichte des Burgenlandes.
Österreichisches Jüdisches Museum, Unterbergstraße 6, Tel. 65145, www.ojm.at, Mai bis Okt. Di–So 10–17 Uhr sowie nach Vereinbarung.
Kalvarienberg und **Haydnmausoleum/Schatzkammer**, Ende März bis Anf. Nov. tgl. 9–17 Uhr.
Feuerwehrmuseum, Leithabergstraße 41, www.lfv-bgld.at, Mo–Do 8–16, Fr 8–13 Uhr. Geschichte der burgenländischen Feuerwehren seit der Zeit um 1750.

Zu Wanderungen rund um Gloriette und Gloriettenwarte gute Anregungen: Rother Wanderführer Neusiedler See.

▶ Karte S. 53

Die Odyssee des Haydnschen Schädels

Nachdem Joseph Haydn am 31. Mai 1809 in seinem Wohnhaus in der Wiener Vorstadt Windmühle - während der Beschießung der Stadt durch französische Truppen - verstorben war, wurde er zunächst in der Vorstadt auf dem Hundsturmer Friedhof, heute Haydnpark in Meidling, beigesetzt. Die Familie Esterházy drängte aber darauf, Haydn nach Eisenstadt zu überführen. Wegen der napoleonischen Wirren wurde aber diese Umbettung zurückgestellt, außerdem war es mit der Finanzlage der Familie durch die Kriege nicht gut bestellt. Daher kam es erst 1820 zu erneuten Überlegungen, Haydns Leichnam endlich nach Eisenstadt zu bringen. Doch als man am 30. Oktober 1820 auf dem Hundsturmer Friedhof die Leiche exhumierte, stellte man voll Schrecken fest, dass ihr der Kopf fehlte. Die Behörden gingen daran, den Fall zu untersuchen, und stellten schließlich fest, dass gleich am Tag nach der Beisetzung zwei Männer namens Joseph Rosenbaum und Johann Peter dem Toten den Kopf abgetrennt hatten. Sie wollten am Beispiel Haydns die damals vieldiskutierte Schädellehre des Arztes Franz Joseph Gall (1758–1828) beweisen. Nach dieser Theorie sollten bestimmte äußere Formen des Schädels, Knochenbildungen und Ähnliches auf das Gehirn und damit Seele, Charakter und Intelligenz schließen lassen. Die Polizei verlangte die Herausgabe des Kopfes, doch ohne Erfolg. Zunächst erklärte jeder der beiden, dass der jeweils andere im Besitz des Schädels sei; anschließende Hausdurchsuchungen brachten auch keinen Erfolg, und überhaupt stand die Bevölkerung Wiens auf der Seite der beiden Grabräuber. Denn, so die Volksmeinung, der hochmütige ungarische Magnat Esterházy dürfe den Schädel schon aus Prinzip keinesfalls bekommen. Rosenbaum und Peter blieben letztlich ohne Bestrafung, da sich zum einen der Hundsturmer Friedhof nicht auf Wiener Stadtgebiet befunden hatte - und die Polizei nur dort tätig werden konnte - und zum anderen der Fürst Esterházy Straffreiheit bei Herausgabe des originalen Schädels zugesichert hatte. Doch plötzlich blieb dieser unauffindbar. Um Haydn dann endlich am 7. November 1820 in der Bergkirche beisetzen lassen zu können - die Lage dieser ersten Gruft ist heute noch in der Kirche an einem Haydn-Marmordenkmal mit Lyra erkennbar -, wurde ihm ein völlig fremder Schädel beigegeben. Der echte Kopf war aber nicht verschollen, sondern befand sich als Wandertrophäe und besonderes Heiligtum in wechselndem Besitz bei verschiedenen Wiener Adeligen und Musikfreunden. Wie er an die verschiedenen Orte kam, konnte bis heute nicht geklärt werden. Nicht alle Aufenthaltsorte konnten rekonstruiert werden, 1895 schließlich gelangte der Schädel in den Besitz der namhaften Wiener Gesellschaft der Musikfreunde, die ihn in einem Glaskasten öffentlich ausstellte. Fürst Dr. Paul Esterházy ließ 1932 anlässlich des 200. Geburtstags Haydns ein neues Mausoleum in der Bergkirche erbauen. Weil aber die Gesellschaft der Musikfreunde sich weigerte, den Schädel herauszugeben, musste die neue Beisetzung Haydns, die für den 1. Juni 1932 geplant war, abgesagt werden. Nach langem Hin und Her, unter Einschaltung von Fachleuten und Vertretern des Kultusministeriums, wurde Haydns Schädel am 5. Juni 1954 von Wien über seinen Geburtsort Rohrau nach Eisenstadt überführt. Der Bildhauer Gustinus Ambrosi leitete einen Festakt, in dem der Schädel mit dem Restskelett feierlich vereinigt wurde.

Zwischen dem Leithagebirge und der ungarischen Grenze

In der näheren Umgebung von Eisenstadt gibt es zumindest mit der Wallfahrtskirche Loretto ein Kulturdenkmal von besonderer Bedeutung. Das Umfeld der Stadt bietet darüber hinaus weitere Sehenswürdigkeiten wie auch Wandermöglichkeiten.

Im westlichen Leithagebirge

Das Leithagebirge – umgangssprachlich auch Leithaberge – erstreckt sich auf etwa 35 Kilometer Länge vom Becken von Wiener Neustadt bis nach Bruck im Nordosten. Es ist etwa 5 bis 7 Kilometer breit und als letzter Ausläufer der Alpen über die Kleinen Karpaten bei Bratislava ein Teil der – unterbrochenen – Brücke zum Großen Karpatenbogen. Geologisch ist das Leithagebirge im wesentlichen aus Kalken und Sandsteinen aufgebaut, doch im Kern aus Gneisen und Glimmerschiefern zusammengesetzt. Die höchste Erhebung ist der Sonnenberg (484 m) nördlich von Eisenstadt. Das Gebirge ist stark bewaldet, dabei herrscht Laubwald vor, der »durch das helle Grün der Bäume und die Lieblichkeit der Lichtungen erfreut, zugleich aber in seiner schieren Endlosigkeit und durch die Einsamkeit beeindruckt.« (Max Rieple). Weinberge bestimmen in der Osthälfte des Leithagebirgs die Hänge. Auch heute noch sind große Teile des Leithagebirges in esterházyschem Besitz.

Hornstein, Wimpassing und Leithaprodersdorf

Von **Hornstein** (Szarvkö), das neben einer kunstvollen barocken **Pietá-Säule** nur wenig weitere Sehenswürdigkeiten aufweist, kann man eine schöne Wanderung hoch zur **Ruine Hornstein** unternehmen oder auf den höchsten Berg des Leithagebirges, den Sonnenberg. Zur Ruine geht es von der Ortsmitte am besten über die Friedhofgasse, zum Sonnenberg über die gleichnamige Straße. Etwa anderthalb Stunden sollte man an Wanderzeit dorthin einplanen. Über die Flur ›Beim Juden‹ kann man zurück nach Hornstein spazieren und dabei noch einen Abstecher zur Ruine machen (Gesamtwanderzeit drei Stunden).

Wimpassing (Vimpác) hat mehr Sehenswertes als Hornstein zu bieten: das ehemalige **Franziskanerkloster** mit Wehrmauer aus dem 16. Jahrhundert und die hochgelegene **Pfarrkirche** von 1723. Erwähnt sei noch das einst berühmte Wimpassinger Kreuz, das sich von 1784 bis 1939 in der Wiener Minoritenkirche befand, dann im Stephansdom aufbewahrt wurde und am 15. März 1945 während des großen Bombenangriffs auf Wien verbrannte. Von Wimpassing empfiehlt sich ein Spaziergang in den Leithaauen Richtung Leithaprodersdorf. Die einstündige Wanderung führt auf einem Dammweg durch den Wald und ist von großem landschaftlichem Reiz. Man verlässt dabei den Ort nordostwärts über die Hauptstraße, die sich alsbald als Güterweg an den Fluss annähert. Durch Wimpassing führt auch der Leitharadweg. Er beginnt in Eisenstadt und endet nach 61 Kilometern in Stotzing nördlich von Eisenstadt, ist in seinem Trassenverlauf daher eher ein Rundweg.

Leithaprodersdorf (Lajtapordány) besitzt mit dem **G'schlößl** – einem bedeutsamen Bodendenkmal mit Resten einer mittelalterlichen, aus drei konzentrisch umlaufenden Gräben und Wällen bestehenden Wasserburg – eine besondere Sehenswürdigkeit. Die Wasserburg (Straße Am Anger) wurde im 13. Jahrhundert auf den

▸ Karte: vordere Umschlagklappe

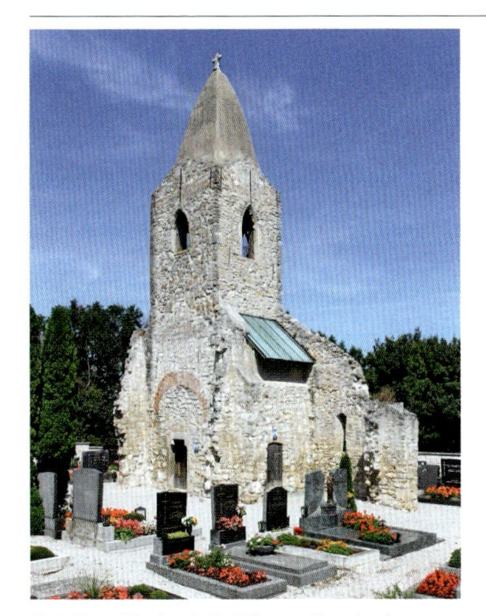

Die Bergkirche in Leithaprodersdorf

Ruinen eines römischen Wachturms zur Sicherung des Leithaüberganges errichtet. Die **Bergkirche** südwestlich des Dorfs und oberhalb der Straße von Wimpassing, im Volksmund Pfefferbüchsl genannt, existiert seit der Mitte des 13. Jahrhunderts und wurde während der Türkenkriege zerstört. Man konservierte sie 1907 und baute eine Kapelle ein. 1975 wurden im Turm Fresken aus dem 13. Jahrhundert entdeckt. Die Zufahrt erfolgt am westlichen Ortseingang über den Friedhofsweg; man hält sich aber dann geradeaus, mehr parallel zur Landesstraße L 318.

Loretto und Stotzing

Die **Wallfahrtskirche Maria Loretto** im gleichnamigen Dorf Loretto (Lorettom) ist zweifellos einer der bedeutendsten Sakralbauten nicht nur des Burgenlandes. Der Sage nach soll eine Engelschar das Wohnhaus Marias, die ›casa santa‹ aus Nazareth, weggebracht haben, damit es nicht in die Hände der heidnischen Sarazenen falle. Die Engel brachten das Haus über das Mittelmeer und setzten es in Italien in dem Ort Loreto nahe Ancona in Italien ab. Um das Haus erbaute man eine gewaltige Renaissancekirche, zu der seitdem die Gläubigen aus aller Welt wallfahrten. Ein Loretopilger namens Hans Rudolf von Stotzing(en) soll davon so ergriffen gewesen sein, dass er eine Kopie des dortigen Gnadenbildes erstellen ließ und für dasselbe nun im burgenländischen Loretto in der Mitte des 17. Jahrhunderts ein Gotteshaus erbaute. Die Türken brannten es 1683 nieder, doch konnte zuvor die Gnadenstatue nach Burg Forchtenstein in Sicherheit gebracht werden. Die Gnadenkapelle von 1659 blieb dabei erhalten. 1707 war dann der Neubau der Kirche vollendet. Die beiden Westtürme entstanden erst gegen 1780.

Durch einen Torbogen betritt man den Vorhof, in dem rechts eine zehn Meter hohe Mariensäule auffällt. Ihr Pfeiler ist von zahlreichen Reliefs geschmückt, die Szenen aus dem Leben Jesu darstellen. Das Innere der Kirche ist mit Kapellen reich gegliedert, Pfeiler trennen sie vom Langhaus. Der grünmarmorne Hochaltar von 1766 beeindruckt durch sein Gemälde der ›Unbefleckten Empfängnis‹, gesäumt von den Figuren der beiden heiliggesprochenen Ungarnkönige Stephan

In der reich geschmückten Lorettokirche

und Ladislaus (wie auch in Frauenkirchen im Seewinkel). Ein Kreuzgang umgibt die Gnadenkapelle von 1659 im ›inneren Kirchhof‹. Sie ist eine genaue Kopie der italiensichen ›casa santa‹. Die Gnadenstatue ist überraschenderweise schwarz und trägt eine Silberkrone.

Naturgemäß wird Loretto besonders an den Marienfeiertagen von Pilgern besucht, insbesondere am 15. August (Mariä Himmelfahrt) sowie am dritten Sonntag im September, dem sogenannten ›Kroatischen Sonntag‹, da die vielen burgenländischen Kroaten genau an diesem Tag nach Loretto pilgern. Oft wurde und wird Loretto als ›stolze Schwester des steirischen Mariazell‹ bezeichnet. Die Kirche Maria Loretto ist seit 1997 in den Rang einer ›basilica minor‹ erhoben.

Der **Dorfanger** wird europaweit als größter natürlicher erhaltener Anger betrachtet. Durch seine Gliederung in die Sakralgebäude auf der einen Seite und die wohlhabenden Bauerngehöfte auf der anderen bildet er ein Ensemble von besonderem Reiz.

Viele Besucher spazieren auf den nahen **Buchkogel** (443 m), von wo es eine der schönsten Ausblicke im Leithagebirge gibt. Man beginnt den Aufstieg am besten am Parkplatz an der Esterházyschen Waldrandsiedlung im Süden von Loretto. Es gibt mehrere Varianten, die man sich einfach in einer guten Wanderkarte sucht. Die Wege sind sehr bequem, nur das letzte Stück zum Gipfel ist etwas steiler. Wer schnell auf den Buchkogel möchte, parkt am besten direkt an der Straße Stoltzing–Eisenstadt auf dem Gebirgspass, von wo er rasch zum Gipfel gelangt (Wanderkarte).

Im nahen Stotzing (Stoczing) gibt es ebenfalls eine bedeutende **Kirche**. Auch sie wurde 1683 von den Türken zerstört. 1713 fand ein Bauer beim Ackern eine Marienstatue, die dann 1745 in den

Die Kirche von Stotzing

Hochaltar der bis dahin wieder aufgebauten Kirche eingesetzt wurde. Der Hochaltar ist eines der bedeutendsten Werke des Elias Hügel aus Kaisersteinbruch. Das ehemalige Servitenkloster, das durch Kaiser Joseph II. 1787 aufgelöst wurde, ist heute Pfarrhof.

Schützen am Gebirge und Oslip

Eine Schwefelquelle am westlichen Ortsrand von Schützen am Gebirge (Serc) ließ hier schon die Römer Heilung suchen. Bedauerlicherweise wurde im 20. Jahrhundert ihre Zufuhr beim Bau der Dorfkanalisation unterbrochen. Schützen war durch die Jahrhunderte eine ungarische Grenzwachtsiedlung, daher ist es immer wieder verwüstet worden. Die **Magdalenenkirche** von 1722 weist mit den Schießscharten ihrer Wehrmauer noch deutlich auf die frühere Funktion als Wehrkirche hin.

Sehr lohnend ist ein Spaziergang durch die Leithaberge hoch zum verfallenen, achteckigen **Jagdschlösschen Rendezvous**, das aus dem Jahr 1794 stammt (einfache Strecke etwa 2 km, Zugang über die Waldgasse). Seit kurzem ist es in Privatbesitz und wird renoviert.

▲ Karte: vordere Umschlagklappe

Im unweiten Oslip (Oszlop) lebt eine größere kroatische Minderheit. Oslip konnte sich viel vom Charakter eines alten Burgenländerdorfes erhalten. Am südlichen Ortsende steht die ehemalige fürstliche Mühle, die **Storchenmühle**, mit einer schönen barocken Einfahrt. Österreichweit bekannt ist Oslip durch das **Kulturzentrum Cselleymühle**. In dieser Mühle aus dem 16. Jahrhundert wurde 1976 eine Einrichtung geschaffen, die neue und zeitgenössische Kunstformen der bildenden Kunst wie der Musik in Experimenten und Projekten vorstellt, und wo, so die Verantwortlichen, »junge Kulturschaffende und etablierte Kunstgenießer unter einem Dach aufeinandertreffen und kommunizieren«. Als der damalige Kultusminister Fred Sinowatz die Mühle einweihte, sprach er, wahrscheinlich nicht ohne Ironie, die legendären Worte: »Ich weiß nicht, was ich eröffne, aber ich eröffne es.«

St. Margarethen

St. Margarethen (Margita) ist in mehrerer Hinsicht einer der bedeutendsten burgenländischen Orte. Sehenswert ist zunächst die **Pfarrkirche** aus dem 17. Jahr-hundert mit ihrer Steinkanzel von 1795, und neben ihr ist der barockisierte, aus der Zeit um 1320 stammende **Karner** besonders beeindruckend. Das Haus Hauptstraße 161 wird **Burghof** (Edelhof) genannt und ist ein ehemaliger Esterházyscher Landsitz, der mehrmals umgebaut wurde und vermutlich in seinen Grundmauern schon um 1270 bestanden hat.

Aber St. Margarethen zieht unzählige Besucher vor allem durch seinen **Römersteinbruch** an, der Teil des UNESCO-Welterbes ist. Östlich des Ortes, wo sich die Straße die Ruster Berge hinaufzieht, liegt ein gewaltiger Steinbruch mit knapp 150 000 Quadratmeter Fläche und bis zu 40 Meter hohen Felswänden. Der Steinbruch ist – natürlich – in Esterházyschem Besitz. Seit 2000 Jahren wird hier Kalksandstein abgebaut, insbesondere ihre damalige pannonische Provinzhauptstadt Carnuntum errichteten die Römer aus Material von St. Margarethen. Der weiche und leicht zu bearbeitende Stein fand Verwendung auch beim Bau von Vindobona, dem späteren Wien, wie auch für den mittelalterlichen, romanischen Teil des Stephansdoms.

Ähnlich wie in Kaisersteinbruch entstand auch hier eine Art Bildhauerschule. 1959 begründete der Bildhauer Karl Prantl (1923–2010) ein Bildhauer-Symposium, in dessen Rahmen ein Freiluftatelier für moderne Kunst entstand, das internatio-

Die Naturbühne in St. Margarethen, schon für die Oper ›Carmen‹ hergerichtet

nale Künstler nach St. Margarethen bringt (www.bildhauersymposium.wordpress.com). Karl Prantl gab auch den Anstoß zur Gründung der Passionsspiele, die seit 1961 in einem abseitig gelegenen Teil des Bruchs abgehalten werden. Passionsspiele wurden seit 1926 in St. Margarethen in einem Bauernhof abgehalten, doch sind sie mit der Verlagerung in die prachtvolle Felskulisse des Steinbruchs ebenfalls zu internationalem Rang gekommen. 500 Laiendarsteller führen alle fünf Jahre das Spiel von Leben und Sterben unseres Heilandes auf, das letzte Mal 2011, wo zwischen Juni und August 20 Vorstellungen mit 650 Mitwirkenden stattfanden. Noch bedeutender sind zweifellos die St. Margarethener Opernfestspiele, die hier seit 1996 auf einer Naturbühne stattfinden. 2011 gab man ›Don Giovanni‹, 2012 ›Carmen‹, 2013 wird ›La Bohème‹ und daneben für die Kinder das Musical ›Pippi Langstrumpf‹ aufgeführt (www.ofs.at). Die Esterházysche Privatstiftung investierte kürzlich neun Millionen Euro zur Modernisierung der Bühne. Der Steinbruch kann nach Voranmeldung auch außerhalb der jeweiligen Festspiele besichtigt werden. Sehenswert sind dabei unter anderem die zahlreichen Fossilfunde: Schädel von Seekühen, das Skelett eines Kleinwals, Haifischzähne und vieles mehr. Denn wo sich heute der Steinbruch befindet, wogte vor etwa 15 Millionen Jahren ein Meer, in dem sandige Kalke abgelagert wurden.

Viel besucht ist auch der **Family-Park**, der auf etwa gleichgroßer Fläche wie der Steinbruch andere Vergnügungen bietet: Erlebnisburg, Märchenwald, Abenteuerinsel und Bauernhof laden Jung und Alt zum Staunen, Erfahren und aktiven Mitmachen ein.

Keineswegs sollte man versäumen, zu der nördlich des Steinbruchs, weit sichtbar auf einer Anhöhe gelegenen **Kogelkapelle** zu wandern (20 Minuten Wanderzeit vom Parkplatz Römersteinbruch). Der Ausblick von hier ist überwältigend.

Westlich von St. Margarethen liegt in **Trausdorf** ein vielbesuchtes **Esterházysches Weingut** mit einem hochmodernen Präsentationsgebäude. Man bietet Führungen und Verkostungen an.

Um Klingenbach und Draßburg

Durch die Region um Klingenbach und Draßburg verlief zur Römerzeit die wichtige Verbindungsstraße von Vindobona (Wien) nach Scarbantia (Sopron, Ödenburg). Daher finden sich in diesem Gebiet viele Relikte aus römischer Zeit. Insbesondere ist der Verbindungsweg Klingenbach–Zagersdorf (kroat. Cogrštof) ein erhaltener Teil dieser alten Trasse, entlang der ein vielsprachiger **Naturlehrpfad** ausgewiesen ist.

Die Gegend zwischen Schützen östlich von Eisenstadt und der ungarischen Grenze ist eines der Zentren der kroatischen Minderheit im Burgenland. So gibt es – ähnlich wie in Schützen – in Klingenbach (Klimpuh) mit seinen 1200 Bewohnern und in Siegendorf (Cindrof) mit seinen knapp 3000 Seelen einen Anteil von etwa sieben bis zehn Prozent Kroaten an der Bevölkerung. Klingenbach ist der Ort des Burgendlandes mit dem größten kroatischen Bevölkerungsanteil.

Etwa 2,5 Kilometer östlich von Siegendorf, an der Straße zur Grenze, befindet sich ein spätbronzezeitliches **Hügelgrab**. Um das Hügelgrab herum gibt es schöne Wandermöglichkeiten, insbesondere zur Raststation Puszta, einem verfallenen Gutshof, der für Festveranstaltungen genutzt wird. Er ist auch vom Platz des Paneuropäischen Picknicks aus gut erreichbar. Das **Naturschutzgebiet Siegendorfer Pußta** östlich der Hügelgräber ist ein ehemaliger See, der nach 1850 vertrocknete.

▲ Karte: vordere Umschlagklappe

Das ›Paneuropäische Picknick‹ und seine Folgen

Ein besonderer Anziehungspunkt für jeden geschichtlich Interessierten ist der Ort, an dem das legendäre ›Paneuropäische Picknick‹ stattfand. Ihn erreicht man, indem man von St. Margarethen knapp fünf Kilometer südwärts zur ungarischen Grenze fährt. Unmittelbar hinter der Grenzlinie liegt die große Wiese, auf der am 19. August 1989 eine große Friedenskundgebung abgehalten wurde, zu einer Zeit also, in der noch der Eiserne Vorhang bestand. Veranstalter waren die Paneuropa-Union des damaligen Europa-Abgeordneten Otto von Habsburg (1912–2011), der Sohn des letzten österreich-ungarischen Kaisers Karl I., und das ungarische oppositionelle ›Demokratische Forum‹. Mit Zustimmung beider Länder sollte dabei auch die Grenze an der alten Pressburger Landstraße zwischen St. Margarethen und dem ungarischen Sopronkőhida (Steinambrückl) symbolisch für kurze Zeit geöffnet werden. Denn bereits am 27. Juni war wenige Kilometer entfernt durch den damaligen österreichischen Außenminister Alois Mock und seinem ungarischen Amtskollegen Gyula Horn der Grenzzaun symbolisch aufgeschnitten worden, um den am 2. Mai 1989 begonnenen Totalabbau der Grenzsicherungsanlagen durch Ungarn zu betonen.

Nachdem nun am Nachmittag des 19. August durch die Generalsekretärin der Paneuropa-Union, Walpurga Habsburg-Douglas, die Tochter Ottos, symbolisch die Grenze für geplante drei Stunden geöffnet wurde, entschlossen sich knapp 700 DDR-Bewohner zur Flucht. Denn in ganz Ungarn, das damals voller DDR-Urlauber und potentieller Flüchtlinge war, wusste man durch Flugblätter von diesem Paneuropäischen Picknick. Die ungarischen Grenztruppen verhielten sich zurückhaltend und ließen die Situation nicht eskalieren. Mangels näherer Anordnungen seiner Vorgesetzten wies der für diesen geographischen Punkt verantwortliche Grenzoffizier Arpád Bella nun seine Untergebenen an, alle Personen, die sich Richtung Österreich auf den Weg machten, mehr oder weniger zu ignorieren. Er verstieß damit ganz grundsätzlich gegen seine prinzipiellen Pflichten, illegale Grenzgänger festzusetzen, und riskierte schwere Strafen. Doch wurden durch diese Eigenmächtigkeit womöglich Schusswechsel vermieden. Andere Offiziere versuchten, die Fliehenden zumindest mit Worten aufzuhalten, konnten letztlich aber nichts mehr ausrichten, bis die Grenze nach kurzer Zeit wieder geschlossen wurde – doch da waren fast alle, die an diesem Picknick teilgenommen hatten und die Absicht zur Flucht mitgebracht hatten, bereits im Westen. Eine weitere große Zahl von DDR-Bürgern traute dem ganzen Geschehen nicht, glaubte nicht an eine tatsächliche Grenzöffnung und wartete in der näheren Umgebung von Sopron ab. Dadurch blieb es tatsächlich bei nur etwa 700 Flüchtlingen, die an diesem Tag an dieser Stelle nach Österreich hinübereilten. Die ungarische Regierung verstärkte nach diesem 19. August ihre Grenzbewachung wieder, so dass bis zum 11. September, an dem die Grenzen definitiv offiziell geöffnet wurden, zunächst nur wenigen die Flucht nach Österreich gelang.

Das Paneuropäische Picknick ist damit eines der ganz wesentlichen Ereignisse, die zur deutschen Wiedervereinigung führten. An der Stelle, wo seinerzeit das Grenztor von den Flüchtlingen durchbrochen wurde, erinnert heute ein Kunstwerk, das eine sich öffnende Tür darstellt, an diese wildbewegten Vorgänge. Ein Lehrpfad mit vielen Tafeln vermittelt die Ereignisse jenes dramatischen Sommers 1989 an der ungarisch-österreichischen Grenze.

Draßburg und Umgebung

Draßburg (Rasporak) liegt am Ostfuß des Kogelbergs, der als Naturpark ausgewiesen ist. Im Ort besteht ein Informationszentrum dazu. Er kann zudem mit einem **Schloss** aufwarten. Graf Franz Nádasdy ließ es im 17. Jahrhundert errichten, später wurde es barockisiert. Es ist hufeisenförmig umschlossen und zeigt sehr hübsche Arkaden. Deutlich ist erkennbar, dass es auf einen älteren Bau aus dem Spätmittelalter zurückgeht. Sehr schön ist der Französische Garten mit seinen Terrassen – kein Wunder, den der Architekt Le Notre schuf auch den Garten von Versailles. Besonders beeindruckend sind hier die Götterstatuen des Jakob Schletterer aus den Jahren um 1760. Schloss und Garten sind seit 1870 in Privatbesitz einer Familie Patzenhofer und bis auf weiteres nicht zugänglich.

Im Ortsgebiet von Draßburg wurde 1933 am sogenannten Taborac, einem mittelalterlichen Ringwall eine knapp zehn Zentimeter große Venusfigur gefunden, die aus dem sechsten vorchristlichen Jahrtausend stammt und nach der berühmten ›Venus von Willendorf‹ aus der Wachau die älteste Frauengestalt ist, die in Österreich gefunden wurde. Sie ist heute im Burgenländischen Landesmuseum in Eisenstadt ausgestellt. Der Taborac war vom Neolithikum bis zur Römerzeit besiedelt.

Baumgarten ist für die burgenländischen Kroaten ein Zentrum der Marienverehrung. Die **Wallfahrtskirche** eine reiche Innenausstattung auf. Sie ist integriert in ein ehemaliges Paulinerkloster aus dem Spätmittelalter, das um 1785 aufgelöst wurde. Sehr zu empfehlen ist eine Wanderung von Baumgarten hoch zum **Rohrbacher Kogel** (388 m) mit seiner besonderen, unter Schutz stehenden Gipfelflora und von dort über die Kapelle Maria Blick ins Land und nach Baumgarten zurück (insgesamt vier Stunden).

Schattendorf (kroatisch Šundrof, ungarisch Somfalva) lohnt den Besuch durch das Innere seiner frühbarocken **Pfarrkirche**. Der gewaltige Hochaltar zeigt den ›Sturz der gefallenen Engel‹.

Im westlichen Leithagebirge

Gasthof Graf, Hauptplatz 6, 2443 Loretto, Tel. 02255/8245, www.gasthofgraf.at. Seit 1886 im Dienste der Pilger und Touristen, leider drei Ruhetage (Mo–Mi).

Gasthof Ernst, Hauptstraße 127, 7062 St. Margarethen, Tel. 02680/2170, www.gasthof-ernst.com, p. P. im DZ 29–38 €.

Wlaschits Gasthof, Feldgasse 1, 7013 Klingenbach, Tel. 02687/48147, www.weinwirtshaus.at, p. P. im DZ 35–43 €.

Cselley-Mühle, Sachsenweg 63, 7064 Oslip, Tel. 02684/2209, www.cselley-muehle.at, es gibt auch ein Gasthaus hier. Führungen im **Römersteinbruch**, Tel. 02682/63004-402, www.roemersteinbruch.at, kulturvermittlung@esterhazy.at.

Naturpark Rosalia-Kogelberg Informationszentrum Draßburg, Baumgartnerstraße 10, Tel. 0664/4464116, www.naturparke.at/de/Naturparke/Burgenland/Rosalia-Kogelberg.

Family-Park, Märchenparkweg 1, 7062 St. Margarethen, Tel.02685/60707, www.familypark.at.

Esterházysches Weingut, 7061 Trausdorf Haus Nr. 1, Tel. 02682/63348, www.esterhazywein.at. Apr. bis Okt. tgl. 10–18, Nov. bis März Mo–Fr 10–18 Uhr.

▸ Karte: vordere Umschlagklappe

Sopron und Umgebung

Keineswegs versäumen sollte man bei einer Reise ins Burgenland einen Besuch des nahe gelegenen Sopron (Ödenburg), das durch sein geschlossenes historisches Stadtbild und die Fülle seiner Architekturschätze eine Attraktion ersten Ranges ist. 1921 verhinderte nur eine manipulierte Volksabstimmung (→ Seite 38), dass Sopron zur burgenländischen Hauptstadt wurde. Der Ort mit seinen knapp 61 000 Bewohnern ist, seit es mit der Grenzöffnung aus seiner Randlage befreit wurde, ein bedeutender Wirtschaftsstandort und zu einer Brücke zwischen Österreich und Ungarn geworden.

Geschichte

Sopron ist eine der ältesten ungarischen Städte und existierte unter dem Namen Scarbantia bereits zur Römerzeit, in der sie ein wichtiger Handelsplatz an der Bernsteinstraße war. Im Frühmittelalter bedeutungslos geworden, entstand sie durch die ungarische Landnahme im 10. Jahrhundert neu. Zwar ließen die Türken bei ihren Einfällen die Stadt unzerstört, doch vernichtete 1676 ein Brand die königlich-ungarische Freistadt fast vollständig. Im herrschenden Stil der Barockzeit neu aufgebaut, blieb das barocke Stadtensemble bis heute erhalten: Anders als in vielen anderen österrei-

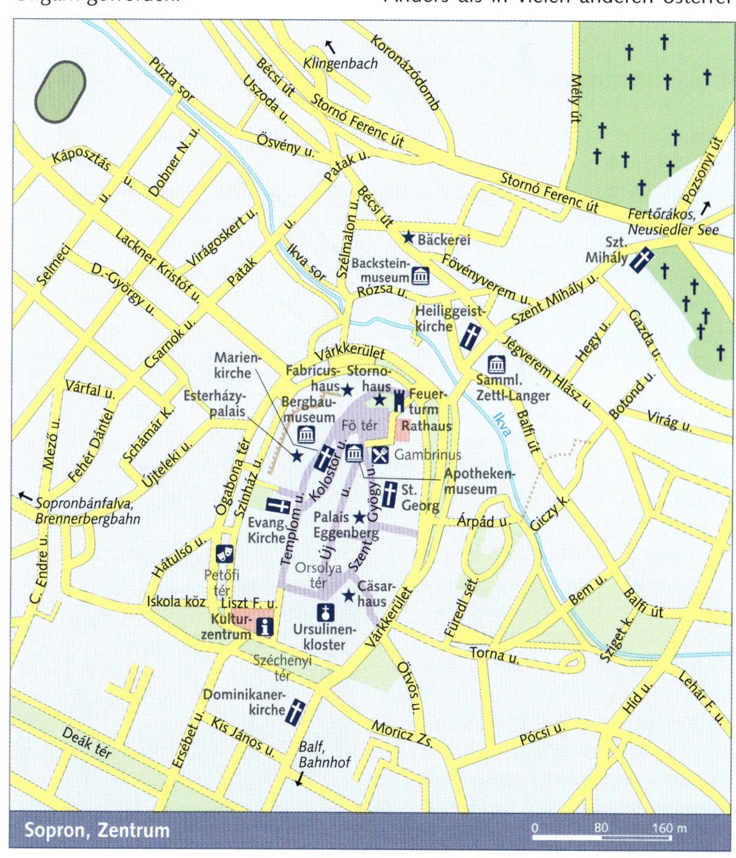

Sopron, Zentrum

chisch-ungarischen Städten erfolgte gegen Ende des 19. Jahrhunderts kein Abriss und keine pompöse Neubebauung im Stil der Gründerzeit. Der Grund dafür liegt im Bankrott eines der großen Bankhäuser der Stadt im Jahr 1901. Dessen Direktor kaufte aufgrund eines angeblich todsicheren Tipps mit sämtlichen Bankeinlagen seiner Kunden an der Wiener Börse Aktien – und verlor alles. Daraufhin beging er Suizid. Die Bank und mit ihr viele Privatleute sowie Unternehmen fallierten und endeten mittellos. Die ganze Stadt war von dieser plötzlichen Verelendung betroffen, niemand hatte mehr Geld für Abriss und Neubau. So blieb das barocke Ödenburg erhalten.

Sehenswürdigkeiten

Die bedeutendsten Sehenswürdigkeiten finden sich rund um den Hauptplatz (Fő tér). Der **Feuerturm** (Tűztorony) ist mit 61 Metern das höchste Gebäude der Stadt und diente einst der Stadtwache, um herannahende Feinde und Feuersbrünste rechtzeitig erkennen zu können. Er ruht auf römischen Fundamenten; das quadratische Erdgeschoss stammt aus dem 12. Jahrhundert, der nächsthöhere Turmabschnitt mit dem Arkadenbalkon wurde in der Renaissance gestaltet, der Zwiebelturm von 1680 ist beste Barockarchitektur.

An seiner Südseite gedenkt das **Treuetor** der für Ungarn so erfolgreichen Volksabstimmung von 1921. Das gleich daneben befindliche **Stornohaus** (Storno-ház) gehörte im 15. Jahrhundert einer vermögenden, aus Italien eingewanderten Kaufmanns- und Künstlerfamilie. Jahrhundertelang war es das repräsentative Gästehaus der Stadt. In der Renaissanceepoche erhielt es seinen Arkadenhof, im 18. Jahrhundert seine Barockfassade. Die Kunstsammlungen der Familie Storno sind im Haus vereinigt und stellen eine der umfassendsten Kollektionen dar, die städtisches Bürgerleben im 16. Jahrhundert vergegenwärtigen.

Ähnlich der des Feuerturms ist die Baugeschichte des nahen **Fabriciushauses** (Fabricius-ház). Es hat römische Fundamente und darauf romanische und gotische Mauern; die Fassade dagegen ist aus dem späten Barock. Auch hier findet man eine museale Ausstellung mit Möbeln aus der Barockepoche. Das Haus bietet eine beeindruckende Darstellung des städtischen Lebens in Ödenburg in der Barockzeit. Daneben erfährt man etwas über die Kulturgeschichte der Bernsteinstraße, und in einem Lapidarium sind römische Grabsteine und Plastiken zu bewundern.

Fast gegenüber, an der templom utca 1, steht die **Marienkirche**, auch Ziegenkirche (Kecske templom) genannt. Der seltsame Name rührt von der Stifterfamilie Geißler her. Als Franziskanerkirche wurde sie im 14. Jahrhundert erbaut; bedeutend ist das Hochaltarbild Stephan Dorffmeisters, der im nachmaligen Burgenland viele Kunstwerke geschaffen

Der harmonische Fő tér mit dem Feuerturm

▸ Karte S. 81

hat. Als im 16. Jahrhundert die Stadt Buda türkisch besetzt war, tagte hier der ungarische Reichstag; auch einige ungarische Könige wurden hier gekrönt. Etwas entfernt, in der Hátsókapu utca, liegt das **Cäsarhaus** (Caesar-ház). Dieses prächtige Stadtpalais mit seinen Innenhöfen beherbergt eine Dauerausstellung, die sich dem Maler József Soproni Hórvath (1891–1961) widmet. In der Balfi út 11 befindet sich die **Privatsammlung Zettl-Langer**, die die künstlerische und Sammeltätigkeit des Likörfabrikanten Gustav Zettl (1852–1917) dokumentiert. Sie ist seit 1955 öffentlich zugänglich und schildert das Leben des Ödenburger Bürgertums um 1890.
Im Zentrum der Stadt gibt es noch einige weitere sehenswerte **Museen**: das Apothekenmuseum (Patikaház Múzeum, Fő tér 2), das Bäckereimuseum (Pékmúzeum, Bécsi út 5) und das Zentrale Bergbaumuseum (Központi Bányászati Múzeum, Templom utca 2).

Brennbergbánya und Umgebung

Westlich von Sopron, in den bewaldeten Hügeln des Ödenburger Gebirges, liegt Brennbergbánya (Brennberg). Hier wurde seit 1753 Kohlebergbau betrieben, der erst in der Nachkriegszeit zum Erliegen kam. Reste alter Bergbauanlagen sind noch vorhanden. Um Sopron und Brennbergbánya bietet sich eine Fülle von **Wandermöglichkeiten** an, auch grenzüberschreitend zum auf österreichischem Gebiet liegenden Bergbauort Helenenschacht. Besonders empfehlenswert ist die Wanderung zum Berg Várhely (Burgstall, 483 m) und in den Ödenburger Stadtwald, die man am besten vom Parkplatz am westlichen Ortsausgang von Sopronbánfalva (Stadtteil Kertváros) aus beginnt. In etwa 45 Minuten kann man von hier den Várhely erreichen und von dort ostwärts über einen Waldlehrpfad die Karlshöhe (Károly magaslat, 397 m), wo es eine kleine Einkehrmöglichkeit gibt. Von hier geht es wieder hinab Richtung Parkplatz. Etwa vier Stunden Wanderzeit sollte man dafür ansetzen.

Balf

Südostlich von Sopron, schon am Rand des Neusiedler Sees, liegt der Kurort Balf (Wolfs). Seit der Römerzeit dienen hier schwefelhaltige Quellen der Heilung. Sehenswert ist die 1773 errichtete **Badekapelle**, deren Fresken von Stefan Dorffmeister stammen. Sie zeigen unter anderem Christus, der Kranke am See Bethesda heilt. Modernste Kureinrichtungen machen Balf heute zu einem international vielbesuchten Ort, in dem insbesondere neuralgische Leiden und solche des Bewegungsapparats kuriert werden.
Von der **Gloriette**, hoch über dem Neusiedler See im nahen Fertőboz (Holling) gelegen, genießt man eine prächtige Aussicht. Es gibt einen schönen **Wanderweg** von Balf dorthin: Zunächst geht es zum Bahnhof Balffürdo und dann ostwärts über verschiedene Feldwege hin bis zur Gloriette.

Fertőrákos

Von Balf führt entlang des Westufers des Neusiedler Sees – gemeinsam mit dem Neusiedler-See-Radweg – eine Straße nordwärts nach Fertőrákos (Kroisbach). Entlang dieses Weges verbinden sich flache Weinhänge mit dem überwältigenden Blick über Schilfgürtel und See zu einem wunderbaren Panorama. Von Fertőrákos kann man mitten durch den Schilfgürtel bis zu einem Parkplatz gelangen, wo sich ein kleiner Fährhafen befindet (Anbindung an Mörbisch und Illmitz). Hier existiert auch ein Seebad, das vor 1989 für die kommunistische Nomenklatura reserviert war.

Schwimmende Häuser in Fertőrákos

Fährt man von Fertőrákos nordwärts bis zur österreichischen Grenze – Passieren nur für Radler und Fußgänger möglich –, trifft man kurz davor auf die **Mithrasgrotte**, in der ein vor 1900 wieder aufgefundenes Mithrasrelief aus der römischen Zeit Pannoniens zu sehen ist. Der Mithraskult – ein Mysterienkult, über den man fast nichts weiß – war in der Römerzeit in Pannonien weit verbreitet. Der **Steinbruch** von Fertőrákos ist dem von St. Margarethen verwandt – geologisch und in seiner Nutzung. In den teilweise zu Hallen erweiterten Höhlen des Kalkgebirgs finden im Sommer verschiedene Theater- und Musikdarbietungen statt.

Die Wälder südwestlich von Fertőrákos – insbesondere der Szárhalm-Wald, der in Teilen noch zum Nationalpark gehört – bieten abwechslungsreiche Wanderungen. Sehr lohnend ist der Besuch des Kecske-hegy (208 m), von dem sich ein herrlicher Blick bietet.

Sopron und Umgebung

Touristeninformation, Liszt Ferenc u. 1, 9400 Sopron, Tel. 0039/99/517560, www.sopron.hu.

Wegen der Nähe Soprons zur österreichischen Grenze ist eine Übernachtung hier nicht nötig. Im Zentrum zahlreiche Cafés und Restaurants, z.B. das traditionsreiche ›Gambrinus‹ direkt am Fő ter Nr. 2.

Stornohaus, Fő tér 8, 9400 Sopron, Tel. 0036/99311-327. April bis Sept. 10–18, Okt. bis März 14–18 Uhr.

Fabriciushaus, Fő tér 6, 9400 Sopron, Tel. 0036/99311-327. April bis Sept. 10–18, Okt. bis März 10–14 Uhr, montags geschlossen.

Privatsammlung Zettl-Langer, Balfi ut. 11, 9400 Sopron, 0036/99311-136. April bis Okt. 10–12, Nov. bis März nur Fr, Sa, So 10–12 Uhr, montags geschlossen.

Steinbruch Fertőrákos, 9421 Fertőrákos, Tel. 0036/99355-286. Mai, Sept. und Okt. 9–17, Juni bis Aug. 9–19 Uhr, Nov. bis Apr. nur nach Voranmeldung.

Zu allen Wanderungen hilfreich: Rother-Wanderführer Neusiedler See.

▸ Karte: vordere Umschlagklappe/S. 81

Von Eisenstadt zum Rosaliengebirge

Die westliche Umgebung von Eisenstadt wartet mit einigen Sehenswürdigkeiten auf, vor allem ist die Burg Forchtenstein, sicherlich die eindrucksvollste Burganlage des ganzen Burgenlandes, einen Besuch wert. Das Rosaliengebirge beginnt am Heuberg, über den die burgenländisch-niederösterreichische Landesgrenze verläuft, und erreicht hier mit 748 Metern seinen höchsten Punkt. Es ist wie das Leithagebirge gleichsam ein letzter Aufbruch des Alpenbogens, bevor er unter der Pannonischen Ebene versinkt und als Karpatenbogen jenseits der Donau in den Kleinen Karpaten wiedergeboren wird. Das Rosaliengebirge ist wie das Leithagebirge Teil der alten, natürlichen Grenze zwischen Österreich und Ungarn. Es besteht wie dieses aus Gneisen und Glimmerschiefern, die von Kalken und Kalksandsteinen überlagert sind.

■ Neufeld an der Leitha

Neufeld an der Leitha (Lajtaúfalu) wird im Wesentlichen wegen des Neufelder Sees besucht, der oft auch Blauer See genannt wird. Er gilt als schönster Badesee des Burgenlandes; im Neusiedler See wird ja nur wenig gebadet, sondern mehr Wassersport betrieben. Der **Campingplatz** am See ist sehr reizvoll gelegen. Der kroatischstämmige Fred Sinowatz (1929–2008), von 1983 bis 1986 österreichischer Bundeskanzler (SPÖ) und viele Jahre Minister für Unterricht und Kunst, ist in Neufeld geboren und auch beigesetzt. Viel Aufsehen machte 1986 sein Rücktritt in Zusammenhang mit der ›Waldheim-Affäre‹ Diese internationale Debatte über die mögliche Beteiligung des damaligen UN-Generalsekretärs und Kandidaten für das Bundespräsidialamt Kurt Waldheim (1918–2007) an nationalsozialistischen Kriegsverbrechen sorgte für größte innenpolitische Unruhe. Sinowatz trat zurück, nachdem Waldheim am 8. Juni 1986 mit 53,9 Prozent die Wahl zum Bundespräsidenten gewonnen hatte.

■ Steinbrunn

In Steinbrunn (Stikapron), das ursprünglich Stinkenbrunn hieß, bis 1959 auf Druck der Bevölkerung der Name geändert wurde, existierte seit 1810 ein Steinkohleabbau. Etwa 600 Tonnen wurden jährlich gefördert. Mit dem Ende des Zweiten Weltkriegs kam der Abbau zum Erliegen. Der Name Stinkenbrunn soll von folgendem Ereignis herrühren: Während eines Gewitters stürzte unter schrecklichem Getöse ein Feuerdrache in den Dorfbrunnen, so dass sich niemand mehr in seine Nähe wagte. Weil aber die Dorfbewohner daraufhin zu verdursten begannen, erließ der Bürgermeister eine Belohnung für den, der den Mut aufbrächte, aus dem Brunnen Wasser zu holen. Der Dorfschmied trat heran und schwang sogleich seinen Hammer, um ihn bei einem Angriff des Drachens gleich auf dessen Schädel schlagen zu können. Doch im Brunnen war kein Drachen mehr. Der Schmied entnahm das Wasser, doch war es nicht trinkbar. Es stank und schmeckte nach Schwefel. Daraufhin schüttete man den Brunnen zu und errichtete eine Mariensäule an dieser Stelle. Das Dorf aber nannte man fürderhin Stinkenbrunn.

Jede Sage beruht auf einem wahrhaften Vorgang. In Stinkenbrunn schlug mit ziemlicher Sicherheit ein Blitz in den Brunnen ein und brachte dadurch die angrenzenden schwefelhaltigen Kohleflöze zum Brennen. Das Wasser nahm die Schwefelgase auf, löste sie, es entstand schweflige Säure, und das Wasser wurde tatsächlich ungenießbar.

Neudörfl und Umgebung

Der Ort Neudörfl (Lajtaszentmiklós), mit 4200 Seelen die sechstgrößte Siedlung im Burgenland, findet sich direkt an der Grenze zu Niederösterreich und trägt nicht von ungefähr eine Brücke im Wappen. Neudörfl liegt an einer durch die Jahrhunderte immer umkämpften Staats- und Herrschaftsgrenze, nahe der breiten Eintalung der (Wiener) Neustädter Pforte, durch die der Weg in Österreichs Innere führt. An der Leithabrücke befand sich im Mittelalter eine Zollstelle, die man passieren musste, wenn man von Ungarn nach Wiener Neustadt fahren wollte. Ein Nachfolger dieses mittelalterlichen Häuschens steht noch heute. Die Grenzlage führte zu merkwürdigen Gegebenheiten. So hielten die österreichischen Sozialdemokraten im 19. Jahrhundert hier, auf ungarischem Gebiet, ihre Versammlungen ab, da sie somit keine Verfolgung zu befürchten hatten. Um Neudörfl befand sich jahrhundertelang eines der bedeutendsten Weinbaugebiete Westungarns, auch heute noch genießt es unter dem Namen ›Grinzing von Wiener Neustadt‹ einen großen Ruf. Aber auch moderne Industrie gibt es hier. Österreichweit von Bedeutung ist mit 1100 Beschäftigten die Firma HTP HighTechPlastics, die ein wichtiger Zulieferer für die elektronische Produktion und die Autoindustrie ist.

Leicht zu übersehen: das frühere Grenzwächterhäuschen

Neudörfl hat keine besonderen Sehenswürdigkeiten, ist aber durch zwei Personen bedeutsam: Rudolf Steiner, der Anthroposoph, verbrachte hier zwischen 1869 und 1879 einen Teil seiner Kinder- und Jugendjahre, ging hier zur Volksschule und war Ministrant (Gedenktafel am Bahnhof). Josip Broz, genannt Tito (1892–1980), war 1912 von Kroatien nach Österreich gekommen und arbeitete in einer Maschinenfabrik in Wiener Neustädter, wobei er meistens sich bei seinem Bruder in Neudörfl aufhielt.

Viel begangen ist von Neudörfl aus der gut ausgeschilderte und leicht zu begehende **Wanderweg** hoch zur Rosaliakapelle, die sich auf dem höchsten Punkt des Rosaliengebirges befindet. Gut viereinhalb Stunden sollte man dafür ansetzen; im Sommer ist der Weg dorthin und zurück eine beliebte Tageswanderung. Bedauerlicherweise gibt es um die Rosaliakapelle keine Einkehrmöglichkeit.

Im nahen **Pöttsching** (Pecsenyéd) kam Karl Prantl (1923–2009) zur Welt, der berühmte Begründer des St. Margarethener Bildhauer-Symposiums. Mitglieder der verschiedenen dortigen Symposien schufen hier eine **Gedächtnisstätte**, die aller Opfer der Jahre 1939–1945 gedenkt (www.poettsching.info).

Pöttsching trägt seinen Namen von den Petschenegen, einem asiatischen Steppenvolk, verwandt den Awaren. Die Ungarn führten viele Kriege gegen sie und verpflichteten Gefangene, die überleben wollten, zum Dienst als Grenzwächter an der Westflanke ihres Reichs. Um 1120 sollen die ersten Petschenegen hier sesshaft geworden sein. Dass viele Dorfbewohner immer noch asiatisch anmutende Augen besäßen, ist ein nicht auszurottendes Gerücht.

▲ Karte: vordere Umschlagklappe

Bad Sauerbrunn auf einer Postkarte um 1900

Bad Sauerbrunn

Seit 1901 staatliches Kurbad, ist Bad Sauerbrunn (Savanyúkút) neben Bad Tatzmannsdorf der bekannteste Kurort des Burgenlandes. Die Quelle wurde schon zur Römerzeit entdeckt, aber bis 1800 nur lokal genutzt. 1803 baute man ein Gasthaus, um die Genesungsuchenden, die jetzt immer häufiger nach Sauerbrunn kamen, angemessen unterbringen zu können. 1853 baute der Arzt Josef Fink dann ein zweistöckiges Kurhaus, womit der Badeort einen bedeutenden Aufschwung nehmen konnte. Während des Zweiten Weltkriegs wurden Teile der Rüstungsproduktion von Wiener Neustadt nach Sauerbrunn ausgelagert, der Soldatensender Belgrad, vor der Roten Armee auf dem Rückzug, strahlte das berühmte Lied ›Lili Marleen‹ das letzte Mal von Sauerbrunn aus. Beim Einmarsch der Russen wurde das Kurviertel zerstört. Erst nach dem langwierigem, 1985 abgeschlossenen Wiederaufbau der Kur-Infrastruktur erreichte Sauerbrunn wieder seinen alten Ruf. Eine zweite Quelle, westlich des Orts in den Wäldern des Rosaliengebirges gelegen, wurde inzwischen erschlossen, die als magnesiumreichste Österreichs gilt. Das Heilwasser wird für Trinkkuren bei Nieren, Blasen-, Magen- und Darmleiden angewendet.

Unbedingt besteigen sollte man den neuen **Aussichtsturm** am Florianikreuz (über die Kirchengasse immer geradeaus). Ein **Bewegungslehrpfad** ist den durchreisenden Automobilisten zu empfehlen. Und einige gute Wandermöglichkeiten gibt es hier auch: Die Hausberge Gespitzter Riegel (594 m) und Mitterriegel (506 m) lassen sich beide in einer schönen Rundwanderung von etwa viereinhalb Stunden bezwingen. Und gleichzeitig bietet das Rosaliengebirge herrlichste Aussichten.

Bis zur Eröffnung des Eisenstädter Landhauses 1929 residierte die burgenländische Landesregierung übrigens in Bad Sauerbrunn.

Wiesen

Wiesen ist alljährlich Austragungsort eines seit 30 Jahren bestehenden, berühmten Jazzfestivals (www.wiesen.at), das zwischen Juli und September in verschiedenen ›performances‹ mit auch anderen Musikgattungen die Gäste lockt. Außerdem ist es bekannt durch die Erdbeeren, die in der Umgebung wachsen. Sie haben eine außerordentliche Qualität, sie aber nicht billig. Ein Kilo kostet an der Straße, wo sie überall um den Ort angeboten werden, mindestens sieben Euro.

Mattersburg

Mit über 7000 Bewohnern ist Mattersburg (Nagymarton) neben Eisenstadt die größte Siedlung des Nordburgenlandes und die drittgrößte des gesamten Landes. Es ist das Mittelzentrum der Region. 3400 Arbeitsplätze existieren hier, von großer Bedeutung ist der Konservenhersteller ›Felix Austria‹. Bis 1924 hieß dieser Ort noch Mattersdorf, was aus ›Martinsdorf‹ hervorging. 1202 wurde eine ›Villa Martini‹ urkundlich erwähnt. Mattersburg besaß zumindest seit der Mitte des 16. Jahrhunderts einen großen Anteil jüdischer Bewohner, die zumeist aus dem nahen Ödenburg vertrieben worden waren. Als ›Siebengemeinde‹-Stadt nahm sie dann um 1670 erneut Juden auf, die diesmal meist aus Wien verjagt worden waren. Gegen 1850 kam es zu einem weiteren Zuzug von Juden, die im Herrschaftsbereich der Familie Esterházy stets willkommen waren, ja sogar Förderung erhielten. Um 1900 waren etwa ein Drittel der Ortsbewohner Juden; sie bildeten eine der größten Gemeinden Westungarns. Die jüdische Thoraschule war dabei weithin berühmt. Das jüdische Viertel wie auch der Friedhof (Bahnstraße) wurden 1938 zerstört, erhaltene Grabstände in der Nachkriegszeit gesammelt und zu besonderen Schauwänden vereinigt. In Jerusalem wird bis heute die Tradition der Mattersburger ›Jeschiwa‹, der traditionsreichen Thoraschule weitergeführt.

Die Pestsäule am Hauptplatz

Als das Burgenland 1921 zu Österreich kam und Ödenburg (Sopron) nicht Hauptstadt werden konnte, war zunächst Mattersdorf als Hauptstadt vorgesehen, das man daher vorsorglicherweise in Mattersburg umbenannte. Nachdem aber die Wahl auf Eisenstadt gefallen war, erhielt der bisherige Marktflecken Mattersburg zumindest die Stadtrechte. Sehenswert ist die **Martinskirche** mit zwei Meter hoher Wehrmauer und Schießscharten, beherrschend auf einer Anhöhe gelegen. Bedeutsam sind die Netzrippengewölbe in Mittelschiff und Chor. Eine **Pestsäule** am Hauptplatz ist von großem künstlerischen Wert. Doch es gibt noch etwas ganz Besonderes: Der **Viadukt** von 1845 der Eisenbahnlinie Wiener Neustadt–Ödenburg ist 250 Meter Länge und 20 Bögen die sicherlich eindrucksvollste Bahnbrücke des Burgenlandes.

Naturpark Rosalia-Kogelberg und Umgebung

Der bewaldete Hügel des Rohrbacher Kogels erstreckt sich zwischen dem Rosalien- und dem Ödenburger Gebirge und wird manchmal auch Marzer Kogel genannt. Er wurde zum Naturpark erklärt. Nicht zu verwechseln ist er mit dem Kogelberg zwischen Mattersburg und Wiesen. Streuobstwiesen, Kasta-

▲ Karte: vordere Umschlagklappe

nienhaine und kleine Weingärten sind hier zu finden, das Vogelschutzgebiet ›Mattersburger Hügelland‹ weist das größte österreichische Vorkommen der Zwergohreule auf. Durch den ganzen Naturpark zieht sich ein **Nordic-Walking-Lehrpfad** (http://burgenland.askoe.or.at und www.fitfueroesterreich.at).

In **Marz** (Marcfálva) ist die **Pfarrkirche** sehr sehenswert. Sie geht auf das 11. Jahr-hundert zurück und ist mehrmals zerstört und wieder aufgebaut worden. Über ihrem Südportal fallen Fresken aus dem 14. Jahrhundert auf, doch besonders beeindruckend ist die Innenausstattung. In Marz lohnen noch viele andere sakrale Sehenswürdigkeiten einen genaueren Blick: die spätgotische **Lichtsäule**, die barocke **Pestsäule** (beide am Ambrosius-Salcer-Platz) und die **Nepomukkapelle** (1767) in der Heiligenbrunngasse mit ihrem kunstvollen schmiedeeisernen Gitter.

In Marz liegt Eduard Suess (1831–1914) begraben, einer der bedeutendsten Geologen des 19. Jahrhunderts. Wegweisend sind seine Forschungen zur Entwicklungsgeschichte der Alpen und zur Paläogeographie: Die Entdeckung des einstigen Superkontinents Gondwana wie auch des Vorläufers des heutigen Mittelmeers, die Tethys, geht auf ihn zurück. Ohne seine Arbeiten ist die moderne Plattentektonik nicht denkbar.

Südwestlich von Marz, im Wald verborgen, liegt die **Werkstatt Natur**, die, so die Eigenwerbung, ›erste burgenländische wild- und waldpädagogische Erlebnisstätte‹. Die Verantwortlichen wollen die ›Naturvermittlung für Groß und Klein‹ sowie eine ›Ausbildungsstätte für Jäger und Heger‹ schaffen. In den über zwei Hektar großen Gehegen mit 100 einheimischen Wildtieren werden die Lebensgewohnheiten dieser Tiere kindgerecht vermittelt (www.werkstatt-natur.at).

Wie von Draßburg, lässt sich natürlich der Marzer Kogel auch von Marz aus besteigen (Weitwanderweg 07). Von dort geht man ostwärts über den Radweg B 30 bis zur Kapelle Maria Blick ins Land (Wanderkarte erforderlich). Über die Rohrbacher Teichwiesen geht es hinunter und um den Fuß des Wieserbergs zurück nach Marz. Sehr schön liegt **Loipersbach** (Lépesfalva). Es ist von Edelkastanienhainen umgeben, und auch das Ortsbild ist ausnehmend idyllisch: mit überwiegend geschlossenen Reihen von Streckhöfen und deren Giebelfassaden.

Pöttelsdorf im Wulkatal, an der Nordseite des Kogels gelegen, ist ein berühmter Weinbauort. Der hier angebaute ›Blaufränkische‹ wurde einst von Otto von Bismarck sehr geschätzt. Als ›Pöttelsdorfer Fürst-Bismarck-Wein‹ war er bis etwa 2000 bekannt und beliebt, danach änderte man den Namen. Der Name ›Fürst Bismarck‹ für einen österrei-

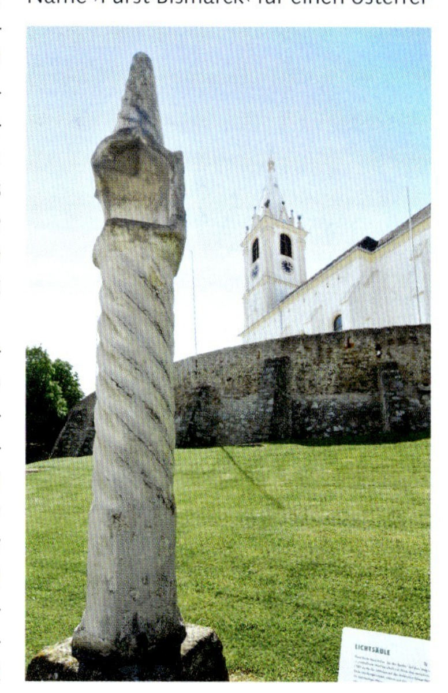

Die spätgotische Lichtsäule in Marz

Paul I. – hier als Reiterstatue im inneren Burghof – ließ Burg Forchtenstein vollenden

chischen Wein galt als wenig opportun beziehungsweise werbewirksam. Heute spricht man nur noch von der ›Domaine Pöttelsdorf‹.

Nicht versäumen sollte man noch einen Abstecher nach **Kleinfrauenhaid**, an der Straße Zemendorf–Krensdorf gelegen. Neben der großen **Wallfahrtskirche** – darin ein schwarzes Gnadenbild nach einer byzantinischen Ikone aus dem Jahr 1460 – ist besonders die **Friedhofskapelle**, vermutlich ein Vorläuferbau der Wallfahrtskirche, sehr sehenswert. Der turmlose, frühgotische Bau ist von archaischer Aura umgeben.

Burg Forchtenstein

▸ Karte: vordere Umschlagklappe

Es ist die größte und beeindruckendste Burg des Burgenlandes, sicherlich sogar eine der beeindruckendsten Burganlagen ganz Mitteleuropas, und sie birgt in sich eine der großartigsten musealen Sammlungen aller Zeiten und Völker: Burg Forchtenstein. Wie eine gewaltige Sphinx thront und wacht sie über Dorf Forchtenau und dem Wulkatal. Schon die Fahrt zu ihr empor ist ein Genuss: Die Burg scheint mit dem Rosaliengebirge gleichsam verwachsen zu sein, und bei der Annäherung schält sich allmählich der gewaltige Körper aus der Landschaft heraus. Über unzählige Kehren windet sich der Weg empor. Plötzlich lässt sich die Burg nicht mehr ausmachen, doch unvermutet erscheint sie wieder vor dem Besucher, um jedesmal stärker ihre grandiose Silhouette aufstrahlen zu lassen.

Geschichte

Auf dem Dolomitfelsen hoch über dem Wulkatal existierte schon im 12. Jahrhundert eine Burg, die eine wichtige Verkehrsverbindung zwischen Donau und Mittelmeer bewachte. 1187 wird ein Markwart von Forchtenstein in einer Urkunde genannt. Gegen 1320 soll aber dann von den Grafen von Mattersdorf mit dem Bau einer neuen Burg begonnen worden sein. Zusätzlich zur natürlichen Sperre des Rosaliengebirges sollte ein monumentaler Wehrbau die Straße vom und ins Wiener Becken, von und nach Ungarn auch militärisch sichern. Als der Ungarnkönig Matthias Corvinus (1443–1490), ein großer Staatsmann und Feldherr, der in seinem Reich auch die Künste förderte, plötzlich verstarb, kamen aufgrund komplizierter älterer Erb- und Vertragsbedingungen die Forchtensteiner Lande an Habsburg. Kaiser Ferdinand II. überließ nach 1622 Forchtenstein an Nikolaus Graf Esterházy (1583–1645), dem er einen Ersatz für die Region Munkacs (heute Westukraine) geben musste, nachdem diese an Gábor (Gabriel) Bethlen (um 1580–1629) gefallen war. Dieser protestantische Adelige führte in Ungarn zahlreiche antihabsburgische Aufstände an, während sich die Esterházys gut katholisch und kaisertreu verhielten. Graf Nikolaus übernahm aber eine ziemlich heruntergekommene Burg, von der eigentlich nur der Bergfried noch einigermaßen stand. Er plante eine neue, durch Bastionen geschützte vierflügelige Anlage, die eine Kapelle und ein Zeughaus einschließen sollte, konnte aber die Vollendung der neuen Burg nicht mehr erleben. 1630 begann der Umbau, der nach zehn Jahren schon sehr weit fortgeschritten war. In diesen Jahren entstanden die Basteien auf der Westseite sowie das Hochschloss mit seinem Innenhof. Als Architekt wurde 1643 Domenico Carlone (1615–1679) verpflichtet, der später insbesondere die Amalienburg und den Leopoldinischen Trakt der Wiener Hofburg errichten sollte und der in Forchtenstein auf Pläne eines älteren Verwandten, Giovanni Battista Carlone (1580–1645), zurückgriff. Aus Kaisersteinbruch wurde mit Ochsenkarren der Kalkstein herangefahren. Der Neubau wurde wegen der drohenden Türkengefahr auf maximale Wehr- und Verteidigungsfähigkeit

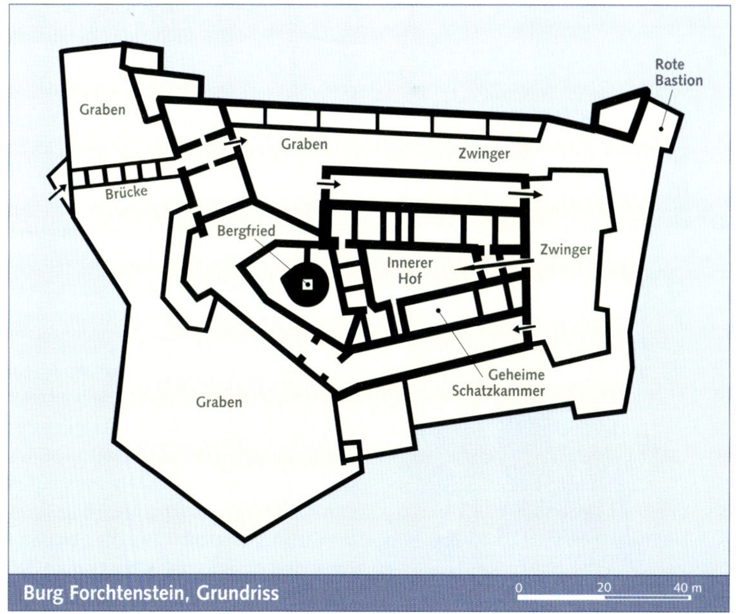

Burg Forchtenstein, Grundriss

ausgerichtet, doch sollte er nicht zuletzt auch besonderen Repräsentativzwecken dienen. Denn bis dahin besaß die Familie keinerlei größere repräsentative Residenz. Und der Umbau des Eisenstädter Schlosses wurde erst 1672 vollendet.
Nach dem Tod des Grafen Nikolaus 1645, der übrigens der Stammvater der Forchtensteiner Linie der Esterházy war, ließ sein Sohn Ladislaus (1626–1652) den Bau weiterführen, doch er fiel jung in einer Schlacht gegen die Türken. Sein Bruder Paul I. (1635–1713) war der erste Esterházy, der auf Forchtenstein zur Welt kam. Er war ein gottesfürchtiger Mann, der in seinem Herrschaftsbereich eine Fülle an Klostern und Kapellen bauen ließ. Äußere Umstände zwangen ihn allerdings, einige Jahre den Bau ruhen lassen. Denn er musste sich seinen Platz als Familienoberster erst erkämpfen und hatte in jenen Jahren vor allem Ansprüche aller Art anderer und entfernter Familienmitglieder zurückzuweisen. Erst nach 1670 ließ er den Bau der Burg vollenden, die zu einer ehrfurchtgebietenden Adelsresidenz mit stärkster Verteidigungsbereitschaft werden sollte. Als nach 1683 die Türkengefahr gebannt war, nahm die Familie den Hauptsitz in Eisenstadt. Forchtenstein war doch mehr Verteidigungsbastion als repräsentatives Schloss, letztlich nicht komfortabel genug und schon wegen der Lage nicht eben einfach zugänglich. Fürst Paul I. gestaltete die Burg zum Arsenal um, wo er die Waffen der esterházyschen Truppen aufbewahrte und in denen später die Beutegüter aus den Feldzügen bis ins 19. Jahr hundert hinein gesammelt wurden.

Der Eingang zum inneren Burghof

▲ Karte: vordere Umschlagklappe

■ Burghöfe und Mauern

Wer vor der Burg steht, ist von ihrer imposanten Silhouette überwältigt. Der 50 Meter hohe **Bergfried** stammt noch von der alten Burg aus dem 14. Jahrhundert. Im Hauptraum des Bergfrieds erkennt man in der Decke im Schlussstein das alte Wappen der Mattersburger. Neben dem Eingang steht der Apostel Matthäus. Über dem Burgtor steht eine **Marienstatue**, die von den Statuen der ungarischen Könige Ladislaus, Emmerich, Stephan und Wenzel flankiert wird. Dann erreicht man den Vorhof mit einem barocken Neptunbrunnen. Dahinter sich sich linker Hand der vormalige Getreidekasten. Der weitere Weg führt über den ›Zwinger‹, der die Hochburg an drei Seiten umgibt. Man erreicht danach die Nordostecke der Burg mit der Roten Bastion. Ein weiter Blick eröffnet sich hier. Der Besichtigungsweg führt nun nach Süden, und man hat den äußeren Burghof erreicht. Über dem Eingang zum inneren Burghof erblickt man die Wappen des Grafen Nikolaus und seiner Ehefrau Christine, die von Heiligenstatuen – Albrecht, Adalbert, Elisabeth, Margarethe – umgeben sind und ganz oben das Wappen Pauls I. mit einem ›L‹. Im inneren Burghof wurden 1990 an den Mauerwänden Fresken freigelegt, die aus der Bauphase Pauls I. stammen. Er selber hat sich in einer großartigen **Reiterstatue** verewigen lassen, die 1691 entstand. 1687 war Paul I. von Kaiser Leopold in den erblichen Reichsfürstenstand erhoben worden, was sein Selbstbewusstsein erheblich stärkte. Denn er war damit zum mächtigsten Fürsten des ungarischen Königreichs geworden. Seit dieser Zeit führte er ein ›L‹ in seinem Wappen. Seither durften sich die Esterházy Fürsten nennen, vorher hatten sie nur den Grafentitel besessen.

Die Innenräume

DIe Innenräume der Burg sind nur bei einer Führung zugänglich. Was es dort zu besichtigen gibt, ist in seiner Fülle und seiner Einzigartigkeit sehr kostbar: Erbeutete türkische Militaria, das Zelt eines türkischen Heerführers, das 1686 vor Ofen erbeutet wurde, Gewehre aus allen geschichtlichen Epochen, komplette Uniform-, Gewehr- und Accessoiresammlungen einer ganzen preußischen Infanteriekompanie aus dem Siebenjährigen Krieg. Das ist übrigens die größte erhaltene Kollektion preußischer Militaria in der Welt. Denn Fürst Nikolaus I. Esterházy (1714–1790), der Prachtliebende genannt, erweiterte die Sammlungen seines Vorfahren Paul I.

Daneben gibt es schlichte, aber auch prächtige **Wohnräume** mit unschätzbar wertvoller originaler Einrichtung aus dem 17. und 18. Jahrhundert zu sehen, Porträtgalerien der Familie, die stuckgeschmückte barockprunkende Burgkapelle und schließlich die alles überstrahlende **Schatzkammer**, die erst seit 2005 Besu-

In der Schatzkammer

chern zugänglich ist. Sie war nur durch einen Geheimgang zugänglich, wobei man für die Tür zu diesem Gang zwei verschiedene Schlüssel benötigte. Bei der Einnahme der Burg durch die Rote Armee 1945 wurde der Eingang nicht gefunden und damit die Schatzkammer vor der Plünderung bewahrt. Fürst Nikolaus selbst war es, der kurz vor seinem Tod diese Kammer in Auftrag gab. Sie stellt ein weltweites Unikat dar und vereinigt besessene Sammelleidenschaft, wissenschaftliche Gelehrsamkeit und adelige Standesrepräsentation. Drei Schatzkammerräume gibt es in der Burg. In einem befinden sich 105 hohe Schränke mit naturkundlichen Gegenständen, jedoch auch originelle Gebrauchsstücke aus Familienbesitz, in den anderen daneben gedrechselte Elfenbeinminiaturen, leuchtende Edelsteinarbeiten, Silbermöbel und vieles weitere mehr.

Bei aller Leidenschaft für die Preziosen der Schatzkammer: Als Wunderwerk nicht zu vergessen sei der 142 Meter (!) tiefe **Brunnen** im hinteren Burghof, der nach 1660 in 30-jähriger Grabung von türkischen Kriegsgefangenen gebaut worden ist. Berühmt ist das gewaltige Echo der Brunnenröhre.

Reptilienpark

Gegenüber den Schätze und der Architektur der Burg verblasst etwas die Attraktivität des privaten Reptilienparks, der sich unweit an der Straße befindet. Aber er ist keineswegs unbedeutend. Die Familie Polaschek züchtet hier schon in der dritten Generation Weichtiere, Reptilien und Amphibien. Für Kinder mag der Park sicherlich interessanter als die Burg sein.

Gemeinde Forchtenstein

Im Dorf Forchtenstein beeindruckt an der Straße das 1692 gegründete **Servitenkloster**, dessen Bau 1704 beendet wurde. Über dem Hauptportal erkennt man das Esterházysche Wappen und darüber eine Nachbildung des Eisenstädter Gnadenbilds. Die **Pfarrkirche Mariä Himmelfahrt** geht auf das 14. Jahrhundert zurück und ist später barockisiert worden. Man erkennt im Inneren deutlich die gotischen Kreuzrippengewölbe (Langhaus), denen in den Seitenschiffen und Kapellen barocke Kreuzgratgewölbe gegenüberstehen.

Auf dem Kamm des Rosaliengebirges

Von der Burg aus lässt sich gut zum Kamm des Rosaliengebirges wandern. Knapp anderthalb Stunden benötigt man bis zur Rosaliakapelle auf der Passhöhe der Straße Forchtenstein–Hochwolkersdorf. Mögen kürzere Wegstücke etwas verwachsen und der Weg überhaupt wegen des steilen Anstiegs teilweise anstrengend sein: Es lohnt, bis zur Rosaliakapelle auf 748 Metern emporzusteigen, zum Heuberg, dem höchsten Berg des Rosaliengebirges.

Die **Rosaliakapelle** ist trotz ihrer geringen Größe ein bedeutendes Sakraldenkmal. Der Sage nach herrschte auf Burg Forchtenstein einst ein Fürst namens Giletus, dem das gesamte Gebiet um den Neusiedler See gehörte. Als er aus fernen Landen von einem Feldzug zurückkehrte, beklagte sich das Volk bei ihm, dass seine Ehefrau Rosalia während seiner Abwesenheit so grausam und ungerecht regiert hätte. Giletus ließ sein Weib ohne besondere Umstände daraufhin ins Burgverlies im tiefsten Teil des Bergfrieds werfen, wo sie an Hunger starb. Doch bald nach dem Tod erschien ihr Geist. Um der ruhelosen Seele endlich Frieden zu schaffen, erbaute Giletus oberhalb der Burg, am höchsten Punkt des Gebirges, die Rosaliakapelle, die bald ein vielbesuchter Wallfahrtsort wurde.

Die Rosaliakapelle ist nachweislich aber erst gegen 1670 erbaut worden und barg einst ein wertvolles Marienbild, da sie tatsächlich eine Wallfahrtskapelle war. Dieses Gnadenbild existiert nicht mehr.

Über dem Portal erblickt man das Esterházywappen. Der Hochaltar ist – ungewöhnlich – in Schwarzgold gehalten, auch die Kanzel von 1682 besitzt diese Farben. Von der Kapelle eröffnet sich ein grandioser Blick über fast das ganze Burgenland. Im Süden kann man bei guter Sicht die Güssinger Burg ausmachen, im Nordosten sind Neusiedler See und die Kleinen Karpaten zu erkennen, dahinter verliert sich der Blick im Unergründlichen der ungarischen Tiefebene.

Viele Besucher schätzen den **Rosalien-Höhenweg** auf dem Kamm, gleichsam der Paradeweg im Rosaliengebirge. Er führt nordwärts bis Neudörfl, wo das Gebirge versinkt. Nur 4,5 Stunden benötigt man dafür, denn es geht ausschließlich bergab. Alternativ kann man auf der Mitte des Wegs nach Wiesen hinabsteigen und von dort mit öffentlichen Verkehrsmitteln nach Forchtenstein oder zur Rosaliakapelle zurückfahren. Die landschaftlichen Eindrücke lohnen allemal.

▸ Karte: vordere Umschlagklappe

Von Eisenstadt zum Rosaliengebirge

Tourismusverband Region Rosalia, Schulstraße 14, 7202 Bad Sauerbrunn, Tel. 02625/20290, www.rosalia.at.

Kurgemeinde Bad Sauerbrunn, Wiener Neustädter Str. 2, 7202 Bad Sauerbrunn, Tel. 02625/322030, www.badsauerbrunn.at.

Stadtgemeinde Mattersburg, Brunnenplatz 4, 7210 Mattersburg, Tel. 02626/62332, www.mattersburg.gv.at.

Hotel-Restaurant Martinihof, Rathausplatz 4, 7212 Neudörfl, Tel. 02622/77845, www.martinihof.com, p. P. im DZ 44–49 €. Bei nur einer Übernachtung Zuschlag von 5 Euro.

Gasthof Gerencser, Neugebäu 8, 7212 Neudörfl, Tel. 02622/77364. Bodenständige und vegetarische österreichische Küche.

Café-Restaurant Rosengarten, Bahngasse 2, 7202 Bad Sauerbrunn, Tel. 0660/5238466, www.rosengarten-badsauerbrunn.at.

Gasthaus Die Stub´n, Hauptplatz 7, 7202 Bad Sauerbrunn, Tel. 02625/20303, www.die-stubn.at.

Pension Biohof Preisegger, Hauptstraße 21, 7203 Wiesen, Tel. 02626/81615, www.biopreisegger.at, p. P. im DZ 38–39,50 €.

Steckerlfisch Hacienda, Forchtenauer Str 67, 7210 Mattersburg, Tel. 0664/88447027, www.steckerlfisch.rzweb.at. Preisgünstiges, sehr beliebtes (Grill-) Fischlokal.

Gasthof und Fleischerei Johann Scheiber, Bachstr. 31, 7221 Marz, Tel. 02626/63904. Freundliche Bedienung, freundliche Preise.

Gasthof Daskalakis-Sauerzapf, Rosalienstr. 39, 7212 Forchtenstein, Tel. 02626/81217, p. P. im DZ 28 €. Gute Küche, große Portionen.

Heuriger und Weingut Piribauer, Hauptstraße 71, 7212 Neudörfl, Tel. 02622/772910, www.piribauer.net. Großer Gastgarten, schneller, freundlicher Service, große Portionen für wenig Geld.

Weingut und Heuriger Stegschandl, Bachzeile 1, 7023 Pöttelsdorf, Tel. 0664/2114595, www.stegschandl.at.

Naturpark Rosalia-Kogelberg/Informationszentrum Draßburg, Baumgartnerstraße 10, Tel. 0664/4464116, www.naturparke.at/de/Naturparke/Burgenland/Rosalia-Kogelberg.

Werkstatt Natur, Lehrnertal 3, 7221 Marz, Tel. 0664/2411153 (Förster Roman Bunyai), www.werkstatt-natur.at.

Burg Forchtenstein, 7212 Forchtenstein, Tel. 02626/81212, http://esterhazy.at/de/besucherinfo/676048/Burg-Forchtenstein, April bis Okt. tgl. 10–18 Uhr, Nov. bis März nach Vereinbarung. Es gibt drei Arten von Führungen, bei denen Schatzkammer, Arsenal, Wohnräume und Ahnengalerie wechselnd kombiniert sind.

Reptilienzoo Forchtenstein, Melinda-Esterházy-Platz 6, 7212 Forchtenstein, Tel. 02626/81439, www.reptilienzooforchtenstein.com, April bis Sept. tgl. 10–18 Uhr, Okt. bis März Sa/So 10–17 Uhr.

Gesundheitszentrum, Hartiggasse 4, 7202 Bad Sauerbrunn, Tel. 02625/300-8500, www.die-heiltherme.at.

Neufelder Seebetriebe, Eisenstädter Straße, 2491 Neufeld, www.neufelder-see.at. Informationen zu den vielen Bade- und Campingmöglichkeiten in und rund um Neufeld.

Der Neusiedler See und seine Umgebung gehören zum UNESCO-Welterbe. Und hier, im burgenländischen Norden, befindet sich eines der größten österreichischen Weinbaugebiete. Kein Wunder, dass Touristen mit dem Begriff Burgenland fast immer die Region um den Neusiedler See verbinden. Tatsächlich ist sie als Übergangsbereich zwischen den Alpen und der weiten pannonischen Ebene von besonderem landschaftlichen Reiz.

Am Neusiedler See

DER NEUSIEDLER SEE
UND DIE PANNONISCHE EBENE

Im äußersten Norden

Viele Reisende nehmen von den nördlichsten und nordöstlichsten Landstrichen des Burgenlandes kaum Notiz; einzig durch ihre nahen Grenzstationen waren die Orte Kittsee und Nickelsdorf früher bekannt. Und auch heute noch ist diese Region meist nur Durchgangsstation auf dem Weg in die Slowakei und nach Ungarn und auf vielen Burgenlandkarten nicht vollständig dargestellt. Doch gibt es einiges durchaus Besuchenswerte in diesem weiten Landstrich zwischen österreichischer Grenze, der Autobahn Wien–Budapest und der Grenze zu Niederösterreich.

Kittsee und Edelstal

Zusammen mit dem westlich gelegenen Edelstal ist die 2000-Seelen-Gemeinde Kittsee (Köpcsény) die nördlichste Siedlung im Burgenland, ihre Umgebung ist durch Österreichs größte Marillenbaumpflanzungen bekannt.

Geschichte

Nachweislich trat das Gebiet um Kittsee 1180 aus dem Dämmer der Geschichte, als hier Kaiser Friedrich Barbarossa, während eines Kreuzzugs auf dem Weg ins Heilige Land, bei der Gemarkung ›Vierveltc nachweislich ein Lager aufschlug. Überhaupt fanden hier mehrere bedeutsame geschichtliche Ereignisse statt: Bereits 907 ereignete sich um den späteren Ort Kittsee, im Gelände bis zum späteren Bratislava hin, jene berühmte Schlacht zwischen einem bayerischen Heer und den Ungarn, die letztlich zu deren Landnahme des gesamten Gebiets führte. Zwar wurden die Ungarn 1271 vom Böhmenkönig Ottokar hier wieder geschlagen, doch änderte das nichts am Verbleib des Landes bei Ungarn. Denn 1291 schloss hier der ungarische König Andreas III. mit dem Babenberger Albrecht I. den Ausgleichsfrieden. Nicht zu vergessen sei das Jahr 1848, al sich bei Kittsee das ungarische Heer im geplanten Kampf gegen die habsburgischen Truppen sammelte.

Im Jahr 1416 erhielt Kittsee die Marktrechte. Die Türkeneinfälle 1529 und 1683 zerstörten den Ort jeweils weitgehend, und um den verwüsteten Ort erneut erstehen zu lassen, wurden nach 1670 mit offizieller Duldung und Schutz durch die Fürsten Esterházy Juden angesiedelt. Ihre Zahl war bis 1820 auf knapp 800 angewachsen. Kittsee zählte – neben Eisenstadt, Mattersdorf, Kobersdorf, Lackenbach, Frauenkirchen und Deutschkreutz – damit zu den sogenannten Siebengemeinden des späteren Burgenlandes, in denen größere jüdische Gemeinden bestanden. Viele Juden verließen im 19. Jahrhundert aus wirtschaftlichen Gründen den Ort, wobei ihre Zahl bis Mitte der 1930er Jahre auf etwa 50 herabsank. Nach dem Anschluss Österreichs im April 1938 trieb die SA die verbliebenen Juden zusammen und setzte sie auf einer öden Sandinsel in der Donau aus, die aber bereits auf

Das Neue Schloss

▸ Karte: vordere Umschlagklappe

slowakischem Territorium lag. Slowakische Polizei schob die Juden nach Ungarn ab, von dort erfolgte eine weitere Abschiebung zurück nach Österreich. Letzlich konnten aber alle Juden dank der Vermittlung jüdischer Organisationen in Bratislava in diverse Aufnahmeländer zu entkommen. Nach 1945 geriet die Gemeinde in eine Randlage, wegen des Grenzübergangs zur Tschechoslowakei ging es ihr wirtschaftlich aber nicht so schlecht. Dennoch sank die Einwohnerzahl von 2500 auf nur noch 2070.

Sehenswürdigkeiten

Größte Sehenswürdigkeit und bedeutendstes Barockschloss des nördlichen Burgenlandes überhaupt ist das **Neue Schloss** am westlichen Ortsrand. Es entstand 1668 durch Umbau eines älteren Gebäudes als dreiflügeliges, vornehmes Barockpalais mit einer Säulenhalle im Zentrum. Bauherr war die siebenbürgische Familie Listy. 1676 gelangte das Schloss in den Besitz der Familie Esterházy. Zar Peter der Große soll hier gewohnt haben, als er 1698 incognito die Donauschifffahrt studierte. Das heutige Aussehen erhielt das Schloss gegen 1740. Bemerkenswert ist der von Atlasgestalten getragene Altan über dem Haupteingang und die ungewöhnliche spitz zulaufende Kuppel über dem Haupttrakt. Man findet übrigens wie hier überall im Burgenland das machtvolle Esterházysche Wappen: ein goldener, krummsäbelschwingender Greif, der in der linken Hand drei rote Rosen hält.

Im 19. Jahrhundert kam Schloss Kittsee an die Familie Batthyány-Stratmann. Ein bedeutendes Mitglied dieser Familie war Fürst Ladislaus Batthyány-Strattmann (1870–1931). Als Augenarzt, Gründer des Kittseer Spitals und als Armenarzt, der fast ausschließlich kostenlos behandelte, wurde er 2003 selig gesprochen.

Der Heidenturm verweist auf die frühere Existenz des Dorfes Lebarn

Seit 1974 beherbergt das Schloss ein **Ethnographisches Museum**, doch sind die Sammlungen seit 2008 leider nicht mehr zugänglich. Im Schloss und in seinem Park wird seit 2007 das ›Sommerfestival Kittsee‹ mit verschiedenen Musiktheatervorführungen veranstaltet. Interessant ist, dass das neobarocke schmiedeeiserne Tor des Schlossparks sich im Jahr 1900 am Pavillon Österreichs auf der Pariser Weltausstellung befunden hat.

Durchaus sehenswert ist auch das **Alte Schloss** im Ortszentrum, an der Straße Am Schanzl. Das Schloss geht auf das 12. Jahrhundert zurück und war zu dieser Zeit eine Wasserburg innerhalb einer heute nicht mehr existierenden Donauschleife. Wie das Neue Schloss gelangte es 1676 an die Familie Esterházy. Der heutige Bau entstand um die Wende vom 16. zum 17. Jahrhundert. 1945 stand es als eines der wenigen Gebäude des Burgenlandes unter Artilleriebeschuss. Da das Schloss baufällig ist, ist es leider unzugänglich. Doch allein die wuchtige Architektur beeindruckt.

Hinter dem Schloss und einem arg ramponierten Schüttkasten liegt der **jüdische Friedhof** von Kittsee. Auf etwa 1 Hektar Fläche existieren 150 Grabsteine. Es ist der einzige vollständig denkmalgeschützte jüdische Friedhof Österreichs.

Am senkrecht vom schmalen, spindelförmigen Hauptplatz abgehenden Joseph-Joachim-Platz kam in Haus Nummer 7 (Gedenktafel) am 28. Juni 1831 eben jener Joseph Joachim zur Welt, der einer der bedeutendsten Violinvirtuosen und Violinkomponisten des 19. Jahrhunderts war. Er stammte aus einer jüdischen Kaufmannsfamilie, zeigte jedoch früh höchste Fertigkeiten auf der Geige. Felix Mendelssohn wurde auf das Wunderkind aufmerksam und förderte es. Als Freund von Robert Schumanns, Johannes Brahms und Max Bruch stand Joseph Joachim diesen bei der Abfassung ihrer Violinkonzerte mit technischen Ratschlägen zur Seite. 1869 rief ihn König Wilhelm I. nach Berlin und ernannte ihn zum Gründungsrektor der späteren Musikhochschule Berlin. Durch seine Hausmusik- und Streichquartettabende war Joseph Jachim für die deutsche Musikkultur im letzten Drittel des 19. Jahrhunderts von entscheidender Prägung. Bis zu seinem Tod am 15. August 1907 war er als Hochschullehrer in Berlin tätig. Sein Grab fand er auf dem Friedhof der Kaiser-Wilhelm-Gedächtniskirche in Berlin-Westend am Fürstenbrunner Weg. Immer noch hörenswert, wenngleich selten gespielt ist sein Violinkonzert d-moll, op.10, mit dem Untertitel ›In ungarischer Weise‹, wie auch die großartige Orchesterbearbeitung von Franz Schuberts ›Grand Duo in C für Clavir vierhändig‹, DV 812, das als verkappte Symphonie angesehen wird.

▸ Karte: vordere Umschlagklappe

Die alte Preßburger Straße, die von hier nordostwärts zur slowakischen Grenz verläuft, ist kurz hinter Kittsee für den motorisierten Verkehr offiziell gesperrt, doch wird dieser Weg von und in die Slowakei von vielen Einheimischen genutzt, da er den Weg in die slowakische Hauptstadt abkürzt. Wer Zeit hat, sollte einmal diese Straße befahren oder bis zur Grenze spazieren – irgendwie spürt der empfindsame Reisende hier immer noch den längst verschwundenen Eisernen Vorhang.

Mitten auf einem Acker westlich von Kittsee, unweit der Straße nach Edelstal und ziemlich nahe der Autobahnauffahrt Kittsee, befindet sich der sogenannte **Heidenturm**, der einzige Rest, den die Türkenkämpfe 1529 vom Ort Lebarn und seiner Kirche übriggelassen haben.

Edelstal

Edelstal (Nemesvölgy) besitzt ein hübsches Kellerviertel. Die **Pfarrkirche St. Stephan** ist nicht sonderlich beeindruckend, doch immerhin denkmalgeschützt. In Edelstal kam Adam Liszt (1776–1827) zur Welt, Vater des großen Franz Liszt. Seit alters her sprudelt hier auch eine ›Römerquelle‹, deren Wasser unter dem gleichen Namen zu den beliebtesten Mineralwässern Österreichs zählt. Das Gebiet ist seit 2000 Jahren besiedelt, wie Ausgrabungen einer römischen Villa und eines Awarenfriedhofs vor über 100 Jahren bewiesen. Diese Grabungen sind heute nicht mehr zugänglich.

Um die Leithaniederung

Auf lange Strecken bildet die aus dem Schneeberggebiet um Rax und Schneealpe kommende Leitha den Grenzfluss zwischen Burgenland und Niederösterreich. Im Mittelalter setzten die ungarischen Könige große Teile des Flusslaufs als Landesgrenze fest, die als burgenländische

Landesgrenze immer noch besteht, da ja das Burgenland bis 1919 zu Ungarn gehörte. Der damals viel verwendet Begriff ›Cisleithanien‹ – Land diesseits der Leitha – war im 19. Jahrhundert ein gebräuchlicher Ausdruck für den nichtungarischen Teil der Monarchie, dem ein ›Transleithanien‹ gegenüberstand.

Potzneusiedl

Der Ort Potzneusiedl (ungarisch Lajtafalu) lohnt einen Besuch. Hier befindet sich ein klassizistisches **Schloss** der Familie Batthyány vom Anfang des 19. Jahrhunderts, in dem sich seit 50 Jahren ein großes Zentrum des Antiquitätenhandels – mit Kunstauktionen, Antiquariat und Bücherflohmarkt – befindet, wobei immer wieder kunsthistorische Sonderausstellungen gezeigt werden. Bei freiem Eintritt gibt es eine Fülle sehr sehenswerter **Sammlungen**, unter anderem mit verschiedenen Gegenständen aus Österreich und Ungarn aus dem 17. bis 20. Jahrhundert, der ersten österreichischen Ikonensammlung, einem Bibelmuseum – es besitzt unter anderem eine Lutherbibel – und eine dem ungarischen Keramikkünstler Vilmos Zsolnay (1828–1900) gewidmetes Keramikmuseum. Vilmos Zsolnay war der Gründer der Zsolnay-Manufaktur in Pécs.
Die Gegend westlich des Ortes und südlich der Leitha ist bis auf den Weiler Neuhof unbesiedelt und trotz oder sogar wegen der modernen, bis zu 150 Meter hohen Windmühlen von Einsamkeit erfüllt. Wer mysteriöse Orte liebt, wandert oder fährt mit dem Rad zum verfallenen **Bubanathof**.

Gattendorf

In Gattendorf (Gatá) lohnt ein Blick auf die schöne Gartenfassade des **Neuen Schlosses**. Die **Pfarrkirche** ist ein barockisierter mittelalterlicher Bau, die Chorfenster sind noch als gotisch erkennbar, das Eingangsportal ist ganz romanisch. An der Stelle der hübsch gelegenen **Annakapelle** (Esterházy-Wappen) südwestlich des Dorfes (Radweg 999) versammelte sich im Jahr 1146 das ungarische Heer, um gegen die österreichischen Babenberger-Herzöge zu ziehen.

Deutsch Jahrndorf

Deutsch Jahrndorf (Németjárfalu) ist die östlichste Siedlung nicht nur des Burgenlandes, sondern überhaupt Österreichs – und damit seit Kriegsende und der damit verbundenen Vertreibung der Deutschen aus den meisten Ländern des sowjetischen Einflussbereichs der östlichste Punkt auch des geschlossenen deutschen Sprachgebiets. Im kleinen **Dorfmuseum** im alten Feuerwehrhaus werden traditionelle häusliche und landwirtschaftliche Geräte gezeigt. Sehenswert ist auch die kleine **Zeiselhofkapelle** etwa 3 Kilometer nordwestlich, an der Straße nach Pama. Fährt man die Dorfstraße südostwärts und biegt nicht nach rechts Richtung Nickelsdorf ab, sondern hält sich geradeaus, erreicht man nach etwa drei Kilometern das slowakisch-ungarisch-österreichische Dreiländereck und damit auch Österreichs östlichsten Punkt. Zur Erinnerung an die Ereignisse von 1989 entstand hier ein **Skulpturenpark** mit Werken internationaler Künstler.

Auf der Parndorfer Platte

Die knapp 200 Quadratkilometer große Ebene, oft auch Parndorfer Heide genannt, liegt auf etwa 170 Metern Höhe zwischen dem Leithagebirge und den Hundsheimer Bergen nahe Hainburg an der Donau. Sie nimmt einen Teil der Leithaniederung ein und ist wie der gesamte Norden des Burgenlandes dünn besiedelt. Wegen seines Untergrunds – die glazialen Schotter stauen das Grund-

Starke Winde über der pannonischen Ebene sorgen für saubere Energie

wasser nicht – ist es ein wasserarmes Gebiet. Zum Neusiedler See hin fällt die Parndorfer Platte teilweise stark ab. Ein Mikroklima konnte sich hier herausbilden und damit auch eine besondere Flora und Fauna; hier leben unter anderem Großtrappen und Kaiseradler. Die Parndorfer Platte besitzt ein größeres Windaufkommen als die Nordsee, was hier den größten der österreichischen Windparks entstehen ließ. Im Osten, an der ungarischen Grenze, wird die Parndorfer Platte durch den sogenannten Haidboden mit seinen fruchtbaren Lösserden begrenzt. Der Haidboden ragt in den östlichen Teil des Seewinkels mit hinein.

Parndorf

Mit über 4000 Bewohnern ist Parndorf (Pándorfalu, kroatisch Pandrof) neben der Bezirksstadt Neusiedl einer der größten Orte im nördlichen Burgenland. Nach der Zerstörung durch die Türken 1529 wurde der Ort durch Kroaten aus Dalmatien neu besiedelt; ihre Nachkommen machen heute noch etwa fünf Prozent der Ortsbevölkerung aus.

In Parndorf gibt es einiges Interessantes zu sehen. Im Norden, an der alten Straße nach Rohrau (Weitwanderweg 02/Radweg 902), liegen die **Kuruzzenschanzen**, alte Befestigungen aus der Zeit des sogenannten Kuruzzenaufstands von 1709. Sie wurden bei einem gegen Habsburg gerichteten Aufstand des Franz Rákóczi, einem ungarischen Adligen, und seinen Heerscharen, den Kuruzzen, gegraben. Erdwälle mit vorgelagerten Graben sind noch deutlich zu erkennen. Das Schiff der **Pfarrkirche St. Ladislaus**, die auf romanischen Fundamenten ruht, ist ein Werk des Lucas von Hildebrandt (1668–1745), einem der bedeutendsten Barockbaumeister überhaupt. Unter anderem ist er der Schöpfer des Oberen Belvedere in Wien. Neben der Kirche ist die gräflich **Harrachsche Gruftkapelle** aus der Zeit um 1830 ebenso sehenswert wie an der Straße nach Bruck die **Rochus (Pest-)kapelle** von 1713.

Eine Vielzahl von Besuchern, insbesondere aus Russland, Rumänien und anderen osteuropäischen Ländern, zieht das **Designer Outlet Center** (Factory Outlet Center) Parndorf an – ein Fabrikverkauf von Designerkleidung im Einzelhandel auf 37700 Quadratmetern Fläche. Es liegt südlich des Orts, direkt an der Autobahnauffahrt Neusiedl, und ist mit 650 Arbeitsplätzen der größte Arbeitgeber im Ort. Von anderem Reiz dage-

▸ Karte: vordere Umschlagklappe

gen ist der Parndorfer Kultursommer (www.kulturparndorf.at) mit Kabarett-, Jazz-, Klavier- und Liederabenden sowie Opernaufführungen – ein nicht nur bei den Burgenländern beliebtes Festival.
Touristisch populär ist die Wanderung von Parndorf hinüber ins niederösterreichische Rohrau: Entweder über den Marc-Aurel-Radweg R10 oder über die Parndorfer Feldgasse geht man in nordwestlicher Richtung bis zu den archäologisch bedeutsamen Resten einer **römischen Palastanlage** aus der Zeit um 375 n. Chr., die vermutlich eine kaiserliche Villa war. Auch auch mit dem Auto kann man diese Sehenswürdigkeit von der Brucker Straße her erreichen. Die Wanderung führt von dort weiter Richtung Leithafluss und anschließend flussabwärts auf einem Dammweg durch die Leithaauen bis Rohrau. Die reine Wanderzeit hin und zurück beträgt etwa sechs Stunden.

Friedrichshof

Eine ungewöhnliche Ansiedlung ist der Friedrichshof, ein habsburgischer Gutskomplex des 19. Jahrhunderts gleich an der Autobahnabfahrt Weiden/Gols. In einem kleinen Park befinden sich etwa 100 Wohnungen und Künstlerateliers, ein Sozialprojekt, ein Hotel, eine Sammlung von Aktionskunst, die der Künstler Otto Muehl begründete, ein Pferde-Einstellbetrieb, ein Landgasthof sowie diverse Privathäuser. Das Projekt entwickelte sich aus einer Kommune, die von 1972 bis 1990 bestand.
»Der Friedrichshof versteht sich als Synthese der Vorteile von Stadt- und Landleben. Mit seiner bewegten Geschichte vom habsburgischen Mustergut bis hin zum kommunitären Lebensexperiment ist er heute durch seine Vielfalt und Offenheit ein Ort mit weitem geistigen und sozialen Horizont« – so die Betreiber.

Das nahgelegene **Naturschutzgebiet Mönchhofer Hutweide** weist eine besondere wärmeliebende Pflanzenwelt auf, in der besonders die seltene Zwergmandel zu erwähnen ist.

Zurndorf

Zurndorf (Zurány) entstand im 13. Jahrhundert als Ansiedlung von Petschenegen, einem aus dem Gebiet der heutigen Ukraine stammenden Reiter-Turkvolk. Sie wurden von den ungarischen Königen als Grenzwächter ins Land geholt. Die **Pfarrkirche** besitzt im Hochaltar ein Altarbild nach einer Radierung des berühmten Franz Anton Maulpertsch (1724–1796). Besuchenswert ist auch das südlich des Ortes gelegene **Naturschutzgebiet Eichenwald**, das man mit dem Auto gut über die Straße nach Mönchhof erreichen kann und das sich für eine erholsame Rundwanderung anbietet. Es ist der besterhaltene Wald des gesamten burgenländischen Nordens.

Nickelsdorf

Bei fast allen westlichen Ungarnreisenden war der Straßenübergang Nickels-

Besuchermagnet der anderen Art: das Designer Outlet Center

dorf (Miklóshalma) bis zum Fall des Eisernen Vorhangs gefürchtet. Endlose Kolonnen von LKWs stauten sich bis zur Eröffnung der Autobahn am Straßengrenzübergang zum ungarischen Hegyeshalom (Straßsommerein) durch den Ort. Musikfreunde dagegen schätzen Nickelsdorf wegen des Festivals ›Nova Rock‹, das seit 2005 jährlich im Juni in den ›Pannonia-Fields‹ – der angeblich größten Festivalbühne Europas – stattfindet, wie auch wegen der ›Konfrontationen‹, einer ebenfalls jährlich im Juli stattfindenden internationalen Jazzveranstaltung.

Bei Nickelsdorf gibt es das besuchenswerte **Naturschutzgebiet im Haidl**. Von der aufgelassenen Sandgrube an der Bundesstraße, etwa 750 Meter westlich des Orts, gelangt man in dieses durch sein bewegtes Gelände sehr interessante Gebiet. Ein Erlebnis voller Einsamkeit ist die Fahrt von Nickelsdorf südwärts am Kleylehof vorbei, nach Halbturn. Auf dem weltfernen **Kleylehof**, der ein individualisiertes Gegenstück zum Friedrichshof ist, zeigt der burgenländische Künstler Franz Gyolcs seine ungewöhnlichen Skulpturen. Der Kleylehof ist eine »Herberge von Königen und Engeln, von skurrilen Metaphern und verzweifelten Seelen, umgeben von bäuerlichem Grün und kräftigen Farben im Sommer und versteinerter eisiger Erde im Winter.« Gyolcs behauptet von sich selbst, er gehe »mit Grimms Märchen wie dem Letzten Abendmahl gleich sensibel um« (www.franz-gyolcs.com).

Im äußersten Norden

Tourismusverband Nickelsdorf, Obere Hauptstraße 3a, 2425 Nickelsdorf, Tel. 02146/2201-0, www.nickelsdorf.at.

Gasthaus Dorfwirt, Bahnstrasse 43, 2425 Nickelsdorf, Tel. 02146/2809.

Landgasthof Friedrichshof, 2424 Zurndorf, Tel. 02147/7000600. Mi–So ab 9 Uhr, Mo/Di geschlossen.

Motel Schlafgut, direkt an der Autobahnauffahrt, 2425 Nickelsdorf, Tel. 02146/2368, www.motel-schlafgut.at, p.P. im DZ ab 21 €.

Schloss Potzneusiedl, 2473 Potzneusiedl, Tel./Fax 02145/2249, www.castleofarts.at; Mo–Fr 10–16 Uhr, Sa/So 10–17 Uhr.

Dorfmuseum, Obere Hauptstraße 42, 2423 Deutsch Jahrndorf, Tel. 02144/219 (Fr. Stelzer).

Friedrichshof, 2424 Zurndorf, Tel. 0676/7497682, www.friedrichshof.at. Besichtigung der Aktionskunstsammlung nur nach telefonischer Voranmeldung.

Parndorfer Kultursommer, www.kultur-parndorf.at. Kabarett, Jazz-Chanson, Klavier und Theater, immer im Juli.

Rockfestival Nova Rock, www.novarock.at. Immer im Sommer, 2012 im Juni in der Gemeinde Nickelsdorf.

Jazzveranstaltung Konfrontationen, www.konfrontationen.at. Von der Jazzgalerie Nickelsdorf jährlich im Juli organisiert, internationales Musikfestival.

Für Wanderungen hilfreich: Rother Wanderführer Neusiedler See.

Designer Outlet Center, Outletstraße 1, 7111 Parndorf, Tel. 02166/3614. Mo–Fr 9.30–19, Sa 9–18 Uhr, So und an Feiertagen geschlossen.

▸ Karte: vordere Umschlagklappe

Rund um den Neusiedler See

Für viele Touristen ist das Gebiet rund um den Neusiedler See die typische Landschaft des Burgenlandes schlechthin. Dabei übersehen sie, welche landschaftlichen Reize das kleine Bundesland in seiner Mitte und insbesondere im Süden aufweist und dass das pannonische Tiefland, in dem sich der Neusiedler See befindet, überhaupt eine für Österreich ziemlich untypische Landschaft ist.
Von besonderer Bedeutung ist das Gebiet durch den länderübergreifenden Nationalpark Neusiedler See-Seewinkel, der den See mit einem breiten Schutzstreifen umhüllt. Die Tourismusverbände haben mit der ›Neusiedler See Card‹ einen hervorragenden Anreiz geschaffen, dieses Gebiet intensiver kennenzulernen. Wer zwischen April und Oktober in einem der 750 Partnerbetriebe übernachtet, erhält diese Karte kostenlos und kann mit ihr 46 attraktive Freizeiteinrichtungen für die Dauer des Aufenthalts kostenlos besuchen – so oft er will. Man erhält die Card im allgemeinen bei den Tourismusämtern bei Vorlage des Meldescheins des jeweiligen Hotels oder Gasthofs.

Der Neusiedler See bietet Seglern beste Möglichkeiten

Der Neusiedler See

Er ist womöglich der ungewöhnlichste, seltsamste und launischste aller Seen in Mitteleuropa: der Neusiedler See. Schon seine Darstellung auf Karten ist eigentümlich: Gut begrenzten Ufern im Norden, Westen und Osten stehen im Süden nur gestrichelte Begrenzungen gegenüber. Im Süden weist der See auch einige große Inseln auf – die aber genaugenommen keine sind –, und in seltsamem Zickzack geht eine Staatsgrenze hindurch, die früher den kapitalistischen Westen vom kommunistischen Osten getrennt hat. Der Wissenschaft gibt der See immer noch Rätsel auf, auch ist sein Ökosystem ziemlich instabil. Ungarisch heißt der See ›Fertő-tó‹, fertő bedeutet Sumpf. Der See und seine Umgebung zählen seit 2001 zum UNESCO-Welterbe. Seine einzigartige Kulturlandschaft, sein Schilfgürtel, seine Feuchtauen und seine Lacken machen ihn zum faszinierendsten Naturraum Mitteleuropas.

Entstehung

Im nördlichen Burgenland geht die Landschaft vom Hochgebirge der Alpen in die Ungarische Tiefebene über, der westlichsten Steppenlandschaft Europas. Im Tertiär, vor etwa 15 Millionen Jahren, war die Region um das spätere Wien vom Meer (Tethys) bedeckt. Nachdem sich das Meer aber nach Osten zurückgezogen hatte, blieb nur ein großes Binnenmeer übrig, das durch zuströmende Gewässer aus den umliegenden Alpenbergen, die sich gerade aufgefaltetet hatten, einen immer niedrigeren Salzgehalt bekam. Auch das Binnenmeer begann sich allerdings zurückzuziehen. Vor etwa zehn Millionen Jahren kam die erste festländische Vegetation im Gebiet des späteren Seewinkels auf. Doch erst mit dem Ende der Eiszeit, vor etwa 10 000 Jahren, begann die eigentliche Entwicklung des Neusiedler Sees. Nach mehreren Senkungsvorgängen, die noch mit der Alpenfaltung zusammenhängen, entstanden verschiedene recht flache Wannen und Becken, wobei mehrmalige Zuflüsse sowie Niederschläge dann einen See entstehen ließen, der austrocknete und sich wieder mit Regenwasser füllte. Da sich der Südteil des späteren Neusiedler Sees stärker senkte, kam es zur Verlandung der östlich gelegenen kleineren Senke, des späteren Hanság. Die 45 Lacken des Seewinkels sind Reste jener flachen Wannen und Becken.

Ökologie

Die Lacken besitzen wegen ihrer marinen Abstammung einen gewissen Salzgehalt. Die Salzkonzentration wird bei sinkendem Wasserspiegel höher, letztlich kann die Löslichkeitsgrenze überschritten werden, und verschiedenste Salzminerale fallen aus und bilden Krusten (Natriumcarbonat, Natriumsulfat, Magnesiumsulfat und natürlich auch das gewöhnliche Steinsalz). In einer solchen Umgebung gedeiht eine besondere Salzflora wie Salzkresse oder die Salzaster, die man normalerweise nur an Meeresküsten findet. Oft sind die Lacken durch Huminsäuren braun gefärbt (Schwarzwasserlacken), oft durch tonige Sedimente hellgrau (Weißwasserlacken). Salzgehalt und die starken täglichen Temperaturschwankungen machen die Lacken für ihre Bewohner zu Extremlebensräumen. Der Säbelschnäbler und der Seeregenpfeifer fühlen sich dennoch hier heimisch. Aber der Salzhaushalt ist schwankend. Da der See und auch die Lacken den größten Teil ihres Wassers nicht durch Abfluss, sondern durch Verdunstung verlieren, konzentriert sich der Salzgehalt. Während eines Niedrigwassers 1930 beispielsweise betrug der Salzgehalt 15 Gramm je Liter (Meerwasser hat durchschnittlich 35 Gramm je Liter). Bei normalem Wasserstand aber liegt der Salzgehalt bei unter einem Gramm je Liter. Natürlich bleibt davon die Pflanzen- und Tierwelt nicht unberührt. Wechselnder Salzgehalt erschwert das Leben der Tiere, sie müssen sich ständig neu anpassen. Dazu kommt, dass die Zusammensetzung der Salze schwankt. Die Grundwässer, die aus dem Nordosten einsickern, haben niedrige Natriumgehalte und entsprechen damit in etwa dem von Süßwasser. Im Süden des Sees quillt dagegen auch sodahaltiges Wasser auf. Bei Zeiten längerer Windruhe und unter eventuell vorhandener Eisdecke im Winter teilt sich der See in einen nördlichen Süßwassersee und einen südlichen Sodasee, der reich an Natriumcarbonat ist. So werden die salzliebenden Pflanzen mal begünstigt, mal auch gefährdet.

Wasserhaushalt

Von einer unbedeutenden Wassermenge abgesehen, die die Wulka und zwei ganz kleine Bäche zuführen, speist sich der See von seiner Entstehung bis heute ausschließlich aus Niederschlägen, was in seiner Geschichte immer wieder zu heftigen Überschwemmungen geführt hat. Immerhin ist 1895 durch den Einserkanal ein künstlicher Abfluss geschaffen worden, womit die Überschwemmungsgefahr gebannt ist. Allerdings war der Neusiedler See ab 1865 auch einmal vollständig ausgetrocknet, so dass man trockenen Fußes von Rust nach Podersdorf spazieren konnte. Schon 1876 war er wieder ganz gefüllt. 1941 erreichte der See seine größte Ausdehnung seit Menschengedenken: Er trat viele Kilometer

▸ Karte: vordere Umschlagklappe

weit über die Ufer und überflutete einige Gebiete seiner Anrainergemeinden. Straßennamen wie die Seeufergasse mitten in Apetlon zeigen noch heute, wie weit sich der See ausdehnen konnte.
Die Fläche dieses merkwürdigen Gewässers beträgt abhängig von den Jahreszeiten etwa 320 Quadratkilometer, wovon 250 Quadratkilometer in Österreich und 70 Quadratkilometer in Ungarn liegen. Der österreichische Teil ist damit Österreichs größter See überhaupt. Die Hauptausdehnung in Nord-Süd-Richtung beträgt 34 Kilometer, die Breite zwischen 4,5 und 8 Kilometer. Die Höhe der Erdkrümmung beträgt zwischen Neusiedl und Mörbisch 9,60 Meter, so dass das jeweils andere Ende nicht erblickt werden kann. Die abflusslose Wanne – den Einserkanal ausgenommen – liegt mit ihrem Grund auf 113 Meter Höhe.
Die geringe Tiefe von maximal 120 Zentimetern bewirkt, dass bereits schwacher Wind den See bis zum Grund aufwühlen kann und damit dem Wasser ständig ein trübes Aussehen bereitet, das aber keineswegs eine Verschmutzung darstellt. Der damit verbundene heftige Wellengang kann für Segler und Surfer jederzeit eine ziemliche Gefahr darstellen. Es führt auch zu dem Phänomen, dass bei starkem Südwind die Wassermassen nach Norden gedrückt werden und der See einen ›schiefen‹ Wasserspiegel besitzt. Bedeutung für die Region hat der See weniger durch den Tourismus als dadurch, dass er als Klimaregulator dient. Wo hier atlantisches und pannonisches Klima zusammentreffen, mildert seine Wasserfläche zu große Klimaschwankungen. Nur deshalb ist der Anbau von qualitativ hochwertigen Weinen in seinem Umfeld möglich. Doch es kann auch strenge Fröste geben: 1929 fror der See vollständig zu, womit sein Fischbestand komplett vernichtet wurde.

Schilfgürtel

Die nicht genau zu definierenden Seegrenzen insbesondere im Süden sind auf den stetig wachsenden Schilfgürtel zurückzuführen, der nach dem Donaudelta das größte zusammenhängende Schilfgebiet in Europa ist und eine einzigartige Tierwelt birgt. Besonders erwähnenswert ist hierbei der Südostteil des Sees, der größtenteils auf ungarischem Territorium liegt. Er heißt Silbersee und kann nicht betreten und befahren werden. Er ist nicht Festland, nicht Wasser und daher geradezu mystisch umwoben. Man kann sich ihm aber von der ungarischen Seite nähern, vom Dörfchen Fertőújlak aus.
Der Schilfgürtel ist auf österreichischem Gebiet bis zu fünf Kilometer breit, im ungarischen Teil werden bei Balf über acht Kilometer gemessen. In den letzten 100 Jahren ist er stark angewachsen und bedeckt heute allein in Österreich eine Fläche von annähernd 100 Quadratkilometern. In Teilen wird das Schilf maschinell geerntet und teilweise auch weiterverarbeitet. Die burgenländische Landesregierung plant in Neusiedl am See ein Biomassekraftwerk, um das Schilf zu verwerten und auch, um die weitere Verschilfung zu stoppen. Der Schilfgürtel hat größte Bedeutung für die Vogelwelt. Hier liegen die Kolonien von Silber-, Purpur- und Graureihern, hier leben Rohrdommeln und Teichrohrsänger und viele andere Vögel wie Rallen und Moorenten neben Graugänsen. Die sogenannten Schoppen im Südteil des Sees werden oft als Inseln beschrieben, doch handelt es sich genau genommen um von offenem Wasser umgebene, isolierte Schilfbestände.

Ausblick

Der Klimawandel scheint dem See arg zuzusetzen: 2003 sank der Wasserstand des Neusiedler Sees stark ab, so dass der Boots- und Fährverkehr zum Erliegen kam. An der Universität Wien wurden daraufhin Prognosestudien erstellt. Vorhergesagt wird eine weitestgehende Austrocknung des Neusiedler Sees bis 2050 durch die globale Erwärmung und den dadurch bedingten Rückgang der Niederschlagsmengen. Derzeit wird untersucht, ob eine Zuleitung von Donauwasser in den Norden des Neusiedler Sees möglich ist. Zwar kann das den Wasserspiegel auf konstanter Höhe halten – die bautechnischen Schwierigkeiten einmal beiseite gelassen –, aber aufgrund des Unterschieds der Wasserzusammensetzung könnten der zusätzliche Nährstoff- und der geringere Salzgehalt des Donauwassers das Wachstum des Schilfgürtels wieder beschleunigen und damit die Verlandung von einer anderen Seite vorantreiben. Doch stürbe der See, verschwände auch der Schilfgürtel und mit ihm der Lebensraum der Vögel. Zurück bliebe nur Wüste, denn der Seeboden ist nährstoffarm und damit unfruchtbar.

Der Neusiedler-See-Radweg

Der grenzüberschreitende Radweg (www.bikeburgenland.at) führt auf österreichischem und ungarischem Gebiet rund um den Neusiedler See, durch den Seewinkel und die Nationalparks Neusiedler See-Seewinkel und Fertő-Hanság. Er ist insgesamt 133 Kilometer lang, davon liegen 38 Kilometer auf ungarischem Gebiet. Der Radweg ist mit Ausnahme des Abschnittes Weiden am See–Podersdorf am See, den man großteils auf Sand- und Schotterwegen zurücklegt, durchgehend asphaltiert. In Ungarn führt er teilweise über verkehrsarme Nebenstraßen. Es existieren so gut wie keine Steigungen, so dass er in Etappen auch für Familien mit Kindern geeignet ist; entlang der Strecke existieren auch zahlreiche Einkehr- und Übernachtungsmöglichkeiten. Viele Verbindungsradwege sorgen für eine Anbindung an das weitere Burgenland wie auch an Niederösterreich. Entlang seiner Wegstrecke sind neben der reinen Natur mit Schilfgürteln und Vogelschutzgebieten die folgenden Sehenswürdigkeiten – im Uhrzeigersinn – besonders erwähnenswert: Windmühle in Podersdorf, Salzlacken des Seewinkels, Schloss Esterházy in Fertőd, Hofgassen in Mörbisch, Fischerkirche und Altstadt von Rust und schließlich der Purbacher Türke.

▸ Karte: vordere Umschlagklappe

Neusiedl am See und das Westufer

Die Region um die Nordspitze des Neusiedler Sees ist verhältnismäßig hoch industrialisiert und dicht besiedelt. Dazu trägt nicht zuletzt die B50 bei, die wichtige Verbindungsstraße von Eisenstadt zur Autobahn A4 Wien–Budapest. Nördlich davon, im Leithagebirge, und direkt am Westufer des Sees bis zur ungarischen Grenze hin finden sich vielbesuchte malerische Orte, aber auch stille Winkel, die vom Tourismus nahezu unberührt geblieben sind. Und nicht zu vergessen: Auch im Norden und Nordwesten des Neusiedler Sees gibt es zwischen Donnerskirchen und Jois bedeutende Weinbaugebiete.

■ Neusiedl am See

Die Bezirksstadt (ungarisch Nezsider, kroatisch Niuzalj) mit ihren über 6500 Bewohnern ist das administrative und wirtschaftliche Zentrum des nördlichen Burgenlandes und die viertgrößte Stadt des Bundeslandes. Neusiedl besitzt eine vorzügliche Straßenanbindung an Wien und an den unweiten internationalen Flughafen Wien-Schwechat. Viele Touristen kommen auch im Winter hierher, denn der meist für Wochen geschlossen zugefrorene See bietet für Eisläufer und -segler gute Bedingungen.

Als ›Sumbotheil‹ (Samstagsmarkt) wurde der Ort erstmals 1209 erwähnt. Der Name Neusiedl geht darauf zurück, dass es beim Mongoleneinfall 1241 völlig zerstört wurde und 1282 als Siedlung neu entstand. Wie fast alle Orte des Burgenlandes wurde es in den Türkenkriegen erneut verwüstet und weist so gut wie keine Bebauung aus der Zeit davor auf. Einige Sehenswürdigkeiten gibt es aber doch: die barockisierte **Stadtpfarrkirche** mit der originellen Fischerkanzel aus dem 18. Jahrhundert, die **Dreifaltigkeitssäule** von 1713/14, die **Christussäule** von 1609 und insbesondere die **Tabor-Ruine** am Taborberg. Der Taborturm mit seinen 2,96 Meter Mauerstärke wurde vermutlich im 16. Jahrhundert als militärischer Spähturm gegen die Türken errichtet und war später der südliche Endpunkt der Kuruzzenschanzen (→ Parndorf, S. 102). Einige Historiker sehen in ihm allerdings den Rest einer ungarischen Burg aus dem frühen 14. Jahrhundert. Über die Straße am Tabor oder über die Kellergasse ist er bequem von der Hauptstraße aus zu erreichen. Durchaus lohnend ist auch ein Besuch des **Kalvarienbergs** mit seinen Stationen von 1872; die Kreuzigungsgruppe stammt aus dem Barock.

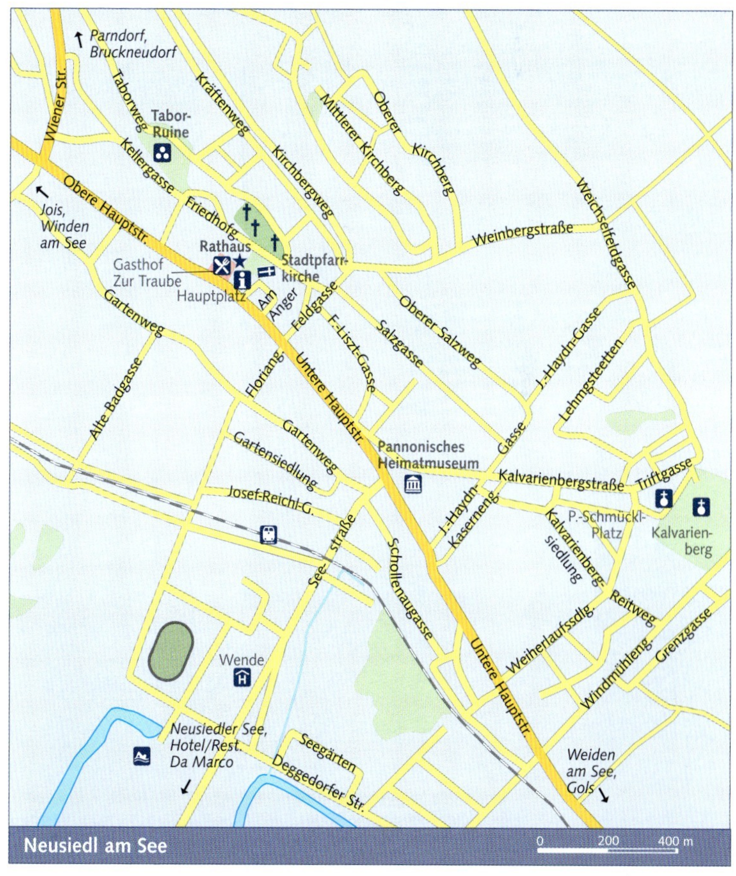

Bruckneudorf

Das direkt an der niederösterreichischen Grenze gelegene Bruckneudorf (Királyhida) – das eigentlich nur die auf der Leithasüdseite und damit im Burgenland gelegene Vorstadt von Bruck darstellt – ist wegen des zugehörigen, sich weit in die Wälder und Höhen des Leithagebirges erstreckenden Truppenübungsplatzes am besten über die Staatsstraße 10 zu erreichen. Die Stadt lebt vom und durch das Militär. Im Kaiserpark befindet sich das einzige **Denkmal** auf österreichischem Staatsgebiet, das Kaiser Franz Joseph I. als König von Ungarn darstellt. Sehenswert sind daneben die **Pfarrkirche**, das schöne **Friedhofstor** sowie viele Bauten aus der alten k.u.k.-Monarchie, die das Ortsbild zieren.

Das ganze Leithagebirge südlich von Bruckneudorf ist vom Militär fast bis zum Beginn der Ebene in Beschlag genommen und für Zivilisten nicht zugänglich. Das ›Brucker Lager‹ – wie es im Militärjargon abgekürzt genannt wird – ist Österreichs ältester Truppenübungsplatz und besteht seit 1867.

Jois

Jois (Nyulas), der nördlichste Ort am Neusiedler See, besitzt mit der **Georgskirche** eine der schönsten barocken Dorfkirchen des Burgenlandes. Am Hochaltar fallen die weißen Heiligenfiguren auf. Insbesondere die Kanzel ist ein außergewöhnliches Kunstwerk: Der Kanzelkorb ist mit Darstellungen der sogenannten göttlichen Tugenden Glaube, Hoffnung und Liebe versehen, der reichgeschmückte Kanzeldeckel wird von einem Posaune spielenden Engel gekrönt.

Südlich von Jois, im Schilfgürtel, befinden sich ein kleiner öffentlicher Segelhafen und das architektonisch individuelle Feriendorf der **Inselwelt Jois** (www.inselwelt-jois.at). Im **Naturschutzgebiet Junger Berg** westlich von Jois besteht ein seltener Flaumeichenbuschwald, das unweite **Naturschutzgebiet Hackelsberg** ist ein besonders schönes Trockenrasenareal. Hier wachsen botanische Seltenheiten wie die gelbe Frühlingsadonis, die lila Küchenschelle, dunkle Traubenhyazinthen oder violettblaue Zwergschwertlilien und auch der bis zu einem halben Meter hohe Diptam mit seinem ätherischen Duft. Sehr lohnend ist auch der etwa zweistündige Spaziergang auf dem Joiser **Weinlehrpfad**.

Winden am See

Auch der Ort Winden am See (Sásony) besitzt eine sehenswerte barocke **Pfarrkirche** mit reicher Innenausstattung. Bedeutender ist aber die **Bärenhöhle** (auch Ludlloch genannt) am nördlich gelegenen Zeilerberg mit dem seltenen Vorkommen des Großen Mausohrs, der größten Fledermausart Österreichs. Daneben fand man Reste von eiszeitlichen Tieren wie unter anderem dem Höhlenbären.

In Winden lebt seit 1965 der Bildhauer und Hochschullehrer Wander Bertoni (geb. 1925). Er hinterließ am Zeilerberg eine gewaltige eiserne Plastik, Sonnenanbeter genannt; überhaupt sind fast 500 seiner Kunstwerke in einem besonderen **Freilichtmuseum** an der alten Gritschmühle ausgestellt.

Touristen schätzen die etwa zweistündige Rundwanderung von Winden über die Bärenhöhle zum Zeilerbrunnen, wo man an den Zaun des Truppenübungsplatzes gelangt, und von dort über den ›Kirschblütenweg‹ und die Gritschmühle zurück. Westlich von Winden ist das

Unerwartete Pracht und Fülle zieren die Dorfkirche von Jois

Der ›Sonnenanbeter‹ in Winden

Leithagebirge nun allgemein zugänglich und als ausgewiesener Naturpark Neusiedler See-Leithagebirge (www.neusiedlersee-leithagebirge.at) unter besonderem Schutz.

■ Kaisersteinbruch

Keineswegs sollte man auf einen Besuch im schon jenseits des Leithagebirgskamms und direkt an der niederösterreichischen Grenze gelegenen Kaisersteinbruch (Császárkőbánya, Ortsteil von Bruckneudorf) verzichten. Nicht von ungefähr kommt der Name des 1529, während der Türkenkriege, zerstörten Ortes: Seit der Römerzeit wird hier ein fester, weißer bis bläulicher Kalkstein - der Leithakalk - gebrochen, der vor etwa 15 Millionen Jahren durch Ablagerungen in einem Vorläufer des heutigen Mittelmeeres entstand. Er ist biogener Herkunft und im wesentlichen aus Skelettfragmenten von Rotalgen zusammengesetzt, die auch Kalk abscheiden. Nachdem im 16. Jahrhundert aufgrund eines kaiserlichen Erlasses italienische Steinmetzen hierher gekommen waren, entwickelte sich hier, in ›ihro kayserlichen Majestät Steinbruch am Laythaberg‹, ein Zentrum dieses Handwerks; man darf sogar von einer Künstlerkolonie sprechen. Der bewährte Naturstein trägt seit jener Zeit die Bezeichnung ›Kaiserstein‹. Der berühmteste Künstler jener ›Schule‹ war Elias Hügel (1688–1755), ein aus Mainfranken stammender Bildhauer, der in der ersten Hälfte des 18. Jahrhunderts im burgenländischen Raum viele Kunstwerke schuf. Er ist in der 1617 erbauten **Dorfkirche** beigesetzt. Neben der Sakristeitür findet sich sein Grabstein mit seinem Steinmetzzeichen. In dem modernen Ölgemälde ›Apotheose des Elias Hügel‹ von 2005 ist er ein weiteres Mal in der Kirche verewigt.

Der aufgelassene ›Blaue Bruch‹, wo einst der Großteil des Kalksteins gebrochen wurde, ist heute eine besondere Kulturlandschaft. Hier fand man zahllose Fossilien, vor allem Knochen und Zähne von Haien, Seekühen und diversen Kleinwalen, daneben auch Hinweise auf eine rei-

Auch für Geologen interessant: der ›Blaue Bruch‹

▸ Karte: vordere Umschlagklappe

che tropische Flora. Die Blaubruchhöhle zählt zu den größten Höhlen im Karst des Leithagebirges. Ein **Steinmetzmuseum** erinnert an die große Zeit dieser Kunst im Leithagebirge, die bis zu Beginn des 20. Jahrhunderts Bestand hatte. Dann wurden die Brüche an das Militär verkauft; das ›Brucker Lager‹ wollte sich vergrößern. Leider ist aus diesem Grund weder der Blaue Bruch noch der etwa anderthalb Kilometer südlich gelegene Maximiliansturm, der in manchen Karten als Panoramapunkt eingezeichnet ist, öffentlich zugänglich. Beide liegen in militärischem Sperrgebiet.

Nahe des nordöstlich vom Kaisersteinbruch gelegenen Königshof wurde 1903 ein römischer Gutshof ausgegraben; hier führte eine wichtige Straße von Carnuntum über das Leithagebirge in den Süden, die teilweise zur alten Bernsteinstraße gehörte. Bedauerlicherweise fiel der Gutshof bald danach dem Ausbau des Truppenübungsplatzes zum Opfer. Er darf nicht mit dem anderen römischen Objekt – einer römischen Palastanlage – verwechselt werden, das sich zwischen Bruckneudorf und Parndorf befindet.

In der zum Militärgelände gehörigen Uchatiuskaserne entstanden 1960 große Teile einer Verfilmung des ›braven Soldaten Schwejk‹ unter der Regie von Axel von Ambesser; Heinz Rühmann spielte die Hauptrolle. Das heutige **Schloss Königshof** entstand um 1620 als Meierhof auf einer kleinen Insel am Leithaufer gegenüber von Wilfleinsdorf. Bis zum Ersten Weltkrieg befand sich in ihm die Verwaltung der ungarischen Besitztümer des niederösterreichischen Stifts Heiligenkreuz im Wienerwald. Das Barockportal am Osttrakt zeigt neben zwei Heiligenfiguren das Heiligenkreuzer Wappen. Vor dem Schloss befindet sich eine Ehrensäule für Elias Hügel, die sich ursprünglich in den Steinbrüchen befand.

Der sogenannte Türkenturm

Breitenbrunn

Ein gewaltiger, 32 Meter hoher Wehrturm prägt die Ortsmitte von Breitenbrunn (Fertöszéleskút). Er wird auch **Türkenturm** genannt und stammt aus der zweiten Hälfte des 17. Jahrhunderts. Der Turm birgt ein sehr sehenswertes **Ortsmuseum**, das unter anderem das Skelett eines Höhlenbären aus der Ludlhöhle zeigt, daneben steinzeitliche Exponate wie auch Gebrauchsgegenstände des Mittelalters. Der Turm ist bis zur Spitze begehbar und gestattet großartige Ausblicke über See und Leithagebirge. Vor dem Wehrturm steht eine **Dreifaltigkeitssäule** von 1831. Die frühbarocke **Pfarrkirche** wurde 1674 auf den Fundamenten einer kleineren gotischen Kirche errichtet. Der Turm ist gotisch, jedoch barock umbaut. Sehenswert ist in der Kirche das geschnitzte Rokokotabernakel. In der **Kirchengasse** finden sich noch viele hübsche historische Häuser. Auch die **Kellergassen** am Kellerring sind mit ihrem Graspelz sehr reizvoll. Östlich der Pfarrkirche finden sich vereinzelte Reste der alten **Ortsmauer**. Über eine Dammstraße durch den Schilfgürtel – er geht am Türkenturm ab – gelangt man zum **Seebad** mit seinen vielen Freizeitmöglichkeiten für Surfer, Segler aber auch Badende.

Die Leithawälder um Breitenbrunn bieten eine Fülle von Spaziermöglichkeiten. Empfohlen sei insbesondere der großartige **Panoramaspaziergang** aus dem Zentrum über die Antonigasse und den Kellerring nordwestlich aus dem Ort hinaus, wo man den Weitwanderweg 02 erreicht. Über diesen geht es durch das Naturschutzgebiet Thenau – bekannt für seine Trockenrasen und Schwertlilien –, weiter durch den Doktorbrunnengraben bergauf bis zum Kaiserbründl, dann entlang des Gebirgskamms bis zur Franz-Josefs-Warte, die schon nördlich von Donnerskirchen liegt. Von hier geht es hinunter nach Donnerskirchen, von wo man mit öffentlichen Verkehrsmitteln zurück nach Breitenbrunn gelangen kann. Man sollte fünfeinhalb Stunden reine Wanderzeit ansetzen (Wanderkarte angeraten).

Purbach

Purbach (Feketeváros) hat sich bis heute einen betont wehrhaften Charakter erhalten können. Der ungarische Name bedeutet ›schwarze Stadt‹.

Rund um Purbach wird seit frühesten Zeiten Wein angebaut, der der Stadt besonderen Reichtum bescherte. So besitzt Purbach eine Reihe von bedeutenden Sehenswürdigkeiten, wie sie so in anderen Orten um den Neusiedler See nicht zu finden sind. Die ackerbürgerlichen Anwesen in Purbach stehen mit ihren Wirtschaftsgebäuden nach außen orientiert und sind in die Stadtbefestigung einbezogen. Von April bis November, an jeden ersten Samstag im Monat, findet im Bereich der historischen Kellergassen aus der Zeit um 1850 der Ausschank des ›Kellergassenheurigen‹ statt.

Die **Stadtmauer** von 1634 ist vollständig erhalten, ebenso alle drei ursprünglich bestehenden **Tore**: das Türkentor im Westen, das Brucker Tor im Osten und das Ruster Tor im Süden. Auch existieren noch Reste eines Vorwerks und einer Bastion um das Türkentor herum. Die sogenannte **Nikolauszeche** (Bodenzeile 3) entstammt dem 16. Jahrhundert. Doch ist nicht gesichert, welchem Zweck der Bau ursprünglich gedient hat – war es ein weltliches Lager- oder Kontorhaus oder ein katholischer Betsaal? Sehenswert ist in der **Pfarrkirche St. Nikolaus** die Kanzel aus der Zeit um 1780. Ihr Korb ist neben Blütengehängen und sonstiger kräftiger Ornamentik mit kunstvollen Reliefs geschmückt, die Szenen aus der Bergpredigt darstellen.

An **Bürgerhäusern** seien erwähnt: Kirchengasse Nummer 25 mit Strebpfeilern und überwölbter Einfahrt; Nummer 45 ist ein altes Winzerhaus mit tiefliegendem Erdgeschoss; Schulgasse 14 (Purbacher Hof) und Hauptstraße 10 mit einem Sonnentor.

Berühmt ist die Sage vom Purbacher Türken: Als die Türken 1532 nochmals versuchten, Wien einzunehmen, kam eine versprengte Reiterschar auch nach Purbach, dessen Bewohner aber in die Wälder des Leithagebirges geflohen waren. Sie plünderten und fanden dabei in einem Haus große Mengen Weins in Fässern. Ein Türke betrank sich dabei so sehr, dass er nicht mitbekam, dass seine Kameraden inzwischen aus dem Ort schon abgezogen waren. Als er die zurückkehrenden Bürger und Bauern bemerkte, bekam er es mit der Angst zu tun und versteckte sich im Kamin des Hauses, durch den er versuchte, nach

▸ Karte: vordere Umschlagklappe

oben zu klettern und über das Dach zu entkommen. Doch er wurde entdeckt, und mit Hilfe eines stark rauchenden Feuers trieb man ihn nach oben, wo man ihn dann auf dem Dach festsetzte. Um sein Leben retten zu können, ließ er sich taufen und wurde Knecht bei dem Besitzer des Hauses. Eine Nachbildung dieses Türken setzte man zum Andenken an diesen Vorfall auf den Schornstein eben dieses Hauses Schulgasse 9, das heute noch **Türkenkeller** genannt wird. Allerdings ist nicht nachweisbar, ob sich dieses Ereignis tatsächlich zugetragen hat. An der Durchgangstraße außerhalb des Zentrums, etwas nordöstlich des Türkentors, existiert ein Hinweis auf den besten Blick auf den Türken, den man bei bloßem Vorüberfahren nicht sehen kann.

Oberhalb von Purbach, zwischen Donnerskirchen und Breitenbrunn, verläuft der **Kirschblütenweg**. Auf diesem Wanderweg sind im Frühling, wenn hier tausende Kirschbäume blühen, insbesondere in seiner westlichen Hälfte einzigartige landschaftliche Eindrücke zu genießen. Ein **Schilflehrpfad** führt von Purbach entlang des Purbacher Kanals vom zivilen Boots- und Segelhafen bis zum Heeresyachthafen am inneren Ende des Schilfgürtels. Tafeln geben Aufschluss über Flora und Fauna der Umgebung und dokumentieren Wissenswertes über die Schilfwirtschaft. Mit dem Kanu kann man entlang des Purbacher Seekanals durch den Schilfgürtel gleiten (Treffpunkt am Eingang des Purbacher Freibades, www.natur-neusiedlersee.com), spätestens einen Tag vorher muss man sich dafür angemeldet haben (Tel. 0664/3828540).

Donnerskirchen

Zwischen Purbach und Donnerskirchen (Fertöfehéregyháza) und rund um Donnerskirchen liegt der blühende Garten des Burgenlandes mit seinen riesigen Kirschen- und Weinkulturen. Der Ort ist bekannt durch wichtige archäologische Funde wie etwa die Fundamente einer frühchristlichen Kirche. Ein 24 Zentimeter hohes Gefäß mit drei Stierköpfen am Rand – zu bewundern im Landesmuseum in Eisenstadt – und ein Mondidol aus der Zeit um 700 v. Chr. beweisen die frühe Siedlungstätigkeit in dieser mit natürlichen Ressourcen so gesegneten Region. Auf einer Anhöhe inmitten dieses bezaubernden Gartens liegt weit-

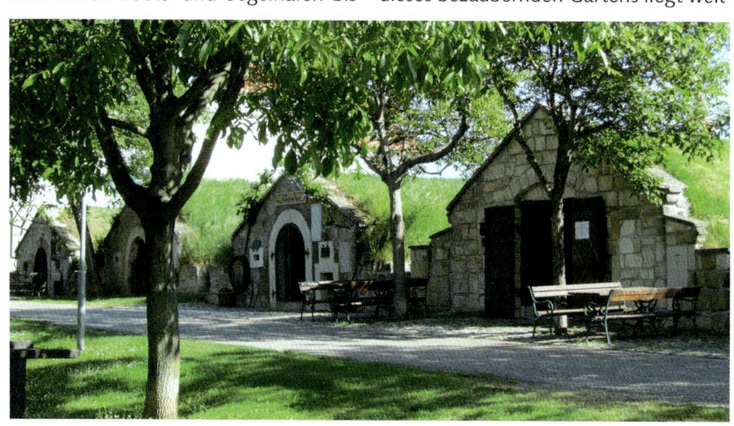

Eine der malerischen Kellergassen in Purbach

Die Martinskirche

hin sichtbar die **Martinskirche** mit sehr schönen bemalten und vergoldeten Heiligenfiguren im Innern. Sie ist von einer mittelalterlichen Wehrmauer mit Schießscharten umgeben, denn sie wurde gegen 1680 auf den Fundamenten einer älteren, gotischen Kirche gebaut. In ihr finden regelmäßig Konzerte des österreichischen Violinisten und Komponisten Toni Stricker statt, der durch seinen Klassik-Volksmusik-Swing-Crossover-Stil zu den eigenwilligsten Musikern des Landes zählt. Von der Kirche genießt man einen herrlichen Rundblick. Der **Winzerhof** der örtlichen Winzergenossenschaft ist ein ehemaliges Esterházyschloss mit Torturm, das gegen 1620 erbaut wurde. Es besitzt einen hübschen Innenhof. In Donnerskirchen befand sich 1943/44 ein Lager für ungarisch-jüdische Zwangsarbeiter, in dem bei seiner Auflösung kurz vor der Ankunft der Roten Armee etwa 350 Personen zu Tode kamen. Die Zwangsarbeiter waren insbesondere beim Bau des sogenannten Südostwalls eingesetzt, einer Verteidigungslinie gegen die Rote Armee, mit deren Bau Ende 1944 begonnen wurde.

▸ Karte: vordere Umschlagklappe

Die Wanderung von Donnerskirchen auf den Kamm des Leithagebirges zur **Franz-Joseph-Warte** (443 m), auch zur Kaisereiche (schon in Niederösterreich gelegen), ist sehr beliebt. Es empfiehlt sich vom Wanderparkplatz am Waldrand oberhalb der Kirche am Teufelsgraben zu starten (Zufahrt über die Hauptstraße). Von der Franz-Joseph-Warte besteht ein überwältigender Rundblick weit in die ungarische Ebene hinein. Drei Stunden sollte man für den Hin- und Rückweg einplanen. Die Wanderung ist wenig anstrengend, nur das letzte Stücke hoch zur Warte ist etwas steiler. Alternativ lässt sie sich als Rundweg gestalten, wenn man durch den Teufelsgraben emporsteigt (Wanderkarte mitnehmen!).

Eine andere Art von Geländeerfahrung sind die beliebten Exkursionen mit dem Boot durch den Schilfgürtel, die von Juni bis August vom örtlichen Tourismusamt angeboten werden. Wenigstens drei Tage vor der geplanten Tour sollte man sich dort anmelden.

Oggau

Hinter Donnerskirchen entfernt sich der Neusiedler See-Radweg vom Fuß des Leithagebirges und verläuft parallel zum Westufer des Sees. Etwas vom Radweg entfernt liegt die **Rosaliakapelle** von 1713 mit Dachreiter und halbrunder Apsis. Der sagenumwobene **Hölzelstein** westlich der Rosaliakapelle, auf 157 Meter Höhe gelegen, ist eine etwa 10 mal 20 Meter große Klippe aus tertiären Kalken. Auch Oggau (Oka) ist ein bekannter Weinbauort. Wie überall am Neusiedler See war auch diese Ecke schon in der Jungsteinzeit und in der Römerzeit besiedelt. In der Mauer des vormaligen Friedhofs, der sich um die Dorfkirche befand, lässt sich noch eine römische Inschrift erkennen. Auch wurden bei Grabungen Weingläser aus der Römerzeit gefunden, an denen sich Reste von Rotwein haben nachweisen lassen. Man wirbt daher für Oggau mit dem Attribut der ›ältesten Rotweingemeinde Österreichs‹. Der Oggauer ›Blaufränkische‹ ist ein weltweit begehrter Tropfen. In Oggau existieren in der Sebastianstraße und der Triftstraße viele Giebelhäuser und Scheunen aus dem 19. Jahrhundert. Ein kulinarischer Geheimtipp ist das **Gasthaus Herztröpferl** in der Triftgasse, wo es gemäß eigener Werbung die besten Backhendl Europas gibt.

Die **Dreifaltigkeitskirche** aus dem frühen 18. Jahrhundert hat wie in Donnerskirchen ein älteres Gotteshaus ersetzt. In die Umgebung des Orts führt vom Zentrum ein sehr ansprechender und informativer **Weinlehrpfad**, der alle Stadien der Erzeugung von der Rebe bis zur Verkostung darstellt. Eine dekorative Weinlaubenkuppel an diesem Weg lädt zur Rast ein.

Westlich des Orts liegt das **Naturschutzgebiet Goldberg**, durch das man in einer sehr schönen Landschaft bis hinüber nach Schützen und Oslip sowie zurück nach Oggau wandern kann (5 Stunden).

Rust

In der Freistadt Rust (Ruszt, kroatisch Rušta) leben lediglich rund 1800 Menschen. Dennoch hat sie ein eigenes Statut und wegen ihrer Sehenswürdigkeiten und ihrem historischen Charakter zweifellos ein ganz besonderes Flair. Das architektonisch geschlossene Stadtensemble unterscheidet sich deutlich von den teils überbauten Anger- und Straßendörfern des restlichen Burgenlandes. Es steht als Ganzes unter Denkmalschutz. Rust ist auch die ›Stadt der Störche‹. Über 50 Storchennester finden sich ab Ende März auf den Kaminen über den Dächern der Stadt. Damit wird Rust alljährlich zu Österreichs größter Storchenkolonie.

Urkundlich wird der Ort 1317 unter dem ungarischen Namen ›ceel‹ erwähnt, was deutsch soviel wie Ulme und damit auch Rüster bedeutet. 1385 erscheint dann erstmals der deutsche Ortsname Rust. Die schon damals berühmten Weine der Gegend ließen die Stadt rasch zu großem Wohlstand gelangen. Die Lage der Weinhänge um den Margarethenberg mit dessen hervorragenden Lössböden lassen vorzügliche Tropfen herangedeihen, die zu den edelsten österreichischen Weinen überhaupt gezählt werden. Klassische Ruster Weine sind dabei bis heute der Welschriesling, der Weißburgunder, der seltene Furmint und insbesondere der Blaufränkische. Gegen 1480 war Rust im Besitz ganz individueller Weinprivilegien, die es von dem ungarischen König Matthias Corvinus erhalten hatte. Bis 1515 wurde im Rahmen einer ersten großen Stadterweiterung eine Stadtbefestigung geschaffen, die aber 1520 bei der ersten Türkenattacke zerstört wurde. Eine zweite Befestigungsmauer entstand um 1614, in die einige Gebäude wie die Fischerkirche mit einbezogen wurden.

Mit der Verleihung des Rechts einer ›königlich ungarischen Freistadt‹ im Jahr

Blick auf den Ruster Marktplatz

1681 wurde Rust zu einer der wichtigsten Siedlungen Ungarns, in der die Bürger große verbriefte Rechte besaßen. Als das Burgenland 1919 österreichisch wurde, berücksichtigte man die alten Privilegien der Stadt: Rust wurde nicht der Eisenstädter Landesregierung unterstellt, sondern konnte seinen Status einer Freistadt behalten. Die Beliebtheit Rusts als Ferienort wie auch das gehobene Selbstverständnis seiner Bewohner hat es aber auch zu einem der etwas höherpreisigen Touristenorte werden lassen – abgesehen von den etwas außerhalb gelegenen Pensionen oder Gasthöfen.

Fresko in der Fischerkirche (Ausschnitt)

Ein Stadtrundgang

In der komplett denkmalgeschützten Altstadt gibt es eine Fülle herausragender und rekonstruierter Baudenkmäler. 1975 wurde Rust daher neben Krems zur ›europäischen Modellstadt der Denkmalpflege‹ gewählt.

Die Hauptstraße und der breite, aber spitz nach Osten hin zulaufende Rathausplatz bestimmen den Grundriss der Altstadt, die man ohne Orientierungsprobleme erkunden kann. Man betritt sie für einen Rundgang am besten von Westen her, von der Oggauer Straße oder Weinberggasse, passiert Reste der alten Stadtbefestigung und erreicht den **Conradplatz**. Rechts oberhalb steht dort, wo sich der mittelalterliche Stadtfriedhof befunden hat, die evangelische **Pfarrkirche** vom Ende des 18. Jahrhundert, die ihren Turm erst 1894 erhalten hat. Jetzt öffnet sich der hier verengte Conradplatz zum **Rathausplatz** hin – und gibt eine der schönsten Platzansichten Österreichs frei. Linker Hand ist das Rathaus, das in seiner heutigen Gestalt zwischen 1640 und 1703 entstand. Das Westportal zeigt eine Jahreszahl 1673. Am Eingang in den Ratskeller lässt sich die nur bedingt empfehlenswerte Lebensauffassung lesen: »Mir ist recht wohl, wenn ich bin voll«. Gegenüber steht das Kremayrhaus, in dem sich heute das **Stadtmuseum** befindet. Man sollte es unbedingt besuchen. Der reizvolle Innenhof wie auch stilvolle barocke Möbel, seltene Gebrauchsgegenstände und Gemälde lohnen den Besuch. Der Kunstmäzen Rudolf Kremayr schenkte der Stadt 1986 dieses Haus. Daneben befindet sich das **Gasthaus Sticklerhof**, eigentlich Rusterhof. Unter dem ersten Namen wurde es in der nicht nur in Österreich populären Fernsehserie ›Der Winzerkönig‹ mit Harald Krassnitzer bekannt. ›Der Winzerkönig‹ ist fast ausschließlich in und um Rust gedreht worden.

Die **Fischerkirche**, geweiht den Heiligen Pankratius und Ägidius, ist Rusts bedeutendste Sehenswürdigkeit. Sie befindet sich an der höchstgelegenen Stelle des mittelalterlichen Marktplatzes und besitzt einen kleinen eigenen Mauergürtel, der auf die zweite Stadtbefestigung von 1614 zurückgeht. Auf den Resten eines römischen Wachturmes entstand hier um 1150 zunächst eine kleine romanische Kirche. Der nördliche Teil der Westmauer, der Westteil der Nordmauer und die

▸ Karte S. 119

Fundamente einer Apsis sind als Reste davon noch vorhanden. In der zweiten Hälfte des 13. Jahrhunderts wurde südlich der romanischen Apsis die Marienkapelle mit Gruft als eigenständiger Teil angebaut; sie ist von der Königin Maria von Ungarn gestiftet worden. Der Legende nach ist diese Königin – übrigens die Schwägerin der Heiligen Elisabeth von Thüringen, einer Ungarin – hier einst von Fischern aus Seenot gerettet worden und errichtete aus Dank die Kapelle. Um 1400 erfolgte eine Erweiterung der Kirche in östlicher Richtung. Dabei wurde die romanische Apsis abgetragen und ein gotischer Chor erbaut. Um 1515 trug man die Südmauer der ersten Kirche ab und erweiterte den Kirchenbau unter Einbeziehung der Marienkapelle erneut. 1563 kam auf der Nordseite eine Sakristei dazu und 1570 eine Orgelempore. Der gotische Kirchenturm wurde 1529 zerstört, 1575 wieder aufgebaut, 1719 umgebaut; doch 1879 stürzte er ein und wurde dann nicht wiedererrichtet. Die bedeutenden Fresken des Innenraums, die unter anderem eine Marienkrönung und Passionsszenen zeigen, wurden erst in den 1950er Jahren freigelegt und stammen überwiegend aus dem

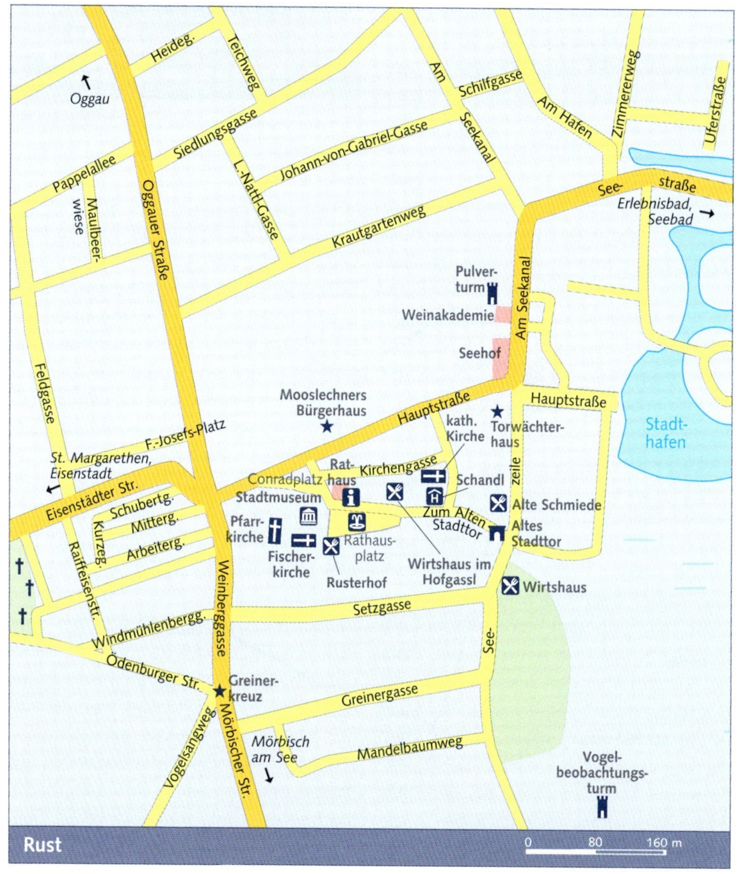

13. Jahrhundert. Im Gewölbe des Pankratiuschors erkennt man das Zunftzeichen der Fischer (zwei gekreuzte Fische) und Winzer (Rebmesser und Haue). Eine große Seltenheit sind die runden Öffnungen in den Gewölbenischen, sogenannte Schalltöpfe, die für bessere Akustik beim Gottesdienst sorgten. Der spätgotische Seitenaltar (Dreiheiligenaltar) gilt neben den Fresken als künstlerisch wertvollstes Ausstattungsstück in der Kirche. Die Fischerkirche dient nicht mehr dem Gottesdienst, sondern profanen Zwecken wie Kammerkonzerten, bei denen oft die Orgel aus dem 16. Jahrhundert erklingt.
Im Zentrum des Rathausplatzes befindet sich der **Adlerbrunnen**, der ein Hoheitssymbol der Freistadt war. Er war ursprünglich ein steingefasster Kettenbrunnen und entzückt durch den filigranen Doppeladler. Auf der Nordseite des Rathausplatzes, an der Ecke zu einer schmalen Gasse, steht das markante **Haus Zum Auge Gottes** aus der Zeit um 1740. Das namensgebende Auge Gottes sieht man im Erkergiebel. Rathausplatz Nummer 11 hat auf dem Dach ein schönes Storchennest, das durch eine Webcam vom Kirchturm aus beobachtet wird und damit im Internet angesehen werden kann (www.rust.or.at/webcam/page/storch.html).
Das Haus Rathausplatz 13 ist an seiner Fassade mit Keramik aus Fünfkirchen (Pécs) geschmückt. Die nahe **katholische Kirche** aus der Zeit um 1650 ist im Inneren eher bescheiden gehalten, doch sollte man unbedingt einmal den Turm besteigen. Von ihm hat man eine schöne Aussicht über den See und die Stadt.
Der Rathausplatz geht am östlichen Ende in die Straße Zum Alten Stadttor über. Hier stand einst das Seetor. Ein verbauter **Turm** mit Schießscharten aus dem Jahr 1512 ist der Rest der seeseitigen Stadtbefestigung. Bis etwa 1860 reichte der

▸ Karte S. 119

Der Adlerbrunnen, einst Hoheitszeichen der Stadt

Seespiegel bis hierher; Rust lag bis zur Mitte des 19. Jahrhunderts also unmittelbar am Neusiedler See.
Geht man von hier die Seezeile nordwärts, erreicht man die Hauptstraße. Haus Nummer 22 ist das alte **Torwächterhaus** und war ursprünglich ebenfalls ein Teil der Stadtmauer; an den Schießscharten ist die frühere Funktion noch zu erkennen. Ein Torwächter war hier bis zum Ende des 19. Jahrhunderts im Dienst. Dem Haus gegenüber steht mit dem **Seehof** eine Häusergruppe aus der Zeit um 1550 bis 1620. Im 17. Jahrhundert befand sich hier das Rathaus, danach eine Kaserne und später eine Schule. Am Eckhaus zur Seezeile befindet sich in Bodennähe eine Inschrift aus dem Jahr 1677, die besagt, dass der See hier 3830 Klafter breit sei (ein österreichisches Klafter entspricht 1,8965 m). Am **Pulverturm**, dem nahen Nordostturm der Stadtbefestigung, sind noch große Teile der Stadtmauer erhalten. Hier befindet

sich übrigens Österreichs einzige Weinakademie, an der sich jeder Interessierte in verschiedenen Seminaren, ausgehend von den jeweiligen Grundkenntnissen, zum Weinkenner ausbilden lassen kann. Die von hier westwärts verlaufende Hauptstraße ist voll bezaubernder **Bürgerhäuser**. Aus der Fülle seien die folgenden erwähnt: Nummer 15 von 1650 war das Haus des Stadtrichters und besitzt eine prächtige Barockfassade; Nummer 19 von 1657 hat Sgraffitoreste sowie eine Inschriftkartusche mit einem evangelischen geistlichen Lied; auch Nummer 7 zeigt schöne Sgraffiti. Weiter vorn zeigt das Haus Conradplatz 2 zwei mächtige Stützpfeiler in der Straßenfront, die Reste der Stadtbefestigung von 1512 darstellen.

Keinesfalls vergessen sollte man einen Besuch im **Erlebnisbad** mit seinen Geysiren, einem Wildwasserkanal, einer Insel mit Kletternetz und einer 37 Meter langen Wasserrutsche. Man kann es durch den Schilfgürtel über die Seestraße erreichen. Hier gibt es auch eine Segel- und Surfschule, sowie verschiedene Ferienhäuser, die gemietet werden können (www.seebadrust.at). Auch einen Campingplatz, das Storchencamp Rust, gibt es hier. Von Rust nach Podersdorf und zurück bestehen Personen- und Fahrradfähren (Informationen unter Tel. 02263/5538 sowie www.neusiedlersee.com)

Auch sollte man einmal auf die Ruster Berge emporfahren, die sich Richtung St. Margarethen/Eisenstadt erstecken. Von der ›Passhöhe‹ genießt man eine unvergleichliche Fernsicht auf Rust und den Neusiedler See; besonders schön ist der Rundblick von der etwas nördlich der Straße gelegenen, weit sichtbaren **Kogelkapelle** (224 m).

Mörbisch am See

Kurz vor der ungarischen Grenze gelegen und lange Jahre neben Andau und Pamhagen das weltfernste der Seedörfer, besaß Mörbisch (Fertőmeggyes, kroatisch Merbiš) bis vor wenigen Jahren in seinem Ortsbild die unberührte Urtümlichkeit eines altburgenländisches Dorfs. Inzwischen hat es aber viel von seinem archaischen Charakter verloren. Immerhin: Die erhaltenen **Hofgassen** wurden 2001 in das Weltkulturerbe aufgenommen. Mörbisch war ursprünglich ein ›Schmalangerdorf‹, das nur aus der Haupt- und der westlich parallel laufenden Hauerstraße bestand. Von der Hauptstraße gehen beidseitig die Hofgassen ab, die aus Aufteilungen alter Streckhöfe hervorgegangen sind. Die Bauten entlang

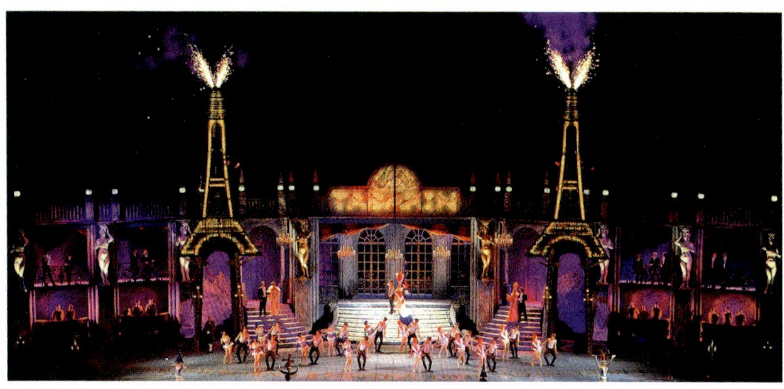

Eine Aufführung während der Seefestspiele in Mörbisch

dieser Hofgassen sind meist nach einer bestimmten Grundform gestaltet: Einige Stufen führen zunächst in das sogenannte Vorhaus, das im Allgemeinen von Steinsäulen getragen wird. Ihm schließt sich die breite Vorhalle an, an die sich wiederum die Küche anschließt. Zur Straße hin liegt die Stube, unter ihr der Weinkeller. Hinter den Wohnräumen folgen Stallungen und Wirtschaftsgebäude; wegen der erhöhten Brandgefahr befinden sich Stadel und Scheunen erst am Ende, wobei sie oft durch einen kleinen Weg von den Hauptgebäuden separiert sind. Die Scheunen sind meist auch von hinten über die ›Scheunenstraßen‹ erreichbar, wo sie wie in der Hauergasse recht eindrucksvoll wirken.

Viel besucht wird Mörbisch vor allem wegen der Seefestspiele, für die zwischen Ufer und Schilfgürtel eine künstliche Insel geschaffen wurde, auf der auf der **Seebühne**, einem Amphitheater durchaus ähnlich, die Operettentraumwelten des ›Zigeunerbaron‹ und der ›Gräfin Mariza‹ erstehen. Gegründet wurde das Festival 1955 von dem Sänger Herbert Alsen. Jährlich finden in Juli und August 30 Vorstellungen statt, die von 220 000 Musikfreunden besucht werden (www.seefestspiele-moerbisch.at). Als Intendantin wirkt zur Zeit die Kammersängerin Dagmar Schellenberger (geb. 1958), eine der profiliertestenSopranistinnen des deutschsprachigen Raums. Unmittelbar an der Seebühne gibt es auch ein hübsches **Strandbad**.

Besuchenswert ist das **Heimathaus** (Hauptstraße 55), ein langgestreckter Winzerhof mit Wirtschaftsgebäuden innerhalb einer typischen Hofgasse. Es ist als typisches Bauern- und Weinhauerhaus mit allem zugehörigen Interieur eingerichtet.

Südlich von Mörbisch endet bald die Straße für Kraftfahrzeuge. Der Übergang hier ist nur für Fußgänger und Radfahrer möglich. Die nächstgelegene Möglichkeit, nach Ungarn zu fahren, liegt nur etwa vier Kilometer westlich an der Straße St. Margarethen–Sopron, ist aber nur über St. Margarethen zu erreichen. Von der Fahrt über den von Einheimischen oft benutzten, allerdings für Motorfahrzeuge verbotenen Weg direkt von Mörbisch (über die Rosengasse) hoch durch den Wald, auf der Trasse des Radwegs B31, ist dringend abzuraten, da an dessen Einmündung in die Hauptstraße, unmittelbar an der ungarischen Grenze, ständig Polizisten lauern.

Erwähnenswert ist weiterhin der **Nordic Walking Park**, für den zwischen Mörbisch, Rust und Oggau auf etwa 50 Kilometern Länge ein großartiger Parcour durch Weinberge und Heide geschaffen wurde (www.nordic-walking-neusiedlersee.at).

▸ Karte: vordere Umschlagklappe/S. 119

i Neusiedl am See und das Westufer

www.neusiedlersee.com: detaillierte Informationen aller Art.

Informationszentrum Nationalpark Neusiedler See-Seewinkel, Hauswiese, 7142 Illmitz, Tel. 02175/3442, Tel. Nationalparkshop: 0699/12343814, ganzjährig geöffnet. Apr bis Okt. Mo–Fr 8–17 Uhr, Sa/So 10–17 Uhr, Nov bis März Mo–Fr 8–16 Uhr, www.nationalpark-neusiedlersee-seewinkel.at.

Neusiedler See Tourismus, Obere Hauptstraße 24, 7100 Neusiedl am See, Tel. 02167/8600-0, www.neusiedlersee.com.

Tourismusverband Neusiedl am See, Untere Hauptstraße 7, 7100 Neusiedl am See, Tel. 02167/2229, www.neusiedlamsee.at.

Tourismusverband Bruckneudorf, Bahnhofplatz 5, 2460 Bruckneudorf, Tel. 02162/62264, www.bruckneudorf.eu.

Tourismusverband Jois, Untere Hauptstraße 23, 7093 Jois, Tel. 02160/27013, www.jois.info.

Tourismusverband Winden, Hauptstraße 8, 7092 Winden am See, Tel. 02160/8275, www.winden.at.

Tourismusverband Breitenbrunn, Eisenstädter Straße 16, 7091 Breitenbrunn, Tel. 02683/5054, www.breitenbrunn.at.

Tourismusverband Purbach, Hauptgasse 38, 7083 Purbach, Tel. 02683/5920-4, www.purbach.at.

Tourismusverband Donnerskirchen, Hauptstraße 29, 7082 Donnerskirchen, Tel. 02683/8541, www.donnerskirchen.at.

Tourismusverband Oggau, Hauptstraße 52, 7063 Oggau, Tel. 02685/7744, www.oggau.at.

Tourismusverband Rust, Conradplatz 1, 7071 Rust, Tel.02685/502-0, www.rust.at. Am Tourismusbüro gibt es eine elektronische Zimmervermittlung mit kostenlosem Reservierungstelefon.

Tourismusverband Mörbisch, Hauptstraße 23, 7072 Mörbisch am See, Tel. 02685/8430, www.moerbischamsee.at.

Hotel Wende, Seestraße 40, 7100 Neusiedl am See, Tel. 02167/8111, www.hotel-wende.at, p. P. im DZ (nur mit Halbpension) 82–115 €. Edles und weitläufiges Anwesen an der Straße zum Strandbad, das in etwa 15 Minuten erreicht ist. Das integrierte Restaurant ›Sonnenstube‹ zählt zu den besten des Burgenlandes.

Gasthof zur Traube, Hauptplatz 9, 7100 Neusiedl am See, Tel. 02167/2423, www.zur-traube.at, p. P. im DZ um 35 €.

Hotel-Restaurant Da Marco, Im Strandbad, 7100 Neusiedl am See, Tel. 02167/40344, www.strandhoteldamarco.at, p. P. im DZ 40 €. Exzellente Lage unmittelbar im Strandbad am Seeufer.

Hotel Ungarische Krone, Parndorfer Straße 1, 2460 Bruckneudorf, Tel. 02162/62777, www.ungarischekrone.com, p. P. im DZ ab 39 €.

Weinhotel Pasler-Bäck, Untere Hauptstraße 55, 7093 Jois, Tel. 02160/8232, www.pasler-baeck.at, p. P. im DZ 44–46 €.

Gasthof Schnepfenhof, Bundesstraße 1, 7093 Jois, Tel. 02160/8343, www.schnepfenhof.at, p. P. im DZ 32–36 €.

Hotel-Gasthof Turmhof, Kirchengasse 1, 7091 Breitenbrunn, Tel. 02683/5308, www.turmhof.com, p. P. im DZ 39–45 €.

Restaurant Kloster am Spitz, Waldsiedlung 2, 7083 Purbach, Tel. 02683/55190, www.weingut.klosteramspitz.at. P.P. im DZ 48–63 €.

Gasthof zum Türkentor, Hauptgasse 2, 7083 Purbach, Tel. 02683/3400, www.foltin.at, p. P. im DZ 40–60 €.

Café-Pension Seeblick, Keltenweg 3, 7082 Donnerskirchen, Tel. 0664/1722578, p. P. im DZ 40–50 €.

Landgasthof Sebastiankeller, Sebastianstraße 68, 7063 Oggau, Tel. 02685/7297, www.sebastiankeller.at, p. P. im DZ 26–32 €.

Gasthaus Herztröpferl, Triftgasse 1, 7063 Oggau, Tel. 0664/4747080, www.herztroepferl.at. Berühmt sind neben anderen Wochenangeboten die Backhendl, die es jeweils freitags ab 11 Uhr gibt.

Rusterhof, Rathausplatz 18, 7071 Rust, Tel. 02685/60793, www.hotelbuergerhaus-rust.at. Edles Gasthaus im ältesten Bürgerhaus Rusts von 1535.

Mooslechners Bürgerhaus, Hauptstraße 1, 7071 Rust, Tel. 02685/6162-11, www.hotelbuergerhaus-rust.at. Zwölf zauberhafte Suiten in historischem Umfeld, Suite für zwei Personen pro Nacht (mit Frühstück) 110–140 € p.P. (in der Festspielzeit teurer!). Etwas ganz Besonderes, das man sich bei gegebenem Geldbeutel durchaus gönnen sollte. Das angeschlossene Gourmetlokal TiMiMoo ist eines der edelsten des Burgenlandes.

Wirtshaus im Hofgassl, Rathausplatz 10, 7071 Rust, Tel. 02685/60763, www.hofgassl.at.

Hotel Schandl, Rathausplatz 7, 7071 Rust, Tel. 02685/6202, www.hotelschandl.at, p. P. im DZ 54–75 €.

Restaurant Alte Schmiede, Seezeile 24, 7071 Rust, Tel. 02685/6418, www.drescher.at, Aal, Karpfen und Zander aus dem Neusiedler See.

Landhaus Pannonia, Brunnengasse 7, 7072 Mörbisch, Tel. 02685/8338, www.landhaus-pannonia.at, p. P. im DZ 34–46 €.

Winzerhof Schindler, Kinogasse 9, 7072 Mörbisch, Tel. 02685/8389, www.winzerhof-schindler.at, p. P. im DZ 42–57 €. Haus am Ortsrand mit schönem blumenreichen Arkadenhof.

Danis Schenke, Hauptstraße 106, 7072 Mörbisch, Tel. 0664/4000455. Sehr schöne Einkehrmöglichkeit in einer hübschen Hofgasse, Mi geschlossen.

Campingplatz Oggau, Parzelle 4186/1, 7063 Oggau, Tel. 02685/7271, www.campingoggau.at.

Storchencamp Rust und Purbach, Seebadanlage, 7071 Rust, Tel. 02685/595, www.gmeiner.co.at.

Pannonisches Heimatmuseum, Kaserngasse 11 bzw. Kalvarienbergstraße 40, 7100 Neusiedl am See, Tel. 02167/8173. Bäuerliche Alltagskultur vergangener Zeiten. Mai–Dez. jeden Nachmittag, So ganztägig, montags geschlossen.

Steinmetzmuseum Kaisersteinbruch, Kirchenplatz 1, 2462 Kaisersteinbruch, Tel. 02162/69063, www.steinmetzmuseum-kaisersteinbruch.at.

Turmmuseum Breitenbrunn, Ortsgeschichte, Archäologie und Kulturgeschichte der Umgebung, Mai bis Ende Okt. Di–So 9–12 u. 13–17 Uhr. Kinder, Bundesheerangehörige, Studenten und Versehrte zahlen nur den halben Eintritt.

Stadtmuseum Rust, Kremayerhaus, Rathausplatz, Tel. 0676/84160623.

Weinakademie, Seehof, 7071 Rust, Tel. 02685/6853, www.weinakademie.at.

Heimathaus, Hauptstraße 55, 7072 Mörbisch am See, Tel. 02695/8430 ab Ostern bis Okt. jeweils Di–So 9–12 und 13–18 Uhr.

Die Fremdenführerin Andrea Fuhrmann (Pfarrwiese 2-3-12, 7142 Illmitz, Tel. 0664/3828540) bietet auf ihrer Webseite www.natur-neusiedlersee.com verschiedenste Exkursionen um und auf dem See an. Besonders beliebt sind Kanufahrten durch den Purbacher Seekanal in den Schilfgürtel und Elektroboot-Touren im Schilf im Bereich der Wulkamündung, die im Sommer zu bestimmten Zeiten stattfinden, jedoch auch nach Vereinbarung durchgeführt werden können.

Nordic Walking Park, www.nordic-walking-neusiedlersee.at. Weitere Informationen bei den Tourismusämtern in Oggau, Rust und Mörbisch.

Paddelzentrum Rust, Tel. 0680/3247557, www.seekajak.at.

Seebad Rust, Ruster Bucht 2, 7071 Rust, Tel. 02685/591, www.seebadrust.at. Erlebnisbad tgl. 9–19 Uhr.

Seefestspiele in Mörbisch, Kartenbüro (Juni bis Aug.) Tel. 02685/81810 oder außerhalb der Spielzeit Tel. 02682/66210-0, www.seefestspiele-moerbisch.at; Mo–Do 8–16, Fr 8–13 Uhr.

▸ Karte: vordere Umschlagklappe/S. 119

Der Seewinkel

»Hier wandert aus Ungarn die Steppe herein, besonders im Sommer, wo es über der Ebene so still sein kann wie sonst nirgend auf der Welt. Sie lockt hinaus an den Rand des Himmels.«

Heimito von Doderer

Der kleine Teil der großen Pannonischen Ebene östlich des Neusiedler Sees bis zur heutigen ungarischen Grenze hin wird Seewinkel genannt. Der Name stammt aus dem 18. Jahrhundert, als der Neusiedler See eine größere Ausdehnung besaß, in der deutlichen Form des Buchstabens L ausgebildet war und hierin die Orte Podersdorf, Apetlon und Illmitz wie in einem Winkelstück einschloss. Im Norden grenzt der Seewinkel an den Haidboden und die Parndorfer Platte, im Südosten an den dichtbewaldeten Hanság auf ungarischem Gebiet. Die Südostecke des Seewinkels um Andau wird Waasen genannt. Die völlig ebene Landschaft des Seewinkels, der im Durchschnitt nur auf etwa 117 Meter über Null liegt und in dem sich bei Apetlon der tiefstgelegene Punkt Österreichs überhaupt befindet, weist einerseits großflächige Weinbaugebiete auf und zeigt andererseits eine große Anzahl von Sumpfgebieten. Diese werden Lacken genannt, die wegen ihres fehlenden natürlichen Abflusses starke Salzgehalte führen und damit ganz besondere Biotope darstellen. Die Lacken können bis drei Kilometer lang und etwa einen Kilometer breit sein, wobei sie meist nur etwa 50 Zentimeter tief sind und daher im Sommer oft in großen Teilen austrocknen können. Die größte Lacke ist die ›Lange Lacke‹ bei Apetlon, die unter Naturschutz steht; der Zicksee bei Sankt Andrä dagegen wird seit der Errichtung eines Kurbads für medizinische Zwecke genutzt. Im Seewinkel fallen pro Jahr weniger als 600 Millimeter Niederschläge, und mit 2000 Sonnenstunden im Jahr gilt er als Österreichs sonnenscheinreichstes Gebiet. Vogelfreunde aus aller Welt besuchen den Seewinkel mit seinen ornithologischen Reservaten, der zusammen mit dem Neusiedler See selbst Kreuzungszone verschiedener europäischer Vogelfluglinien ist.

Geographisch ist der Seewinkel als Salzsteppe anzusehen, die westlichst gelegene des eurasischen Kontinents übrigens. All diese Eigenschaften lassen ihn zur untypischsten aller österreichischen Landschaften werden. Die westlichen Teile des Seewinkels gehören ebenfalls zum Nationalpark Neusiedler-See-Seewinkel (www.nationalpark-neusiedlersee-seewinkel.at), wie überhaupt die ganze Umgebung des Sees seit 2001 als länderübergreifende Kulturlandschaft Fertő-Neusiedler See ausgerufen wurde und heute Teil des UNESCO-Welterbes ist.

■ Weiden am See

Das an der Nordostspitze gelegene Weiden am See (Védeny) ist zusammen mit dem nahen Neusiedl das Touristenzentrum im Nordbereich des Neusiedler Sees. Das dem Schilfgürtel vorgelagerte Strandbad und das beliebte Seerestaurant – die beide über eine Dammstraße erreicht werden – wie auch die hervorragenden Bedingungen zum Segeln, Surfen und Paddeln locken eine Vielzahl von Touristen an. Traditionell findet man hier Obst, Gemüse, Wein und ähnliches auf Holzstühlen vor Hauseingängen zum Kauf, meist in fast anachronistischer Weise von einer alten Frau mit Kopftuch angeboten. ›Sesselverkauf‹ nennt man hier diese Handelsform.

Die **Pfarrkirche zur Heiligen Dreifaltigkeit** zeigt eine sehr sehenswerte Innenausstattung, die sich bis 1790 in der Klosterkirche in Bruck an der Leitha befunden hat. Vom 165 Meter hohen

Bei Weiden finden Surfer hervorragende Bedingungen

Zeiselberg oberhalb Weidens, an der Abbruchkante der Parndorfer Platte, genießt man eine großartige Aussicht auf den Neusiedler See. Über diesen Berg verläuft auch der sehr reizvolle **Wein-Panoramawanderweg Mönchhof–Neusiedl**. Von Weiden sind es über diesen Weg je etwa zwei Stunden Wanderzeit bis zu den Endpunkten des erwähnten Wegs. Sehr lohnend für Naturfreunde ist auch ein Besuch der **Zitzmannsdorfer Wiesen** unmittelbar südlich von Weiden am Seeufer. Sie sind nach einem nach den Türkenkriegen nicht mehr aufgebauten Ort benannt und ein besonderes Feuchtbiotop und Vogelparadies. Über den Radwanderweg R10 beziehungsweise 999 kann man vom Zentrum Weidens zu Fuß bis zum südlichen Endpunkt des Wiesenareals und zurück in knapp drei Stunden gelangen. Eine etwas andere Wanderung ist die Windparkführung, die jeweils dienstags um 10 Uhr am Tourismusbüro beginnt. Eine Anmeldung ist dort bis zwölf Uhr am Montag erforderlich.

▸ Karte: vordere Umschlagklappe

Gols

Der Ort Gols (Gálos) gilt mit 1600 Hektar Anbaufläche als Österreichs größte Weinbaugemeinde. Sehr sehenswert sind die alten Weinkeller wie auch die für den Seewinkel so typischen ›Tschardaken‹, ehemalige Maisspeicher in Form hoher überdachter Bretterkästen, wie sie unter anderem am Anger zu finden sind. Viel besucht wird jedes Jahr im August das zehn Tage dauernde Golser Volksfest, das mit einer Wirtschaftsmesse und mehreren Kulturevents gekoppelt ist (www.golservolksfest.at). Das **Weinkulturhaus** ist ein Veranstaltungsort, an dem sich fast alles um den Wein dreht und man ganzjährig degustieren und kaufen darf. Für Gols besonders erwähnenswert sind der Grüne Veltliner, der Welschriesling und insbesondere der Muskat-Ottonel mit seinem feinen Bukett.
Um Gols und Winden trifft man dort, wo die Parndorfer Platte scharf zum Neusiedler See hin abfällt, den durch sein buntes Gefieder vielleicht auffallendsten Vogel der Region – den Bienenfresser (merops apiaster) – bis in den August hinein an.

Mönchhof

Dank zweier Einrichtungen zählt Mönchhof (Barátfalu) zu den meistbesuchten Orten des Seewinkels: Abtei und Dorfmuseum. Das **Kloster Marienkron** wurde 1955 gegründet, ist seit 1991 Abtei und zieht seit 1968 durch ein angebautes Kneipp- und Erholungszentrum mit angeschlossenem Vier-Sterne-Hotel viele Heilungssuchende an (www.marienkron.at). Das private **Dorfmuseum** ist so liebevoll und kenntnisreich wie in ganz Europa kaum ein vergleichbares Museum gestaltet. Hier lässt Franz Haubenwallner seit 20 Jahren in liebevoller und ansprechender Form das Leben in der Zeit von 1880 bis 1950 wieder auferstehen. Das Museum ist im ehemaligen Weingarten des Besitzers wie ein richtiges Dorf aufgebaut; es gibt Geschäfte, Arztpraxen, zahlreiche Handwerksbetriebe – unter anderem Hutmacher, Fassbinder, Besenbinder –, daneben das Gehöft einer gutsituierten Weinbauernfamilie, ein Gemeindeamt, eine Greißlerei (Lebensmittelgeschäft), ein Kino und schließlich auch eine – tatsächlich in Originalgröße nachgebaute – typisch seewinklische Kirche mit Gruft! Dazu kommt eine Grenzstation mit Schlagbaum; man wohnte schließlich jahrzehntelang am Eisernen Vorhang. Das Museum wird auch diejenigen bezaubern, die zunächst meinen, dass es sich nur um eines der üblichen Bauernmuseen handelt.

Die **Magdalenenkirche** ist besonders wegen der beiden Altarbilder von Martin Altomonte am linken Seitenaltar und am Hochaltar aus dem Jahr 1741 besuchenswert. Der Pfarrhof neben der Kirche wird seltsamerweise hier ›Schloss‹ genannt.

Mönchhof gilt übrigens als einer der ältesten Weinbauort Österreichs: Um 1200 begannen hier Zisterziensermönche mit dem Rebenanbau.

Der Eingang zum Schloss Halbturn

Halbturn

Das Dorf Halbturn (Féltorony) ist durch seine Anlage wie auch durch die zahlreichen Tschardaken von charmant-ländlichem Charakter. Aber es besitzt mit seinem Schloss eine der größten Sehenswürdigkeiten des Burgenlandes.

Als mit der Niederlage der türkischen Armee 1683 vor Wien die Gefahr eines nochmaligen Türkeneinfalls gebannt war, begann in jenen Regionen, die vor weiterer Bedrohung befreit waren, eine überaus rege Bautätigkeit. In den Habsburgerlanden ging der Sieg über den äußeren Feind mit der Niederwerfung der Protestanten im Inneren einher, wodurch ein ganz besonderes Lebensgefühl und Prunkbedürfnis des – zumeist katholischen – Adels geweckt wurde.

Johann Lucas von Hildebrandt schuf in Halbturn für die Grafen von Harrach ein Jagdschloss, nachdem ein Vorgängerbau den Türken zum Opfer gefallen war. Die Herrschaft Halbturn gehörte den Harrachs nicht, sie war nur von den Habsburgern verpfändet. Das Schloss war gegen 1711 vollendet, gelangte jedoch 1724 an Habsburg zurück. Maria Theresia ließ dann 1765 Franz Anton Maulpertsch ein großartiges Deckenfresko schaffen. Der letzte habsburgische Besitzer war Erzherzog Friedrich von Österreich-Teschen (1856–1936), ein Großneffe des berühmten Albert von Sachsen-Teschen, der die Wiener Albertina begründet hatte und der Ehemann von Maria Theresias Tochter Marie-Christine war. Erzherzog Friedrich war im Ersten Weltkrieg bis 1917 der Oberkommandierende der österreichisch-ungarischen Armee und einer von Europas reichsten Männern. Halbturn war durch ihn vor 1914 einer der wichtigsten Treffpunkte des internationalen Adels. Während der russischen Besatzungszeit nach 1945 wurde das Schloss geplündert, 1949 brannte es aus bis heute ungeklärten Gründen aus; glücklicherweise wurde der Haupttrakt dabei nur wenig beschädigt. 1974 wurde es vollständig restauriert und rekonstruiert. Der weitläufige Schlosspark ist zu allen Jahreszeiten öffentlich zugänglich. Durch ein prächtiges Gittertor gelangt man in den Vorhof des Schlosses. Von allen Flügelbauten getrennt, steht es frei. Die langgestreckte **Schlossanlage** ist aus drei Einzelhöfen zusammengesetzt, die ihrerseits von Wirtschaftsgebäuden umgeben sind. Beeindruckend ist allein der Mittelrisalit: Der kaiserliche Doppeladler trägt eine gewaltige Krone und wird von zwei Sandsteinfiguren flankiert. Das Innere des Schlosses wird größtenteils von Ausstellungsräumen eingenommen, in denen wechselnde Präsentationen gezeigt werden. Größtes Kunstwerk des Schlosses ist zweifellos das Deckengemälde ›Triumph des Lichts‹ – ein im Barock beliebtes Thema – im Gartensaal, eines der Hauptwerke des Franz Anton Maulpertsch. Es ist kaum möglich, diese grandiose Symphonie aus Transparenz und Farbenleuchtkraft, die dennoch voller Anmut ist, mit Worten darzustellen. Eine Fülle von Spiegeln verstärkt den überwältigenden Eindruck noch. Die Apotheose des Sonnengottes Apoll als Frühlingsbringer ist der konkrete Inhalt des Gemäldes. Der große Österreichkenner Max Rieple schreibt dazu: »Flora, die Göttin der Blumen, und Aurora, die Künderin der Morgenröte, schweben auf Wolken heran. Vor ihnen haben die düsteren Gestalten der Nacht, ja selbst Chronos, die Macht verloren. Zu dessen Häupten trägt ein geflügelter Genius eine von Blumen überquellende Schale herbei, und Blumenranken schwingen sich über das Blau des Himmels. Diese Blüten duften! Wie hingehaucht diese Ackerwinden, die Rosen und buntfarbigen Nelken. Hier ist ein noch hellerer Frühling aufgeblüht als jener, der im Mai durch die runden Fenster aus dem Garten hereinbricht.« Und Marie-Therese von Waldbott-Bassenheim aus der Familie der jetzigen Besitzer urteilte zu Recht: »Maulpertsch löste sich in diesem Bild von aller Erdenschwere, Sternbildern gleich schweben seine Gestalten im silbrigen All. Die Farben vibrieren vom strahlenden Sonnengott über viele Varianten von Rosa, hellem Zinnober und seidigem Grün, ockerfarbenen Goldstaub zu glühendem Karminrot, dunklem Kobalt und samtfarbenen Violett.« Was für ein beglückendes Erlebnis ist dieses Bild!

Frauenkirchen

Die gewaltige **Wallfahrtskirche** in Frauenkirchen (Fertőboldogasszony) ist die architektonische Dominante fast des ganzen Seewinkels – kilometerweit sind in der weiten Ebene ihre 53 Meter hohen Türme zu sehen. Schon im ausgehenden Mittelalter befand sich hier ein Wallfahrtsort. 1529 wurde Frauenkirchen wie so viele Orte des Seewinkels durch die Türken zerstört, die Wallfahrtskirche aus dem 14. Jahrhundert zur Ruine und nur noch selten von Pilgern besucht. Der Graf Paul Esterházy brachte 1656 eine lindene Marienstatue aus dem 13. Jahrhundert, die von der Burg Forchtenstein stammte, nach Frauenkirchen und entschied sich, die Kirche wieder aufzubauen und erneut zu einem Wallfahrerzentrum zu machen. Derselbe Graf gestattete auch die Ansiedlung von Juden, die wegen der durch die Türken zerstörten Gemeinden eine neue Heimat suchten und Frauenkirchen so zu einer

▸ Karte: vordere Umschlagklappe

Barocker Farbenrausch in Maulpertsch' großartigem Deckenfresko

der ungarischen Siebengemeinden werden ließen. 1683 zerstörten die Türken Ort und Kirche erneut, doch gelang es, die Statue nach Forchtenstein in Sicherheit zu bringen. Graf Paul, der nach der siegreichen Schlacht von 1683 von Kaiser Leopold in den Fürstenstand erhoben wurde, nahm dies zum Anlass, hier erneut eine Kirche zu bauen, die dann 1702 vollendet wurde. Das pompöse Innere der von Francesco Martinelli ausgeführten Basilika ›Maria auf der Heide‹ – oder wie es offiziell heißt: ›Mariä Geburt‹ – wird von Kunsthistorikern als schönster Kirchenraum des Burgenlandes betrachtet, was nicht zuletzt auf die dominierenden Farben Weiß und Gold zurückgeführt wird. Auf dem Hochaltar steht die Gnadenstatue aus dem 13. Jahrhundert, die nach den Türkenkriegen aus Forchtenstein wieder hierher zurückgekehrt ist. Sie wird von Statuen der beiden Ungarnkönige Ladislaus und Stephan gerahmt, die beide heiliggesprochen sind. Damit das bescheidene Äußere der Gnadenstatue in der ganzen barocken Pracht nicht untergeht, hat sie ein prächtiges Gewand erhalten. Am Triumphbogen ist das Esterházysche Wappen unübersehbar. Künstlerisch bedeutsam ist auch die ornamentreiche Kanzel von 1713. Die Nordseite der Kirche wird vom 1669 gestifteten Franziskanerkloster eingenommen.

An der Südseite der Kirche befindet sich ein gegen 1700 errichteter **Kalvarienberg**, bei dem sich der Kreuzweg in ungewöhnlicher Spiralform emporzieht. Oben befand sich eine Kreuzigungsgruppe von 1759, die seit 1958 auf der anderen Dorfplatzhälfte steht. Blickfang sind auch das **Alte Brauhaus** – hervorragendes Restaurant! – an der Franziskanergasse, ein zweigeschossiger Barockbau mit Hoflauben, und das **Granarium** am Raiffeisenplatz, ein ehemaliger Kornspeicher von 1766. Besonders sehenswert ist der alte **Judenfriedhof**. Er liegt an der Straße nach St. Andrä, am Ortsausgang in der großen Rechtskurve an der linken Seite, und ist von der Rückseite aus zugänglich. Der sogenannte **Serbenfriedhof** mit über 2500 Grabstellen im Westen von Frauenkirchen ist genaugenommen ein Kriegsgefangenenfriedhof aus dem Ersten Weltkrieg, auf dem neben Russen und Italienern besonders viele serbische Soldaten ihre letzte Ruhe fanden. Fast alle dieser Kriegsgefangenen waren in einem nahegelegenen Lager interniert und verstarben 1915 innerhalb weniger Tage durch eine Flecktyphusepidemie.

Auf dem Judenfriedhof von Frauenkirchen

Zwischen Frauenkirchen und St. Andrä liegt auf dem Gelände einer aufgelassenen Kiesgrube die noble **St. Martins Therme & Lodge**. Nach der Entdeckung einer 43-Grad-Soda-Kochsalzquelle am nahen Zicksee entstand hier die Verbindung einer edlen, naturnah konzipierten Hotelanlage mit Thermalkurbetrieb.

Ein außergewöhnliches Erlebnis ist auch ein Besuch bei Erich Stekovics, dem ›König der Paradeiser‹. Er baut auf biologisch-dynamische Art mehr als 3000 (!) Tomatensorten an – die weltweit größte

▸ Karte: vordere Umschlagklappe

Tomatenkultur. Der studierte Theologe bietet in den Sommermonaten spezielle Führungen durch seinen Betrieb an, zu denen unzählige Tomatophile aus aller Welt eilen. Sein Ruhm drang inzwischen bis nach Katar, von wo er die Einladung erhielt, auch dort den Tomatenanbau einzuführen. Eine Verkostung in seinem Hofladen Schäferhof Nummer 5 in Frauenkirchen ist zweifellos ein Erlebnis.

Andau

Der östlichste Ort des Seewinkels, weit abseits in der unendlichen Ebene der Puszta gelegen, ist äußerlich recht unscheinbar: Andau (Mosontarcsa). Sehr sehenswert ist aber die Kirche, die auf die Mitte des 18. Jahrhunderts zurückgeht, 1830 erstmals – wobei der Turm entstand – und 1931 im Stil dieser Zeit durch Karl Holey nochmals erweitert wurde, wobei die Apsis zwei Rundtürme erhielt. Auffallend sind die Lampen in einer Art spätem Jugendstil; das gewaltige Deckengemälde mit dem ›Jüngsten Gericht‹ von 1951 zählt zu den bedeutendsten Sakralmalereien des 20. Jahrhunderts in Österreich, vergleichbar der berühmten Apokalypse in der Klosterkirche im steirischen Seckau.

Der Name Andau wird aber zumeist nicht moderner Architektur verbunden, sondern mit der legendären **Brücke von Andau**, an der während der russischen Okkupation in Ungarn 1956 Weltgeschichte geschrieben wurde: Im Sommer 1956 flohen etwa 70 000 Personen über die Brücke – sie überquert den Einserkanal – von Ungarn nach Österreich, die Bevölkerung des Seewinkels sorgte in einer großen Aktion der Hilfsbereitschaft für deren Unterkommen und Verpflegung. Der Flüchtlingsstrom kam erst mit der Sprengung der Brücke am 21. November 1956 durch ungarische Grenztruppen zum Stillstand. 1996 wurde die Brücke von ungarischen und österreichischen Behörden rekonstruiert und als besonderes historisches Denkmal als Fußgänger- und Radfahrer-Übergang für die Benutzung freigegeben.

Fährt man in südöstlicher Richtung aus Andau heraus, kommt man nach dem Dorfende in einem Linksknick der Straße an einem **Denkmal** vorbei, das an die bewegten Sommermonate des Jahres 1956 erinnert und die Ereignisse als ›Meilensteine der Freiheit‹ würdigt. Die Straße führt nun durch völlig verlassenes Gebiet und wird von zahlreichen Holz- und Metallskulpturen gesäumt, die auf jene Ereignisse Bezug nehmen. Wo nach etwa vier Kilometern rechts ein Aussichtssturm steht, liegt rechterhand die ›Bewahrungszone Waasen-Hanság‹, ein unzugängliches Vogelreservat, in dem viele Großtrappen leben. Nach etwa

Weltentrückte Idylle am Einserkanal bei Andau

acht Kilometern erreicht man den seit 1919 auf ungarischem Territorium gelegenen **Einserkanal** (Hanśági-főcsatorna). 1895 wurde er auf 30 Kilometern Länge angelegt, um die Hanságsümpfe zu entwässern und den abflusslosen Neusiedler See zu regulieren, den er zur Donau hin entwässert. Der Einserkanal hat in den 100 Jahren seines Bestehens zu einer Absenkung des Salzgehaltes und gleichzeitig zu einem Anwachsen des Schilfgürtels im Neusiedler See geführt. In dem dichten Schilfgürtel, der den Kanal zum Teil auf zwei bis vier Meter einengt, brüten Schwäne. Er ist beiderseits von einem Damm umgeben. Doch er liegt hinter einem Stacheldrahtzaun, der die ungarische Grenze markiert. Durch den Zaun gelangt man nun zu der erwähnten Brücke, die original aus Holz rekonstruiert wurde. Allenthalben erinnern Säulen und Informationstafeln an den ungarischen Aufstand vom 21. Oktober 1956. Schon ein Jahr später stellte der amerikanische Schriftsteller James Michener (1907–1997) die Ereignisse um die Brücke von Andau in einem gleichnamigen Roman packend dar, und in dem österreichischen Spielfilm ›Der Bockerer III‹ (2000) von Franz Antel wurde das dramatische Geschehen packend auf Zelluloid gebannt.

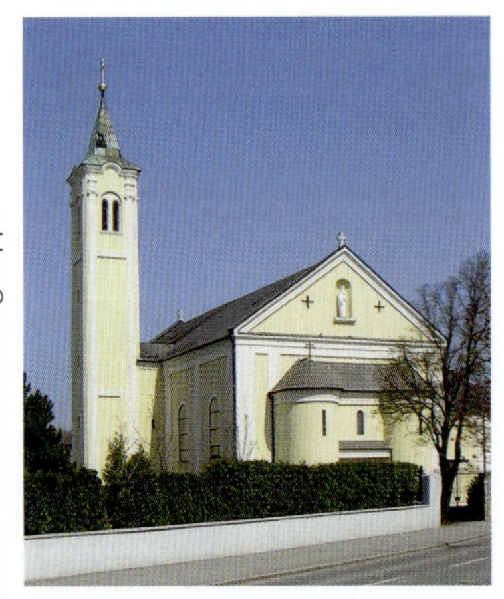

Die Dorfkirche in Wallern

▲ Karte: vordere Umschlagklappe

Von Andau kann man über einen allerdings nur für Radfahrer und Fußgänger geöffneten Übergang nach Ungarn in die Stadt Jánossomorja (St. Johann) gelangen und in deren Umgebung die Natur des Hanság erkunden. Der Übergang soll in Kürze auch für Autos geöffnet werden.

St. Andrä, Wallern und Pamhagen

St. Andrä und Wallern weisen schöne und sehr regelmäßige Dorfanlagen auf und besitzen noch einige erhaltene schilfgedeckte Häuser und Scheunen. Um ihre Dorfanger stehen noch viele der typischen Streckhöfe des burgenländisch-ungarischen Tieflands. Bei dieser Hofbauweise sind Wohn-, Stall- und Scheunentrakt in einer Linie hintereinander angeordnet.

St. Andrä (Mosonszentandrás) ist ein Zentrum des Gemüseanbaus. Allenthalben findet man hier auf den Straßen frische Ware angeboten. Der Zicksee bei St. Andrä zählt zu den wenigen Lacken im Seewinkel, die auch in heißen Sommern nicht austrocknen. Vom Parkplatz am Bahnhof St. Andrä oder vom Restaurant Zeislbräu direkt am Ufer aus lässt sich eine sehr eindrucksvolle, etwa zweieinhalb Stunden dauernde Wanderung um den See machen, während der oft ein leichtes Südseeflair aufkommt. Allerdings kann man den See auf seiner Westseite nicht direkt umrunden, sondern muss um die Sechsmahdlacke bis zur Straße Frauenkirchen–Apetlon gehen und von dort via Kühbrunnlacke und Ziegelhof nach St. Andrä zurückkehren.

Wallern (Valla) wurde und wird oft als Österreichs Gemüsezentrum bezeichnet. Riesige Felder, auf denen Salat, Gurken, Tomaten und Kohl angebaut werden, haben hier, im südlichen Seewinkel, den

Schmucke Häuschen im Ortszentrum von Apetlon

Weinbau der Nordhälfte abgelöst. Westlich von Wallern befindet sich der vielbesuchte **Steppentierpark Pamhagen**, in dem auf 13 Hektar über 50 Arten von in der Puszta heimischen Wild- und Haustieren leben. Die Zufahrt geht von der Straße Wallern–Apetlon ab.
In Pamhagen (Pomogy), der südlichsten Siedlung des Seewinkels, erinnert ein **Türkenturm** daran, dass auch hier während der Türkeneinfälle große Zerstörungen stattfanden. Er ist der Rest einer Kirche, die in jener Zeit außerhalb des Ortes stand. Südlich Pamhagens bildet der Einserkanal die Grenze zu Ungarn. Pamhagen ist ein beliebter Ausgangspunkt für Radwanderungen nach Ungarn und zur Südseite des Neusiedler Sees.

Apetlon und die Lange Lacke

Etwa zwei Kilometer südlich von Apetlon (Mosonbánfalva) befindet sich nahe der Straße nach Pamhagen inmitten der weiten Ebene der tiefstgelegene Punkt Österreichs. Die Zufahrt zu ihm ist von der Straße aus beschildert. Mit 114 Metern über dem Meer liegt er noch einen Meter tiefer als der Spiegel des Neusiedler Sees. Aufgrund dieser Lage kam es hier im Mittelalter mehrmals zu Überschwemmungen durch den See, wobei der Ort einmal sogar vollständig in den Fluten unterging. Apetlon besitzt im Zentrum ein außerordentlich hübsches Ortsbild, vor einem historische Häuserkomplex (Raiffeisenplatz 3) befindet sich sogar ein Ziehbrunnen. Auch sind noch einige Maisspeicher (Tschardaken) erhalten, die mit Schilfrohr gedeckt sind; das Schilf reicht meist bis zum Erdboden hinab.
Apetlon ist von zahlreichen Lacken umgeben, von denen die **Lange Lacke** die größte des Seewinkels ist. Wie alle Lacken wird sie ausschließlich durch den Regen gespeist. Sie ist nur etwa 80 Zentimeter tief. Alljährlich im Spätherbst werden sie und der nahe Warmsee – auch Darscho-Lacke genannt – von Ornithologen wegen des hier zu beobachtenden ›Gänsestrichs‹ besucht: In einer besonderen Flugformation ziehen die Gänse von und zu ihren Futter- und Schlafplätzen. Am frühen Morgen und späten Abend herrschen dafür beste Beobachtungsmöglichkeiten. Um die Lacken finden sich sehr seltene Pflanzen wie beispielsweise die in Mitteleuropa nur hier aufzufindende Igelgerste (Hordeum Hystrix) oder die

Strandsimse (Juncus und Bolboschoenus Maritimus), ein fast ausgestorbenes Relikt der Tertiärzeit. Die Lange Lacke ist seit 1963 als WWF-Reservat ausgewiesen. Über den Radwanderweg R20 direkt von Apetlon aus oder von einem Parkplatz an der Straße nach Wallern ist die Lange Lacke zugänglich und sogar zu Fuß oder mit dem Rad zu umrunden (geringe Wegbenutzungsgebühr für den Naturschutz). Knapp zwei Stunden sollte man für die Umrundung zu Fuß einplanen.

Naturfreunden sei auch empfohlen, einmal zum Graurinderstall südwestlich von Apetlon, direkt am Schilfgürtel, zu fahren. Dort gibt es einen **Beobachtungsturm**, von dem man den südöstlichen Seerand gut überblicken kann. Der schier unendlich breite Schilfgürtel und die Schilfinseln lassen kaum mehr unterscheiden, wo das Festland endet und das Wasser beginnt. Daher ist für Wanderer und Radler die unwirkliche Landschaft südlich von Apetlon, insbesondere südlich des Apetloner Hofs, wo sich die Nationalparkverwaltung befindet, bis zur ungarischen Grenze hin ein einzigartiges Naturerlebnis.

Illmitz

Der Ort Illmitz (Illmic) war bis weit in die 1960er Jahre hinein eine malerische historische Siedlung mit zahlreichen schilfgedeckten Häusern. Die sind in den vergangenen 30 Jahre leider fast alle verschwunden und mussten oft modernen Gebäuden weichen, die dann die vormalige Romantik zu importieren versuchen. Immerhin ist mit dem barocken **Florianihaus**, auch Zwerchhof genannt, noch ein sehr sehenswertes Gebäude vorhanden. Es besitzt einen schönen Innenhof, in dem auch eine historische Weinpresse bewundert werden kann. Auch einige alte Scheunen stehen noch; in der **Pusztascheune** besteht heute ein Lokal mit ›importierter‹ Zigeunermusik. Während des 19. Jahrhunderts war übrigens die Viehwirtschaft der wichtigste Erwerbszweig in Illmitz. 1898 wurde hier die erste Milchgenossenschaft des damaligen Komitats Wieselburg gegründet, Illmitzer Käse war in Wien und Budapest eine begehrte Delikatesse.

Am Hauptplatz steht um die **Bartholomäusquelle** ein achteckiger Pavillon, gleichsam ein moderner Dorfbrunnen. Diese Anlage geht auf die 1930er

Weiter Blick am Ufer des Neusiedler Sees

▲ Karte: vordere Umschlagklappe

Ein seltener Anblick im Burgenland

Jahre zurück. Wegen der damaligen nicht ausreichend tiefen, offenen Dorfbrunnen hatte das daraus geschöpfte Wasser einen zu starken Salzgehalt und zu hohen Keimanteil und entsprach damit nicht mehr den Hygieneansprüchen. Man erbohrte in einer Tiefe von 188 Meter unter dem Neusiedler See Österreichs größtes Mineralwasserreservoir, das sich unter den besonderen geologischen Bedingungen hier am Abbruch der Ostalpen hatte bilden können. Die Bartholomäusquelle, ein Soda-Säuerling, ist als Heilquelle anerkannt. Das heutige Brunnengebäude ist aber ein Nachfolgebau jenes ersten Pavillons aus den 1930er Jahren. Viele Bewohner kommen regelmäßig mit Eimern und Kanistern hierher und verwenden das Quellwasser für ihre Haushalte.

Eine Dammstraße führt westwärts aus Illmitz heraus zur Zicklacke – wo ein Parkplatz Ausgangspunkt für Wanderungen um diesen See ist – und ein weiterer Weg zu einer biologischen Station. Die Dammstraße verläuft weiter durch den Schilfgürtel Richtung Strandbad. Nach etwa zwei Kilometern zweigt nach links ein Weg in Richtung der unzugänglichen Nationalpark-Bewahrungszone Sandeck auf. Am Ende dieses Weges befindet sich ein ungewöhnliches Gehege mit weißen Eseln und ein **Aussichtsturm** (vormals der ungarischen Grenztruppen) mit Blicken über die Melange aus See und Schilf. Am Ende der Dammstraße befinden sich neben dem **Strandbad** und dem famosen Seerestaurant auch die Fähre nach Mörbisch, die Personen und Fahrräder transportiert, sowie ein Yachtclub.

Besondere Landschaftserlebnisse bietet eine Wanderung oder Radfahrt durch die nördlich von Illmitz gelegenen Regionen um den Oberen und Unteren Stinkersee und zum Wirtshaus ›Hölle‹. Vom Nationalparkzentrum, nördlich von Illmitz gelegen, lässt sich hervorragend das Ostufer erkunden, auch werden hier ornithologische Exkursionen für Interessierte und Fachleute angeboten. Die ›Hölle‹ ist auch von Automobilisten bequem direkt von der Straße Podersdorf-Illmitz erreichbar.

Podersdorf

Das weingärtenumgebene Podersdorf (Pátfalu) kann man mit Recht als bedeutendsten Ferienort des Burgenlandes überhaupt bezeichen. Neben dem großen Angebot für Segler, Surfer, Angler, Wanderer und Radler – hier fehlt der Schilfgürtel direkt am See – weist es mit der am östlichen Ortsrand befindlichen **Windmühle** einen weiteren Grund zum Besuch auf. Die um 1800 errichtete Windmühle befindet sich in Privatbesitz und ist mit ihrem kegelförmigen Schindeldach in die jeweils erforderliche Windrichtung drehbar. Sehenswert ist auch der **Leuchtturm** am Hauptsteg der Schiffsanlegestelle. Der Leuchtturmwart Friedrich Kummer ist eine bekannte regionale Persönlichkeit, da er gleichzeitig der Wirt des bekannten Restaurants Kummer ist (An der Promenade 5).

Prächtige Dreiflügelanlage: Schloss Esterháza in Fertőd

Hier bestehen in der Saison Fahrrad- und Personenfähren nach Breitenbrunn und Rust (Informationen unter Tel. 02663/5588, 5590 und 5538).

Schloss Esterháza

Schloss Esterháza in Fertőd, eingebunden in das Weltkulturerbe des Nationalparks Fertő-Hanság, beeindruckt als eines der größten und schönsten Rokokoschlösser Ungarns. Es ist nichts weniger als eine Schlossanlage von europäischem Maßstab. Sie wurde von Fürst Nikolaus I. – der Prächtige genannt – ausgebaut, nachdem es zu Beginn des 18. Jahrhunderts zunächst als kleines Jagdschloss errichtet worden war. Nikolaus war nach einem Besuch bei Ludwig XV. in Versailles von dessen Schloss so beeindruckt, dass er einen ähnlichen Bau auch in seinem Land errichten wollte, und tatsächlich hat Esterháza architektonisch mit Versailles auch viel gemeinsam. So beauftragte Nikolaus 1764 die Wiener Hofbaumeister Johann Ferdinand Mödlhammer und Melchior Hefele mit dem Umbau, der im Wesentlichen schon 1766 abgeschlossen war, jedoch nach einzelnen Veränderungen erst 1810 beendet wurde. Die Esterházysche Prachtentfaltung beeindruckte selbst Maria Theresia, die an ihrem Wiener Hof selbst einiges an Repräsentanz pflegte; Goethe schwärmte von einem ›Feenreich‹. Esterháza war wie das Eisenstädter Schloss Wirkungsstätte von Joseph Haydn, der als fürstlich Esterházyscher Hofkomponist zwischen beiden Schlössern hin und herpendelte.

Das Schloss war in seiner Zeit von außergewöhnlicher Wirkung. So urteilte ein französischer Reisender 1788: »Es gibt außer Versailles wohl keinen Ort in Europa, der sich, was seine Pracht betrifft, mit diesem Schloß messen kann.« Man spürt heute immer noch den Geist der außergewöhnlichen Persönlichkeit des Bauherrn Nikolaus des Prächtigen. Vermutlich geht der größte Teil des Baus auf seine Konzeption zurück. Er hatte keinen der großen Architekten seiner Zeit zur Verfügung, musste sogar nacheinander vier Baumeister beschäftigen. Als Ergebnis erhielt der Bau trotz aller äußeren Pracht und Großartigkeit keine individuelle Note.

▸ Karte: vordere Umschlagklappe

Geschichte

Zur Zeit Nikolaus´ wurde das Schloss von einer Leibgarde von über 150 Mann bewacht. Die Esterházy als Reichsfürsten hatten das Recht, eine solche zu halten. In den Stallungen war Platz für 110 Pferde, in der Wagenremise standen Kutschen und Schlitten für Ausfahrten zu allen Jahreszeiten. Die Musiker der Hofkapelle wohnten in einem eigenen Musikhaus, in dessen ersten Stock der Hofkapellmeister Joseph Haydn, der für die Familie von 1761 bis 1790 tätig war, eine Wohnung besaß. Haydn komponierte in Esterháza viele – heute meist vergessene – Opern. Das Schloss hatte ein eigenes Opernhaus, dessen künstlerische Darbietungen auf solch hohem Niveau standen, daß Maria Theresia sagen konnte: »Wenn ich eine gute Oper hören will, gehe ich nach Esterháza.«

Das Opernhaus brannte aber gegen Ende des 19. Jahrhunderts ab und wurde nicht mehr aufgebaut. Berühmt war auch der 400 Hektar große Park mit seinen Alleen, Statuen, Brunnen, Tempeln und chinesischen Pavillons. Einer davon beherbergte einen großen Tanzsaal, in dem bei Aufführungen die Musiker in Gold und Silber gewandet waren, in chinesischer Art auch mit gelben Hüten voller Glocken. Die Fenster waren nicht verglast, sondern mit Silberstoff bezogen. Doch währte die hohe Zeit des Schlosses keine 30 Jahre. Mit dem Tode Nikolaus' 1790 lösten seine Erben den Hofstaat in Esterháza wie die Hofkapelle aus Sparsamkeitsgründen auf – zu sehr hatte das Familienvermögen durch Nikolaus´Hofhaltung gelitten –, das Interieur wurde auf andere Schlösser der Familie verteilt. Die nächsten Generationen lebten in Eisenstadt und Wien, aber nicht mehr in dem im Schloss: »Was in Esterháza zwischen 1760 und 1790 geboten wurde, war der späte Glanz einer Epoche, die ihrem Ende zuging. Für eine Bühne, wie sie Esterháza darstellte, wurden in Europa nun keine Stücke mehr geschrieben.« So der Kunsthistoriker Wolfgang Libal.

Schloss Esterháza begann, da es eigentlich nicht mehr benutzt und bewohnt wurde, nach 1790 zu verfallen. Der Park verwilderte, die Pavillons zerfielen. Die Kämpfe des Jahres 1945 vollendeten das Werk. Das Schloss wurde beschossen, die Inneneinrichtung zerstört oder weggeschleppt. In der Nachkriegszeit zögerte die kommunistische Regierung mit dem Wiederaufbau des schwer beschädigten ›ungarischen Versailles‹ sehr lange. Für die neuen Machthaber war die Familie Esterházy innerhalb der verachtungswürdigen Magnatenklasse die meistverachtete. Das damalige Oberhaupt, Fürst Paul V. (1901–1989), war in einem Schauprozess sogar zu 15 Jahren Einzelhaft verurteilt worden. Der Name von Dorf und Schloss, Esterháza, wurde geändert in Fertőd, abgeleitet von Fertő-to, dem ungarischen Namen des Neusiedler Sees. Der Name Esterházy sollte aus der Landesgeschichte getilgt werden. Letzlich überwogen aber praktische Gedanken für die Rekonstruktion: Der Tourismus und insbesondere devisenbringende Ausländer gaben den Ausschlag für den Wiederaufbau.

Die Anlage

Heute ist das Schloss neu erstanden, jedoch fast ohne originales Interieur. Aber immer noch ist der Geist und die Zeit seines Erbauers spürbar. Es ist zu Recht eines der Hauptreiseziele in Westungarn. Sein mittlerer Teil ist als Museum zu besichtigen, in einem der Seitenflügel befinden sich eine Fachschule für Gartenbau und eine kaufmännische Schule, in denen Lehrer aus Österreich und Ungarn zweisprachig unterrichten.

Schloss Esterháza ist als Hufeisen um einen Ehrenhof angelegt. Hinter dem bezaubernden zweiflügeligen Rokokotor liegen das dreigeschossige Hauptgebäude mit dreiachsigem Turmaufsatz und seinem auf Säulen ruhenden Balkon, zu dem von beiden Seiten eine Freitreppe emporführt. An beide Seiten des Hauptgebäudes schließen sich zweistöckige Flügelgebäude an, von denen dann eingeschossige Nebengebäude den Ehrenhof rahmen und zum Tor zurück führen. Bei keiner Reise an den Neusiedler See darf ein Besuch dieses Schlosses fehlen, in dem der Geist eines der größten Musikgenies aller Zeiten unvergängliche Musikstücke schuf, und dessen Architektur die Grandezza eines der großen europäischen Adelsfamilien durchzieht.

Die Umgebung

Auf dem Weg vom südlichen Seewinkel zum Schloss Esterháza, nach der Überquerung des Einserkanals bei Pamhagen, der seit 1919 die Landesgrenze darstellt, erreicht man nach etwa sechs Kilometern Fertőd. Man sollte ruhig vor dem Ortseingang von Fertőd noch einen Abstecher über Sarród nordwärts nach **Fertőújlak** machen. Dieser Ort ist wie kaum ein anderer am Neusiedler See in unmittelbarer Nähe zum Schilfgürtel gelegen, und daher ist dessen fremdartiger Zauber hier, in diesen abgeschiedenen Ort, so eindrucksvoll zu erleben. In Fertőújlak gibt es auch ein Informationszentrum des ungarischen Teils des Nationalparks. Es lohnt also, einige Zeit in und um Fertöujlak zu verbringen.

i Der Seewinkel

Informationszentrum Nationalpark Neusiedler See-Seewinkel, Hauswiese, 7142 Illmitz, Tel. 02175/3442, Tel. Nationalparkshop: 0699/12343814, www.nationalpark-neusiedlersee-seewinkel.at; Apr. bis Okt. Mo–Fr 8–17, Sa/So 10–17 Uhr, Nov. bis März Mo–Fr 8–16 Uhr.

Neusiedler See Tourismus, Obere Hauptstraße 24, 7100 Neusiedl am See, Tel. 02167/8600, www.neusiedlersee.com.

Gemeindeamt, 7121 Weiden am See, Raiffeisenplatz 5, Tel. 02167/7427 bzw. 7311-0, www.weidenamsee.at.

Tourismusinformation und Weinkulturhaus Gols, Hauptplatz 20, 7122 Gols, Tel. 02173/20039, www.weinkulturhaus.at.

Tourismusverband Mönchhof, Kirchenplatz 11a, 7123 Mönchhof, Tel. 02173/80210, www.moenchhof.at.

Tourismusverband Frauenkirchen, Amtshausgasse 5, 7132 Frauenkirchen, Tel. 02172/23002, www.frauenkirchen.info.

Tourismusverband Andau, Hauptgasse 8, 7163 Andau, Tel. 02176/23010, www.andau-gemeinde.at.

Tourismusverband St. Andrä am Zicksee, Hauptsraße 59, 7161 St. Andrä, Tel. 02176/2300, www.standraezicksee.at.

Tourismusverband Pamhagen, Bahnstraße 2c, 7152 Pamhagen, Tel. 02174/2093, www.gemeinde-pamhagen.at.

Tourismusverband Apetlon, Kirchengasse 1a, 7143 Apetlon, Tel. 02175/24053, www.apetlon.info.

Tourismusverband Illmitz, Obere Hauptstraße 2–4, 7142 Illmitz, Tel. 02175/2383-4, www.illmitz.co.at.

Tourismusverband Podersdorf, Hauptstraße 2, 7141 Podersdorf am See, Tel. 02177/2227, www.podersdorfamsee.at.

Informationszentrum des Fertö-Hanság Nationalparks, Látogatóközpont, 9436 Fertöújlak, Tel. 0036/99/537-520. März bis Sept. Mo–Fr 9–16, Sa/So 10–17, Okt. und Nov. Mo–Fr 9–10 Uhr.

Am Eingang des Schlosses Esterháza

Pension Hareter, Obere Hauptstraße 35, 7121 Weiden am See, Tel. 02167/7238, p. P. im DZ 29–38 €.

Weinhotel Kirchenwirt, Untere Hauptstraße 43, 7122 Gols, Tel. 02173/2363, www.kirchenwirt-gols.eu, p. P. im DZ 30/60 € (Standard/Luxus, Rabatte bei mehrtägigem Aufenthalt). Gemütliches Haus mit vortrefflichem Preis-Leistungs-Verhältnis.

Fischrestaurant Varga, Untere Hauptstraße 123, 7122 Gols, Tel. 02173/2231, www.varga.co.at. Fische aus dem Neusiedler See aus eigener Fischerei (Zander, Wels, Karpfen, Hecht).

Restaurant Knappenstöckl, 7131 Halbturn (im Schloss), Tel. 02172/82390, www.knappenstoeckl.at. Berauschendes Schlossambiente.

Gasthof Knöbl, Erzherzog-Friedrich-Straße 2, 7131 Halbturn, Tel. 02172/8643, www.gasthof-knoebl.halbturn.at, p. P. 20–25 €.

Landgasthof Altes Brauhaus, Kirchplatz 27, 7132 Frauenkirchen, Tel: 02172/2217, www.altesbrauhaus.at. Vorzügliche Speisen wie Zandersülzchen, Mohnknödel, Gänsebraten.

Gasthof-Pension Weisz-Artner, Lagergasse 1, 7132 Frauenkirchen, Tel. 02172/2102, www.gasthof-weisz.at, p. P. im DZ 35–45 €.

Gästehaus Thyringer, Langegasse 27, 7163 Andau, Tel. 02176/40514, www.andau.at, p. P. im DZ 30 €.

Seehotel am Zicksee, 7161 St. Andrä, Zicksee 2, Tel. 02176/2354, www.seehotel-zicksee.at, p. P. im DZ 38–44 €. Direkt am Strand des Zicksees gelegen. Tretbootvermietung.

Feriendorf Vila Vita Pannonia, Storchengasse 1, 7152 Pamhagen, Tel. 02175/2180-0, www.vilavitapannonia.at, Zimmer mit HP um 120 €, Bungalowpreise s. Webseite. Moderne Anlage, nahe der Straße Wallern–Apetlon gelegen, Wellness- und Saunapark sowie vieles mehr.

Gasthof Weinzettl, Quergasse 20, 7143 Apetlon, Tel. 02175/2250, www.gasthof-weinzettl.at, p. P. im DZ 35–40 €, auch Ferienwohnungen mietbar.

Hotel Garni Apetloner Heuriger, Kirchengasse 32, 7143 Apetlon, Tel. 02175/3405, www.heurigerpensionboehm.at, p. P. im DZ um 35 €.

Hotel Nationalpark, Apetloner Str. 66, 7142 Illmitz, Tel. 02175/3600, www.hotel-nationalpark.com, p.P im DZ ab 75 €. Edles Viersternehaus.

Hotel Johannes-Zeche, Florianigasse 10, 7142 Illmitz, Tel. 02175/2335, www.johannes-zeche.at, p. P. im DZ ab 40 €.

Restaurant Seehotel Herlinde, Am Südstrand-Strandplatz 17, 7141 Podersdorf, Tel. 02177/2445, www.hotelbetrieb-herlinde.at, p. P. im DZ 48–70 €. Direkt am Seestrand gelegen, Badestrand unmittelbar am Haus.

Seehof-Hotel und Restaurant, Seeufergasse 23, 7141 Podersdorf, Tel. 02177/2380, www.seehof-gisch.at, p. P. im DZ 40–50 €.

Landgasthof Goldene Traube, Seeweingärten II/2, 7141 Podersdorf, Tel. 02177/2388, www.goldenetraube.at, p. P. im DZ 35–50 €. Genießergasthof unweit des Sees.

Strandcamping Podersdorf am See, Campingstraße, 7141 Podersdorf, Tel. 02177/2227, www.podersdorfamsee.at.

Dorfmuseum Mönchhof, 7123 Mönchhof, Tel. 02173/80642, www.dorfmuseum.at; April bis Okt. Di–So 10–18 Uhr, Juni bis August auch Mo 10–18 Uhr; außerhalb der Öffnungszeiten nach Vereinbarung.

Schloss Halbturn, 7131 Halbturn, Tel. 02172/8577, www.schlosshalbturn.com, Mitte April bis Okt. Di–So 10–18 Uhr.

▸ Karte: vordere Umschlagklappe

Tomatenanbau Erich Stekovics, Schäferhof 13, 7132 Frauenkirchen, Tel. 0699/1218477, www.stekovics.at.

Schloss Esterháza, 9431 Fertőd, www.fertod.hu oder de.esterhazy.net. 15. März bis Ende Okt. tgl. 10–18 Uhr.

St Martins Therme & Lodge, Im Seewinkel 1, 7132 Frauenkirchen, Tel. 02172/20500, www.stmartins.at. Berühmtes Wellness-Center, nicht billig, nur Halbpension. Günstige Pakete auf Anfrage.

Kurhaus Marienkron, 7123 Mönchhof, Tel. 02173/80205-44, www.marienkron.at.

Die Fremdenführerin Andrea Fuhrmann (Pfarrwiese 2-3-12, 7142 Illmitz, Tel. 0664/3828540 bietet auf ihrer Webseite www.natur-neusiedlersee.com verschiedenste Exkursionen um und auf dem See an. Besonders beliebt sind Kanufahrten durch den Purbacher Seekanal in den Schilfgürtel und Elektroboot-Touren im Schilf im Bereich der Wulkamündung, die im Sommer zu bestimmten Zeiten stattfinden, jedoch auch nach Vereinbarung durchgeführt werden können.

Zu allen Wanderungen hilfreich: Rother Wanderführer Neusiedler See.

Segel- und Surfschule Lang, Sonnenweg 1, 7072 Mörbisch, Tel. 02685/8685, www.boote-lang.com.

Segel- und Surfschule Kreindl, Seebad, 7071 Rust, Tel. 02685/60787, www.sail.at.

Segelschule Neusiedl, Am Segelschulhafen 1, 7100 Neusiedl, Tel. 02167/8760, www.segelschule-neusiedl.at.

Surf- und Segelschule Südstrand, Podersdorf, Tel. 0676/4072344, www.surfschule.at.

Alle Surfschulen sind zwischen Mitte April bis Anf. Okt. geöffnet, weitere allgemeine Informationen unter www.neusiedlersee.com/de/themen/sport/wassersport/surfen.

burgenland.anglerinfo.at oder www.fischradar.com/suchen/angeln-in-oesterreich/burgenland. Jahreskarten gibt es nur beim Burgenländischen Fischereiverband: Leopold Krenn, Wiener Straße 66, 7082 Donnerskirchen, Tel. 02683/8368. Ausgaben für Tages- und Wochenkarten gibt es unter anderem in Breitenbrunn (Gasthaus Laterndlkeller), Mörbisch (Schifffahrtsbüro Hermann Drescher), Oggau (Campingbüro Oggau) und in den Tourismusbüros Podersdorf, Neusiedl, Purbach und Weiden. Es dürfen max. ein Raubfisch und drei Friedfische entnommen wird.

Podersdorf: In der Saison gibt es Fahrrad- und Personenfähren nach Breitenbrunn und Rust (Informationen unter Tel. 02663/5588, 5590 und 5538).

Rust: Nach Podersdorf und zurück bestehen Personen- und Fahrradfähren (Informationen unter Tel. 02263/5538 sowie www.neusiedlersee.com)

Steppentierpark Pamhagen, 7152 Pamhagen, Tel. 02174/2489, www.steppentierpark.at; Mitte März bis Ende Okt. tgl. 9–18 Uhr.

Golser Volksfest, Kontakt: Gemeindeamt Gols, Untere Hauptstraße 10, 7122 Gols, www.golservolksfest.at. Musik- und bedeutendes Trinkfest u.a. mit Wolfgang Ambros und der Spider Murphy Gang, aber auch Wirtschaftsmesse. Immer im August.

Neben Raps- und Sonnnenblumenfeldern sowie zahlreichen Obstgärten prägen ausgedehnte Waldgebiete das Mittelburgenland, insbesondere im Naturpark Landseer Berge und rund um das Günser Gebirge. Diese Region ist daneben auch Heimat des Blaufränkischen, einem der besten Rotweine Österreichs. Kulturinteressierte zieht es vor allem zur großen und beeindruckenden Burgruine Landsee und zur legendenumwobenen Burg Lockenhaus.

Blick von der Ruine Landsee ins Vorland

DAS MITTELBURGENLAND

Wo bei Sieggraben, etwa sechs Kilometer südlich von Mattersburg, die niederösterreichische und die ungarische Grenze auf etwa vier Kilometer zusammenrücken, beginnt das Mittelburgenland. An der Sieggrabener Engstelle verlässt man den Bezirk Eisenstadt Land und erreicht den Bezirk Oberpullendorf, der das Mittelburgenland geographisch wie auch seitens der Tourismusverbände abdeckt. Auf 702 Quadratkilometern Fläche leben im Mittelburgenland etwa 37 000 Bürger. Das südliche Ende des Bezirks und damit des Mittelburgenlandes entspricht in etwa einer Linie, die sich südlich von Kirchschlag an der Grenze zu Niederösterreich ostwärts auf den Geschriebenstein zieht, dem höchsten Berg des Burgenlandes. Er ist Teil eines Naturparks im Günser Gebirge, der Südostgrenze des Mittelburgenlandes. Im Nordwesten ist das Mittelburgenland vom Naturpark Landseer Berge begrenzt, im Nordosten vom Ödenburger Gebirge.

Um den Naturpark Landseer Berge

Im Norden des Mittelburgenlandes liegt der Naturpark Landseer Berge, dessen westlicher Teil sich schon auf niederösterreichischem Boden befindet. Diese Region ist ein Übergangsbereich zwischen alpiner und pannonischer Flora, liegt in einer Höhe zwischen 330 und 760 Metern und umfasst einen geschlossenen Eichen-Kiefern-Wald. Sie ist wegen des Basaltvorkommens am erloschenen Vulkan des Paulibergs auch geologisch interessant.

Von den Landseer Bergen erstrecken sich bis nach Deutschkreutz im Osten eine Reihe herausragender Schlösser und Burgen, um die herum eine reiche touristische Infrastruktur besteht. Die geringen Distanzen zwischen all den Sehenswürdigkeiten machen den Norden des Mittelburgenlandes zu einer einfach erkundbaren Region, die eine Fülle an Attraktionen bietet.

Sieggraben und das Ödenburger Gebirge

Unmittelbar südlich der oben Engstelle der burgenländischen Grenzen liegt Sieggraben (Szikra). Weithin sichtbar ist von diesem Ort der Mobil- und Richtfunksender auf dem 606 Meter hohen **Brenntenriegel**, mit dem das Mittelburgenland seine von Norden kommenden Besucher begrüßt. Die Wanderung auf diesen Berg von Sieggraben aus nimmt etwa eine Dreiviertelstunde in Anspruch. Schon während des Aufstiegs lassen sich herrliche Ausblicke weit nach Ungarn hinein genießen. Am besten parkt man an der Kirche und geht dann über die Angergasse und den Brenntweg empor. Die barocke Kirche von 1797 besitzt ungewöhnliche, abstrakte, aber leuchtende Glasmalereien.

Von Osten ragt hier das **Ödenburger Gebirge** (Soprony-hegység), in dem der Brenntenriegel die höchste Erhebung ist, ins Burgenland hinein. Wie das Rosaliengebirge, mit dem es den geologischen Aufbau teilt, wirkt es wie ein letztes Aufzucken des Alpenmassivs, bevor es sich unter die pannonische Ebene zieht. Auf ungarischer Seite des Gebirges gibt es um Brennbergbánya herrlichste Wandermöglichkeiten. Auch lohnt der Besuch im **Bergbaumuseum** von Brennbergbánya.

Kobersdorf

Eine besondere Sehenswürdigkeit in Kobersdorf (Kabold) ist das prachtvolle **Wasserschloss** aus dem 13. Jahrhundert, das um 1520 umgebaut wurde. Es entstand ursprünglich als Wehrbau, der das Tal des Stooberbachs zu kontrollie-

▲ Karte: vordere Umschlagklappe

ren hatte. Der ehemalige Wassergraben ist zwar trockengelegt, dennoch liegt das Schloss auch jetzt noch wie auf einer Insel. Die Burg war im Besitz der Mattersburger Grafen, danach in dem der Hohenzollern, dann bei einer Familie Kery und kam nach mancherlei Wirren 1704 an die Familie Esterházy. Es entstanden unter ihrer Domäne einige barocke Umbauten am Schloss, doch angesichts der Nähe zu Eisenstadt wie auch zum Schloss Esterháza vernachlässigte man Kobersdorf letztlich. Es begann schnell zu verfallen und war nach dem Zweiten Weltkrieg fast abbruchreif. Eine österreichische Architekturprofessorin erwarb 1963 das Kobersdorfer Schloss und ließ es sanieren – im Ergebnis der Rekonstruktion wurden 1972 die Schlossspiele Kobersdorf ins Leben gerufen. Mit Aufführungen klassischer und zeitgenössischer Theaterstücke im Arkadenhof des Schlosses zählen die Kobersdorfer Festspiele zu Österreichs bedeutendsten Sommertheater-Festivals (www.schlossspiele.com).

Eine besondere Sehenswürdigkeit ist die vom Schloss getrennte **Schlosskapelle**, die genaugenommen aus zwei Kapellen besteht, einer romanischen (um 1230) mit spätgotischen Fresken und einer gotischen von 1482, wobei die romanische Kapelle die Sakristei der gotischen bildet. Die Familie Kery ließ die protestantische Kapelle rekatholisieren und 1648 im Stil der Epoche umbauen. Auffällig sind 48 an der Decke schwebende Engel.

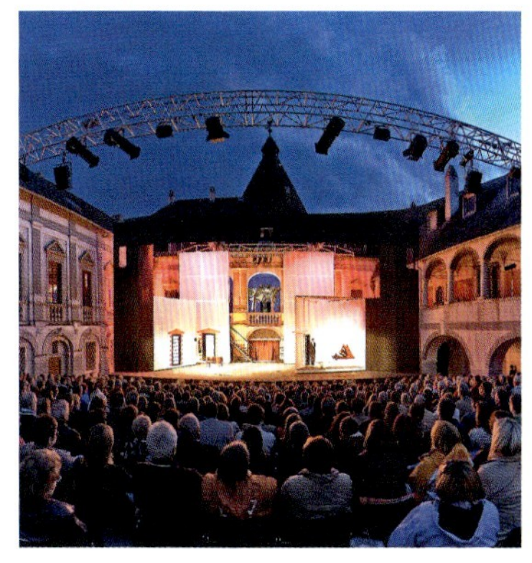

Die Kobersdorfer Festspiele finden im stimmungsvollen Schlosshof statt

Kobersdorf besaß seit dem 16. Jahrhundert eine jüdische Gemeinde und gehörte im 17. Jahrhundert zu den bekannten jüdischen Siebengemeinden. Die 1860 erbaute **Synagoge** (Schlossgasse 25) ist als einzige in den Siebengemeinden noch erhalten und dient örtlichen Feierveranstaltungen, da sie der Wiener israelitischen Kultusgemeinde abgekauft werden konnte. Auch der alte jüdische Friedhof ist noch erhalten (www.schalom.at). Sehenswert ist auch das **Heimathaus Kobersdorf**, im ehemaligen ungarischen Zollhaus untergebracht, mit seiner Sammlung von bäuerlichen Geräten und Hausrat. Die Mineralwässer, die in Kobersdorf entquellen, werden von der in Österreich bekannten Marke Waldquelle abgefüllt und vertrieben.

Die Umgebung

Vom Parkplatz Waldmühle westlich des Orts lässt sich eine sehr schöne Wanderung zur **Ruine Landsee** machen (einfache Strecke knapp vier Kilometer, Höhenunterschied etwa 300 Meter über Fernwanderwege E4, 02 und 07, Wanderkarte empfehlenswert). Nahe der Waldmühle liegt ein Naturbadesee, der sich wegen seiner Wassertemperatur von bis zu 25 Grad im Sommer großer Beliebtheit erfreut (Info unter 02618/8200).

Lohnend ist auch ein Abstecher nach Niederösterreich zum **Keltischen Freilichtmuseum** in **Schwarzenbach**. Nachweislich bestand dort am Burgberg um 250 vor Christus eine keltische stadtähnliche Siedlung, wobei aber auch Funde älterer Epochen bis aus der Zeit um 1200 vor

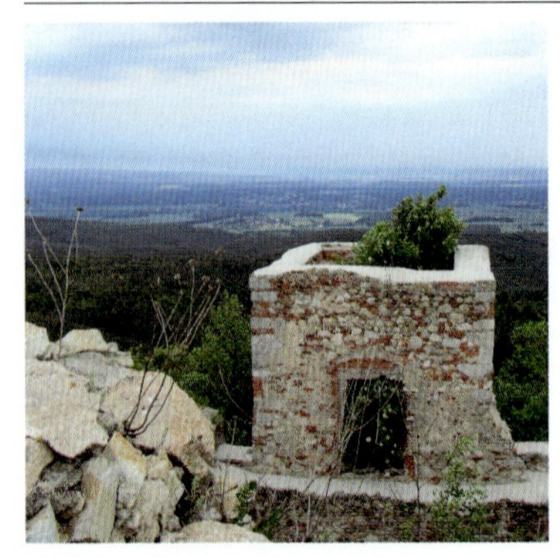

Blick von der Ruine Landsee ins östliche Vorland

Christus gemacht wurden. Auf dem Gelände sind unter anderem ein keltischer Hof sowie Gräberstellen rekonstruiert. Führungen müssen im Voraus gebucht werden, das Gelände ist jedoch von April bis Oktober am Wochenende frei zugänglich.

Ruine Landsee

Was Forchtenstein an Pracht und Macht unter den Burgen darstellt, ist Landsee unter den Burgruinen. Vier Mauerringe, zehn Burgtürme und ein fünfgeschossiger Bergfried, der auch Wohnturm war, bilden eine der bezauberndsten und mit 315 Metern Längsausdehnung größten Ruinenanlagen des Burgenlandes, wenn nicht gar Österreichs. Weit grüßt sie ostwärts ins Land, weithin ist sie sichtbar, und der Blick von ihrem Söller bietet eine hinreißende Fernsicht.

Der Name hat nichts mit einem See zu tun, sondern geht auf den Begriff ›landshere‹ zurück, was sowohl Lanzenträger als auch ganz einfach ›Landesehre‹ bedeutet. Auch das alte Wort ›hehr‹ (stolz, angesehen) ist enthalten. Um den Anfang des 13. Jahrhunderts ist die Burg erstmals erwähnt, und zwar als Grenzburg gegen Ungarn. Doch bald schon geriet sie in ungarischen Herrschaftsbereich, hatte wechselnde Besitzer und kam dann an die Esterházy. Gegen 1600 war sie zu einer starken Grenzfeste ausgebaut worden und wurde während drohender Türkenattacken immer wieder von der Landbevölkerung als Zufluchtsort aufgesucht. 1707 soll sie während der Kuruzzenkriege einer Munitionsexplosion zum Opfer gefallen sein, wurde wieder instandgesetzt, jedoch dann 1772 durch ein Feuer vollständig zerstört. Die Esterházys, die gegen 1800 mit starken Finanzproblemen zu kämpfen hatten, bauten sie nicht mehr auf.

Die vier **Befestigungsringe** sind noch deutlich auszumachen. Die ersten beiden sind durch Gräben getrennt. Der äußerste davon ist nur schlecht erhalten, doch ist er der jüngste. Am ersten eher schlichten Tor liest man die Jahreszahl 1668. Dann geht es über einen Graben zum zweiten, bereits ziemlich wehrhaften Tor. Im ersten Graben kann man – sehr empfehlenswert – die Ruine umwandern. Danach geht es weiter über eine hölzerne Zugbrücke, die den zweiten Graben überspannt, zum dritten Burgtor. Somit ist der äußere Burghof erreicht. Von ihm gelangt man über Tor vier südwärts im Halbkreis um die eigentliche Burg herum in einen schmalen Innenhof. Von ihm führt ein fünftes sehr brüchiges Tor zu einem weiteren sehr kleinen Hof, der an die völlig verfallenen östlichen Wohntrakte angrenzt. Ein letztes sechstes Tor führt zum Palas, in dem die alte Küche noch gut auszumachen ist. Dann ist der **Wohnturm** erreicht. Der Wohnturm – eigentlich der Bergfried des mittelalterlichen Burg – besitzt bis zu zehn Meter dicke Mauern. Man kann über 115 Stufen zu einer **Aussichtsplattform** emporsteigen, von der eine phantastische Fernsicht möglich ist. Im Sommer findet innerhalb der Burg auf

▸ Karte: vordere Umschlagklappe

einer Open-Air-Bühne eine Fülle von Veranstaltungen statt. Die Ruine Landsee ist über eine äußerst reizvolle Teilstrecke der Fernwanderwege 02 beziehungsweise 07 mit Kobersdorf verbunden und kann als Ausgangspunkt verschiedener Waldspaziergänge im Naturpark Landseer Berge dienen.

Keinesfalls zu versäumen ist ein Besuch des nur wenige Kilometer nördlich gelegenen **Paulibergs** (761 m). Das ist ein erloschener Vulkan, der den nördlichsten Ausläufer des oststeirischen Vulkangebiets darstellt und seine knapp 20 Millionen Jahre dauernde magmatische Tätigkeit erst vor etwa zwei Millionen Jahren beendete. Der überwiegende Teil der basaltischen Förderung – geologisch ist das Gestein ein Alkali-Olivinbasalt – erfolgte vor etwa zehn Millionen Jahren. Damit ist er der späteste Zeuge des Vulkanismus in Österreich. Dabei entstand durch die verhältnismäßig dünnflüssigen Schmelzen eine knapp 50 Meter dicke Basaltdecke, in der sich eine Höhle befindet, die ›Vierlöcherhöhle‹, die auch besucht werden kann. Der Basalt des Paulibergs wird in einem Steinbruch abgebaut (www.pauliberg.at). Dieser ist bei Mineraliensuchern sehr beliebt und die ›Basaltkugeln‹ – subterran durch Verwitterung entstandene, bis 20 Tonnen schwere Aggregate – sind vielbestaunt. Vom Pauliberg gibt es einen sehr schönen Wanderweg hinunter nach Kobersdorf. Noch zwei Geheimtipps für Freunde der Ruinenromantik: Westlich der Ruine Landsee liegen auf dem 745 Meter hohen **Klosterberg** die Reste des Kamaldulenser-Klosters, das hier zwischen 1702 und 1784 bestanden hat (Kompass WK 227 Burgenland). Schwieriger zu finden ist die **Öde Kirche**. Sie liegt mitten im Wald, nahe des Weitwanderwegs 07/E4, westlich der Gemarkung ›Weißes Kreuz‹, südlich vom Dorf Landsee.

Im Dorf **Landsee** gedenkt man der Schriftstellerin Mida Huber (1880–1974). Sie dichtete in Mundart und Hochsprache und verfasste Lyrik und Prosa. Mida Huber verbrachte die letzten 40 Jahre ihres Lebens in Landsee. In ihrem Haus ist innerhalb der originalen Einrichtung ihrer Wohnung ein Museum eingerichtet.

Neutal

Mag der Ort Neutal (Sopronújlak) äußerlich keine besonderen Sehenswürdigkeiten aufweisen, ist aber zumindest das **Museum für Baukultur** eine Institution ganz besonderer Art. Man erfährt die Kulturgeschichte des Maurers, des Ofenbauers (Feuerungsmaurers), die Situation von Bauarbeiterfamilien sowie überhaupt etwas zur Baukultur des Burgenlandes.

Lackenbach

Lackenbach (Lakompak) ist eine jener traditionellen Siebengemeinden des späteren Burgenlandes, in denen die Familie Esterházy nach 1670 Juden ansiedelte. In Lackenbach bestand eine der größten dieser Gemeinden. Auf dem sehr sehenswerten alten **jüdischen Friedhof** (Ritzinger Straße 54) existieren noch 1700 Grabsteine, darunter der von Mordechai Schey, dem Großvater mütterlicherseits

Das Eingangsportal zum Schloss

von Arthur Schnitzler, sowie von Philipp Baron Schey von Koromla (1798–1881), der 1859 als der erste ungarische Jude in den österreichischen Adelsstand erhoben wurde. In Lackenbach existierte nach 1940 ein ›Zigeuner-Anhaltelager‹, wo Zigeuner Zwangsarbeit leisten mussten, bevor sie von hier nach Auschwitz deportiert wurden. Ein **Mahnmal** daran steht an der Ecke Ritzinger-/Bergstraße. Bedeutendste Sehenswürdigkeit ist das von 1548 bis 1552 errichtete **Wasserschloss** mit seinem eindrucksvollen Arkadenhof samt Linde und Brunnenhäuschen. Eine Madonna und das Esterházysche Wappen zieren sein Portal. Das Schloss brannte 1806 zum Teil ab und ist nicht mehr vollständig wiederaufgebaut worden. Im Schloss befindet sich die Dauerausstellung ›Der Natur auf der Spur‹, ein besondere interaktive Begegnung mit Wald-, Feld-, Fluss- und Seenlandschaften (www.naturspur.at).

Nachdem der Söldnerführer Erasmus Teuffl einen Vorgängerbau des Lackenbacher Schlosses zu seinem Hauptquartier bestimmt hatte, plante er, es repräsentativ umzubauen. Teuffl fiel 1552 im Kampf und konnte sich seines Schlosses nur ganz kurz erfreuen. Nikolaus Oláh, der Erzbischof von Gran, wurde der neue Besitzer. Er vollendete den Umbau. Nach seinem Tod erbte Ursula Dersffy die Burg. Als sie den Grafen Nikolaus Esterházy (1583–1645) heiratete, gelangte Schloss Lackenbach 1612 in dessen Besitz. In den folgenden Jahren war das Schloss die Esterházysche Hauptresidenz und auch Sitz des ungarischen Vizekönigs: Nikolaus Esterházy hatte die Funktion eines ungarischen Palatins inne.

Graf Nikolaus wurde aber 1620 in den antihabsburgischen Aufstand des ungarischen protestantischen Fürsten Gábor Bethlen hineingezogen. Nikolaus verhielt sich kaisertreu-katholisch und wurde nun selbst Gegenstand der Bethlenschen Attacke. Mit seinen Anhängern gelang es ihm nicht mehr, das rettende Landsee zu erreichen. Er wurde von den Bethlenschen Truppen in Lackenbach eingeschlossen. Fast sah es so aus, als ob er gefangenommen werden würde, doch in letzter Minute eilte ein kaiserliches Heer unter General Heinrich von Dampierre zu Hilfe. Verstärkt durch ein Bauernregiment aus dem nahen Neckenbach, sprengte er den Belagerungsring um Schloss Lackenbach, obwohl den 6500 Mann der Bethlenschen Truppen nur 1400 Soldaten der Esterházy-Dampierreschen Regimenter gegenüberstanden. Dabei fiel der Kommandeur der Bethlenschen Belagerungsarmee, Matthias Tarródy, zusammen mit 1200 Bethlenscher Soldaten. Durch diesen Kampf wurde die prohabsburgische Gesinnung der Esterházy für Jahrhunderte gefestigt. Die Schlacht von Lackenbach ist im Burgenland legendär. Am östlichen Ortsausgang (Bahnstraße 19a) befindet sich das **Grabmal für Matthias Tarródy**, der hier zusammen mit seinem Hund bestattet sein soll.

Ritzing

Das nordöstlich gelegene Ritzing (Récény) lohnt aus zwei Gründen den Besuch: erstens wegen des wunderbar gelegenen **Sonnensees** (www.sonnensee.at), etwa 2,5 Kilometer nordwestlich des Dorfes gelegen. Sein Name stammt allerdings vom Tourismusamt, denn das ganze Mittelburgenland nennt sich offiziell auch ›Sonnenland‹. Badefreunde aus dem ganzen Land eilen hierher. Der zweite Grund ist der weithin bekannte **Schmankerlwirt Gasthaus Friedl**, dem eine hauseigene Fleischerei angeschlossen ist.

Um Ritzing wurde jahrhundertelang im Brennberger Revier (Brennbergbánya, heute in Ungarn) Braunkohle abgebaut. Der 1882 aufgefahrene **Helenenschacht**

▸ Karte: vordere Umschlagklappe

– etwa drei Kilometer nördlich des Sonnensees unmittelbar an der ungarischen Grenze – ist ein Relikt dieser Zeit. Mit einer Seilbahn wurde damals das Fördergut hinüber ins knapp anderthalb Kilometer entfernte Brennberg transportiert. Obwohl schon nach dem Zweiten Weltkrieg durch die Grenzziehung getrennt, blieb auch der österreichische Teil des Reviers kurioserweise noch bis 1963 unter Verwaltung der ungarischen Bergbehörde, da seit 1928 eine diesbezügliche Vereinbarung bestand, auch die Energieversorgung erfolgte bis 1972 von der ungarischen Seite. Allerdings wurde bereits seit 1930 im Helenenschacht kein Abbau mehr betrieben, der aus Sicherheitsgründen schon 1915 ummantelte Förderturm befand sich nur noch über einem bloßen Wetterschacht. Ein Versuch in der Nachkriegszeit, den Bergbau zu reaktivieren, scheiterte – die traditionsreiche Bergmannssiedlung Helenenschacht begann zu verfallen. Heute existiert von der alten Werkssiedlung nur noch die 1923 eröffnete Waldschule, der Förderturm ist in Privatbesitz, jedoch zugänglich. Es existieren von hier grenzüberschreitende Wanderwege nach Brennbergbánya – ein sehr beeindruckendes Bergarbeiterdorf – wie auch zahlreiche andere erlebnisreiche Wanderstrecken. (Kompass WK 227).

i Um den Naturpark Landseer Berge

Mittel- und Südburgenland-Tourismus, Waldmüllergasse 2–4, 7400 Oberwart, Tel. 03352/31313-0, www.suedburgen land.info.

Naturparkbüro Landseer Berge, Kirchenplatz 6, 7341 Markt St. Martin, Tel. 02618/52118, www.landseer-berge.at.

Ruine Landsee, April bis Nov. tgl. 9–18 Uhr, www.landseeaktiv.at.

Gasthaus Zum Dorfwirt'n, Hauptstraße 18, 7332 Kobersdorf, Tel. 02618/8248, www.dorfwirt-kobersdorf.at.

Schmankerlwirt Ritzing, Lange Zeile 23, 7323 Ritzing, Tel. 2619/67272, www. gasthaus-friedl.at. Mit angeschlossenen Ferienhäusern.

Campingplatz Markt St. Martin, Mühlweg 2, 7341 Markt St. Martin, Tel. 02618/2239, www.marktstmartin.at, Mai–Sept. Mit Blockhäusern.

Für alle Wanderungen hilfreich: Kompass Wanderkarte 227.

Schloss Kobersdorf, 7332 Kobersdorf, Fax 02622/27711-4, www.schloss-kobersdorf.at. Geführte Besichtigung nur nach Voranmeldung.

Heimatmuseum Kobersdorf, Waldgasse, 7332 Kobersdorf, Tel. 02618/8213. Bauernküche, Wohnstube, Trachten der Region im 19. Jahrhundert.

Keltisches Freilichtmuseum, 2803 Schwarzenbach, Tel. 02645/5201, www.celtova tion.at und www.schwarzenbach.gv.at, von April bis Okt. jederzeit öffentlich zugänglich, der Zugang erfolgt über den Gastronomiebereich. Führungen müssen im Voraus gebucht werden.

Mida-Huber-Museum, 7341 Landsee Nummer 17, Tel. 02618/7201 oder 7306, Schlüssel im Gasthaus Hofer.

Museum für Baukultur, Hauptstraße 58, 7343 Neutal, Tel. 02618/2414-0, www. neutal.at, Sa/So 14–17 Uhr bzw. nach Vereinbarung.

Museum Schloss Lackenbach, 7322 Lackenbach, Tel. 02619/20012 oder 862677, www.esterhazy.at/de/schloss lackenbach/index.do, März–Juni Mi–So 9–17 Uhr, Juli–Sept. tgl. 9–17 Uhr, Okt.–Dez. Mi–So 9–17 Uhr.

Blaufränkischland

Das nordöstliche Mittelburgenland ist die Heimat des Blaufränkischen, einem der besten Rotweine Österreichs. Zwischen Raiding und Deutschkreutz, zwischen Lutzmannsburg und Neckenmarkt gedeiht auf mehr als 2000 Hektar der sehr fruchtige, sanft violett schimmernde Tropfen, der in seinem dritten Jahr die beste Trinkreife erreicht. 700 Winzer kultivieren hier den Boden, 120 von ihnen bauen die weltberühmte Rebe selbst an, 70 Winzer leben hauptsächlich vom Weinanbau – und in jedem größeren Dorf gibt es eine besuchenswerte Ortsvinothek (www.blaufraenkischland.at). Jedes Jahr zieht Mitte Mai das Festival ›Weinklang‹ (www.weinklang.at) viele Wein- und Kunstfreunde an. An wechselnden Lokalitäten im Blaufränkischland finden hier nach eigenen Angaben herausragende ›cultural performances‹ statt, in deren Rahmenprogramm die Weine probiert werden können. Im Herbst werden in fast allen Orten ›Tage der offenen Kellertür‹ veranstaltet (für Lutzmannsburg unter www.rotweinerlebnis.at).

Raiding und Unterfrauenhaid

Zweifellos ist er die größte Künstlerpersönlichkeit, die in der Region des späteren Burgenlandes zur Welt kam: Franz Liszt (1811–1886). Er war Klaviervirtuose von einzigartigem Rang und Komponist, der mit seinem Schaffen seine Generation prägte und in vielem schon auf das 20. Jahrhundert vorgriff, Förderer der Künste und uneigennütziger Mäzen, Schwiegervater Richard Wagners und auch einer der ersten Musiker, der europäisch empfand und wirkte. Kein Wunder also, dass man im Burgenland stolz auf diesen berühmten Musiker ist und in **Liszts Geburtshaus** in Raiding (Dobórjan) bereits 1911 ein Liszt-Museum eingerichtet wurde. Das Gebäude ist ein einstöckiges, einfaches, ländliches, typisch westungarisches Haus. Liszts Vater Adam List (tatsächlich ohne z) war seit 1808 als Verwalter der fürstlich Esterházyschen Schäfereien in Raiding tätig. Das schindelgedeckte Geburtshaus ist der Rest des ehemaligen Verwalterhofs. Über seinen beiden Eingangstüren gedenken zwei Tafeln in deutscher und ungarischer Sprache des Komponisten. Im Museum werden Noten, Dokumente, Fotos und dergleichen mehr gezeigt; anlässlich des Liszt-Jahres 2011 ist die Sammlung erweitert worden.

Gleich neben dem Geburtshaus wurde 2006 das **Franz-Liszt-Konzerthaus** mit 590 Plätzen errichtet, dessen Spielplan sich fast ausschließlich an den Kompositionen Liszts orientiert. Beide Gebäude zusammen bilden seit diesem Jahr das ›Liszt-Zentrum-Raiding‹ (www.lisztzentrum.at). Zu den Festlichkeiten des Liszt-Jahres 2011 wurde ein symbolischer Lebensweg des Komponisten entworfen, der sich durch den Ort zieht: Im Zentrum steht ein großer Konzertflügel, daneben eine Fontäne, die musikalisch mit den ›Wasserspielen der Villa d'Este‹ Liszts, einem Klavierstück aus dem dritten Zyklus der ›Années de pèlerinage‹ (1875), untermalt ist. Zahlreiche weitere Stationen erinnern an den Menschen und Künstler.

In der **Kirche** im nahen Unterfrauenhaid wurde Franz Liszt am 23. Oktober 1811 getauft. Diese Wallfahrtskirche wird mit ihrem schwarzen Gnadenbild, das der Czenstochauer Schwarzen Madonna nachempfunden ist, insbesondere von der kroatischen Minderheit viel besucht.

Im unweiten **Lackendorf** steht eine große Milchkanne am Dorfanger und weist darauf hin, dass Lackendorf der zweitgrößte Milchproduzent des Burgenlandes ist.

▸ Karte: vordere Umschlagklappe

Franz Liszt

›Born to be Superstar‹ – unter diesem marktschreierischen Motto stand die ›Lisztomania‹. So war 2011 wiederum ein großes Festival benannt, das man im Burgenland anlässlich Liszts 200. Geburtstag veranstaltete. Mag man auch den Namen für derlei Festivitäten nichts abgewinnen können: Franz Liszt war zweifellos die bedeutendste aller Künstlerpersönlichkeiten, die auf dem Gebiet des späteren Burgenlandes geboren wurden. Sein Vater Adam ließ das Wunderkind, das in Raiding am 22. Oktober 1811 zur Welt kam, unter großen finanziellen Schwierigkeiten ausbilden und ging mit ihm auf erste Konzertreisen. Man sollte daher auch den Vater würdigen, das ›Phänomen Liszt‹ mitgeschaffen zu haben. Wohl keine Gestalt der Musikgeschichte schillert so widerspruchsvoll wie Liszt, und nicht zuletzt war er ein Frauenheld: Quellen berichten, dass Frauen bei seinem Auftreten außer sich gerieten, manche in Ohnmacht fielen und viele Schwangere bei seinem Anblick und seinem Spiel Fehlgeburten erlitten – Szenen, wie sie in Konzertsälen erst wieder mit dem Erscheinen der Beatles zu beobachten waren. Bis ins hohe Alter war Liszt – er heiratete nie – ein umschwärmter Frauenliebling. Zwar begleiteten ihn über die Jahre zahllose Liebschaften und Affären, doch dominierten sein Leben nur zwei Frauen: die Gräfin Marie d'Agoult (1805–1876), die Mutter seiner drei Kinder, und die Fürstin Carolyne zu Sayn-Wittgenstein (1819–1887), seine Partnerin in den Jahren nach 1848. Eines seiner Kinder mit Marie war Cosima (1837–1930), die spätere Frau Richard Wagners und damit gewissermaßen Stammmutter des ganzen Wagner-Clans.

Franz Liszt, Bild von Henri Lehmann (Öl auf Leinwand, 1840)

Kaum ein Musiker wurde wegen seiner äußeren markanten Erscheinung so oft portraitiert, photographiert und auch karikiert wie Liszt: schlank, wallende Künstlermähne, gepflegte Kleidung und aristokratisch geschnittenes Gesicht. Auch noch im Alter, als sein Aussehen durch viele Warzen etwas entstellt wurde, war er eine eindrucksvolle Erscheinung. Und er war ein Mann, der auch die niederen Weihen für den geistlichen Stand empfangen hatte und Abbé war. Der spirituelle Mensch Liszt war 1857 dem Franziskanerorden beigetreten, wobei die Priestersoutane für seine äußere Erscheinung in diesen späteren Jahren wesentlich wurde. Aber zu keiner Zeit war er ein Asket.

Als Klaviervirtuose war Liszt eine einzigartige Erscheinung. Als 16-Jähriger war er der gehätschelte Liebling der Pariser Salons und bezauberte die Hörer einerseits durch die Kunstfertigkeit seines Spiels, durch eine neuartige Virtuosität, andererseits durch die Kraft, mit der er stundenlang die schwierigsten Kompositionen – eigene und fremde – vorzutragen imstande war. Zugleich war er auch der tiefsinnigste Interpret Beethovens und Schuberts der damaligen Zeit. Er bearbeitete fast alle bedeutenden Werke seiner Zeitgenossen für den eigenen Bedarf, schuf virtuose Paraphrasen, setzte alle Beethoven-Symphonien für Klavier zu zwei Händen (natürlich gemäß seiner eigenen Virtuosität) und komponierte für seine Heimat Ungarn über 20 ›Ungarische Rhapsodien‹. In ihnen verbindet er die Volksmusik des Landes mit seiner Virtuosität und hebt Ungarns Folklore damit in eine internationale Sphäre. Tourneen, die ihn in den 1830er Jahren durch ganz Europa führten – er konzertierte unter anderem in Mailand, Rom, London, Edinburgh, St. Petersburg, Madrid, Lissabon, Konstantinopel und Odessa – machten ihn zum ersten ›Weltbürger der Musik‹, zum ersten Kosmopoliten, der tatsächlich überall in Europa zuhause war. Er selbst sagte, dass er sich mehreren nationalen Kulturen in seiner Musik verantwortlich fühlte. Liszt nannte sich selbst Ungar, ohne Ungarisch sprechen zu können, korrespondierte und schriftstellerte auf Französisch, dachte und redete von Haus aus aber auf Deutsch und betete als Abbé auf Latein. Die Grundlage all seiner künstlerischen Anschauungen empfing er jedoch in Frankreich, wie er auch zeitlebens im Inneren ein Mann französischen Wesens blieb.

Franz Liszt beendete 1848 seine Laufbahn als Pianist und war bis 1861 als Hofkapellmeister in Weimar tätig. In dieser Funktion beeinflusste er das mitteleuropäische Musikleben durch großartige Opern-Uraufführungen – beispielsweise des ›Lohengrin‹ – ebenso nachhaltig wie als Musiktheoretiker. Überhaupt sammelte sich um ihn ein Kreis junger Musiker, die er prägte; es entstand die sogenannte Neudeutsche Schule. Doch 1861 führten Intrigen durch konservative Kreise am Weimarer Hof zum Ende seiner Arbeit. Liszt lebte danach teilweise in Rom, in Budapest oder begab sich monatelang auf Reisen, um als Dirigent zu konzertieren. Die Welt überschüttete auch den alten Liszt mit unzähligen Ehrungen. Kaiser Franz Joseph setzte ihn in den Adelsstand, er erhielt von vielen Universitäten die Ehrendoktorwürde. Während der Bayreuther Festspiele 1866 erlag er einer Lungenentzündung. Franz Liszt wurde in Bayreuth beigesetzt.

Liszt revolutionierte die Klaviertechnik. Spätere Komponisten wie Rachmaninow übernahmen und erweiterten sie. Neu waren seine Arpeggien über die gesamte Klaviatur, dann seine bis dahin ungehörte Weite der dynamischen Skala, ein Anschlag von ungehörter Zartheit und vor allem ein höchst differenzierter Pedalgebrauch. Dazu kommen Vibrato-Oktaven –Petitionsfiguren bei höchstem Tempo – und überhaupt die ungeheure physische Kraft, seine Virtuosität über 30 Minuten und länger ohne Pause durchzuhalten. Die ganze heutige Konservatoriumsausbildung für Pianisten baut auf Liszt und seinen Schülern auf.

Er schuf in der Orchestermusik die Gattung der ›symphonischen Dichtung‹ – also die Umsetzung eines außermusikalischen Programms oder einer Handlung – und bereitete insbesondere in der spröden, dissonanzenreichen Harmonik seines pianistischen Spätwerks das 20. Jahrhundert vor. Selten war ein Komponist in so vielen musikalischen Richtungen zukunftsweisend. Doch man muss zugeben, dass trotz aller großen künstlerischen Reife nur wenig von Liszts Klavierschaffen wie auch von seinen zahlreichen Orchesterwerken in den Konzertsälen heimisch ist. Er war ein Mann von großer kompositorischer Fruchtbarkeit und hinterließ eine gigantische Werkzahl in allen Gattungen, doch eigentlich spielt man nur noch einige der ungarischen Rhapsodien, die symphonischen Dichtungen ›Les Preludes‹ – einst Sondermeldungsfanfare der deutschen Wochenschau im Russlandfeldzug – oder ›Mazeppa‹. Zu viele von Liszts Klavierschöpfungen sind für Pianisten zwar sehr anspruchsvoll und damit beifallheischend, aber die bei Liszt sehr störende dürftige melodische Substanz ist oft der Grund, warum sie nur so selten gespielt werden. Vieles ist – wie seine unzähligen Opernparaphrasen – leeres, zeitgebundenes Virtuosenwerk voller Selbstzweck oder bei gleichzeitiger blasser, melodischer Erfindung zu intellektualistisch konzipiert (h-moll-Sonate) und damit beim Publikum wenig beliebt. Liszt war ein großer Komponist, ein Meister, doch war er kein großer Melodiker. Und die Dürftigkeit der thematischen Erfindung liegt zu oft der Verbreitung auch seiner poetischen Schöpfungen (beispielsweise ›Années de pèlerinage‹) im Weg – ganz anders als etwa bei seinem Zeitgenossen Chopin, dessen unerschöpfliche melodische Erfindungskraft und Ausdruck seiner Emotionen soviel farbenprächtiger als Liszts unterkühlte Werke sind.

So übersteigert der Kult um Liszt zu dessen Lebzeiten auch war – nach seinem Tod ging der Ruhm Liszts nicht ohne Grund schnell zurück. Eine vorbehaltlose Bejahung seiner Schöpferkraft bleibt trotz aller Würdigung dem 19. Jahrhundert verhaftet. Doch bei aller Kritik an seiner Musik: Liszt war ein großer Mensch, ein uneigennütziger, freigiebiger Mäzen seiner Freunde (Wagner) sowie junger aufstrebender, notleidender Künstler (Smetana, Raff). Und das wird in jedem Fall von ihm bleiben: seine Menschlichkeit und seine Persönlichkeit.

Franz Liszt (Bild aus der Zeit um 1875) galt als der größte Klaviervirtuose seiner Zeit

Horitschon und Umgebung

Horitschon (Haracsony) mag vielleicht neben seiner **Pfarrkirche** (1947–1949) mit ihrer interessanten modernen Inneneinrichtung keine großen Sehenswürdigkeiten aufzuweisen haben, vielbesucht ist es dennoch als Anfangs- oder Endstation der weithin bekannten **Draisinentouren**. Auf einer stillgelegten Eisenbahnlinie kann man auf insgesamt 23 Kilometern Länge das Mittelburgenland zwischen Oberpullendorf und Horitschon auf einer Tretdraisine erkunden. In allen größeren Orten wie Lackendorf, Lackenbach, Weppersdorf, Markt St. Martin, Neutal und Stoob befinden sich in den alten Bahnhofsgebäuden Stationen mit Einkehrmöglichkeiten, an denen ein Tourbeginn möglich ist. Aber: Gefahren wird grundsätzlich nur in eine Richtung! An geraden Tagen fährt man von Horitschon Richtung Oberpullendorf, an ungeraden Tagen von Oberpullendorf nach Horitschon. Die Rückfahrt vom jeweiligen Endpunkt zum Ausgangspunkt erfolgt mit öffentlichen Verkehrsmitteln oder mit einem gesondert buchbaren Shuttlebus.

Auf den Draisinen haben vier Personen Platz, es gibt aber Sondermodelle für Vereinsfahrten mit mehr Plätzen sowie Bierzapfgerät. Auch für Rollstuhlfahrer

Am Draisinen-Bahnhof in Lackenbach

▸ Karte: vordere Umschlagklappe

Der ›Fahnenschwinger‹ in Neckenmarkt

ist eine Draisine vorhanden. Betriebszeit ist von April bis Ende November (www.draisinentour.at).

In Horitschon empfiehlt sich der Besuch der **Ortsvinothek** zur Degustation des köstlichen Blaufränkischen. Ein bekannter Horitschoner Wein ist der Arachon. Er hat seinen Namen von einem mittelalterlichen kroatischen Namen für Horitschon. Da ist es kein Wunder, dass hier auch der ›Erste Burgenländische Rotweinlehrpfad‹ existiert (www.horitschon.at).

■ Neckenmarkt

Neckenmarkt (Sopronnyék) zehrt als Touristenort von der Schlacht von Lackenbach im Jahr 1620. Damals kam dem kaiserlichen Heer beim Entsatz des Lackenbacher Schlosses ein Regiment Neckenbacher Bauern zur Hilfe. Nach dem Sieg verlieh Graf Nikolaus Esterházy den tapferen Bauersleuten eine Fahne. Das Neckenbacher ›Fahnenschwingen‹, das alljährlich am ersten Sonntag nach Fronleichnam stattfindet, ist ein farbenfrohes, sehr folkloristisches Spektakel. Die Fahne wird schwingend durch den Ort getragen, was aber kein bloßer Umzug ist, sondern gleichzeitig eine Art Inauguration für die jungen, ledigen Männer des Ortes darstellt, die in historischer Kleidung erscheinen. Begleitet wird der Zug von festlich gewandeten Frauen und Mädchen. Ein Fahnenschwingerdenkmal ziert die Mitte eines Kreisverkehrs im Ort. Innerhalb des Weinbaugebiets von Neckenmarkt, wie auch an vielen anderen Stellen im Blaufränkischgebiet findet man einzelne Statuen des heiligen Donatus. Er gilt als ›Schauerabkehrer‹. Wo er steht, bleiben Felder und Weingärten vom Hagel verschont.

Haschendorf

In Haschendorf, etwa zwei Kilometer östlich von Neckenmarkt, wurde 1914 ein seltsames bronzezeitliches Kultgerät gefunden, eine radähnliche Bronzescheibe mit Bronzereif, gelochtem Unterteil und Speichenrädern. Ihr Durchmesser beträgt 41, ihre Höhe 28 Zentimeter. Unklar ist der Zweck dieses Gegenstands, ob Musikinstrument, Tempelgefäß oder Krone. Er ist im Liszt-Ferenc-Museum in Sopron (Ödenburg) zu bewundern, doch steht in Haschendorf beim Friedhof einen Kopie davon.

Deutschkreutz

Wie Lackenbach war auch Deutschkreutz (Sopronkeresztúr) eine der berühmten jüdischen Siebengemeinden. Es gab hier eine weitbekannte Talmudschule, an der Juden aus aller Welt lernten. Die Juden hier wurden aber nicht von Paul I. Esterházy angesiedelt, sondern kamen durch die Familie Nádasdy, der hier die Lande gehörten, in den Ort. Deutschkreutz hatte sogar einen eigenen jüdischen Ortsnamen, ›Zelen‹. Der **jüdische Friedhof** existiert noch in Resten, er befindet sich im Südwesten des Ortes, nahe dem katholischen Friedhof. Seine Steine wurden Anfang 1945 zum Bau des sogenannten Südostwalls verwendet, dabei wurde er größtenteils verwüstet. Die beiden Synagogen wurden von den Nationalsozialisten gesprengt.

Zweifellos bedeutendstes Bauwerk ist das 1625 erbaute **Renaissanceschloss**, das die Familie Nádasdy erbauen ließ, das jedoch nach 1671 in Esterházyschen Besitz gelangte. Die Nádasdy taktierten stets – eigene Vorteile suchend – zwischen Ungarn und Habsburg hin und her, wurden aber dann in einen antihabsburgischen Aufstand verwickelt. Franz III. Nádasdy wurde hingerichtet, und die habsburgfreundlichen Esterházy kamen in den Besitz seiner Länder. Das Schloss wurde über den Fundamenten einer mittelalterlichen Burg erbaut und ist eine mächtige, vierflügelige Anlage außerhalb des Ortes, ganz im Osten nahe der heutigen Grenze gelegen. Deutlich ist noch der alte Wassergraben des Vorgängerbaus erkennbar. Architektonisch bedeutsam ist insbesondere der Innenhof mit seinen umlaufenden zweistöckigen Arkaden. Soldaten der Roten Armee nutzten das Schloss zwischen 1945 und 1955, ließen es in dieser Zeit völlig herunterkommen, plünderten die Inneneinrichtung und und zerstörten die Schlosskapelle. Danach ging es in den Besitz der Gemeinde über. Heute ist es im Privatbesitz des Malers Anton

Hausherr Anton Lehmden in seiner Anlage

Lehmden (geb. 1929), der dem Wiener ›Phantastischen Realismus‹ zugerechnet wird. Anton Lehmden hat im Schloss eine große Ausstellung eigener Gemälde eingerichtet. Für die barocke Pfarrkirche von Deutschkreutz schuf er 1973 die Glasfenster im Chor, die Figur der ›Madonna im Weinberg‹, Kreuzwegstationen und ein Mosaik an der Nordfassade.
Der in Budapest geborene und in Ungarn immer noch sehr geschätzte Komponist Carl Goldmark (1830–1915) wuchs in Deutschkreutz auf, wohin sein Vater, Kantor der jüdischen Gemeinde, übergesiedelt war. In Deutschland ist er heute zu Unrecht in Vergessenheit geraten. In seinem Elternhaus befindet sich heute ein kleines **Museum**. Goldmark erzielte einst Weltruhm mit seiner Oper ›Die Königin von Saba‹, die ihm durch Karl Kraus den Ruf einbrachte, nach dem Tod Richard Wagners der bedeutendste lebende Opernkomponist zu sein. Oft gespielt wurde im 19. Jahrhundert auch seine Symphonie ›Ländliche Hochzeit‹. Musikfreunden sei seine zweite Symphonie (Es-Dur, op. 38) ans Herz gelegt, in der die Trompete im Trio des Scherzos eine der herrlichsten Weisen der gesamten Musikliteratur intoniert – doch ist sie heutzutage fast unbekannt (auf CD zum Glück erhältlich).
In den Mittelpunkt der Weltgeschichte geriet Deutschkreutz im Sommer 1989, als unzählige DDR-Bürger von Ungarn aus nach Österreich flohen. Sie fanden großzügige Aufnahme und Hilfe bei Privatpersonen und in den Gasthöfen des Orts. Im **Gasthof Kirchenwirt Heinrich** wird ein einzigartiges Zeitdokument aufbewahrt: ein Gästebuch aus den Sommermonaten jenes Jahres, in dem die Flüchtlinge hochemotional ihre Eindrücke und Gefühle bei der Flucht und bei der Ankunft in Österreich niedergeschrieben haben. Viele Deutschkreutzer haben nach über 20 Jahren immer noch gute Kontakte zu den heute in aller Welt lebenden Flüchtlingen von damals.
Beliebt ist eine Tour mit dem Segway um den Ort. In Deutschkreuz kann man diese modischen Fortbewegungsvehikel mieten, wie man auch die Möglichkeit hat, sich mit dem Quad auf in die Lande zu machen. Und wer zu Fuß unterwegs ist, kann auf dem **Heilkräuterlehrpfad** die Wirkung von Augentrost, Thymian und Bohnenkraut kennenlernen.

▸ Karte: vordere Umschlagklappe

Nikitsch und Nebersdorf

Von den 1480 Bewohnern der Gemeinde Nikitsch (kroatisch Filež) gehören 87 Prozent der Volksgruppe der Burgenlandkroaten an, womit sie der Ort im Burgenland ist, der den höchsten Anteil an Kroaten aufweist. Weitere Ortsnamen in der Umgebung wie Kroatisch Geresdorf oder Kroatisch Minihof zeigen ein größeres kroatisches Siedlungsgebiet an. Das **Schloss Gálosháza**, inmitten eines englischen Parks gelegen, stammt aus dem Mittelalter und wurde 1840 umgebaut. Es befindet sich in Privatbesitz und ist leider nicht zugänglich. Dafür lädt das kleine lohnende Dorfmuseum zum Besuch ein.
In Kroatisch Minihof existiert eine Straße mit dem merkwürdigen Namen ›Sotbend‹. Diese Bezeichnung erinnert an die fast vollständige Auswanderung der mittelburgenländischen Kroaten zu Beginn des 20. Jahrhunderts in die USA – in die Stadt South Bend unweit von Chicago. Wirtschaftliche Not zwang in jenen Jahren mehr als 100 000 Burgenländer zum Exodus.
Im unweiten Nebersdorf (kroatisch Šuševo) gibt es ein sehenswertes spätbarockes **Schloss**. Da es sich in Privatbesitz befindet, ist es nur teilweise zugänglich. Das Deckenfresko ›Die Götter im Olymp‹ (1773) im Festsaal stammt von

Diese Giebelhäuser prägen das Ortsbild in Lutzmannsburg

Stephan Dorffmeister und zählt zu den bedeutendsten Kunstwerken seiner Art im Burgenland. Man sollte es gesehen haben. denn es braucht den Vergleich mit dem Frühlingsfresko des Franz Anton Maulpertsch im Schloss Halbturn nicht zu scheuen.

Großwarasdorf

Im westlich von Nikitsch gelegenen Großwarasdorf (kroatisch Veliki Borištof) gibt es in der Parkgasse 3 ein besuchenswertes mehrsprachiges **Kultur- und Kommunikationszentrum**, in dem ganzjährig Initiativen und Veranstaltungen angeboten werden (www.kuga.at). Die **Pfarrkirche** von Kleinwarasdorf lohnt den Besuch wegen ihrer phantasievoll gestalteten modernen Glasfenster von Anton Lehmden und wegen des ›Volksaltars‹ von Rudolf Moratti von 1992.

Lutzmannsburg und Umgebung

Wenn das Mittelburgenland als Sonnenland bezeichnet wird, so gilt dies in besonderem Maß für Lutzmannsburg: An etwa 90 Tagen im Jahr ist es hier wärmer als 25 Grad. Zusammen mit Frankenau und Strebersdorf ist Lutzmannsburg (Locsmánd) wegen seiner Thermalbadeanlagen einer der meistbesuchten burgenländischen Orte. Es hat bereits seit dem Jahre 1156 das Marktrecht und wurde 1570 evangelisch. Die Gegenreformation war hier weniger als anderswo wirksam, so dass bis heute innerhalb der Gemeinde ein verhältnismäßig hoher Anteil von 39 Prozent Lutheranern besteht. Hübsch ist das Ortsbild durch zahlreiche spätbarocke Giebelhäuser. Im Mittelalter lag es direkt am Ufer der Rabnitz, doch wegen oftmaliger Überschwemmungen verlagerte sich das Weichbild den nördlichen Flusshang hinauf. Auf einer Anhöhe steht die **Pfarrkirche**, unweit von ihr finden sich Reste einer mittelalterlichen **Burganlage**.

Die vielbesuchte **Therme** gilt als Europas bedeutendste Einrichtung ihrer Art für Babys und Kleinkinder, ist aber auch bei Erwachsenen sehr beliebt. Sie wurde 1994 eröffnet und bis 2003 nach und nach erweitert. Besonderer Anziehungspunkt innerhalb des sehr weiträumigen Thermenareals ist die Riesenrutsche. Auf ihr geht es von einem 23 Meter hohen Turm auf 141 Metern Länge in gehörigem Tempo hinab; es existiert auch eine nicht so steile, aber mit 202 Metern um so längere Indoor-Rutsche. Saunaanlagen, Erlebnisbecken und die ausnehmend phantasievolle Gestaltung der Anlage machen den Besuch äußerst lohnend. Unweit der Therme gibt es noch dazu gibt es einen Seilgarten. Alle diese Angebote machen Lutzmannsdorf für Familien sehr anziehend. Um die Ruhezonen um die Thermen und die zahlreichen Hotels nicht durch zuviel bloßen Durchgangsverkehr zu beeinträchtigen, beschloss die Gemeinde, die Straße mit dem Grenzübergang ins ungarische Zsira nicht für den Kfz-Verkehr zu öffnen, sondern auf Fußgänger und Radfahrer zu beschränken. Das führte zu Zwistigkeiten mit der etwas abgelegenen ungarischen Nachbargemeinde, da diese sich von der Öffnung mehr Touristen verspricht. Sehenswert ist neben der Therme auch das **Heimatmuseum** mit seinen volkskundlichen Sammlungen und Trachtenausstellungen in einem alten Bauernhof.

Nach der Niederschlagung des ungarischen Aufstands 1956 diente die Lutzmannsdorfer **Kirche** gleichsam als Leuchtturm. Die damals beleuchtete Turmuhr wirkte wie ein Wegweiser für die Flüchtlinge aus Ungarn. In diesen Wochen flohen über 200 000 Ungarn aus ihrem Land, davon 31 000 allein über Lutzmannsburg.

Gleichzeitig ist das Städtchen der südlichste Ort des Blaufränkischgebiets. Auch viele Weinfeste ziehen Touristen an: So gibt es alljährlich Anfang August das ›Rotweinerlebnis‹, dann Anfang November den ›Tag der offenen Kellertür‹, das Weinblütenfest Mitte Mai und den in den Sommermonaten jeweils Samstag Nachmittag stattfindenden Weinmarkt auf der Dorfaue.

i Blaufränkischland

Mittel- und Südburgenland-Tourismus, Waldmüllergasse 2–4, 7400 Oberwart, Tel. 03352/31313-0, www.suedburgenland.info.

Tourismusverband Blaufränkisch Mittelburgenland, Thermengelände 1, 7361 Lutzmannsburg, Tel. 02615/871712210, www.sonnenland.at.

Tourismusverband Deutschkreutz, 7301 Deutschkreutz, Hauptstraße 54, Tel. 02613/20200, www.deutschkreutz.at.

Tourismusverband Lutzmannsburg, Neustiftplatz 1, 7361 Lutzmannsburg, Tel. 02615/87202, www.lutzmannsburg.info, www.urlaubinlutzmannsburg.at.

Lisztschenke, Neugasse 24, 7321 Raiding, Tel. 02619/7703.

Ortsvinothek Horitschon, Kirchenplatz 1, 7312 Horitschon, Tel. 02610/43194 oder 0699/11046477, www.vinothek-horitschon.at.

Gasthof Trummer, Bahnstraße 9, 7312 Horitschon, Tel. 02610/42285, www.gasthof-trummer.com, p. P. im DZ 35 €. Eigener Weinkeller – Bundessieger 1989.

Gasthof zur Traube, Herrengasse 42, 7311 Neckenmarkt, Tel. 02610/42256, www.gasthof-zur-traube.at, p. P. im DZ 34–42 €. Eigene Vinothek.

Winzerkeller Neckenmarkt, Harkauerweg 2, 7311 Neckenmarkt, Tel. 026210/42388, www.winzerkeller.at.

Kirchenwirt Heinrich, Hauptstraße 45, 7301 Deutschkreutz, Tel. 02613/80291, www.kirchenwirt-heinrich.at, p. P. im DZ 35–40 €. Eigene Vinothek.

Vinatrium Deutschkreutz, Hauptstraße 79, 7301 Deutschkreutz, Tel. 02613/80203, www.vinatrium.at. Weinbar, Verkostungsmöglichkeit und ein besonderes kleines Speisenangebot auf höchstem Niveau.

Gasthaus Huszar zur Krone, Rausnitzstraße 4, 7301 Deutschkreutz, Tel. 02613/80210, www.huszar.at, p. P. im DZ 33 €.

Pension Schlossgarten, Hauptstraße 83, 7304 Nebersdorf, Tel. 02614/21185, www.schloss-nebersdorf.at. Wohnen mit Blick auf das Nebersdorfer Schloss, p. P. im DZ 30–35 €.

▸ Karte: vordere Umschlagklappe

Thermenhof Derdak, Thermenstraße 1, 7361 Lutzmannsburg, Tel. 02615/87711, www.thermenhofderdak.at. 3-Sterne-Haus.
Gasthof Pacher, Hauptstraße 22, 7361 Lutzmannsburg, Tel. 02615/87212, www.gasthof-pacher.at, p. P. im DZ ab 28 €.
Pension Apfelhof, Wiesenweg 2, 7361 Lutzmannsburg, Tel. 02615/87429, www.apfelhof.at, p. P. im DZ ab 70 € (HP). 300 Meter neben der Sonnentherme, gilt daher als Familienparadies.

Campingplatz Sonnenland-Freizeitpark, Trift 3, 7361 Lutzmannsburg, Tel. 02615/81257, www.camping-sonnenland.at.

Segwaytour, Carl Goldmark-Straße 4, 7301 Deutschkreutz, Tel. 02613/80100, www.segwaytour.at.
Sonnenland Quadtouren, Girmerstraße 45, 7301 Deutschkreutz, Tel. 02613/80322, www.sonnenlandquadtouren.at.
Sonnenland-Seilgarten, An der Therme 17, 7361 Lutzmannsburg, Tel. 0664/8231327, www.sonnenlandseilgarten.at.
Liszt-Geburtshaus, Lisztstraße 46, 7321 Raiding, Tel. 02619/51047; www.liszt-zentrum.at, Mitte März bis Mitte Nov. tgl. 9–17 Uhr.
Fahnenschwinger-Weinbaumuseum, 7311 Neckenmarkt, Tel. 02610/42263, www.neckenmarkt.eu, Mai bis Okt. Do-So 15–18 Uhr sowie gegen Voranmeldung.
Schloss Nebersdorf, Schlossgasse 1, 7304 Nebersdorf, Tel. 02614/2227, oder 0664/7368 6251, www.schloss-nebersdorf.at.
Carl-Goldmark-Gedenkhaus, 7301 Deutschkreutz, Hauptstraße 54, Tel. 02613/20200, www.deutschkreuz.at, Mo–Do und So 10–12, Fr 10–16, Sa 10–14 Uhr. Eintritt frei.
Schloss Deutschkreutz, Mitte Mai bis Mitte September jeweils Fr 10–17, Sa 9–12 Uhr und So 10–16 Uhr, Führungen nach Voranmeldung beim Tourismusamt, www.schlossdeutschkreutz.at.
Dorfmuseum Nikitsch, Hauptplatz 25, 7303 Nikitsch, Tel. 02614/8314, tgl. 9–18 Uhr.
Heimatmuseum Lutzmannsburg, Hauptstraße 28, 7361 Lutzmannsburg, Tel. 02615/87226, nach Vereinbarung.

Sonnenland Draisinentouren, Carl-Goldmark-Gasse 4, 7301 Deutschkreutz, Tel. 02613/80100, www.draisinentour.at.

Sonnentherme Lutzmannsburg, Thermengelände 1, 7361 Lutzmannsburg, Tel. 02615/87171, www.sonnentherme.com, Mo–Do 9–21, Fr/Sa 9–22, So 9–21 Uhr.

Oberpullendorf und Umgebung

Die Gegend um Oberpullendorf ist eines der Hauptsiedlungsgebiete der ungarischen Minderheit im Burgenland. Denn viele Orte gingen aus Ansiedlungen ungarischer Grenzwächter hervor, die Teil eines komplexen Grenzschutzsystems waren. Die Region ist gleichzeitig das geographische Zentrum des Burgenlandes.

Oberpullendorf

Die Bezirksstadt Oberpullendorf (ungarisch Felsöpulya) mit ihren knapp 3100 Einwohnern ist in jeder Hinsicht die Kapitale des Mittelburgenlandes und ein lebhafter Handels- und Verwaltungsplatz. Aufgrund ihrer vielfältigen Einkaufsmöglichkeiten ist sie auch für bloße Durchreisende anziehend.
Sehenswürdigkeiten gibt es nicht allzuviele, aber ein Halt lohnt sich dennoch.

Das **Stadtschloss** der Familie Rohonczy, die die bedeutendste Adelsfamilie hier war, ist im 17. Jahrhundert auf den Fundamenten eines mittelalterlichen Vorgängerbaus errichtet, doch 1880 im Stil der Zeit verändert worden. Es dient heute der Eisenstädter Diözese als Veranstaltungsort. Die **Franziskuskirche** von 1707 ist das älteste original erhaltene Baudenkmal in Oberpullendorf. Da um das spätere Oberpullendorf herum schon im ersten vorchristlichen Jahrtausend Eisenverhüttung erfolgte, ist im Keller des Rathauses dazu ein kleines **Museum** eingerichtet, das Werkzeuge und archäologische Funde aus jener Zeit präsentiert. Oberpullendorf ist ein beliebter Ausgangspunkt für Fahrten mit der **Draisinenbahn** (→ Seite 154). Ein bedeutendes Kulturereignis im Mittelburgenland ist die ›Pullenale‹, die unter anderem mit Lesungen und Konzerten alljährlich im September in der Stadt stattfindet (www.kultur-oberpullendorf.at).

Fast ein Viertel der Einwohnerschaft der Stadt bekennt sich zur ungarischen Nationalität. Sie sind sogenannte ›Burgenland-Ungarn‹ und die Nachkommen jener Grenzwächter an Ungarns alter Westgrenze, die speziell zur Bewachung der Grenze angesiedelt wurden. Schon vor 1000 Jahren war hier ein besonderes Grenzsystem eingerichtet, das Gyepü.

Unterpullendorf und Großmutschen

▲ Karte: vordere Umschlagklappe

Unterpollendorf (kroatisch Dolnja Pulja) genießt den Ruhm, der genau vermessene geographische Mittelpunkt des Burgenlandes zu sein, der bis vor einiger Zeit noch innerhalb des Stadtgebiets von Oberpullendorf lag. Er befindet sich nahe der Donatuskapelle nordwestlich außerhalb des Ortes und wurde mit einem mit einem Steindenkmal aus Basalt vom Pauliberg markiert. Es wurde 1991

Auch so lässt sich das Land erkunden

anlässlich des 70-jährigen Bestehens des Burgenlandes aufgestellt. Nahe des Ortes fand man 1954 Bruchstücke verschiedener, zwischen 10 und 30 Zentimeter großer, üppiger Frauenfiguren, wahrscheinlich aus dem Neolithikum etwa 4500 Jahre v. Chr. Aus den Einzelteilen wurde eine **Venus von Unterpullendorf** rekonstruiert, die im Eisenstädter Landesmuseum bestaunt werden kann. Im **Zerwald** zwischen Unterpullendorf und Großmutschen sind Reste von etwa 200 Grubenlöchern zu bestaunen. Um die Zeitenwende wurde hier das oberflächennah vorkommende Raseneisenerz gewonnen. Auch Schlackenreste sind hier häufig zu finden.

Im ›Urbarialwald‹ – östlich an der Straße Richtung Strebersdorf – von Großmutschen (kroatisch Mučindrof) sind Reste der antiken **Bernsteinstraße**, die von der Ostsee zur Adria führte und auch als römischer Handelsweg diente, als Dammstraße gut erhalten (www.frankenau-unterpullendorf.at). Diese ›via romana‹ ist innerhalb des Mittelburgenlandes teils als Radweg, Wanderweg und Lehrpfad zwischen Strebersdorf und Raiding erschlossen und ausgeschildert.

Stoob

In Stoob (Csáva) hat die Töpferei und Keramikproduktion seit dem 17. Jahrhundert Bestand. Einerseits zwangen die überwiegend schlechten Böden die Bauern, sich eine weitere Verdienstmöglichkeit zu suchen. Andererseits gab es einige lokale, aber sehr reine Tonvorkommen. So konnte sich die Töpferei als traditionelles Handwerk etablieren. Später entstanden eine keramische Fachschule und ein **Töpfermuseum**. Das zeigt die Geschichte der Tonverarbeitung sowie schöne, teilweise auch käuflich zu erwerbende tönerne Kunstwerke. Im **Töpferstadel** kann man Kurse besuchen oder ebenfalls Keramik kaufen. Der **Glockenturm** in der Ortsmitte ist der Rest einer Kirche aus dem 16. Jahrhundert. Sehr sehenswert ist die romanische **Bergkirche** nahe dem Friedhof mit ihren Fresken, eine der ältesten burgenländischen Kirchen überhaupt – sie entstand gegen 1250.

Beim Kastanienfest in Klostermarienberg

Steinberg-Dörfl

Mit einer ganz besonderen Sehenswürdigkeit wartet Steinberg (Répcekőhalom-Dérföld) auf: Hier gibt es einen der letzten Betriebe ganz Europas, in dem noch Alltags- und Arbeitskleidung wie auch unter anderem Tischdecken und Stoffbeutel im Blaudruck- (besser Blaufärbe-) verfahren hergestellt werden. Seit 1921 ist der **Kleinbetrieb** im Besitz der Familie Koó. Der Inhaber selbst führt eindrucksvoll die einzelnen Schritte dieses Verfahrens vor, bei dem ausschließlich natürlicher Indigo verwendet wird (Führung und Demonstration bei kurzfristiger Anmeldung). Eine Spezialität sind die Doppeldrucke, bei denen die Stoffvorlagen auf der Vorder- und Rückseite je ein anderes Muster aufweisen. Diese Muster werden mit einer mit der Hand zu bedienenden Walzendruckrolle erzeugt.

Meister Koó bei der Arbeit

Lohnend ist auch ein Besuch der **Wallfahrtskapelle Maria Bründl** aus dem Jahr 1720. Zu ihr führt vom Örtsteil Dörfl ein Hohlweg, durch den ein Kreuzweg mit kunstvoller Hinterglasmalerei besteht.

Klostermarienberg

Im äußersten Osten des Mittelburgenlandes ist dieses älteste der burgenländischen Klöster zu finden. Die 1197 gegründete **Zisterzienserabtei** war ein Tochterkloster von Stift Heiligenkreuz. Während der Türkenkriege wurde es 1532 zerstört und danach aufgegeben, die Gebäude wurden nach und nach abgetragen. Im Jahr 1680 wurde Klostermarienberg durch Abt Matthäus Kolweiß von Zisterziensermönchen aus Lilienfeld im Zuge der Gegenreformation wieder errichtet. Es bestand bis 1865 als Propstei. Im Kreuzgang des heutigen Klosters sind noch Reste des mittelalterlichen Baus vorhanden. Südlich der Pfarrkirche wurden auch kürzlich Fundamente jenes ersten Klosters wieder freigelegt. Ungewöhnlicherweise ist ein europaweit einzigartiges **Museum**, das sich mit dem Verhältnis von Mensch und Hund befasst, im Kloster zu finden (www.kulturimkloster.at). Es ging aus einer Ausstellung hervor, zeigt unter anderem ausgestopfte Hunde aller Rassen und widmet sich besonders der Rolle des Hundes in der bildenden Kunst.

Die **Pfarrkirche** entstand um 1760 und besitzt eine golddurchglänzte, künstlerisch wertvolle Inneneinrichtung, wie unter anderem das Hochaltarbild mit der Himmelfahrt Christi von Stephan Schaller (1757). Klostermarienberg war am 29. März 1945 übrigens der Ort, an dem die Rote Armee erstmals österreichischen Boden betrat.

Rund um den Ort finden sich in großem Rahmen Apfel- und Pfirsich-Plantagen. Jährlich findet am 26. Oktober, dem österreichischen Nationalfeiertag, das weithin bekannte Kastanienfest statt.

Oberpullendorf und Umgebung

Tourismusverband Frankenau-Unterpullendorf, 7361 Frankenau Nummer 108, Tel. 02615/8727814, www.frankenau-unterpullendorf.at.

Weingasthof Krail, Hauptstraße 37, 7350 Oberpullendorf, Tel. 02612/42220, www.krail.at, p.P. im DZ 30–36 €.

Restaurant Habe d'Ere, Hauptstraße 61, 7350 Oberpullendorf, Tel. 02612/43330, www.habedere.at.

Restaurant Schmyede, Hauptplatz 15, 7350 Oberpullendorf, Tel. 02612/42190. Modernes und elegantes Ambiente, www.schmyede.at.

Sporthotel Kurz, Stadiongasse 16, 7350 Oberpullendorf, Tel. 02612/43233, www.kurz.cc, p. P. im DZ ab 50 €. Viele Fitnesseinrichtungen.

Gasthof Stooberhof, Hauptstraße 65, 7344 Stoob, Tel. 02612/42435, www.tiscover.at/taschner, p.P. im DZ 20 €.

Landgasthof Faymann, Obere Hauptstraße 81, 7453 Steinberg-Dörfl, Tel. 02612/8463, www.rauchkuchl.net, p. P. im DZ 20–40 €. 3-Sterne-Haus.

Eisenverhüttungsmuseum, Hauptstraße 9 (im Rathaus), 7350 Oberpullendorf, Tel. 02612/42207, www.oberpullendorf.info, ganzjährig Mo–Fr 8–16 Uhr.

Töpfermuseum, Hauptstraße 87, 7344 Stoob, Tel. 02618/42436 oder 0650/9750678, www.stoob.at, tgl. nach telefonischer Voranmeldung.

Stoober Töpferstadel, Hauptstraße 71, 7344 Stoob, Tel. 0650/5327327, Mo–Fr 8–12 und 13–18, Sa 8–12 Uhr oder nach Vereinbarung.

Blaudruckerei Koó, Neugasse 14, 7453 Steinberg, Tel. 02612/8471, www.originalblaudruck.at.

Kloster Marienberg mit Hundemuseum, 7444 Klostermarienberg, Tel. 02611/2292, Mai–Oktober So 14–17 Uhr und nach Vereinbarung.

Pullenale, www.oberpullendorf.info. Während der Oberpullendorfer Kulturtage finden Ausstellungen, Rock- und Popkonzerte etc. statt, immer im Sept. oder Okt.

▸ Karte: vordere Umschlagklappe

Ungarns historisches Grenzschutzsystem – das Gyepü

Innerhalb des Gyepü, eines komplexen Systems, wurde Ungarn sowohl nach außen und wurden die Siedlungsgebiete der ungarischen Stämme untereinander geschützt. Mit dem Begriff Gyepü werden bisweilen auch nur die Grenzwälle oder auch der bloße Grenzverlauf bezeichnet, eigentlich aber ist damit das eigentümliche System gemeint.

Nach dem Sieg über das Großmährische Reich im Jahr 907 wurde dieses Grenzregime entwickelt und aufgebaut. Dort, wo die Verteidigung leicht war, bestanden zwei bis drei parallele Verteidigungslinien jeweils mit Erdburgen, Wachtürmen sowie kleinen Grenzwächteransiedlungen. Zwischen ihnen lag eine unbesiedelte Zone, die ›Gyepüelve‹, die bis zu 40 Kilometer Breite erreichte.

Die innerste Verteidigungslinie war gleichzeitig Siedlungsgrenze. Für die Grenzwache wurden sowohl Bogenschützen eingeteilt als auch bloße Beobachter. Kleinere Einfälle wurden von diesen beiden zurückgewiesen, größere Attacken bekämpfte die Besatzung der nächstgelegenen Burg. Die Verteilung der Posten entlang der Grenzlinie war sehr unregelmäßig – die Posten waren keineswegs gleichmäßig an den jeweils am leichtesten zu verteidigenden Punkten stationiert. Diese Grenzwächter waren Freie; ihre Nachkommen besaßen sogar noch bis 1848 königliche Privilegien. In Westungarn fürchtete man ausschließlich Angriffe der Stämme König Heinrichs und Kaiser Ottos des Ersten – wenngleich diese damals noch nicht unter dem Begriff ›deutsch‹ zusammengefasst wurden. Kaiser Otto der Große hatte 955 in der berühmten Schlacht auf dem Lechfeld das ungarische Heer vernichtend geschlagen.

Im Bereich des späteren Burgenlandes verlief die innerste Linie entlang einer Burgenkette vom heutigen Bratislava über Vasvár (Eisenburg) nach Süden. Die äußerste Linie verlief durch das damals unzugängliche, sumpfige, waldreiche Gebiet im Westen, beginnend um Murska Sobota im heutigen Nordostslowenien und Radkersburg in der Steiermark und von dort bogenförmig nordwärts bis in die Gegend der Römerstadt Carnuntum. Das heutige Burgenland kam dabei in der Gyepüelve zu liegen. Nach und nach sind aber auch die ursprünglich öden Bereiche zwischen den einzelnen Verteidigungslinien besiedelt worden. Nach 1250 wurde der Gyepü allmählich aufgegeben. Der Mongoleneinfall von 1241 zeigte, dass er nicht mehr ausreichend war.

Eine Reihe burgenländischer Ortschaften wie beispielsweise Pöttsching, Oberpullendorf, Oberwart und Mischendorf entstand aus solchen Siedlungen von Grenzwächtern. Burgenländische Ortsnamen mit der Endung ›wart‹ wie Oberwart weisen noch auf die Siedlungen der ›Grenzwarte‹ hin, Ortsnamen wie Unterschützen oder Deutsch-Schützen erinnern an Dörfer, in denen die damaligen Bogenschützen lebten. Der ungarische Name Gyepűfüzes für Kohfidisch im Südburgenland erinnert ganz eindeutig an jenes historische Grenzsystem. Die Grenzwächtersiedlungen blieben über Jahrhunderte bestehen, oft erfolgte nur eine geringe Vermischung mit nichtungarischer Bevölkerung, so dass im Burgenland an vielen Stellen ungarische Sprachinseln entstehen konnten.

Das südliche Mittelburgenland

Der Süden der Region ist sehr stark bewaldet, verhältnismäßig gebirgig und ermöglicht schöne Wanderungen. Im Günser Gebirge an der ungarischen Grenze liegen die höchsten Erhebungen des Burgenlandes. Und mit der legendenumwobenen, geheimnisvollen Burg Lockenhaus findet man hier eines der ungewöhnlichsten Baudenkmäler ganz Österreichs.

Piringsdorf und seine Umgebung

Piringsdorf ist weithin bekannt durch seine Korbflechterei. Kein Wunder, dass es auch einen Korb im Ortswappen trägt. Ein **Flechtmuseum** dokumentiert die hier seit 200 Jahren gepflegte Tradition der Korbwarenherstellung. Während die Männer hierbei Körbe (auch Bienenkörbe) im eigentlichen Sinn herstellten, flochten die Frauen die sogenannten ›Simperl‹, in denen vor dem eigentlichen Backen der Brotteig aufgehen durfte, ehe er in den Backofen kam. Neben der Verwendung als Brotsimperl diente das Simperl auch als Behälter für Eier oder Obst. Eine **Mineralwasserquelle** – die ›Sulz‹ – am westlichen Ortsrand gelegen, ist seit langem durch ihre Heilwirkung bekannt: »Das Wasser von dort ist viel besser als Wein und Bier. Es ist sogar heilkräftig. In Piringsdorf gibt es, weil fast alle dieses Wasser trinken, keine Fettsuch«, stellte die Pfarrchronik schon im 19. Jahrhundert fest.

Unterrabnitz

Im nahe bei Piringsdorf gelegenen Unterrabnitz ist das **Frühmittelalterdorf** vielbesucht. Dieses Freilichtmuseum zeigt in einem originalgetreu nachgebauten Dorf aus der Zeit um 500 bis 1000 das ländliche Leben in dieser Zeit. Das Dorf ist aus fünf Wohn- und Handwerkerhäusern gebildet, einem Keramikbrennofen, einem Backofen und einer Schmiedehütte und wird von einem eichernen Zaun geschützt.

Pilgersdorf

In Pilgersdorf, das als ›Brunnaron‹ schon im Jahr 844 urkundlich erwähnt wurde, sind 1975 beim Abriss eines alten Schulgebäudes sowohl ein evangelischer Friedhof aus dem 16. und 17. Jahrhundert wie auch die großartigen Relikte einer romanischen Kirche aus der Zeit um 1200 freigelegt worden. Auch Reste eines noch älteren Gotteshauses wurden gefunden. Wie auch die alte Siedlung Brunnaron ist vermutlich diese älteste Kirche beim Ungarnsturm zu Beginn des 10. Jahrhunderts zerstört worden. Die neue Siedlung erscheint als ›Pylgrim‹ erst 1225 in den Annalen.

Westlich der beiden Orte, jenseits des Tals des Zöbernbachs, liegt um den 607 Meter hohen Walperskogel und den 781 Meter hohen Ochsenriegel eine weltferne Waldlandschaft. Wer sich in die Einsamkeit zurückziehen möchte, sollte die Orte **Lebenbrunn** und **Redlschlag** aufsuchen, und kann dort in der heilsamen Stille der weiten Wälder Gesundung von allen Zivilisationsleiden suchen. Ganz abgeschieden ist es aber auch nicht: Es gibt den rührigen Lebenbrunner Kulturverein (www.kulturverein-lebenbrunn.at), der sich unter anderem mit Konzerten und Lesungen einen Namen gemacht hat.

Der Geschriebenstein, die höchste Erhebung des Burgenlandes

▸ Karte: hintere Umschlagklappe

Das Günser Gebirge

Das kleine Bergmassiv Günser Gebirge befindet sich teilweise auf ungarischem Territorium; sein Südteil liegt mit Höhen zwischen 600 und 884 Metern schon im Südburgenland im Bezirk Oberwart. Seinen Namen erhielt es von der im heutigen Ungarn gelegenen Stadt Güns (ungarisch Kőszeg). Der höchste Berg dieses Gebirges wie auch der höchste des Burgenlandes überhaupt ist der Geschriebenstein (884 m), über den die Grenze zu Ungarn verläuft. In der geologischen Literatur wird das Gebirge auch als Rechnitzer Schiefergebirge bezeichnet. Seine geologische Zusammensetzung ist komplizierter als bei Leitha- und Rosaliengebirge. Es besteht zwar wie die genannten Gebirge überwiegend aus metamorphen Gesteinen (Gneise, Glimmerschiefer), doch kommen zusätzlich umgewandelte Reste uraltester ozeanischer Böden dazu (Ophiolithe). Diese Gesteine gehören der 200 bis 150 Milliarden Jahre alten alpinen Baueinheit des Penninikums an, die im Leitha- und Rosaliengebirge dem viel jüngeren sogenannten Ostalpin (abgelagert etwa vor 70–100 Milliarden Jahren). Das Penninikum ist in Österreich mit Ausnahme des Tauernfensters sonst nicht zu finden, da es fast ausschließlich vom jüngeren Ostalpin überlagert ist, das aber hier erodiert ist. Man spricht in solch einem Fall geologisch von einem Fenster, durch das man in die älteren, tieferen Schichten blickt. Das Ostalpin ist, typisch für den Alpenbau, wie eine Decke auf das ältere Penninikum aufgeschoben. Das Günser Gebirge ist wirtschaftlich durch einige Bodenschätze bedeutend: Es gibt Antimonvorkommen bei Stadtschlaining und Edelserpentin in Bernstein (beides schon Südburgenland). Der Edelserpentin ist aus den ozeanischen Böden des Mesozoikums (untere Trias, etwa vor 230–245 Milliarden Jahren) gebildet und erscheint jetzt innerhalb der Ophiolithfolgen.

Ein großer Teil des Günser Gebirges steht als Naturpark Geschriebenstein (www.naturpark-geschriebenstein.at) unter besonderem Schutz. Der Mischwald mit seinen Ahorn- und Buchenbeständen, in die größere Vorkommen von Edelkastanien eingeschaltet sind, bewirkt den besonderen Reiz des Günser Gebirges. Die insgesamt 22 000 Hektar Wald befinden sich in Esterházyschem Besitz.

Im Oberen Burghof

▲ Karte: hintere Umschlagklappe

Burg und Markt Lockenhaus

Sicherlich gibt es im ganzen Burgenland keinen Ort, der so geheimnisvoll, so von Mythen umwoben ist wie die **Burg Lockenhaus**. Gleichzeitig gibt sie als einzige Burg Österreichs äußerlich tatsächlich das Bild einer Burg aus dem 13. Jahrhundert wieder. Die Burg liegt in einer kaum bewohnten Waldlandschaft, 70 Meter oberhalb des Günstals, im Norden des Günser Gebirges. Vermutlich ist sie um 1200 auf den Resten eines römischen Kastells erbaut worden, von dem aus die nahe vorbeiführende Bernsteinstraße überwacht werden konnte. Sie trug ursprünglich den Namen ›Leuca‹, unter

Eine ›Eiserne Jungfrau‹

dem sie 1242 erstmals erwähnt wird. Ihr ältester erhaltener Teil ist der Bergfried, der vermutlich aus den Resten des Turms des Römerkastells erbaut ist. Erste nachweisliche Besitzer sind ab 1270 die Grafen von Güssing, ab 1337 und bis 1535 gehört die Anlage der Familie Kanizsai (den ersten Herren Eisenstadts), dann folgen die Nádasdy bis 1672, nachdem die Familie Kanizsai in der Magnatenverschwörung gegen Habsburg allen Besitz verloren hatte; schließlich war sie bis 1968 Esterházyscher Besitz. Die im 20. Jahrhundert von ihrem äußeren Zustand her abbruchreife Burg ging daraufhin in den Besitz des Schriftstellers Paul Anton Keller (1907–1976) über, der als großer Idealist sein ganzes Privatvermögen in die Rekonstruktion des Baues steckte – und dabei fast bankrott ging –, aber vor Vollendung des Vorhabens starb. Heute verwaltet die Paul-Anton-Keller-Stiftung die Burg, die auch durch zahlreiche, jährlich wiederkehrende Feste viele Besucher anzieht. So gibt es das Kammermusikfest Lockenhaus, das der große Violinist Gidon Kremer leitet. Mit einer Mischung aus Klassik und Zeitgenössischem findet es jährlich Anfang bis Mitte Juli statt (www.kammermusikfest.at), außerdem in der ersten Juliwoche das Orgelfestival ›ORGELockenhaus‹ (www.orgelfestival.at) sowie verschiedene weitere Veranstaltungen.

Was die Burg so geheimnisvoll macht, ist einerseits die Frage, ob sie einst ein Stützpunkt des sagenumwobenen Templerordens war, und andererseits, dass die ›Blutgräfin‹ Elisabeth Báthory (1560–1614) dort zeitweise gelebt hat. Sie war von 1575 bis 1604 die Ehefrau des Burgherrn Ferenc II. Nádasdy (1555–1604) und ging mit 650 Getöteten – die Mutmaßungen schwanken stark – als größte Serienmörderin in die Geschichte ein. Sie habe, so heißt es, im Blut von Jungfrauen gebadet, um dadurch ewige Jugend und Schönheit zu erlangen. Schon mit 15 Jahren wurde sie die Frau des Ferenc Nádasdy. Er war als grausamer Herr bekannt, der auch in den Feldzügen seine Soldaten nicht schonte und sie beim geringsten Vergehen hinrichten ließ. Elisabeth (Erzsébeth) war eine Sadistin und Psychopathin, die ihren Mann an Grausamkeit übertroffen hat. Doch dass sie viele junge Frauen hat foltern und hinrichten lassen, scheint immer mehr an Wahrheitsgehalt zu verlieren – ihre Verurteilung als Serienmörderin im Jahr 1611 war vermutlich politisch motiviert. Dennoch gab sie Anlass zur Herausbildung der Legende einer ›Blutgräfin‹, die die reale historische Person verdrängt hat und den Stoff für zahlreiche künstlerische Bearbeitungen abgab. Ob in der ›eisernen Jungfrau‹, die in der Burg gezeigt wird, auf Elisabeths Befehl tatsächlich junge Mädchen getötet wurden, ist nicht gesichert.

Eine hervorragende Darstellung der Blutgräfin und ihres Lebens findet sich im Bildband ›Die Geheimnisse der Blutgräfin

Elisabeth Báthory‹ des österreichischen Fotokünstlers Gerald Axelrod, der sich mit mystischen Fotografien der Wirkungsorte dieser unheimlichen Gestalt zu nähern versucht.

Ein Rundgang

Durch eine Torhalle gelangt man zunächst in den **unteren Burghof**. Rechts liegen die ehemaligen Stallungen – heute Schlossrestaurant –, geradeaus liegt der ältere Torturm, zu dem eine gedeckte Treppe hinaufführt. Durch den Torturm geht es zum **mittleren Burghof**; hier befindet sich rechts die Burgküche aus den Jahren um 1550 mit einer sehr großen Herdstelle und einem breiten, ungewöhnlich geformten Rauchschlot. Der siebengeschossige, fünfeckige Bergfried schließt den mittleren Burghof nach Osten hin ab. Von dort geht es dann hinab in den spektakulärsten Raum der Burg. Paul Anton Keller urteilt, »dass der Raum auf der Welt nicht seinesgleichen habe.« Der Raum gibt der Forschung seit Jahrhunderten Rätsel auf: War er nur die Unterkirche der Burg oder doch Gefängnis oder Zisterne oder Schatzkammer, oder hatten die Templer hier einen geheimen Kultraum? Hat dieser Kultraum eventuell schon in jenem römischen Kastell bestanden? Denn viele seiner Baudetails, seine Ausmaße und auch seine Ausrichtung erinnern an den antiken, aus Persien stammenden Mithraskult, der bei den römischen Soldaten weit verbreitet war. Mithras galt als göttlicher Herr insbesondere von Männerbünden. In der Glaubensform, wie sie bei den Römern gepflegt wurde, war Mithras ein mit der Sonne verbundener Erlösergott. Vom Mithras-Kult, bei dem immer ein junger Stier geopfert wurde, waren Frauen ausgeschlossen. Er war eine typische Mysterienreligion, zu deren Geheimnissen und zu deren Weisheit man nur durch schmerzhafte und schwierige Prüfungen gelangen konnte und über die heute kaum etwas bekannt ist. Bestimmte Baudetails des Lockenhauser Raums finden sich nur in antiken Mithräen.

Nun finden sich aber in diesem Raum auch viele Details templerischer Baukunst: Er ist reckteckig und auf beiden Seiten jeweils halbrund abgeschlossen. Ganz ungewöhnlich ist, dass es an der Decke eine Öffnung gibt – Keller nennt es das ›magische Lichtauge‹ –, durch die Licht aus dem oberen Burghof nach unten fällt. Dieses Baucharakteristikum weisen viele Kreuzfahrerburgen im früheren Palästina auf. Der Templerorden wurden 1118 ursprünglich als Mönchsritterorden gegründet, der die Pilgerzüge ins Heilige Land unterstützen und schützen sollte. Gleichzeitig versuchte er als militärischer Eliteverband im Kampf mit den Sarazenen auch, die heiligen Stätten des Christentums wieder zurückzuerobern. Der Historiker Gerhard Wolfing hat in einem packenden Sachbuch das Wirken der Templer in Österreich beschrieben, die in Lockenhaus das berühmte Grabtuch Christi für kurze Zeit aufbewahrt haben sollen. Auch den heiligen Gral sollen sie dort geborgen haben. Zwei Kreuze jeweils im Halbrund der beiden Apsiden deuten auf die Templer oder Johanniter hin; den Schlussstein im Gewölbe findet man auch in der berühmten Templerkirche Rosslyn Chapel in Schottland. Die Wände sind im Quaderbau ausgeführt. Auf den Quadern finden sich zahlreiche Steinmetzzeichen, darunter große gotische Buchstaben ›T‹ – diese findet man auch in spanischen und portugiesischen Templerburgen. Keineswegs ist mit Bruchsteinen gebaut worden, wie es sonst bei Burgen jener Zeit üblich war: die Quaderbautechnik wurde damals nur bei großen sakralen Bauwerken eingesetzt. Welche große kultische Bedeutung müssen also die Erbauer diesem Raum beigemessen haben!

▸ Karte: hintere Umschlagklappe

Wenn denn alles eine templerische Schöpfung sein soll, wann ist der Raum dann entstanden? Noch in der Blütezeit der Templer oder nach der Zerschlagung des Ordens 1307 durch den Papst und den französischen König? Haben einige Templer – ein großer Teil ist in Frankreich hingerichtet worden – auf Burg Lockenhaus Asyl gefunden oder konnten sie die schon bestehende Burg nach ihren Vorstellungen umbauen? Zwar ist nachweisbar, dass die Templer in Westungarn Grundbesitz besaßen, doch wird diesbezüglich nirgendwo die Burg Lockenhaus erwähnt. Unklar ist – wie alles in diesem mysteriösem Raum – auch die Bedeutung der seltsamen Vertiefung in der Mitte des Bodens, die bei Regen mit Wasser gefüllt ist. Bestimmte Sterne spiegeln sich auf ihrem Höchststand in diesem Wasserspiegel; zur Tag- und Nachtgleiche fällt der Sonnenstrahl in bestimmtem Winkel darauf. Welche Funktion hatte die Vertiefung? War der Kultraum eine Art Observatorium mit dem Lichtauge gleichsam als Objektiv? Fragen über Fragen! Eine sehr schöne poetische Darstellung der Geheimnisse um die Burg schuf der letzte Burgherr, Paul Anton Keller selbst. Sein sehr lesenswertes, kleines Werk ist an der Kasse erhältlich.
Im **oberen Burghof** liegt zunächst der ursprünglich 114 Meter tiefe Brunnen aus dem Jahr 1549. Im Brunnenschacht soll in 80 Meter Tiefe seitlich ein Geheimgang abgehen, der zur Burg im zehn Kilometer entfernten Bernstein führen soll. Dieser Geheimgang soll mit einer eisernen Tür verschlossen sein. Von diesem Burghof gelangt man durch den Kapellenturm in die **Burgkapelle**, in der Freskenreste aus der ersten Bauphase der Burg erhalten sind. Die romanisch-byzantinischen Darstellungen des heiligen Nikolaus gelten als älteste kulturelle Schöpfung im Burgenland. Unter der Kapelle befand sich die Nádasdysche Gruft, bevor sie in die Pfarrkirche des Markts Lockenhaus verlegt wurde.
Die Ostseite der Burg schließt der Palas ab. In ihm befindet sich der zweitberühmteste Raum der Burg, der berühmte **Rittersaal**. Es ist ein zweischiffiger Raum mit einem Kreuzrippengewölbe, das achteckige Säulen tragen. Auch dieser Raum wird mit den Templern in Verbindung gebracht.

Der Ort Lockenhaus

Keinesfalls darf man versäumen, auch den Ort Lockenhaus (Leka) zu besuchen: Der **Marktplatz** weist auffallend schöne Bürgerhausensembles auf. Herausragend ist an diesem Platz die Pfarrkirche (1659) und das sich ihr anschließende Augustinerkloster, das Franz III. Nádasdy (1625–1671) 1655 begründet hatte.
Pietro Orsolino aus Siena schuf mit der **Pfarrkirche von Lockenhaus** den ersten barocken Kirchenzentralbau Ungarns. Die Pforte zeigt noch deutliche Renaissance-Elemente, doch die Giebelfassade ist reiner Barock, ebenso der 57 Meter hohe Turm. Das Innere der Kirche ist von ausnehmender Qualität. Im Hochaltarbild von 1675 sind die Heiligen Paulus und Antonius dargestellt. Die beiden Ölgemälde über der Sakristeitür stellen zwar den heiligen Sebastian und die heilige Katharina dar – doch die Gesichter dieser Heiligen sind die des Stifterehepaars Franz III. Nádasdy und seiner Frau Juliana Esterházy (1630–1669).
Unter der Kirche liegt die Nádasdysche Gruft. Auf dem Altar befindet sich eine wundertätige Marienstatue; sehr beeindruckend ist auch der Totentanz von 1772. Das prachtvollste Grab ist das von Franz IV. Nádasdy, der 1671 nach dem ungarischen Magnatenaufstand in Wien hingerichtet worden war. Die Gruftwände bergen die sterblichen Reste von Augustinerchorherren; in der Sakristei

befindet sich das originale Gnadenbild aus der Rattersdorfer Kirche – und das, obwohl Rattersdorf der eigentliche Wallfahrtsort ist. Nicht zu vergessen: In der Lockenhauser Kirche steht seit 2003 die größte aller burgenländischen Orgeln.
Das **Augustinerkloster** entstand, nachdem Franz III. Nádasdy, der ursprünglich Protestant war, zum Katholizismus konvertierte – ein eher politischer Akt, denn er suchte den Anschluss an Habsburg. Der Habsburger Kaiser Joseph II. ließ es daher 1785 im Gegensatz zu anderen Klöstern nicht aufheben, doch wurden keine Novizen mehr aufgenommen. 1820 verlor es seine Funktion. Danach wurde es zu einem Sommerschloss der Esterházy umgestaltet.

Die Umgebung

Wanderern sei ein Spaziergang in südlicher Richtung, hoch zum Geschriebenstein, angeraten: Über den Fernwanderweg 07 benötigt man etwa fünf Stunden für den Hin- und Rückweg. Die Tour führt durch herrliche Mischwälder. Wer etwas weniger Aufwand betreiben möchte, sollte zumindest bei der Margarethenwarte (an der Straße nach Rechnitz) einmal innehalten. Von ihr gibt es einen wunderbaren Panoramablick, außerdem kann man von hier ostwärts zum Paulusbrunnen und zur Burg laufen. Das Ganze lässt sich, wenn man dann weiter nach Lockenhaus hinein- und über den sogenannten Marchgraben wieder emporgeht, als Rundwanderung gestalten, für die etwa zweieinhalb Stunden anzusetzen sind (Wanderkarte nötig). Achtung: Im Bereich der Burg Lockenhaus bestehen einige etwas anstrengende, steile Abschnitte (siehe auch Rother Wanderführer Neusiedler See).

Rattersdorf und Liebing

Einen Kilometer östlich von Lockenhaus, am Grenzbergang zum ungarischen Kőszeg (Güns), liegt Rattersdorf (Rőtfalva). Die **Pfarrkirche**, die von einer Wehrmauer umgeben ist, wird viel von Wallfahrern aufgesucht und ist eigentlich ein Komplex mehrerer Kirchen und Kapellen, die im Lauf der Jahrhunderte zusammengewachsen sind. Dabei ist ihr ältester Teil die Kapelle im Erdgeschoss des Turms. Sie entstand um 1250. Eine spätgotische nördliche Kirche stammt aus dem 15. Jahrhundert, wurde jedoch in den Türkenkriegen zerstört und 1696 neu errichtet. Die Südkirche aus dem 14. Jahrhundert zeigt auf dem Hochaltar ein Marienbild von 1660, die Nachbildung eines Originals von 1644; dieses befindet sich heute in der Sakristei der Lockenhauser Kirche. Maria ist hier als stillende Mutter – ›Maria lactans‹ – gemalt. Prächtig ist auch die Ölbilderwand, die den Hochaltar umgibt. Originell ist der Taufstein, bei dem ein ›Wilder‹ – ein ›Heide‹ – das Taufbecken trägt. Leider ist inzwischen das ›Fieberbründl‹, eine Heilquelle neben der Kirche, versiegt.
Sehr besuchenswert ist der **Kraftplatz von Liebing**, knapp vier Kilometer nordwestlich des Ortes (Ausschilderung von der Hauptstraße als ›Naturdenkmal Kastanienbäume‹). Am Rande eines größeren Waldgebietes, in landschaftlicher Idylle, liegt ein Hain von sieben ausladenden Kastanienbäumen, die etwa 400 Jahre alt sein sollen. Die Stämme sind bis zu vier Meter dick und haben bis zu elf Meter Umfang; leider sind einige von den Orkanen der letzten Jahre etwas mitgenommen. Eine besondere Aura der Ruhe umschwebt die Kastanien. Wissenschaftler haben hier beson-

Die Pestsäule vor der Pfarrkirche von Lockenhaus

dere geophysikalische Bedingungen gemessen – ein ›negatives luftelektrisches Feld‹ bzw. ›Nullfeld‹ –, was bedeutet, dass der Kastanienhain frei von jedem elektromagnetischen Feld ist. Für den Organismus ist das besonders wohltuend. Nachweislich kehren Gestresste, Wetterfühlige und Allergiker von einem Besuch dieses Kastanienhains erleichtert und ausgeglichener zurück.

Ein Ausflug nach Kőszeg

Eine der sehenswertesten historischen Städte Ungarns ist in nur wenigen Fahrminuten von Lockenhaus aus erreichbar: Kőszeg (Güns). Für die ungarische Geschichte hat Kőszeg große Bedeutung, da hier – ähnlich wie in Wien drei Jahre zuvor – der Ansturm der Türken gestoppt wurde. Im August 1532 belagerten die Türken die Stadt, doch es gelang der nur wenige hundert Soldaten zählenden Burgbesatzung unter der Führung des Stadt- und Burghauptmanns Miklós Jurisics, ein 80 000 Mann zählendes osmanisches Heer zurückzuschlagen. Zusätzlich wurde die türkische Heeresführung durch einen Janitscharenaufstand zur Aufgabe der Belagerung gezwungen. Laut Legende soll das letzte Kontingent der abziehenden türkischen Truppen die Grenzen der Stadt um 11 Uhr verlassen haben. Zum Gedenken an diese historische Tat läuten seit 1777 die Kirchenglocken von Kőszeg um 11 Uhr. Wie etwa auch Sopron hatte Kőszeg das Glück, seine historische Bausubstanz in die heutige Zeit hinüberretten zu können.

In der Jurisics-Burg

Kőszeg hat sich sein historisches Antlitz bewahren können

Sehenswürdigkeiten

Den schönsten Weg in die Altstadt geht man von Süden her, durch das Heldentor, das 1932 an Stelle eines Stadtturms aus dem 14. Jahrhundert errichtet wurde. Das Zentrum der Stadt ist der **Jurisics tér** (Jurisicsplatz) mit zwei Kirchen in der Mitte, dem alten Stadtbrunnen unter den Kastanien und schönen Barockhäusern rundherum. Gleich neben dem Heldentor (Jurisics ter 2) steht das Arkadenhaus (Lábas-haz), das 1774 als städtisches Ballhaus entstand. Schön ist auch das Sgraffitohaus (Jur. tér 5–7), sehenswert das Apothekenmuseum ›Zum goldenen Einhorn‹ (Jur. tér 11). Der Kommandierende der Stadtwache hatte im Hauptmannshaus (Tábornok-ház, Jur.

▶ Karte: hintere Umschlagklappe

tér 4–6) seinen Sitz. Es stammt aus dem 17. Jahrhundert. Das Rathaus daneben zeigt die Wappen des Jurisics, Ungarns und natürlich der Stadt Kőszeg selbst. Trotz seiner vielen Baustile wirkt das Gebäude doch bemerkenswert einheitlich. Die Kirche, die näher zum Heldentor steht, ist die **Emmerichskirche**. Protestanten erbauten sie von 1615 bis 1618, mit der Gegenreformation wurde sie 1671 katholisch und dem heiligen Imre (Emmerich) geweiht. Die dreischiffige **Jakobskirche** nebenan entstammt der Spätgotik und wurde 1407 vollendet, 1758 jedoch barockisiert. Sehenswert sind im Innern die gotischen Wandmalereien. Die Häuser der angrenzenden Chernel utca entstammen sämtlich dem Mittelalter, sind aber später barockisiert worden.
Die **Jurisics-Burg**, die man über eine Brücke aus der Rajnis Jozsef utca erreichen kann, wurde bei der Türkenbelagerung zerstört, doch von Jurisics wieder aufgebaut, bei einem Stadtbrand 1777 erneut zerstört und inzwischen im barocken Stil wiederhergestellt. Das Museum in der Burg widmet sich der Kőszeger Schlacht und dem Leben des Miklós Jurisics.

Die Umgebung

Die Wälder westlich der Stadt, weitgehend deckungsgleich mit dem grenzüberschreitenden **Naturpark Irottkő-Geschriebenstein**, bieten herrliche Wandermöglichkeiten. Der Ort Velem ist dafür ein guter Ausgangspunkt. In **Velem** gibt es außerdem eine Wassermühle aus dem Jahr 1568; viele Besucher zieht auch das Schöpferhaus an, wo verschiedene Handwerker ihre Kunstwerke produzieren und verkaufen.
Etwas südlich von Velem liegt **Boszok** mit dem Schloss Sibrik. Das Renaissanceschloss ist heute ein Hotel, das Batthyány-Schloss dagegen eine Ruine: im Jahr 1841 brannte es nach einem Blitzschlag aus.
Das nahe **Cák** ist ein traditioneller Weinbauort. Wie im Burgenland gibt es hier malerische Weinkellergassen.
Im östlich von Cák gelegenen **Kőszegdoroszló** finden sich im Fundament der Dorfkirche die Relikte eines romanischen, älteren Gotteshauses. An der Fassade wurden bei einer Renovierung seltsame geometrische und dekorative farbige Wandmalereien freigelegt.

Das Mittelburgenland

Das südliche Mittelburgenland

Mittel- und Südburgenland-Tourismus, Waldmüllergasse 2–4, 7400 Oberwart, Tel. 03352/31313-0, www.suedburgenland.info.

Tourismusverband und Naturparkbüro Lockenhaus, Hauptplatz 10, Tel. 02616/2800, www.naturpark-geschriebenstein.at.

Burghotel Lockenhaus, Günserstraße 5, 7442 Lockenhaus, Tel. 02616/2394, www.ritterburg.at, p. P. im DZ 68 €.

Gasthof Schlögl, Hauptplatz 11, 7442 Lockenhaus, Tel. 02616/2225, www.gasthofschloegl.at, p. P. im DZ 30 €.

Gasthof Hutter, Hauptstraße 20, 7443 Rattersdorf, Tel. 02611/2224, www.gasthof-hutter.at, p. P. im DZ 23–26 €. Sehr beliebte Einkehrmöglichkeit.

Flechtmuseum, Bundesstraße 27, 7371 Piringsdorf, Tel. 02616/8701, www.piringsdorf.at, geöffnet nach telefonischer Voranmeldung.

Frühmittelalterdorf, Hauptstraße 54, 7371 Unterrabnitz, Tel. 02616/8877, www.fruehmittelalterdorf.at, aktuelle Öffnungszeiten auf Anfrage.

Ritterburg Lockenhaus, Günserstr. 5, 7442 Lockenhaus, Tel. 02616/2394, www.ritterburg.at.

Viele Reisende lassen die Südhälfte des Burgenlandes links liegen – zu Unrecht, denn die Landschaft ist hier von besonderem Reiz: Kleine Ausläufer der pannonischen Ebene stoßen von Osten an eine verträumte Mittelgebirgslandschaft, die allenthalben von Weinhängen bekrönt ist und in der kleine Schlösser und verwunschene Burgruinen dahinträumen.

Burg Bernstein

DAS SÜDBURGENLAND

Von Bernstein zum Geschriebenstein

An der Grenze zum Mittelburgenland liegt im Bezirk Oberwart mit der Stadt Bernstein eine der historisch und wirtschaftlich bedeutendsten Siedlungen des ganzen Burgenlandes. Die Bundesstraße von Lockenhaus nach Bernstein führt zudem durch eine der schönsten Landstriche Österreichs.

Bernstein

Angeblich leitet sich der Name der Stadt Bernstein (Borostyankö) von einem Zweig der antiken Bernsteinstraße ab, der durch das nahe Tauchental geführt haben soll. Seit dem Mittelalter wurde hier Bergbau betrieben, zunächst auf Eisen, später auch auf Kupfer und sogar Gold, seit 1860 auf den sogenannten Edelserpentin. Er kein eigentliches Serpentingestein, sondern trägt diese Bezeichnung nur als Handelsnamen. Das private Bernsteiner **Felsenmuseum** zeigt in teils künstlichen, teils echten ehemaligen Schächten die Geschichte des Bergbaus in der Region, die kulturhistorische Bedeutung des Edelserpentins und anderer wichtiger Nutzgesteine. Ein Freigelände lässt den Antimonbergbau

Im Bernsteiner ›Serpentin‹-Bruch

▲ Karte: hintere Umschlagklappe

um das nahe Stadtschlaining, der 1991 eingestellt wurde, nochmals aufleben. Auch wird das Schaffen des bekannten Bernstein- und Edelserpentin-Bildhauers Otto Potsch (geb. 1938) eindrucksvoll dokumentiert. Ihm gelang es, die geheimnisvollen, aus Elfenbein gefertigten chinesischen ›Sphärenkugeln‹ auch aus Edelserpentin zu schaffen. Bei ihnen handelt es sich um filigrane, aus konzentrischen Schalen aufgebaute, kugelförmige Artefakte. Eines der interessantesten Museen im Burgenland!

■ Die Burg

Bedeutendstes Bauwerk des Orts ist die Burg, hoch über der Stadt gelegen. Sie wurde gegen 1230 als ungarisches Grenzbollwerk gen Westen errichtet, allerdings existierte an dieser Stelle schon vorher eine Burg. Die strategisch wichtige Lage ließ die Burg lange Zeit zum Streitobjekt zwischen den österreichischen Babenbergern, den lokalen Grafen von Güssing und den Ungarn werden; mit dem Sieg der Ungarn über die Güssinger 1336 wurden die Herrschaftsverhältnisse gesichert. 1389 erfolgte ein gotischer Umbau der etwas heruntergekommenen Anlage durch die Familie Kanizsai, in deren Besitz sie inzwischen gekommen war. Daraufhin folgten wechselnde Besitzer – unter anderem die Familie von Königsberg, auch die ›Pernsteiner‹ genannt –, verschiedene Brände, die Türkenkriege im 16. Jahrhundert. Doch konnte die Burg niemals eingenommen werden. In der ersten Hälfte des 17. Jahrhunderts kam es zu einem erneuten Umbau, diesmal wurde barockisiert. Doch die Pernsteiner waren verarmt, der Bau kam nicht zum Ende. Man musste verkaufen. Graf Adam Batthyány erwarb die Burg 1644,

Blick auf die Burg Bernstein, rechts schließt sich der Marktflecken an

und bis 1864 blieb sie im Besitz dieser Familie, die die einflussreichste im südlichen Teil Westungarns war. In jenem Jahr kaufte Batthyánys Verwalter Edward O'Egan das Gemäuer, von dem es 1892 Eduard Fürst Almásy erwarb. Auf Burg Bernstein kam 1895 Ladislaus Eduard (László Ede) Almásy zur Welt, der später ein bekannter Flieger und Wüstenforscher wurde. Während des Zweiten Weltkriegs arbeitete er für die deutsche Abwehr, nach dem Krieg wurde er von den Sowjets festgenommen, kam aber durch Vermittlung der Briten frei. Sein Leben diente – allerdings in historisch unkorrekter Darstellung – als Vorlage für den Titelhelden in dem 1996 sehr erfolgreich verfilmten Roman ›Der englische Patient‹. Genau genommen wurde nur der Name László Almásy übernommen. In der Burg, die noch heute im Besitz der Almásys ist, befindet sich ein elitäres Hotel, das sich ›letztes Rückzugsgebiet für Individualisten‹ nennt.

Im Inneren der Burg gibt es mehreres Sehenswertes, in erster Linie den **Rittersaal** mit seiner kunstvollen Stuckdecke (um 1635) mit Szenen aus der griechischen Mythologie. Der Rittersaal ist der Speisesaal des Burghotels und kann nur von Hotelgästen betreten werden. Das gilt auch für die anderen Innenräume, die mit ihrer großartigen aristokratischen Atmosphäre leider für die Öffentlichkeit nicht zugänglich sind. Der **Burghof** dagegen steht den Touristen offen: Zu sehen sind der Brunnen, eine Metallgießerei aus dem 16. Jahrhundert, der Pulverturm wie auch die Aussichtsplattform in 36 Metern Höhe.

Sehenswert ist auch das **Madonnenschlössl** (Trutzschlössl) am Steinwandweg 6. Es stammt aus dem Jahr 1923 und ist heute ein Veranstaltungszentrum. Das Erdgeschoss ist aus Serpentinblöcken gemauert. Die beiden Obergeschosse sind durch eine Holzbalkenkonstruktion getrennt, die aufwendige Schnitzereien zeigt. Auf dem Dach befinden sich zwei Wasserspeier.

Die Umgebung

In der Umgebung von Bernstein lässt sich eine schöne, etwa knapp vier Stunden dauernde **Rundwanderung** machen (Wanderweg W 21, Wanderkarte erforderlich). Zunächst geht es vom Marktplatz nach Norden (bergab, blaue Markierung) Richtung Speckkammerl. Am Speckkammerl ist es nicht ganz geheuer: Hier soll einst eine Hexe gehaust haben, die Kinder verschlang. Dann geht es hoch zum Kienberg, von wo ein großartiger Fernblick möglich ist. Der Weg führt bergab bis zur Straße nach Kirchschlag, überquert diese, führt durch den Pechgraben südwärts zur Bienenhütte und dann entlang der Bundesstraße beziehungsweise auf einem Fußweg zurück nach Bernstein (Wanderkarte erforderlich).

Vom Felsenmuseum aus verläuft ein **Planetenwanderweg** südwärts. Entlang der Wanderstrecke ist maßstabsgerecht

(1:1 Milliarde) ein Abbild des Sonnensystems mit den Planeten dargestellt. Der Planetenweg erstreckt sich über insgesamt sechs Kilometer, wenn Pluto noch mitgenommen wird; er wurde vor einigen Jahren wegen zu geringer Größe aus der Planetenfamilie offiziell ausgeschlossen. Überhaupt gibt es um Bernstein weitere schöne Wandermöglichkeiten und manches Sehenswerte: Das Dörfchen **Aschau** drei Kilometer westlich besitzt ein fast originales historisches Ortsbild. Und in Oberkohlstätten steht ein **Schau-Kohlenmeiler**, der von der historischen Technik der Köhlerei erzählt; im nahen Unterkohlstätten gibt es einen Schau-Kalkofen. Köhlerei und Kalkbrennerei waren hier, am Westrand des Günser Gebirges, einst wichtige Erwerbszweige.

Der Alpannonia-Wanderweg

Nördlich von Bernstein, nordwestlich von Redlschlag und nahe des Weilers Kalteneck, gelangt die Trasse des Alpannonia-Weitwanderwegs (www.alpannonia.at) in burgenländisches Gebiet. In Kooperation der drei Bundesländer Niederösterreich, Steiermark und Burgenland mit dem Nachbarland Ungarn wurde ein bis zu 120 Kilometer langer - unterwegs sind Variationen möglich -, durchgehend beschilderter Höhen- und Panoramaweg geschaffen, der ohne größere Steigungen auch für schwach Konditionierte mühelos zu begehen ist. Er verläuft von Semmering bis zur pannonischen Ebene bei Köszeg. Die Wegmarkierung ist ein stilisierter weißer Pfad, der wie eine Flamme aussieht. Er ist auf beiden Seiten rot eingefasst und zeigt somit die österreichischen Farben.

Auf burgenländischem Territorium liegen die Etappen vier bis sechs. Etappe vier verläuft vom niederösterreichischen Hochneukirchen bis nach Bernstein. Die 14 Kilometer können ohne Schwierigkeiten in vier Stunden bewältigt werden. Für die 13,8 Kilometer lange fünfte Etappe (Bernstein–Oberkohlstätten) muss man den gleichen Aufwand einplanen; Etappe sechs geht dann weiter über den Geschriebenstein bis ins ungarische Kőszeg (Güns) hinein. Für diese 22 Kilometer braucht man dann aber schon sieben Stunden. Die Etappen sind so gewählt, dass sie als bequeme Tagesleistungen gewandert werden können. In den jeweiligen Tageszielen bestehen auch Einkehr- und Übernachtungsmöglichkeiten.

Um Hirschenstein und Geschriebenstein

Im Günser Gebirge, das überwiegend zum grenzüberschreitenden Naturpark Geschriebenstein-Írottkő gehört, liegen die beiden höchsten Erhebungen des Burgenlandes: der Große Hirschenstein (862 m) und der Geschriebenstein (884 m), ungarisch Írottkő. Der Hirschenstein soll seinen Namen davon tragen, dass der ungarische König Matthias Corvinus dort einen Hirsch erlegt hat.

Der 90 Meter hohe Sendemast des ORF auf dieser Erhebung versorgt das Südburgenland mit dem staatlichen Fernsehprogramm und einigen Privatsendern. Unter strengstem Schutz stehen die am Hirschenstein vorkommenden Frühlings-Knotenblumen (auch Märzbecher oder Große Schneeglöckchen), die ansonsten fast vollständig ausgestorben sind. Das Günser Gebirge ist auch durch seine Edelkastanien von besonderer botanischer Bedeutung.

Überhaupt ist der Besuch des **Geschriebenstein**, der bequem in kurzer Zeit auch vom Parkplatz an der Straße Lockenhaus–Rechnitz erreicht werden kann, ein Muss im Burgenland. Über diesen höchsten Berg des Landes verläuft die Staatsgrenze, genauer: Als Unikum verläuft sie unmittelbar durch den Aussichtsturm

▸ Karte: hintere Umschlagklappe

von 1913. Von diesem Turm hat man eine schönen Blick über die Wälder des Günser Gebirges. Vorsicht bei der Autofahrt von Rechnitz nach Lockenhaus über das Günser Gebirge: Ungarische Automobilisten, die in ihrem Land nur wenige Erhebungen befahren können, benutzen diese grenznahe Straße oft zum Ausleben.

Rechnitz

Am Südhang des Günser Gebirges, am Fuß des Geschriebensteins, liegt neben den Siebengemeinden des nördlichen Burgenlandes mit Rechnitz (Rohonc) ein weiterer wichtiger Ort mit einem früher größeren Anteil jüdischer Bevölkerung. Heute erinnern nur noch die ›Judengasse‹ und der jüdische Friedhof an diese Zeit. Am 25. März 1945 wurden im Massaker von Rechnitz etwa 200 ungarisch-jüdische Zwangsarbeiter – die beim Bau des Südostwalls eingesetzt waren – erschossen, als sie vor Erschöpfung nicht mehr weiterarbeiten konnten. Am 29. März erschien die Rote Armee vor Rechnitz und eroberte nach vier Tagen erbitterter Kämpfe den Ort. Dabei wurde das barocke Batthyány-Schloss vollständig zerstört. Die Reste wurden in den Nachkriegsjahren abgetragen; einzig der zum Schloss gehörige große Getreidespeicher steht noch am südlichen Ortsausgang. Glücklicherweise blieb die **Pfarrkirche** (geweiht 1679) größtenteils unbeschädigt. Am Portalvorbau ist das Batthyány-Wappen angebracht, die heiliggesprochenen Ungarnkönige Ladislaus und Stephan stehen zur Seite des prächtigen Hochaltars. Insgesamt ist die ganze Kirche sehr prunkvoll gestaltet.

Nach Rechnitz benannt ist der bislang nicht entzifferte Codex Rohonczi: Das aus 448 Seiten bestehende Manuskript mit Illustrationen wird in der Ungarischen Akademie der Wissenschaften aufbewahrt. Graf Gusztáv Batthyány, der den Codex in seinem Rechnitzer Schloss aufbewahrte, schenkte ihn der Akademie 1838. Die Herkunft der Handschrift ist unbekannt, ebenso die Schrift und die Sprache, in der sie verfasst ist: Die Anzahl der darin verwendeten Schriftzeichen ist zehnmal so groß wie die bekannter Alphabete. Alle Entzifferungsversuche blieben bisher ergebnislos.

Burg Rechnitz um 1690

Rechnitz ist Geburtsort mehrerer bedeutender Persönlichkeiten: Gustav Pick (1832–1921), der Komponist des wienerischsten aller Wiener Lieder – des ›Fiakerlieds‹ (1885) – kam hier zur Welt. Sein Geburtshaus ist der Gasthof am Schlossberg. Bekannter als Pick ist sicherlich Karl Joseph Graf Batthyány (1697–1772), der im Österreichischen Erbfolgekrieg erfolgreich gegen die Franzosen kämpfte, sie 1745 bei Pfaffenhofen vernichtend schlug und später der Erzieher des Kronprinzen und künftigen Kaisers Joseph II. war. Außerdem verbrachte Tobias Portschy (1905–1996) seinen Lebensabend in Rechnitz. Zwischen 1938 und 1945 war er der stellvertretende Gauleiter der Steiermark, zu der in dieser Zeit auch das Südburgenland zählte. Er führte einen ideologisch-rassistischen Kampf gegen ›Zigeuner‹, wie es damals hieß.

Viel besucht ist Rechnitz wegen seines **Badesees** im nahen Faludital. Sehenswert ist aber auch das **Stiefelmachermuseum** im Gemeindeamt sowie der **Bachblüten-Kraftpark** im Zentrum. In den Hügeln im Nordosten von Rechnitz, im Weingebirge, trifft man auf einen **Wein**- und einen **Jagdlehrpfad**. Überhaupt genießt man von diesen sanften Anhöhen wunderbare Aussichten nach Ungarn hin.

Ein Ausflug nach Szombáthely

Die 80 000-Seelen-Stadt Szombáthely (Steinamanger) ist Sitz einer Universität und das wirtschaftliche und kulturelle Zentrum Westungarns. Es wurde 43 v. Chr. als Savaria von den Römern gegründet und avancierte im Jahr 107 n. Chr. zur Hauptstadt der Provinz Oberpannonien (Pannonia superior). Die barocke Bischofsstadt wurde im 20. Jahrhundert zu einem wichtigen Eisenbahnknotenpunkt der Linien Budapest–Graz und Wien–Zagreb und wurde deswegen am 4. März 1945 von britischen Bombern zu gut 80 Prozent zerstört. Viel besucht ist die Stadt heute im Rahmen des sogenannten ›Zahnarzttourismus‹: Viele Österreicher, Deutsche oder sogar Schweizer und Franzosen kommen seit Jahren nach Szombáthely, um von den gut ausgebildeten Zahnärzten zu profitieren und die Leistungen in Anspruch zu nehmen, die wesentlich günstiger sind als in Westeuropa. Szombáthely-Savaria-Steinamanger ist Geburtsort des heiligen Martin von Tours (316–397), der hier als Sohn eines römischen Offiziers zur Welt kam und heute einer der bekanntesten Heiligen der katholischen Kirche ist.

Obwohl der Krieg wenig historische Substanz übrig ließ, gibt es doch einige Sehenswürdigkeiten. Den zentralen **Bérzseny-Platz** dominieren der Dom Mariä Geburt und der Bischofspalast (Püspöki Palota). Der Platz geht in seinem Konzept auf Melchior Höfele zurück, der auch der Erbauer von Schloss Esterháza in Fertőd ist. Er wurde nach den Zerstörungen wieder hergestellt und bietet ein geschlossenes Ensemble. Sehr sehenswert ist der Ruinengarten hinter dem Dom, der Stadtkern des römischen Savaria. 1938 wurden hier viele Fundamente römischer Stadthäuser freigelegt. Zu sehen sind weiterhin Reste einer basaltgepflasterten Straße und ein Teil der Quirinus-Basilika aus dem 4. Jahrhundert. Archäologische Grabungen brachten auch ein Isis-Heiligtum (Rákóczi Ferenc utca 2) zu Tage. Es wurde um 190 als Kultstätte für diese ägyptische Göttin errichtet und um 455 durch ein Erdbeben zerstört.

Einen Besuch lohnt in jedem Fall das **Freilichtmuseum** (Vasi Múzeumfalu) westlich des Zentrums (Árpád utca 30). Hier ist das ländliche Leben dokumentiert, wie es für das Westungarn des 19. und 20. Jahrhunderts typisch war.

▸ Karte S. 181

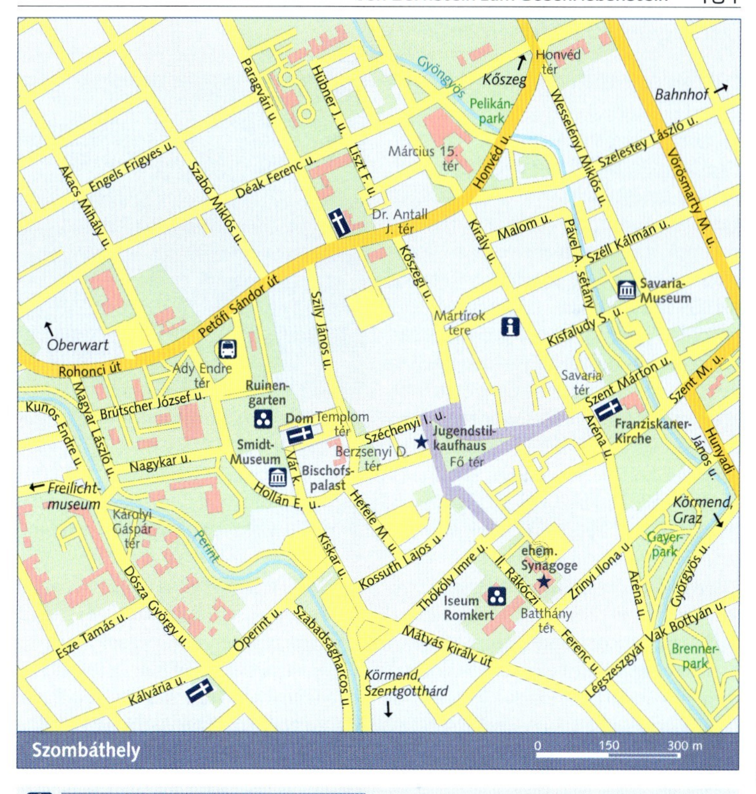

Von Bernstein zum Geschriebenstein

Tourismusverband Bernstein, Hauptstraße 58, 7434 Bernstein, Tel. 03354/6543, www.bernstein.gv.at.

Naturparkbüro Geschriebenstein-Írottkő, Bahnhofstrasse 2a, 7471 Rechnitz, Tel. 03363/79143 oder 0664/4026851.

Hotel Burg Bernstein, Schlossgasse 1, 7434 Bernstein, Tel. 0664/2100237, www.burgbernstein.at, DZ 155–210 €, Suiten ab 240 €.

Landhotel Kohlstätterhof, Oberkohlstätten Nummer 7, 7435 Unterkohlstätten, Tel. 03354/8892, www.kohlstaetterhof.at, p. P. im DZ 35–40 €. Schönes ländliches, ruhig gelegenes Haus mit Wintergarten.

Gasthaus am Schlossberg, Schlossberggasse 2, 7471 Rechnitz, Tel. 03363/79226, www.gasthaus-schlossberg.at.

Felsenmuseum, Hauptplatz 5, 7434 Bernstein, Tel. 03354/6620, www.felsenmuseum.at, März bis Okt. tgl. 9–12 und 13.30–18 Uhr, Juli und Aug. tgl. durchgehend 9–18 Uhr, Nov. und Dez. 9–12 und 13.30–17 Uh.

Stiefelmachermuseum Rechnitz, Terminvereinbarungen unter 03363/79515.

Kompaß Wanderkarte 227 (Burgenland).

Der sogenannte Edelserpentin

Grün-polierter Chloritschiefer

Die geologischen Bedingungen um Bernstein sind anders als im sonstigen burgenländischen Hügelland. Hier wurden bei der Auffaltung der Alpen auch Relikte eines noch älteren ehemaligen Ozeanbodens mit verfaltet und verschuppt. Diese Ozeanböden besitzen eine völlig andere Zusammensetzung als der festländische Untergrund. Die erhöhten Druck- und Temperaturverhältnisse bei der Gebirgsbildung ließen aus ihnen neue Gesteine entstehen, die sich in Art und Zusammensetzung deutlich von den anderen, häufigeren Alpengesteinen wie Kalken, Glimmerschiefern und Gneisen unterscheiden. Aus vormaligen ›Peridotiten‹, die ursprünglich aus dem Erdmantel (unterhalb von etwa 25 Kilometer Tiefe) stammen, wurde durch die erwähnte Druck-Temperaturumwandlung – die ›Metamorphose‹ – der Serpentin: ein wasserhaltiges Magnesium-Eisensilikat. Dieser Serpentin (geologisch besser: Serpentinit) ist in der Gegend von Bernstein an der Oberfläche aufgeschlossen. Aufgrund ihres sehr tiefen Bildungsbereiches sind Serpentingesteine weltweit gesehen nur an ganz wenigen Stellen an der Erdoberfläche zu finden, wie beispielsweise eben hier in Bernstein. Andere Fundorte in Europa liegen in der sogenannten Münchberger Gneismasse (nördlich des oberfränkischen Fichtelgebirges) und bei Zöblitz in Sachsen. Dass die Gesteine an die Oberfläche gelangen konnten, ist ganz besonderen tektonischen Hebungen zu verdanken, wie sie unter anderem bei gebirgsbildenden Prozessen (Alpengenese) auftreten können. Der Serpentin kann in komplexen Prozessen des Stoffaustausches (Metasomatose) in einen Chloritschiefer umgewandelt werden. Der Edelserpentin ist nun geologisch-petrographisch ein solcher Chloritschiefer: ein Gestein, das zwar dem eigentlichen Serpentin sehr ähnlich ist, sich aber durch zusätzliche Eisen- und Aluminiumgehalte von ihm unterscheidet.

Das Besondere an dem Bernsteiner Material ist, dass es verhältnismäßig eisenarm und dadurch von lichtgrüner Farbe ist. Außerdem ist es nachweislich nicht aus Serpentin, sondern aus Gabbro entstanden, einem basaltähnlichen Gestein, das nicht vulkanisch an der Oberfläche auskristallisiert, sondern in großen Tiefen um zehn Kilometer erstarrt. Der Bernsteiner ›Edelserpentin‹ (Handelsname) ist wegen seiner geringen Härte und der aufgrund seiner Kompaktheit fehlenden Spaltbarkeit ein begehrter Rohstoff für das Kunsthandwerk. Seit etwa 1860 wird der Edelserpentin entsprechend genutzt. Doch muss man, um eine Tonne Edelserpentin zu gewinnen, etwa 2000 Tonnen gewöhnlichen Serpentin verarbeiten. Auch wirtschaftlich wird der gemeine Serpentin genutzt: unter anderem zum Straßenbau und für Grabsteine, Wandverkleidungen und Bodenplatten. Oftmals wird der Edelserpentin auch als Jade bezeichnet, was aber geologisch unrichtig ist: Jade hat eine ganz andere Kristallstruktur.

Links und rechts des Pinkatals

Die Pinka, der 94 Kilometer lange linke Nebenfluss der Raab (Rába), entspringt in der Steiermark am Niederwechsel, erreicht bei Pinkafeld burgenländisches Gebiet, fließt in südöstlicher Richtung bis in die Gegend von Kohfidisch und biegt dann nach Nordosten ab, wo sie zwischen Woppendorf und Burg tief ins Land einschneidet. Bei Eisenberg tritt sie auf ungarisches Gebiet über, wendet sich dann wieder südwärts, wechselt in kürzeren Abschnitten wieder über die Grenzen und mündet bei Körmend in die Raab.

Pinkafeld

Mit knapp 5500 Einwohnern ist Pinkafeld die fünftgrößte Siedlung des Burgenlandes. Sie wurde gegen Ende des 9. Jahrhunderts gegründet und von Bayern besiedelt. Pinkafeld (Pinkafö) gehörte anfangs zum Salzburger Erzbistum und war im Mittelalter ein wichtiger Handelspunkt; es erhielt 1343 Markt- und Stapelrecht, womit der Warenverkehr von Ungarn nach Österreich in dieser Gegend zwangsweise durch Pinkafeld verlief. Eine Blütezeit hatte die Stadt im 18. Jahrhundert, als sich unter Maria Theresia verschiedene böhmische Handwerker, zahlreiche Tuchmacher und andere Gewerbetreibende niederließen, zu Zünften zusammenschlossen und so die Wirtschaft immer stärker florierte. Leider ist von der älteren Stadtbebauung nur noch wenig übriggeblieben, da im 19. Jahrhundert einige Großbrände große Teile der Stadt vernichteten.

Die **Pfarrkirche**, 1786 vollendet, ist im Innern spätbarock gehalten; die Kanzel trägt klassizistische Ornamentik. Wie so oft in altungarischen Regionen, erscheinen in sowie an der Kirche Figuren der heiliggesprochenen Ungarnkönige Ladislaus und Stephan. Hier findet man sie an der Giebelfassade in den Nischen links und rechts oberhalb des Portals.

Am Hauptplatz steht das **Alte Rathaus**, das vormalige Rindsmaulsche Freihaus, aus dem 17. Jahrhundert; in ihm befindet sich das Stadtmuseum. Davor steht ein Pranger, aus dem ein Arm mit einem Schwert ragt. Das **Neue Rathaus** stammt aus den frühen Nachkriegsjahren. Die Mariensäule ist an ihrem Sockel mit dem Batthyányschen Wappen verziert. Das **Batthyány-Schloss** beherbergt heute die Landesberufsschule. Das mehrgeschossige Renaissancegebäude (Schlossgasse 1) wurde mehrmals umgebaut. Bekannt wurde es zu Beginn des 19. Jahrhunderts, als es unter Franziska Gräfin Batthyány immer in den Sommermonaten Treffpunkt von Künstlern und Geistesgrößen wurde. Ein Romantikerkreis, der sich um den Geistlichen Klemens Maria Hofbauer (1751–1820) – dem sogenannten ›Apostel von Wien‹ – ge-

Der in Österreich sehr bekannte Geistliche Klemens Maria Hofbauer stammt aus Pinkafeld

bildet hatte, traf sich hier regelmäßig. Auch am Schloss ist das Wappen der Familie Batthyány zu sehen: Die Zacken der Krone symbolisieren die neun ungarischen Komitate, in denen die Familie mitregiert hat. Ein im Nest sitzender Pelikan, der mit dem Schnabel seine Brust ritzt und seine Jungen mit dem herausfließenden Blut tränkt, symbolisiert die Familienbande.

Die **Evangelische Kirche** (Kirchengasse 7) wurde 1785 fertiggestellt. Erst 1822 entstand ihr gemauerter Turm: Kaiser Joseph II. hatte den Protestanten zwar das Recht gegeben, eigene Gotteshäuser zu errichten, einen Turm durften diese aber nicht haben. Außerdem musste der Eingang vom Ortszentrum abgewandt und nicht direkt an der Hauptstraße liegen. Sehenswert ist auch die älteste bestehende Kirche der Stadt, die **Kalvarienbergkirche** (um 1748), mit der Eremitage an der Südseite. Zunächst lebten hier Augustiner-Eremiten, doch schon 1782 wurde ihre Gemeinschaft aufgelöst. Seit 1982 leben hier Franziskaner. Zum Kalvarienberg führt ein Kreuzweg mit 14 Stationen, ebenfalls aus der Zeit um 1748.

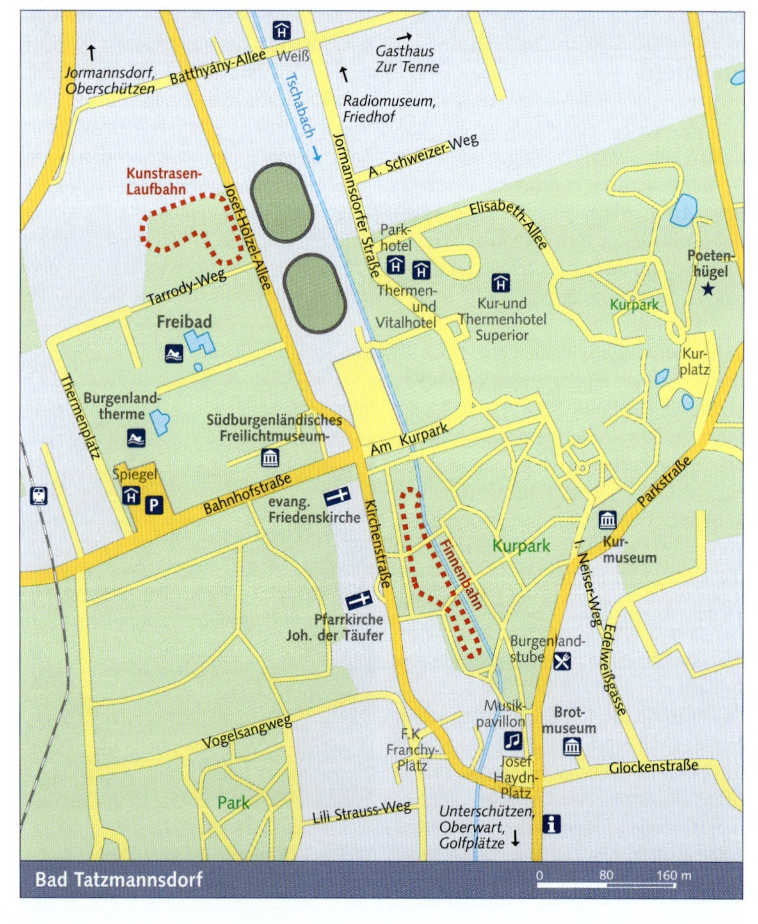

Im unweiten Loipersdorf existiert das einzige Ramsar-Informationszentrum im Burgenland. In der iranischen Stadt Ramsar am Kaspischen Meer wurde 1971 eines der ersten weltweiten Umweltschutzabkommen geschlossen. Darin ist ein besonderer Schutz für Feuchtgebiete und für die Lebensräume von Watt- und Wasservögeln festgeschrieben. Das Lafnitztal ist in großen Teilen durch diese Konvention geschützt (www.lafnitztal.com).

Bad Tatzmannsdorf und seine Umgebung

Bad Tatzmannsdorf (Tarcsafürdö) mag mit 1370 Einwohnern klein sein, doch ist der Ort einer der ältesten europäischen Kurorte. Heute gilt er als bedeutendstes Heilbad und größte Tourismusgemeinde des Burgenlandes. Wie archäologische Funde bezeugen, scheint man schon in prähistorischen Epochen seine Mineralquellen genutzt zu haben. Seit dem 14. Jahrhundert gibt es nachweislich Heilwasserbehandlungen gegen Herz-, Kreislauf-, Rheuma- und Frauenleiden. Alle bedeutenden ungarischen Adeligen fanden sich in Tatzmannsdorf zu Trinkkuren ein. Die Familie Batthyány, denen der Ort seit 1620 gehörte, richtete einen den Anfordernissen der hohen Gäste genügenden Badebetrieb ein und baute nach 1830 die Kuranlagen großräumig aus. Bis zum Ende der Monarchie 1918 gaben sich in Tatzmannsdorf der österreichisch-ungarische Adel sowie Künstler und Wissenschaftler aus aller Welt ein Stelldichein: Adalbert Stifter und Franz Grillparzer, Joseph Haydn wie auch die zweite Ehefrau von Johann Strauß, Lili, hielten sich wiederholt hier auf. 1889 wurden die Moorvorkommen zur medizinischen Anwendung erschlossen, was dem Ort den Beinamen ›ungarisches Franzensbad‹ eintrug. Eine Fülle edler Badepensionen und Hotels entstand, darunter 1907 das Hotel ›Batthyány‹. Nach 1918 kam es zum schnellen Niedergang des Badeorts: Die vermögende Klientel fehlte, und vom ungarischen Hinterland war es nach den Pariser Vorortverträgen abgeschnitten.

Bad Tatzmannsdorf wurde im Frühjahr 1945 bei den Endkämpfen des Zweiten Weltkriegs fast vollständig zerstört und danach neu aufgebaut – was man dem Ort deutlich ansieht. Der Badeort verfügt über kohlenstoffdioxidhaltige Mineralwasserquellen und eine aus 896 Metern Tiefe mit 42 Grad zu Tage sprudelnde Thermalquelle, was unter den österreichischen Badeorten einzigartig ist. Ein breitgefächertes Sport- und Freizeitangebot sowie die verschiedenen Thermenangebote machen es zu einem sehr attraktiven Urlaubsziel. Besonders die **Burgenlandtherme** mit 1200 Quadratmetern Thermalwasserfläche, Saunagarten, Schönheitssalon, Massageangeboten und dergleichen mehr zieht viele Besucher auch aus Ungarn an.

Doch auch für die, die nicht kuren wollen, gibt es Anziehungspunkte: Ein österreichweit bekanntes **Freilichtmuseum** zeigt originale südburgenländische Holzgebäude aus dem 17. und 18. Jahr-

Die Burgenlandtherme

hundert, die von ihren ursprünglichen Standorten hierher gebracht wurden; das Leben zur Zeit Maria Theresias wird so gegenwärtig. Durch das Moorgebiet der Umgebung kann man Fahrten mit Elektrodraisinen (Vermietung an der Gästeinformation), aber auch mit Motorbahnwagen unternehmen (Dauer knapp eine Stunde). Außerdem gibt es ein **Brotmuseum**, ein **Kurmuseum** und ein **Radiomuseum** mit historischen Empfängern. Keineswegs vergessen darf man die Fülle an Laufmöglichkeiten, die Bad Tatzmannsdorf bietet: Es gibt einen Heilwasser-Lehrpfad entlang eines ›Nordic Walking Ökotrails‹ und zahlreiche Spezialbahnen und Laufparcours, die sich in der näheren Umgebung zwischen Bernstein, Oberwart, Pinkafeld und Stadtschlaining befinden. Überhaupt machen diesen Ort insgesamt 418 Kilometer markiertes Wander-, Walking-, Lauf- und Radwegnetz in der näheren Umgebung weltweit einzigartig (www.laufarena.at). Wer lieber mit dem Zug fährt, sollte die Museumsbahn Oberwart–Oberschützen benutzen. Sie hält in Tatzmannsdorf.

Auf dem **Friedhof** im Ortsteil Jormannsdorf ist Franz Graf Batthyány (1804–1869) zusammen mit seiner Ehefrau in einem Mausoleum beigesetzt. Das vormalige Schloss der Familie aus dem 17. Jahrhundert in Jormannsdorf ist heute Gesundheitsakademie, eine Bildungseinrichtung des österreichischen Berufsförderungsinstituts.

▸ Karte: hintere Umschlagklappe

Oberschützen und seine Umgebung

In Oberschützen (Felsölövö) lohnt der Blick zunächst auf die **katholische Pfarrkirche**. Sie wurde im 19. Jahrhundert im Geschmack der Zeit umgestaltet, lässt aber an den Bogenfenstern noch ihre mittelalterliche Herkunft erkennen. Die

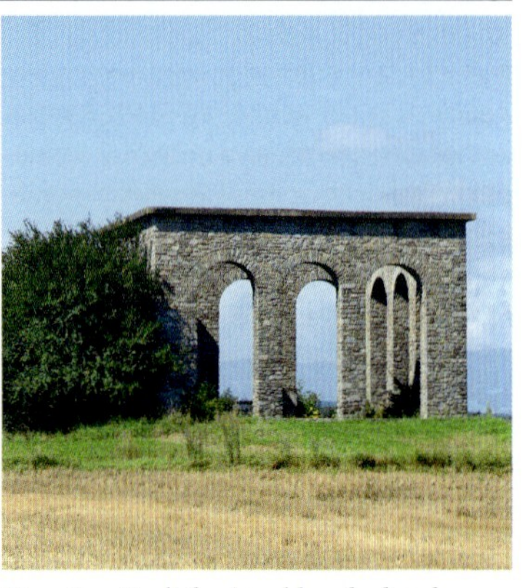

Das eigentümliche Anschlussdenkmal

evangelische Pfarrkirche (Hauptstraße 3) ist eine der ältesten im Land; sie stammt aus der Zeit Kaiser Josephs II. Die Kirche besitzt einen schönen Kanzelaltar und ein auffälliges Taufbecken; zusammen mit den Arkaden des Pfarrhauses bildet sie einen beeindruckenden Gebäudekomplex. Oft besucht wird das **Haus der Volkskultur**, in dem drei ethnologische Vereine ihren Sitz haben: die Burgenländisch-Hianzische Gesellschaft (Hianzenverein), das Burgenländische Volksliedwerk und der Museumsverein Oberschützen. Das Haus versteht sich als ›Kompetenzzentrum für die burgenländische Volkskultur‹ (www.hausdervolkskultur.com).

Die Eisenbahnlinie zwischen Oberwart und Oberschützen, ein Nebenast der Pinkatalbahn, lag lange still. Seit 2005 wird sie wieder von Zügen befahren, an Sonn- und Feiertagen zwischen Mai und Oktober fährt eine Museumsbahn fünfmal am Tag die Strecke hin und zurück (Fahrzeit einfache Strecke 40 Minuten, www.frowos.com). Im Bahnhof gibt es ein kleines **Museum**.

Das sogenannte **Anschlussdenkmal**, das 1939 nach dem Anschluss Österreichs an das Deutsche Reich außerhalb des Ortes auf einer Anhöhe errichtet wurde, ist eines der ganz wenigen erhaltenen NS-Denkmäler in Österreich. Immer wieder wird in Diskussionen sein Abriss gefordert. Das Denkmal besteht aus einem weiträumigen, rechteckigen Säulenhof von acht Metern Höhe und zwölf Metern Breite. In seiner Mitte befand sich ein Sockel mit einem etwa zwei Meter hohen, nach Südosten blickenden Adler mit Hakenkreuz, der von acht Feuerpylonen umgeben war; er wurde beim Einmarsch der Roten Armee zerstört. Das Denkmal steht am südlichen Ortsende am Sonnleitenweg, nur 100 Meter westlich der Straße nach Bad Tatzmannsdorf. Besuchenswert ist die **Willersdorfer Schlucht** nordwestlich von Oberschützen. Das enge Tal des Willersbachs mit seinem Naturlehrpfad zieht besonders jene an, die Stille und Beschaulichkeit lieben. In der Schlucht befinden sich zwei Wassermühlen: die eine bewohnt, die andere verfallen. Auch die kümmerlichen Reste einer 1289 erstmals genannten Burg sind noch zu finden. Die Reste der verfallenen Patrizlmühle befinden sich kurz vor der niederösterreichisch-steirischen Landesgrenze, an der ein markantes Denkmal das Dreiländereck markiert.

Unterschützen

Das Angerdorf Unterschützen mit noch vielen alten Bauernhäusern und deren Vorlauben weist mit den ›Kittingen‹ eine Besonderheit auf. Ein Kitting ist ein Speicher für Feldfrüchte, der aus Holz errichtet ist, mit Lehm umkleidet und mit komplizierten Holzschlosssystemen geschützt wird. Kittinge stehen im allgemeinen hinter den Gehöften in den Gärten. Während bis vor einigen Jahrzehnten die Kittinge im gesamten Bezirk Oberwart häufig waren, gibt es sie jetzt nur noch in Unterschützen.

Mariasdorf

Im etwas abseits der Bundesstraße gelegenen Dorfes Mariasdorf (Máriafalva) befindet sich mit der **Pfarrkirche Maria Himmelfahrt** ein schöner spätgotischer Kirchenbau. Der Bergbau nach Eisen und Kupfer brachte der Region gewissen Reichtum, der auch in den Bau der Pfarrkirche mit einfloss, die ihre Errichtung nicht zuletzt der Spendenfreudigkeit vermögender Knappen und Bergleute verdankt. Die Kirche ist auf einer Anhöhe oberhalb der Ortsstraße gelegen und geht auf das beginnende 15. Jahrhundert zurück. Ungewöhnlich ist, dass das Langhaus direkt in den Chor übergeht. 1666 erfolgte ein barocker Umbau und von 1882 bis 1899 eine neugotische Umgestaltung durch Imre Steindl, dem Architekten unter anderem des Budapester Parlaments. Neugotisch sind vor allem die Buntglasfenster und das Taufbecken, die Kanzel und der Hochaltar, die letzten drei aus Glasterrakotta aus der ungarischen Stadt Pécs (Fünfkirchen). Auch der Erker mit dem Bogenfeld über dem Portal ist neugotisch, ebenso der Dachreiter. Der Chor wurde beim Umbau niedriger gemacht. Das Innere wirkt aufgrund dieser Regotisierung merkwürdig unharmonisch und düster.

Vollendete Gotik: die Pfarrkirche in Mariasdorf

Oberwart

An den vielen Orten der Region, die auf -schützen oder -wart enden, lässt sich erkennen, dass man sich mitten im alten ungarischen Grenzschutzsystem des Gyepü befindet (→ Seite 163). In Oberwart (Felsö-Eör), mit 7150 Einwohnern die zweitgrößte Stadt des Burgenlandes, wird dies auch im Wappen deutlich: Es zeigt einen Kämpfer in blauer ungarischer Kleidung, der eine Streitaxt hält, zwischen zwei Felsen mit Wachtürmen. Wie im Fall von Oberpullendorf gibt es auch in Oberwart mit 17,5 Prozent Bevölkerungsanteil eine größere ungarische Minderheit, daneben eine kleine Zahl von Sinti und Roma und 3,5 Prozent Burgenland-Kroaten. Ein **Mahnmal** erinnert an vier junge gemordete Roma, die am 4. Februar 1995 einem Nitroglycerin-Attentat des österreichischen Terroristen und Fremdenfeinds Franz Fuchs (1949–2000) zum Opfer fielen, als sie versuchten, ein Schild mit der Aufschrift ›Roma zurück nach Indien‹ zu entfernen. In Oberwart gibt es den einzigen jüdischen Friedhof des Burgenlandes, auf dem die Grabsteine nicht hebräisch beschriftet sind (Linke Bahnzeile).

Der mutikulturelle Charakter der Stadt zeigt sich in ihren Gotteshäusern für drei konfessionelle Richtungen: Der kroatischen Bevölkerung dient eine **alte katholische Kirche**. Sie ist barock auf einem gotischen Vorgängerbau entstanden. Eine **neue katholische Kirche** (1967–1969) bildet mit der alten über eine gemeinsame Treppe ein Bauensemble. Die Architekten der neuen katholischen Kirche haben radikal mit herkömmlichen Bauformen gebrochen: Sie wirkt wie eine Festung, an der ein Rundturm frei zu schweben scheint. Moderne Designer gestalteten auch das Innere, in dem sich das Grau der Außenfront fortsetzt, jedoch mit leuchtenden Einzelakzenten variiert ist. Weiterhin gibt es eine **calvinistische Kirche** aus der Zeit nach 1769

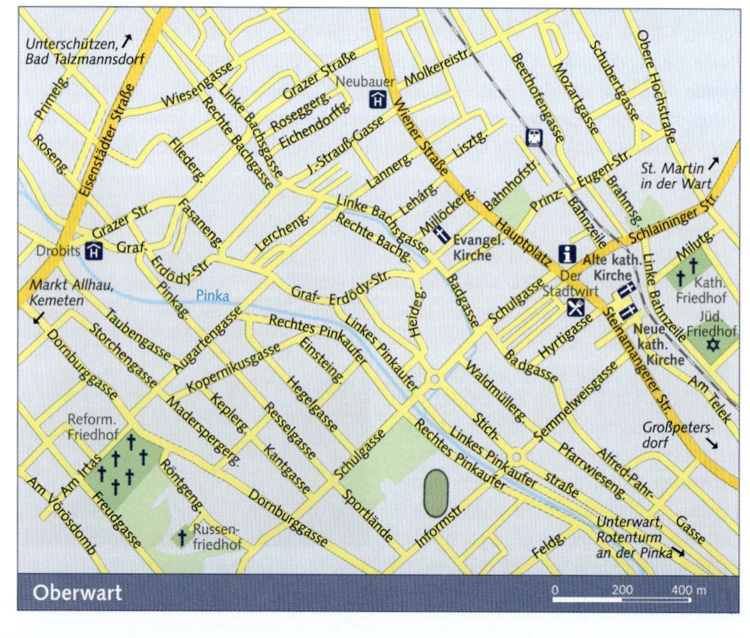

Oberwarts Wappen zeigt die Nähe zum alten Grenzsystem

für eine große Zahl der Ungarn – ursprünglich unterstützten die Batthyány die Reformation – und eine **evangelische Kirche** von 1815 für die Anhänger des Augsburgischen Bekenntnisses. Auf dem **Friedhof** der Calvinistenkirche (Am Irtas) gibt es Totenbretter, was österreichweit einzigartig ist. Diese sogenannten Grabhölzer sind aus dem Baltikum und aus dem Böhmerwald, aber auch von anderen Kontinenten bekannt.

Dass es in Oberwart ein zweisprachiges Gymnasium gibt, an dem in Deutsch und Ungarisch unterrichtet wird, überrascht kaum. Es ist zudem die größte Einkaufsstadt im Burgenland. Von Oberwart lässt sich ein beschaulicher Ausflug mit der Museumsbahn nach Oberschützen machen (www.frowos.com).

Die Umgebung

Ein Besuch des kleinen **St. Martin in der Wart**, nordöstlich von Oberwart, lohnt wegen des hübschen Ortsbilds, das seinen altertümlichen Charakter genauso wie das nahe **Eisenzicken** größtenteils bewahren konnte. In **Drumling** existiert eine natürliche Mineralwasserquelle, an der das heilbringende Nass von Besuchern aus nah und fern in mitgebrachte Flaschen abgefüllt wird.

Stadtschlaining

Der 2000-Seelen-Ort Stadtschlaining (Városszalónak) besitzt innerhalb der burgenländischen Städte in dreifacher Hinsicht eine Sonderstellung: durch seine Rolle in der ungarischen Geschichte, durch den jahrhundertelang bedeutsamen Bergbau nach Antimon in der Region und schließlich durch die heute weltweit anerkannte Friedensuniversität, die in der Burg ihren Sitz gefunden hat. Diese bildet zusammen mit der Stadt ein großartiges Ensemble.

Erst nach 1450 erfolgte die Gründung von Stadtschlaining, das bis heute seine wehrhafte, fast vier Meter hohe Stadtmauer mit ihren Türmen und Basteien hat erhalten können. Die Grundmauern vieler Häuser stammen ebenfalls noch aus dem Spätmittelalter, das Stadtbild in seiner Gänze weist aber keinen mittelalterlichen Charakter mehr auf.

Am **Hauptplatz** lohnen die Häuser Nummer 12, Nummer 14 (Einfahrtsgewölbe) und Nummer 3 mit ihren Hoflauben einen Blick; letzteres ist das alte Wohnhaus des Rabbiners. Im Hof dieses Hauses befindet sich die Synagoge aus dem 18. Jahrhundert, die heute eine Bibliothek beherbergt. Seit 1680 gab es in Stadtschlaining eine jüdische Gemeinde, die bis zum Ende des 19. Jahrhunderts 40 Prozent der Bevölkerung der Stadt ausmachte. In der Basteigasse trifft man noch auf den alten **jüdischen Friedhof**. Im Hof des Hauses Rochusplatz 2 findet man Relikte einer kleinen gotischen Kirche, die in den Türkenkriegen zerstört worden war. Die **evangelische Kirche**, als ›Toleranzbethaus‹ in der Zeit Kaiser Josephs II. errichtet, ist in die Südwest-

ecke der Stadtbefestigung integriert, wobei bei ihrer Errichtung eine ehemalige Bastion in den Bau einbezogen wurde. Ihr Turm entstand erst 60 Jahre später, im Jahr 1848. Sehr schön ist ihr weißer Kanzelaltar. Die spätgotische **katholische Kirche** liegt seltsamerweise außerhalb der Stadtmauer; an sie anschließend findet man noch einige Reste der Kapelle und des Kreuzgangs des Paulinerklosters. Besonders sehenswert ist die barocke Innenausstattung mit dem Hochaltar, der von überlebensgroßen Figuren von Josef und Maria gesäumt ist, sowie die Kanzel mit ihren Evangelistenfiguren und der gewaltigen Auferstehungsgruppe.
Stadtschlaining ist alljährlich Veranstaltungsort des ›Klangfrühlings‹, bei dem jeweils im Mai gattungsübergreifend Konzerte mit neuer Musik, Jazz und der hergebrachten Klassik stattfinden (www.klangfruehling.com).

Burg Schlaining

Fast 100 Meter hoch auf einem Bergsporn über dem Tauchental gelegen, dominiert die Schlaininger Burg die Stadtsilhouette und die Umgebung. Sie ist eine der besterhaltenen mittelalterlichen Burgen Österreichs. Erstmals wurde sie 1271 als ›castrum zloynuk‹ erwähnt. Die strategisch bedeutsame Lage ließ sie immer umkämpft sein: Ihre ersten Besitzer waren die Grafen von Güssing, sie gehörte kurze Zeit dem Böhmenkönig Premysl Ottokar II und fiel 1289 an Habsburg; dann war sie unter den Kanizsai ungarisch und nach 1445 wieder in habsburgischem Besitz. Der deutsche König und Habsburger Friedrich V. (ab 1453 Kaiser Friedrich III.) schenkte die Burg einem seiner treuesten Vasallen, dem Söldnerführer Andreas Baumkircher oder Paumkircher (um 1420–1471). Er war berühmt für seine außergewöhn-

Gut erhalten: Burg Schlaining

▲ Karte: hintere Umschlagklappe

liche Kraft und Körpergröße und eine der schillerndsten Figuren des damaligen Österreichs. Nachdem er Friedrich bei der Niederschlagung einer ständischen Revolution in Wiener Neustadt 1452 unterstützt hatte, gelangte er zu großen Ehren und erhielt sogar das Recht, eigene Münzen zu prägen und eine Stadt um die Burg Schlaining zu gründen.

In Baumkirchers Zeit erlebte Schlaining eine wirtschaftliche Blüte: Es gelang ihm, für Kaufleute, die sich hier ansässig machen wollten, alle möglichen Handelsprivilegien vom Kaiser zu erhalten. Außerdem rief er Paulinermönche in die Stadt. Rasch wurde die neugegründete Stadt erweitert. »Die Burg für den Teufel, die Stadt für die Welt und das Kloster für das Himmelreich«, lautete ein berühmtes Zitat Baukirchers, der sich damit selbst als ›Teufel‹ bezeichnete.

Baukircher fiel gegen 1460 jedoch nach

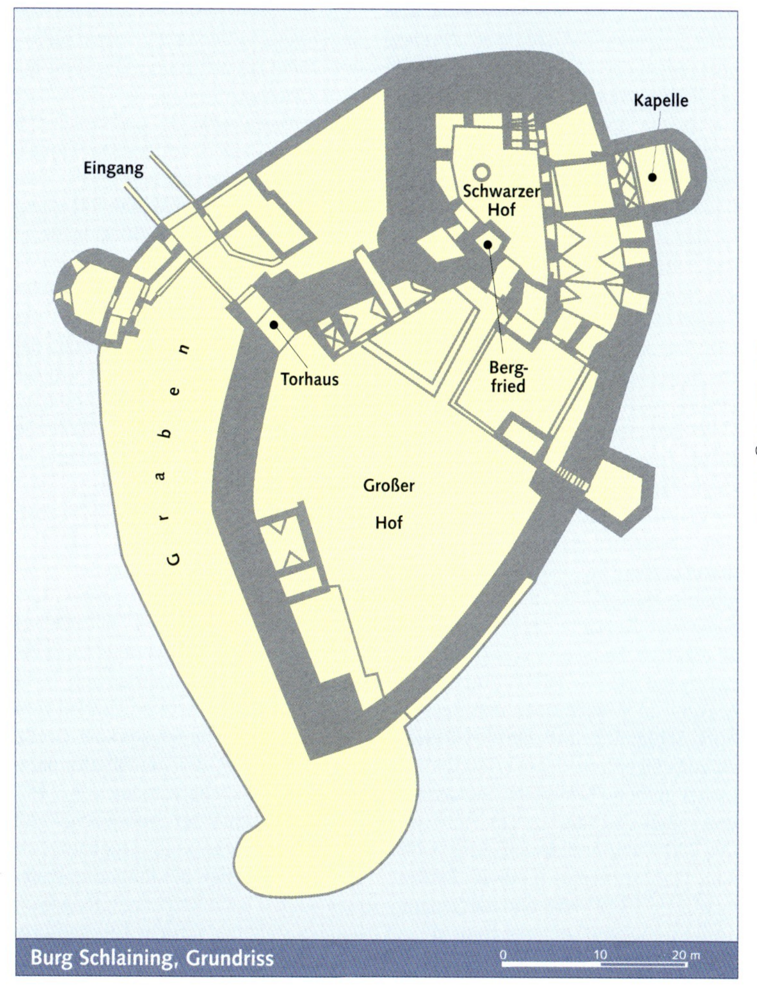

Burg Schlaining, Grundriss

und nach von Kaiser Friedrich ab. Er verbündete sich mit dem Ungarnkönig Matthias Corvinus und den steirischen Adeligen zum Kampf gegen den Habsburger: Er glaubte, mit etwas opportunistischem Taktieren noch mehr persönliche Vergünstigungen zu erzielen.

In der Schlacht von Fürstenfeld vom 21. Juli 1469 wurde Friedrichs Armee von Baumkircher geschlagen. In den Waffenstillstandsverhandlungen wurden Baumkircher zunächst Amnestie und eine hohe Geldsumme versprochen. Als diese aber seitens des Kaisers nicht gezahlt wurde, zog Baumkircher im Herbst 1470 erneut gegen ihn. Und wiederum besiegte er die kaiserlichen Soldaten. So lud der Kaiser seinen früheren treuen Vasall Baumkircher und einen Unterhändler für den 23. April 1471 zu erneuten Verhandlungen nach Graz – mit der Zusage um freies Geleit. Doch beide wurden unvermutet festgenommen und am gleichen Tag ohne Verhandlung hingerichtet. Die Burg blieb nach dem Tod des Baumkircher noch im Besitz seiner Familie. Doch Erzherzog Ferdinand, der spätere Kaiser Ferdinand I., übertrug sie ohne langes Fragen 1527 Graf Franz Batthyány, der sich in der Türkenabwehr besondere Verdienste erworben hatte. Burgherrin Barbara Baumkircher, die Enkelin, kämpfte dagegen an und es gelang ihr, zumindest die Hälfte des Gesamtbesitzes zu erhalten. Erst 1574 erhielt Balthasar Batthyány (1543–1590) durch Kaiser Maximilian II. auch noch den Rest von Burg Schlaining und deren Ländereien zum Eigentum. Jetzt erfolgten Umbauten in den Formen der Renaissance und später des Barocks. Die Herrschaft der Batthyány endete auf Burg Schlaining 1849. Als Lajos (Ludwig) Batthyány (1807–1849) während der Separationsbestrebungen Ungarns 1848/49 mit eigenen Truppen offen gegen Habsburg aufbegehrte und schon zum provisorischen Ministerpräsidenten eines freien Ungarn gewählt wurde, kam es zu einer brutalen Niederschlagung des Aufstands: Der gerade gewählte neue Kaiser Franz Joseph ließ mit über 300 000 Mann eigener und fremder Truppen den Aufruhr im Keim ersticken. Batthyány gelang es zwar, sich dem Habsburger zu unterwerfen, doch wurde er zusammen mit einigen Heerführern am 6. Oktober 1849 in Pest erschossen. Der Batthyánysche Besitz ging an den ungarischen Staat – und damit an Habsburg. Die Burg lag nach 1919 brach, wurde nach dem Zweiten Weltkrieg verwüstet und erhielt erst 1957 einen neuen Besitzer. Der damalige österreichische Handelsminister Udo Illig kaufte sie, um sie als alte Ritterburg wieder herzustellen. 1980 ging sie in Landeseigentum über, und in ihr wurde das ›Österreichische Institut für Friedensforschung‹ eingerichtet, aus dem 1987 die ›Friedensuniversität‹ entstand. In der Burg existieren auch ein Friedensmuseum sowie eine Volkskundesammlung, übrigens die größte im Burgenland. Sie veranschaulicht Handwerk, bäuerliche Lebensart und Familienleben.

Ein Rundgang

Eine Brücke überquert den breiten äußeren Burggraben; sie wird von einer Marienfigur und einer Statue des heiligen Nepomuk flankiert. Dann geht es durch ein Tor – mit Batthyány-Wappen von 1648 – und über einen weiteren Graben zum zweiten Burgtor, hinter dem der **Große Burghof** liegt. Am zweiten Burgtor prangen ein Baumkircherwappen von 1452 und ein Wappen der Stubenbergs von 1520. Die Repräsentationsgebäude im Süden und Westen des Burghofes stammen aus der Baumkircherzeit. Rechts im Burghof steht der gotische **Glockenturm** mit seinen fünf Meter mächtigen Um-

▸ Karte: hintere Umschlagklappe

Der Eingang zum Burgkomplex

fassungsmauern, der einen barocken Aufsatz trägt. Im Inneren des Turms befindet sich ein 90 Meter tiefer Schacht. Hinter dem Glockenturm liegt in einem Flügel aus dem 16. und 17. Jahrhundert das Granarium, ein ehemaliger Speicher, der auf einer alten Burgbastei errichtet wurde. Er ist zum Konferenzzentrum umgestaltet.

Über eine dritte Brücke und durch ein drittes Tor geht es vom Großen Burghof zum sogenannten ›Schwarzen Hof‹. Von der Brücke blickt man auf einen tiefergelegenen Hof, der ein Rest der ersten Burganlage aus dem 13. Jahrhundert ist. Vorbei geht es am **Bergfried** (besteigbar, herrliche Fernsicht), an dessen Unterbau ein farbiges Relief Andreas Baumkircher in Rüstung zeigt und ihn in der Inschrift als Burgerbauer würdigt. Er ließ es noch zu seinen Lebzeiten anfertigen. Der **Schwarze Hof** hat seinen Namen von der auffälligen schwarzen Sgraffitoquaderung an den Kanten der Bögen. Er zählt mit seinen Resten romanischer Gewölbe zu den ältesten Teilen der Burg, überwiegend noch vor der Baumkircherzeit erbaut. Von hier gelangt man in die **Burgkapelle**, die unter Baumkircher über einer alten Bastei errichtet wurde. Sie ist barock ausgestattet. Der **Rittersaal** ist zu einem Speiseraum umgebaut. Sein mächtiges Tonnengewölbe beeindruckt noch immer sehr, genauso die Reste einiger Fresken mit Jagddarstellungen. Der **Palas** mit seinen Repräsentationsräumen wie den ›Engelssälen‹ von 1730 (mit sehr schönen Stuckdecken) dient wechselnden Ausstellungen zum Thema Frieden. Geht man vom Rochusplatz vor der Burg nicht über die Burgbrücke, kann man links von der Brücke in den Graben hinabsteigen und unten auf dem ›Verbotenen Weg‹ die Burg umrunden; hält man sich an der Brücke rechts, kommt man zum ehemaligen Neumarkter Tor, in dem sich im Mittelalter für einige Zeit das Rathaus befand. Dahinter liegen die **Gärten des Carolus Clusius** (1526–1609). Clusius, auch Charles de L'Ecluse genannt, war ein angesehener flämischer Botaniker, der sich besonders um die Pilzkunde verdient gemacht hat. Er lebte viele Jahre auf Burg Schlaining und schrieb hier eines der ältesten botanischen Bücher überhaupt: das ›Stirpium Nomenclator Pannonicus‹. Der Park geht auf seine Planungen zurück.

Der burgenländische Antimonbergbau

Um das etwa fünf Kilometer nördlich von Schlaining gelegene Goberling wurde jahrhundertelang Bergbau auf das ansonsten in Mitteleuropa seltene Metall (oft auch nur Halbmetall) Antimon betrieben, genaugenommen auf ein sulfidisches Antimonerz. Bekannter als das Element ist seit Jahrtausenden dieses Erz, das die häufigste Antimonverbindung ist: der Antimonit (Grauspießglanz, auch Stibnit).

Dieses Mineral tritt in Form langnadeliger, grauer, metallisch glänzender Kristalle auf, ist spröde und ergibt beim Zerreiben ein graues Pulver, das im Orient und in Indien eine begehrte Schminke zum Nachziehen der Augenbrauen war. Die Medizin des Mittelalters verwendete es als Grundstoff für Brechmittel: man löste es in Wein, wobei es sich mit dem Weinstein zu ›Brechweinstein‹ verband. Letzlich verschwand der Antimonit wegen seiner toxischen Nebenwirkungen aus der Medizin; heute werden Antimon und seine Verbindungen nur noch vereinzelt im Fall der Tropenkrankheit Leishmaniose eingesetzt. Im 18. und 19. Jahrhundert geriet die technische Nutzung des Elements Antimon in den Vordergund – als Härtungsmetall für Buchdrucklettern und Gewehrkugeln. Mit der Weiterentwicklung der Waffentechnik und immer höherer Schussgeschwindigkeit verformte sich das Blei der Kugeln im Lauf immer mehr. Reines Antimon wurde als Zuschlag beigemischt und damit die Verformung der Kugel stark verringert. Auch stellte man fest, dass sich Antimonlegierungen beim Erkalten ausdehnen und daher ein besonders genaues Abbild der Gussform liefern. Damit wurde es für die Herstellung von Glocken, Siegeln oder Amuletten bedeutsam. Ein neues Anwendungsgebiet fand es unter anderem in der Möbelbemalung, wo es zur Differenzierung bestimmter Grautöne diente.

In Europa kommt Antimonit in größeren Mengen vor; die europaweit größten Lagerstätten befinden sich in den rumänischen Karpaten. Führend in der Weltproduktion des Metalls ist China. Das Mineral Antimonit bildet sich nicht aus Magmen, das heißt aus Gesteinsschmelzen, sondern fällt bei Temperaturen um 100 Grad aus überhitzten metallhaltigen Lösungen, den sogenannten Hydrothermen, aus. Solche Lösungen treten in der Spätphase magmatischer und gebirgsbildender Prozesse auf.

Schon im Mittelalter wurde um Stadtschlaining Bergbau betrieben: zunächst nach Eisen, Kupfer und Silber, dann entdeckte man die Bedeutung des Antimons. Seit etwa 1750 wird es rund um Goberling geschürft und als Antimonit abgebaut. In der Blütezeit, die noch bis nach dem Zweiten Weltkrieg andauerte, wurden hier bis zu 180 Kumpel beschäftigt. Obwohl die Lagerstätte Goberling keineswegs erschöpft war, ist der letzte Stollen 1990 geschlossen worden – wegen der zurückgegangenen Nachfrage und des geringeren Preises von Antimonit aus China. Etwa 70 Kilometer Stollenlänge befanden und befinden sich hier unter Tage. Im Bergbaumuseum von Goberling (frei zugänglich) gibt es noch Erinnerungsstücke an die Zeit des Bergwerksbetriebs. Ein ehemaliger Bergmann, der lange Jahre im Stollen gearbeitet hat, führt durch die Sammlung und die künstlich nachgebauten Stollen (Voranmeldung beim Tourismusamt Stadtschlaining). Das ehemalige Bergwerksgelände liegt brach, fast alle bergbaulichen Anlagen sind abgetragen.

Die östliche Umgebung von Stadtschlaining

Die südliche und östliche Umgebung von Stadtschlaining ist eines der kroatischen Hauptsiedlungsgebiete im Burgenland. In diesen Gebieten der ›Burgenlandkroaten‹ sind in einzelnen Gemeinden bis zu 73 Prozent der Bevölkerung kroatisch. Von ihnen bezeichnet sich nur ein Fünftel als deutschsprachig. Zweisprachige Ortsschilder kennzeichnen die Dörfer zwischen Stadtschlaining und Rechnitz.

Neumarkt im Tauchental

Neumarkt im Tauchental ist zunächst kein Ort mit einer nennenswerten kroatischen Minderheit. Er liegt an einer historisch wichtigen Römerstraße, die durch das Tauchental geführt hat. Aus dieser Zeit stammt ein römischer Reliefstein an der Turmwand der **Pfarrkirche**, wahrscheinlich ein Porträtgrabstein eines römischen Weinbauern mit Frau und Tochter.

Althodis

In Althodis (kroat. Stari Hodas), sollte man unbedingt den **Pilzlehrpfad** mit seinen 300 Pilzmodellen sowie den barrierefreien **Baumwipfelweg** begehen. Er ist ein fast 500 Meter langer Pfad in über 20 Metern Höhe, von dem sich der Wald aus einer ganz besonderen Perspektive erleben lässt.

Markt Neuhodis

In Markt Neuhodis (kroat. Novi Hodas) lockt die **Erlebnismühle**, eine intakte Wassermühle. Hier können insbesondere Kinder viel über das Mahl- und Mühlenwesen erfahren, außerdem gibt es einen Kinderbauernhof und eine Kletterwand. Ein anderes Erlebnis bietet der **Skulpturenpark**, der Werke des Bildhauers Rudolf Kedl und seines Sohnes Talos präsentiert und dabei »Kunstinteressierte und Kunstschaffende zusammenführt«,

Der Baumwipfelpfad

wie es auf der offiziellen Internetseite heißt. Und weiter: »Die spannungsgefüllten Großplastiken sollen die Sinne aktivieren und die Phantasie anregen.« In der privaten Freiluftgalerie finden auch Konzerte und Lesungen statt (www.skulpturenpark.at).

Dürnbach

Die **Wallfahrtskirche** von Dürnbach (kroatisch Vincjet) ist oft Ziel kroatischer Pilger. Das Innere der Barockkirche ist um 1900 von einem Benediktinerpater aus dem steirischen Seckau in neoromanischer Weise neu gestaltet worden. Das Altarbild des klassizistischen Hochaltars stammt von Stephan Dorffmeister (1729–1797), dem Meister des Spätbarock, der im Burgenland viele Gemälde geschaffen hat.

Rotenturm an der Pinka

Rotenturm (Vasvörösvár) weist zwei Sehenswürdigkeiten auf: eine Pfarrkirche und ein im maurisch-byzantinischen Stil gehaltenes Schloss. Die **Pfarrkirche** geht auf ein Gotteshaus aus dem 15. Jahrhundert zurück, das 1759 barockisiert und 1819 nochmals umgeändert wurde. Die barocke Innenausstattung ist teilweise durch Stücke aus dem 20. Jahrhundert ergänzt. Das Hochaltarbild erwarb einer der Grafen Erdödy 1662 in Italien, genau wie die aus Carrara-Marmor gefertigte Marienstatue. Eine Besonderheit ist der sogenannte ›Budapester Königskrönungsstuhl‹, der sich unter der Kanzel befindet: Auf ihm kniete der letzte ungarische König Karl IV. (gleichzeitig der letzte österreichische Kaiser Karl I.) als er 1916 in Budapest gekrönt wurde. Karls Adjutant, der Graf Thomas Erdödy, brachte ihn nach Rotenturm.

Das **Schloss** ist wahrscheinlich das bedeutendste Bauwerk des Historismus im Burgenland. An seiner Stelle stand im 13. Jahrhundert eine Wasserburg, die später zu einem Schloss umgebaut, aber im 16. Jahrhundert abgerissen wurde. Zwischen 1775 und 1780 entstand ein neues Schloss, das man aber 1810 ebenfalls abriss, wobei von diesen älteren Bauten keine Reste mehr vorhanden sind. Das heutige Schloss errichtete Graf Stephan Erdödy (1812–1896) zwischen 1862 und 1866; der alte barocke Landschaftsgarten wurde dabei zu einem englischen Park umgeformt. Den Erdödy gehörte seit 1496 die Region um Eberau und Rotenturm. Mitglieder der Familie traten oft als Kunstmäzene auf und förderten unter anderem Beethoven. Er widmete der Gräfin Maria Anna Erdödy die beiden Klaviertrios Opus 70 und die beiden Cellosonaten Opus 102. Heute ist die Familie der größte private Landbesitzer im heutigen Westungarn, da sie nach der Wende einen Großteil ihrer alten Besitzungen zurückkaufen konnte oder zurückerhielt.

Der Architekt Anton Weber verband am Rotenturmer Schloss phantasievoll neoromanische mit maurischen Elementen. Sehr schön kontrastieren die Fassadendekors aus hellem Sandstein mit den roten Ziegeln. Besonders beeindruckend ist der Eckflügel mit seinem Stufengiebel wie auch der Turm mit seiner Säulengalerie im Obergeschoss. Leider sind das Innere mit dem Vestibül und das herrliche Treppenhaus zur Zeit nicht zugänglich. 1924 zerstörte ein Großbrand das Innere, wobei das Erdödysche Familienarchiv wie auch das im Turm aufbewahrte Geheimarchiv des Franz II. Rákóczi (1676–1735), des berühmten Kuruzzenführers, zerstört wurden. Rotenturm wurde beim Einmarsch der Roten Armee am 5. April 1945 verwüstet, das Schloss geplündert und bis zum Abzug der Besatzer 1955 immer weiter zerstört. 1971 gelangte es in Landesbesitz, seit 2008 ist es Privatbesitz und inzwischen fast völlig restauriert (www.schlossrotenturm.at).

Jüngst renoviert: Schloss Rotenturm

Großpetersdorf

Auf dem Weg nach Großpetersdorf kommt man durch Jabing, ein sich schier unendlich lang erstreckendes Straßendorf. Großpetersdorf (Nagyszentmihály) ist ein wichtiger Industrieort und Verkehrsknotenpunkt. Hier endete die Pinkatal-Eisenbahn, die bis 1953 nach Steinamanger (Szombáthely) verlief. Der Zugverkehr dorthin sollte eigentlich wieder aufgenommen werden, die ÖBB

▸ Karte: hintere Umschlagklappe

legte aber 2011 die gesamte Linie vom steirischen Friedberg bis Großpetersdorf still. Der Tourismusverband Südburgenland bemüht sich dennoch weiterhin um die Wiederaufnahme des Zugverkehrs, insbesondere um die Anbindung an Steinamanger.

Die originelle Westernstadt **Lucky Town** ist in den Sommermonaten geöffnet und bietet montags Country-Musikabende an. In den Monaten Juli und August gibt es in Großpetersdorf noch einen Höhepunkt: die auf der Strecke nach Hannersdorf verkehrende **Märchenbahn**. Entlang der Strecke existiert ein ›lebender Märchenwald‹. Kinder stellen hier bekannte Märchenszenen für die Bahnreisenden nach (www.maerchenwald.at).

Sehr bekannt und beliebt ist in Großpetersdorf das **Café Huszar**, dessen Eisspezialitäten von März bis Oktober viele Käufer anziehen. Eine besondere Spezialität ist das Punscheis.

Kohfidisch und seine Umgebung

Architektonisch bedeutend ist in Kohfidisch (Gyepüfüzes) das frühbarocke **Schloss**, das auf den Fundamenten einer älteren Burg entstand. Einige ihrer Bauteile wurden beim Schlossbau einbezogen. Auch dieses Bauwerk ist Erdödyscher Besitz (seit 1585), wie schon das Wappen über dem Tor zeigt: Hier sieht man auch das Pálffy-Wappen mit dem charakteristischen Rad und dem Hirschen. Auch dieses Schloss wurde 1945 von russischen Soldaten verwüstet. Nach der denkmalschutzgerechten Renovierung entstand ein attraktives Restaurant mit teils historischem, teils modernem Ambiente, wobei man in den einzelnen Sälen manche kulturhistorisch bedeutsamen Hinterlassenschaften der Besatzungszeit beibehalten hat wie beispielsweise verschiedene Wandinschriften. Viel besucht wird es als Buschenschank. Die Schauseite des dreiflügeligen Baus ist die Gartenseite mit einem Balkon über klassizistischen Konsolen. Von hier soll es eine unterirdische Verbindung zum Rotenburger Schloss geben; überhaupt sollen alle drei Erdödy-Schlösser – das dritte befindet sich in Eberau – subterran miteinander in Verbindung stehen.

Ostwärts liegen die **Csaterberge**: der ›kleine‹ – obwohl höhere – Csaterberg mit 365 Metern und der ›hohe‹ mit 341 Metern. Dort wurde ein römischer Meilenstein aus der Zeit Kaiser Hadrians gefunden. Er steht heute vor der Kohfidischer Schule. An den Csaterbergen wird seit langem ein hervorragender Wein angebaut, die kleine Waldsiedlung Csaterberg ist von einem Weinberg dicht umschlossen. Ein hübsches **Steinmuseum** (www.csaterberg.at) mit geologischen und archäologischen Exponaten lädt zum Besuch. Denn am Csaterberg findet man Schichten aus Süßwasseropal sowie versteinerte Hölzer, deren Bildung hier bisher wissenschaftlich nicht ausreichend gedeutet werden kann. Vom Csaterberg empfiehlt sich die Wanderung zum etwa drei Kilometer entfernten Eisenberg (415 m) mit seiner grandiosen Fernsicht.

Güttenbach (kroatisch Pinkovac) südwestlich von Kohfidisch ist eine Gemein-

Schloss Kohfidisch ist heute ein Hotel

de mit überwiegend kroatischer Bevölkerung. Hier steht die 1929 von Karl Holey in ›slawischer‹ Bauweise – mit rundem, im Obergeschoss ornamentiertem Turm – errichtete Pfarrkirche; sie ist die einzige ihrer Art im Burgenland. **Harmisch** lohnt den Besuch wegen des Gasthauses ›Csencsits‹ mit seiner vorzüglichen regionalen Küche.

Um die Pinkaschlucht

Nordöstlich von Kohfidisch zwingen die Csaterberge und der Scharndorfer Wald die Pinka, nach Nordosten zu schwenken. Sie fräst sich dabei tief in die Hügel ein und hat zwischen Woppendorf und Burg einen kleinen, malerischen Canyon mit vielen Windungen enstehen lassen. Von der Pinkabrücke in Burg kann man auf der Südseite des Flusses, in Richtung Westen wandernd, dieses sehr schöne Tal gut erreichen. Dazu geht man in die Siedlung hinein und hält sich dann rechts. Allerdings ist der Spaziergang bis nach Woppendorf im letzten Abschnitt schwierig, da der Weg für einige hundert Meter unterbrochen ist.

■ Burg

Das Dorf Burg (Óvár) war wegen seiner Lage an der engen Flussschlinge der Pinka jahrtausendelang strategisch bedeutsam: Wie viele andere Regionen des Burgenlandes ist die Umgebung von Burg seit vorchristlicher Zeit besiedelt. Zahlreiche Hügelgräber der Hallstattzeit im nahen Schandorfer Wald belegen dies; nördlich des Burger Badesees wurden Reste eines römischen Gutshofes entdeckt wie auch Steinsarkophage und ein Steinlöwe, den man nach 1893 in die Pfarrkirche des nahen Hannersdorf eingemauert hat. Nahe der Pinka sind noch Reste frühmittelalterlicher Wälle und Wehranlagen auszumachen. Der Ortsname kam nicht von ungefähr: Hier bestand um 1100 eine 560 Meter lange Burganlage. Im Bereich ihrer Vorburg mit dem fünf Meter mächtigem Wall steht die später errichtete Pfarrkirche. Anhand von Wall- und Grabenresten ist die Burganlage einigermaßen gut auszumachen. Bei Burg münden einige Bäche in die Pinka, was immer wieder zu Überschwemmungen geführt hat – das letzte Mal 1965 mit katastrophalen Auswirkungen.

▸ Karte: hintere Umschlagklappe

■ Hannersdorf

Hannersdorf (Sámfalva) am Fuß des Hannersbergs besitzt mit der machtvoll über dem Ort thronenden **Pfarrkirche** eines der schönsten Ortsbilder des Südburgenlandes. Die Kirche stammt aus dem 16. Jahrhundert und ist als Wehrkirche angelegt. Am nordöstlichen Strebepfeiler ist der erwähnte römische Löwe aus Burg eingemauert, an der Fassade ist weiterhin ein römisches Relief erkennbar.

■ Schandorf

Mit 70 Prozent kroatischer Bevölkerungsmehrheit ist Schandorf (kroat. Čemba) zusammen mit dem nahen Schachendorf (kroat. Čajta) die burgenländische Siedlung mit dem höchsten Kroatenanteil. Im Mittelalter gehörte es wie Schachendorf zum ungarischen Grenzwachtsystem des Gyepü (→ Seite 163), wurde aber in den Türkenkriegen entvölkert und danach von den Batthyány mit Kroaten neu besiedelt. Ein Grenzübergang für Fußgänger und Radler führt in die ungarische Gemeinde Narda.

■ Um den Eisenberg

Von Burg führt eine passähnliche Straße auf den 415 Meter hohen Eisenberg hinauf, von dem man eine überwältigende Aussicht nach Osten zur pannonischen Tiefebene hin genießt. Hier oben liegt die Streusiedlung Eisenberg-Weinberg mit einem sehr zu empfehlenden Panoramalokal in der Oberen Kellergasse. Die Straße führt über manche Kehre hinab, unmittelbar an der ungarischen Grenze vorbei, vorbei an malerischen Kellerstöckln zum Dorf Eisenberg an der Pinka und nach **Deutsch Schützen**, die eine Gemeinde bilden.

Reizvoll sind Wanderungen in den Deutsch Schützner Weinbergen, in die man am besten von Deutsch Schützen aus über die alte Martinskirche gelangt, die einige hundert Meter westlich, außerhalb des Ort liegt. Der Eisenberg gilt als schönster und schönst gelegender Weinberg des Burgenlandes: Nicht nur die Aussicht von ihm, auch die Aufsicht zu ihm vom Tal aus ist ein schönes Landschaftserlebnis.

Links und rechts des Pinkatals

Gästeinformation Bad Tatzmannsdorf, Joseph-Haydn-Platz 1, 7431 Bad Tatzmannsdorf, Tel. 03353/7015, www.bad tatzmannsdorf.at.

Tourismusbüro Stadtschlaining, Baumkirchergasse 1, 7461 Stadtschlaining, Tel. 03355/2201, www.stadtschlaining.at.

Tourismusamt Kohfidisch, Obere Hauptstraße 4, 7512 Kohfidisch, Tel. 03366/77203, www.kohfidisch.at.

Stadthotel Pinkafeld, Hauptplatz 18, 7423 Pinkafeld, Tel. 03357/43335, www.stadt hotel-pinkafeld.at, p. P. im DZ 50 €.

Hotel Weiß, Jormannsdorfer Straße 25, 7431 Bad Tatzmannsdorf, Tel. 03353/8373, www.hotel-weiss.at, p. P. im DZ 41–49 €. Großzügiges und behagliches neues 4-Sterne-Haus.

Hotel Spiegel, Tatzmannsdorfer Str. 55, 7431 Bad Tatzmannsdorf, Tel. 03353/8482, www.hotelspiegel.at. Direkt an der Burgenlandtherme gelegen, eigene Pralinenmanufaktur, p. P. im DZ 41–45 €.

Gasthaus zur Tenne, Batthyány-Allee 47, 7431 Bad Tatzmannsdorf, Tel. 03353/8323, www.gasthaus-zur-tenne.at. Sehr beliebt bei Familien mit Kindern (Kinderspielplatz und Streichelzoo). Zweifellos die besten Backhendl des Burgenlandes. Donnerstags steirisch-folkloristische Live-Musik.

Burgenlandstube, Parkstraße 2, 7431 Bad Tatzmannsdorf, Tel. 03353/8598, Mo, Di und Fr ab 19.30 Live-Unterhaltungsmusik.

Gasthof und Pension Koller, Bergwerk 38, 7433 Mariasdorf, Tel. 03353/8044, www.gasthof-koller.at, p. P. im DZ ab 32 €.

Der Stadtwirt, Steinamangerer Str. 6, 7400 Oberwart, Tel. 03352/31520, www.der-stadtwirt.at.

Gasthof Neubauer, Wiener Str. 35, 7400 Oberwart, Tel. 03352/32489, www.gast hofneubauer.at. Gutes Haus, p. P. im DZ 32 €.

Gasthof Drobits, Grazer Str. 61, 7400 Oberwart, Tel. 03352/32266, www.drobits.at, p. P. im DZ 33 €.

Hotel Burg Schlaining, Klingergasse 2–4, 7461 Stadtschlaining, 03355/2600, www.konferenzhotel.at, p. P. im DZ ab 42 €.

Gasthaus-Café Leitner, Hauptplatz 1, 7461 Stadtschlaining, Tel. 03355/2238.

Gasthof-Café Schmidt, Oberwarter Straße 2, 7461 Stadtschlaining, Tel. 03355/22202.

Café Huszar, Hauptstraße 20, 7503 Großpetersdorf, Tel. 03362/2228.

Schlossrestaurant Kohfidisch, Schloss 1, 7512 Kohfidisch, Tel. 0664/4488699, www.imschloss.at. Zu Gast bei Familie Erdödy, keineswegs sollte man das versäumen.

Gasthaus Martin Holzer, 7512 Klein Csater, Tel.03366/77245.

Gasthaus Csencits, 7512 Harmisch 13, Tel. 03366/77220, www.csencsits.at. Weithin beliebtes Lokal mit vorzüglicher regionaler Küche, für einen Besuch am Sonntag sollte man unbedingt reservieren.

Hotel Global Integration Point, Ungarnstraße 10, 7503 Großpetersdorf, Tel. 03362/30088, www.gip.co.at, p. P. im DZ 43 €.
Ferienappartements Muhr, 7512 Badersdorf 177, Tel. 0664/2043884, www.weinbau-muhr.com. Die schön renovierten Kellerhäuser (›Kellerstöckl‹) befinden sich am östlichen Hang des Eisenbergs in einer sehr idyllischen Umgebung.
Pension Koasa Schlössl, Obere Kellergasse 35a, 7474 Eisenberg, Tel. 03365/20079, www.koasa.eu. Etwas vornehmer, p. P. im DZ 50, in der Suite 56 €.

Thermencamping Oberschützen-Bad Tatzmannsdorf, Am Campingplatz 1, 7432 Oberschützen, Tel. 03353/26262, www.thermencamping.co.at.

Stadtmuseum im Alten Rathaus, 7423 Pinkafeld, www.pinkafeld-online.at. Mai bis Nov. Siedlungs- und Rechtsgeschichte, Handwerks- und Zunftwesen, bürgerliche Kultur.
Südburgenländisches Freilichtmuseum, Josef Hölzel-Allee 1, 7431 Bad Tatzmannsdorf, Tel. 03353/8200-7234, www.freilichtmuseum-badtatzmannsdorf.at, tgl. 9–18 Uhr.
Brotmuseum (Kurkonditorei Gradwohl), Joseph-Haydn-Platz 5, 7431 Bad Tatzmannsdorf, Tel. 03353/8515.
Kurmuseum, Am Kurplatz/Quellenhof, 7431 Bad Tatzmannsdorf, Tel. 0664/5119439, ganzjährig, Führungen So 10 Uhr und Di 16 Uhr. Die Geschichte des Bades mit seiner 375-jährigen Kurtradition.
Radiomuseum, Batthyany-Allee 21, 7431 Bad Tatzmannsdorf, Tel. 0676/4939956. Anton Hiebl präsentiert seine private Kollektion von 420 Radiogeräten aus 70 Jahren Rundfunkgeschichte.
Friedenszentrum und -museum Burg Schlaining, 7461 Stadtschlaining, Tel. 03355/2498, www.aspr.ac.at, Mitte April bis Ende Okt. Di–So 9–17 Uhr.
Baumwipfelweg Althodis, Tel. 0664/505-7879, www.baumwipfelweg-althodis.at, April bis Juni und Sept. Mi–So 10–17 Uhr, Juli und Aug. tgl. 10–17 Uhr oder nach Vereinbarung.
Erlebnismühle Markt Neuhodis, 7464 Markt Neuhodis 106, Tel. 03363/77010, www.naturpark-geschriebenstein.at, April bis Oktober Di–So 10–17 Uhr oder nach Vereinbarung.
Westernstadt Lucky Town, Hauptstraße 27, 7503 Großpetersdorf, Tel. 0664/4841738, www.luckytown.at.
Steinmuseum Csaterberg, Klein Csater 10, 7512 Kohfidisch, Tel. 03366/77245, www.weingasthof.at.

Burgenlandtherme, Thermenplatz 1, 7431 Bad Tatzmannsdorf, Tel. 03353/89900, www.burgenlandtherme.at, So–Do 9–22 Uhr, Fr 9–0.30 Uhr, Sa 9–23 Uhr.
Daneben gibt es Hotels mit eigenen Thermen. In allen genannten Hotels werden verschiedene Kurpakete angeboten:
Parkhotel, Elisabethallee 3, 7431 Bad Tatzmannsdorf, Tel. 03353/7204, www.parkhotel.co.at oder www.gesundheitsressort.at, p. P. im DZ mit HP 85–107€.
Kur- und Thermenhotel Superior, Elisabethallee 1, 7431 Bad Tatzmannsdorf, Tel. 03353/8940-716, www.kur-undthermenhotel.at, p. P. im DZ mit HP ab 114€.
Thermen- und Vitalhotel Superior, Elisabethallee 2, 7431 Bad Tatzmannsdorf, Tel. 03353/8200-7204, www.thermen-und-vitalhotel.at, p. P. im DZ mit HP 97–110€.

Klangfrühling, www.klangfruehling.com, Kartenbüro Tel. 0699/10257520. Verschiedene Musikstile wie Klassik, Latin, Jazz, Fernöstliches und Österreichisches, dazu Ausstellungen. Jedes Jahr im Mai.

▸ Karte: hintere Umschlagklappe

Zwischen Lafnitztal und Heiligenbrunn

Die Lafnitz (Lapincs) ist 114 Kilometer lang, entspringt im steirischen Joglland und ist ein linker Nebenfluss der Raab. Von der nordwestlichsten Ecke des Südburgenlandes – ab Neustift – bis nach Loipersdorf, schon ganz im Süden, bildet sie die westliche Grenze des Burgenlandes. Damit entspricht sie der alten ungarischen Grenze; aus der Zeit Maria Theresias stammen noch einige alte Grenzsteine entlang des Flusses. Die Lafnitz quert zwischen Loipersdorf und Heiligenkreuz den südlichsten Zipfel des Burgenlandes, bildet auf einer Länge von knapp einem Kilometer die neue ungarische Grenze und mündet bei Szentgotthárd in die Raab.

Lafnitztal-Radweg

Eine der schönsten österreichischen Radstrecken verläuft entlang der Lafnitz. Die 77 Kilometer lange Strecke B75 – davon zehn Kilometer auf steirischem Gebiet – zieht sich durch die von der internationalen Ramsar-Konvention geschützten Auen, entlang der mäandernden Lafnitz durch Vogelreservate und einzigartige Flusslandschaften. Der Radweg beginnt in Lafnitz und führt an unzähligen Denkmälern der Geschichte vorbei bis nach Mogersdorf.

Wörterberg

Einen großartigen Blick über das Lafnitztal, die Flussmäander und die Auen hat man von der Aussichtswarte am Wörterberg (Vörthegy). 2003 fand man am Ufer der Lafnitz ein hölzernes Fass, das aus der Römerzeit stammte. Wahrscheinlich wurde es die Jahrtausende hindurch in der Erde aufgrund besonderer Gegebenheiten konserviert und bei einem Hochwasser freigelegt. Dieser Fund legt die Vermutung nahe, dass sich irgendwo in der Nähe eine römische Siedlung befunden haben muss.

Stinatz und seine Umgebung

Das nahe Stinatz (kroat. Stinjaki) ist mit 55 Prozent kroatischer Bevölkerung eine Hochburg der kroatischen Minderheit im Burgenland. Viel kroatisches Brauchtum konnte sich erhalten: Farbenprächtige Trachten scheinen hier noch zum normalen Alltag zu gehören und sind keinesfalls Staffage für durchreisende Touristen. Die Stinatzer Tamburizzagruppe – ›tamburica‹ ist ein Sammelbegriff für kroatische Volksinstrumente, verwandt der Balalaika, der Mandoline und der spanischen Zupfgitarre – gibt Konzerte in aller Welt und erhält damit die alten kroatischen Lieder und Tänze. Bekannt

In zahlreichen Kehren durchmisst die Lafnitz das Land

sind auch die folkloristisch bemalten Ostereier, die von hier weltweit exportiert werden. Ein kroatisches **Heimatmuseum** in einem Holzblockhaus von 1813 dokumentiert das große südslawische Erbe im Burgenland. Wie es für das ganze kroatische Siedlungsgebiet gilt, kamen die Kroaten in der Mitte des 16. Jahrhunderts ins Land, um die nach den Türkenkriegen zerstörten und verlassenen Dörfer wieder aufzubauen und neu zu besiedeln. Nachweislich wurde Stinatz 1576 neu gegründet.

Am 5. Februar 1995 wurde hier ein Müllmann durch einen Sprengsatz des fremdenfeindlichen Terroristen Franz Fuchs schwer verletzt. Fuchs verlor 1997 bei einem weiteren Attentat beide Unterarme, konnte aber dennoch im Jahr 2000 im Gefängnis Selbstmord begehen. Weitere Briefbomben wurden an zwei Burgenland-Kroatinnen geschickt, doch blieben sie trotz der Explosion unverletzt. Im nahen Ollersdorf fand sich ein Bekennerbrief der ›BBA‹ (Bajuwarische Befreiungsarmee) in dem es unter anderem hieß: »Sifkovits, Grandits, Stoisits, Resetarits und Janisch zurück nach Dalmatien.« Alle sind typische burgenlandkroatische Familiennamen. Marijana Grandits und Tereza Stoisits sind burgenländische Politikerinnen. Willi Resetarits (geb. 1948), politischer Sänger und Kabarettist, ist in Österreich sehr populär. Sein Bruder Lukas Resetarits (geb. 1947), Schauspieler und Kabarettist, ist auch in Deutschland als ›Major Kottan‹ in der skurrilen Kriminalserie ›Kottan ermittelt‹ bekannt geworden. Ihr Bruder Peter Resetarits (geb. 1960) erlangte in Österreich als Fernsehmoderator und Journalist Bekanntheit. Alle drei sind in Stinatz geboren.

Im nahen **Hackerberg** ist ein abendlicher Spaziergang auf dem Mondschein-Wanderweg beliebt. Die etwa drei Kilometer lange Route beginnt am südlichen Ortsrand nahe einer alten Weinpresse und führt um das Dorf herum. Er ist als Pause vom Autofahren sehr empfehlenswert. In **Litzelsdorf** findet man am Kellergeschoss von Haus Nummer 24 eine eingemauerte römische Tafel; auch die **Pfarrkirche** aus dem ersten Viertel des 19. Jahrhunderts lohnt einen kurzen Halt.

▸ Karte: hintere Umschlagklappe

■ Ollersdorf

In Ollersdorf gibt es mit der **Nudelmanufaktur Bischof** etwas ganz Besonderes: Hier kann man 50 Sorten selbstgemachter Nudeln erwerben, die sich besonders durch ungewöhnliche Formen wie Spiralen oder Muscheln auszeichnen. Ollersdorf lohnt aber auch wegen seiner heilsamen **Marienquelle** (Kirchengasse) einen Stopp, die seit Jahrhunderten von den Gebrechlichen des Burgenlandes aufgesucht wird (www.energiedorfollersdorf.at). Ein besonderer Anziehungspunkt in Ollersdorf ist der Themenweg **Lichtpfad**, der zu sieben Energieplätzen führt. Hier ziehen sich Kraftlinien strahlenförmig um die Marienquelle (www.derbefreiendelichtweg.at).

Wer besondere Kulinarik sucht, kann in Oberdorf das wegen seiner idyllischen Lage und hervorragenden Gerichte vielbesuchte **Fischrestaurant KOI** besuchen (nordöstlich des Orts an einem großen Fischteich gelegen).

■ Stegersbach

Der alte Name ›Stegraifebach‹ (Stegraif bedeutet Steigbügel) erinnert an die Lage im Grenzwachtsystem der Gyepü. Heute ist Stegersbach trotz seiner nur 2500 Einwohner einer der meistbesuchten burgenländischen Orte: Seine **Therme** zieht eine große Zahl von Touristen an. Die Therme gestaltete der Maler und Bildhauer Gottfried Kumpf (geb. 1930) im Jahr 1998; einige Plastiken wie ein hübsches Fluss-

pferd sind auf der Terrasse vor dem Restaurant noch erhalten, vieles aber wurde abgebaut, nachdem die Therme 2008 an einen Hotelier namens Karl Reiter verkauft wurde. Mit 1500 Quadratmetern Wasserfläche, Baby- und Kinderbecken, Wildbachbecken, Whirlpool, Kaskaden-Außenbecken, Hundert-Meter-Rutsche und einer Fülle anderer Attraktionen ist die Therme zu Recht sehr beliebt. Ein Golfareal, die **Golfschaukel**, ist zusätzlich angeschlossen (www.dietherme.at). Sie ist Österreichs größtes Golfresort.
Sehenswert ist aber auch die neue **katholische Kirche** (Kirchengasse 21), ein modernistischer Bau von 1974 mit einer spiralförmigen Rundtreppe, die gleichsam als ›Himmelsstiege‹ gemeint ist. Das Stegersbacher **Schloss**, meist Kastell genannt, ist ein Beispiel für die italienische Renaissance im 17. Jahrhundert in ihrer transalpinen Form. Mit den hübschen Arkadengängen ist aber der heutige Bau nur der Rest einer vormals älteren Anlage, das eigentliche Kastell nämlich existiert nicht mehr. Im Kastell befinden sich ein **Volkskundemuseum** zur Region wie auch Ausstellungen zur Geschichte von Telefon und Telegraphie.

St. Michael im Burgenland

Das **Landtechnische Museum** in St. Michael (Pusztaszentmihály) ist nicht nur für Landwirte attraktiv. Es zeigt zwar alte agrarische Geräte und Werkzeuge sowie Traktoren, aber ebenso gibt es Exponate zu den Volksgruppen des Burgenlandes. Der nahe **Flugplatz Punitz**, an der Straße nach Kohfidisch, ist der südöstlichste Österreichs. In den Sommermonaten werden hier Rundflüge über das Südburgenland angeboten (www.logg.at). Berühmt ist das **Eiscafé Scampi**. Hier gibt es das wahrscheinlich weltweit einzigartige Toffee-Eis mit Meersalz – eine im Wortsinn atemberaubende Kombination.

Der Naturpark in der Weinidylle

Das große Wald- und Berggebiet östlich von St. Michael bis zur pannonischen Ebene hin steht größtenteils als ›Naturpark in der Weinidylle‹ auf einer Fläche von 7270 Hektar unter staatlichem Schutz. Es erstreckt sich zwischen dem unteren Pinkatal um Kohfidisch bis zum unteren Stremtal um Heiligenbrunn. Landschaftlich prägen Weinberge an flach gewellten, mäßig steilen Hügeln und zahllose Kellerstöckl den Naturpark. Dazu gibt es auch einige kulturhistorische Sehenswürdigkeiten.

Bildein

Bildein (Beled) liegt am Rand des Naturparks, schon in der Tiefebene. Sehr besuchenswert ist das **Burgenländische Geschichte(n)haus**, ein Museum, das die 90-jährige Landesgeschichte sehr informativ darstellt. Überhaupt wird hier das Thema Grenze und Grenzprobleme attraktiv aufbereitet. Ein fünf Kilometer langer **Grenzerfahrungsweg**, den der örtliche Kulturverein entworfen hat – er bietet auch Führungen an – erinnert an den ehemaligen Eisernen Vorhang, der nur etwa zwei Kilometer östlich von Bildein verlief. Beginnend im Dorfzentrum, wandert man über unterschiedliche Stationen – unter anderem ein Labyrinth, Bunker aus dem Zweiten Weltkrieg, Schützengraben, Grenzbrücke, Grenzwachturm – durch die Ebene zur ungarischen Grenze, überquert dort die Pinka und spaziert am gegenüberliegenden Flussufer wieder zurück.
Besuchenswert ist auch der **Schauweingarten** in Bildein. Eine gute Einkehrmöglichkeit ist ›Rosemaries Gasthaus‹ gleich an der Kirche – wenn es denn trotz der vielen Schließzeiten mal geöffnet sein sollte. Jedes Jahr im August findet in Bildein das größte Freilicht-Rockfestival

Österreichs ›Picture on‹ statt (www.pictureon.at). Auch ein ›Rockseminar‹ wird abgehalten.

Das unweite **St. Kathrein** (Pósaszentkatalin) war ursprünglich eine kroatische Siedlung. Die dortige Magdalenenkapelle wurde über einer wundertätigen Quelle erbaut; viele Jahrhunderte lang war St. Kathrein ein Wallfahrtsort.

Eberau

Ein ansehnlicher Ort ist Eberau (Monyorókerék). Ungewöhnlich sind die gut erhaltenen, mittelalterlichen Ortsbefestigungen, die eine seltsame Mischung aus künstlichem Erdwall und Mauerwerk darstellen. Bedeutendstes Bauwerk in Eberau ist die am Südende der Ortsstraße befindliche ehemalige **Wasserburg** des 14. Jahrhunderts, die im sumpfigen Gelände zwischen Pinka und Rodlingbach erbaut wurde und dadurch nie eingenommen werden konnte. Sie wird als eine der größten Wasser-Wehrbauten Europas angesehen. Die Burg wurde später mehrfach umgebaut und gelangte in Erdödyschen Besitz, in dem sie sich noch heute befindet. Damit ist sie neben Kohfidisch und Rotenturm das dritte Erdödy-Schloss im Südburgenland. Angeblich sind alle drei Burgen beziehungsweise Schlösser durch unterirdische Gänge miteinander verbunden, was aber zumindest bei der Eberauer Wasserburg schwer vorstellbar ist.

Die Rote Armee requirierte die Burg 1945, wodurch sie schwere Schäden erlitt. Die Soldaten verheizten beispielsweise die Deckenbalken der zweiten Etage, in der sich die Prunkräume befanden, um den kalten Winter zu überstehen. Auch das Familienarchiv wurde zerstört oder unsachgemäß als Toilettenpapier verwendet. Wände und Türrahmen wurden aufgeschlagen, um versteckten Schmuck ausfindig zu machen. Der Öffentlichkeit ist das Schoss nicht zugänglich, da es sich immer noch in einem sehr schlechten Zustand befindet und Mauerwerk herabfallen könnte. Auch das Holzfundament der alten Wasserburg ist sehr schadhaft, wodurch sich die Außenmauern allmählich neigen und das gesamte Bauwerk zu versinken droht. Die Familie Erdödy sieht sich nicht imstande, die Renovierungskosten selbst zu tragen, möchte das Schloss aber auch nicht an den Staat verkaufen. Ein örtlicher Theaterverein nutzt den Schlossgarten für Sommeraufführungen (www.eberau.at). Ein achteckiger **Pranger** am Hauptplatz erinnert an die Zeit der eigenen erdödyschen Gerichtsbarkeit in Eberau. Gourmets können die süßen Versuchungen der Konditorei Gansfuß im Café ›Crustulum‹ am Hauptplatz probieren: Die phantasievollen Kreationen – etwa die Uhudlerschokolade – dieses Betriebs sind burgenlandweit bekannt und geschätzt.

Maria Weinberg

Eine sehr schöne, von Weinhängen gesäumte Landstraße verläuft von Eberau unmittelbar am Fuß des Kulmer Waldes südwärts. Sie ist ein Teil der Pinkataler Weinstraße. Man passiert Gaas und gelangt dann am Fuß des Loderbergs zur **Wallfahrtskirche Maria Weinberg**, das oft als das schönste Marienheiligtum des südlichen Burgenlandes bezeichnet wird. 70 Stufen führen zur Kirche in einer Höhe von 236 Metern hinauf. Schon der Blick nach Ungarn hinein ist wunderbar. Die einschiffige Kirche mit ihrem filigranen Netzrippengewölbe wurde zwischen 1475 und 1525 an der Stelle der verlassenen Burg Kertes gebaut. Das Gnadenbild ist eine spätgotische Madonna auf einer Mondsichel, die vom Gottvater gesegnet wird, der zwischen den Wolken thront. Künstlerisch bedeutsam ist auch

▸ Karte: hintere Umschlagklappe

Von archaischem Reiz: die Kellerhäuser in Heiligenbrunn

eine Säulenmadonna von 1625. Die barocken Fresken der Orgelempore strahlen eine besondere Lebensfreude aus. Im unweiten **Moschendorf** sollte man dem Weinmuseum einen Besuch abstatten. Es ist gleichzeitig ein Freilichtmuseum mit Winzerhäusern und Kellerstöckln aus dem 16. bis 18. Jahrhundert. Die vor kurzem eröffnete Wasserelebniswelt bietet auf vier Hektar Fläche zahlreiche nasse Vergnügungen: einen 150 Meter langen Wasserlauf, Kanufahrten, Wasserfälle, ein Schöpfrad und ähnliches mehr.

Heiligenbrunn und seine Umgebung

Die äußerste Südostecke des Südburgenlandes ist mit ihrer Symbiose aus sanften Schotterwällen und den ersten Zügen der großen pannonischen Ebene von außergewöhnlicher landschaftlicher Schönheit. Die Stremtalwiesen, die sich südöstlich bis zur ungarischen Grenze hinziehen, zählen zu Österreichs größten Feuchtbiotopen. In ihnen finden sich botanische Seltenheiten wie die Sibirische Schwertlilie, der Lungenenzian und die Gelbe Taglilie.

Heiligenbrunn

Der Besuch des stillen Dorfes Heiligenbrunn (Szentkút) ist ein Höhepunkt einer jeden Burgenlandfahrt: Nirgendwo sind Kellerstöckl und Kellergasse so poetisch, so traut in die Landschaft eingebettet wie hier; nirgendwo gehen Weinanbau und Weinlagerung eine solche Symbiose mit der sanft atmenden Hügellandschaft ein. »Wir trauen unseren Augen nicht, als uns die vom Dorf abzweigende Straße in eine in sich abgeschlossene Welt weißgekalkter Häuser führt, die sich mit den tief heruntergezogenen Strohdächern hinter dem Vorhang blühender Bäume verbergen. Diese Weinkeller sind nicht in die Erde versenkt, sie sind Holzblockbauten von verschiedener Höhe und Größe, jedes einzelne Haus ein Unikum. Meist bestehen diese Häuser aus zwei Räumen, dem Aufbewahrungsraum für Fässer und Winzergerät und dem Preßhaus. Das auf dem lehmverschmierten Mauerwerk ruhende Dach zeigt erst bei näherem Hinsehen die an den Kanten besonders deutlich werdende zopfige Verflechtung, mit der die einzelnen Strohbündel an das Gebälk gebunden werden. Diese Bedachung schützt gegen Hitze und Kälte, genauso wie die den Kellerraum verschließende Eichenpfostentür, der noch eine sorgfältig aus Weiden geflochtene zweite Tür vorgeblendet ist. Jedes der zwischen 1740 und 1781 entstandenen Häuser wird von einem unter dem Dachvorsprung hinlaufenden schmalen Lehm-Estrich, der sogenannten ›Grädn‹, umzogen, die auch bei Regenwetter trocken bleibt.« So schreibt der Österreichkenner und Kunsthistoriker Max Rieple über das Kellerviertel von Heiligenbrunn, und so könnte man es auch heute noch beschreiben. Westlich oberhalb des Ortes gibt es ein weiteres solches Viertel. Man erreicht es über die letzte Straße am Orts-

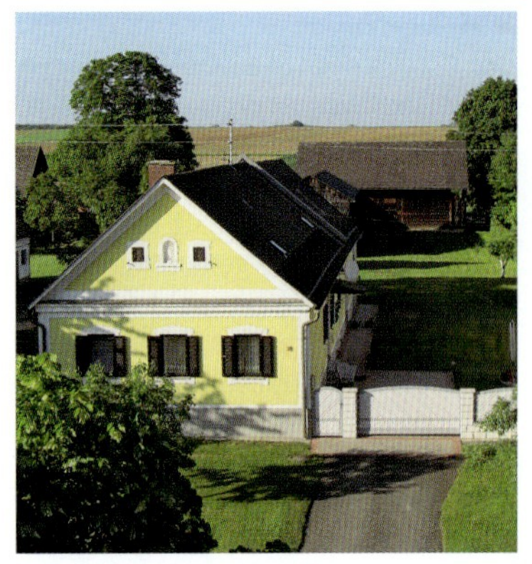

Einer der Streckhöfe in Hagensdorf

ausgang Richtung Hagensdorf rechts hinauf. Auf der Berghöhe biegt man dann scharf rechts in das obere Kellerviertel hinein. Von oben eröffnet sich ein weiter Blick über die Aue. Das ganze Viertel mit seinen 120 Häusern, davon 50 noch mit Stroh gedeckt, steht selbstverständlich unter Denkmal- und Landschaftsschutz (www.kellerviertel-heiligenbrunn.at).

Die **Pfarrkirche** (1764) ist eher bescheiden. Am Triumphbogen kann man ein Batthyány-Erdödysches Doppelwappen sehen. Unterhalb der Kirche liegt die kleine Ulrichskapelle von 1926, vor ihr der heilige Brunnen, der dem Ort seinen Namen gegeben hat. Schon seit 1198 wird von einer heilkräftigen und wundertätigen Quelle berichtet. Nachweislich konnte das Wasser Augenleiden kurieren; der Augenarzt Ladislaus Batthyány-Strattmann verwendete es zu Beginn des 20. Jahrhunderts.

Ungarisch Bieling

Die Straße von Heiligenbrunn nach Hagensdorf erreicht hinter Deutsch Bieling ein kleines Waldgebiet, hinter dem die ungarische Grenze verläuft. In einem Straßenknick erinnert eine Hinweistafel an das untergegangene Dorf Ungarisch Bieling. Während nach 1921 die Dörfer im österreichisch-ungarischen Grenzgebiet bestehen blieben, erfolgte nach 1945 deren schnelle Aufgabe im Grenzgebiet des Eisernen Vorgangs, wodurch viele Orte verwüstet wurden – so auch Ungarisch Bieling. Diese Orte wurden, nachdem die Bewohner sie hatten verlassen müssen, abgerissen und das Territorium zum Westen hin mit Stacheldraht gesichert. Von Ungarisch Bieling sind im dichten Waldgestrüpp noch die Fundamente einer Mühlenwehranlage wie auch Grabkreuze des Friedhofs zu finden.

Hagensdorf

Hagensdorf (Karachon) besitzt ein ausnehmend hübsches Ortsbild, liegt einsam dahingestreckt am Strembach. Hier wie im nahen Luising sind viele schöne **Streckhöfe** aus der Zeit nach 1843 erhalten; in diesem Jahr hatte ein Brand Hagensdorf vollständig zerstört.

Um den Ort kommt in den Auwiesen die Schachblume (Fritillaria meleagris) vor, ein Liliengewächs mit einem auffallenden Schachbrettmuster an ihrer lilafarbenen Blütenglocke. Sie blüht im April und verwandelt dabei die Wiesen in ein dunkelrotes Blütenmeer. Sie gedeiht nur auf Feuchtwiesen, steht unter strengem Schutz und kommt in Österreich nur noch an einer anderen Lokalität in der Steiermark vor. Die Wiese hinter dem Landhotel Schwabenhof in Hagensdorf zeigt eines der reichsten Vorkommen dieser Blume. An Feuchtgebiete ist auch die seltene Brandmaus (Apodemus agrarius) gebunden, von der einige Exemplare kürzlich im Stremtal aufgetaucht sind.

Hagensdorf und seine Umgebung bieten sich für Besucher an, die Stille suchen oder zu Fuß und mit dem Rad den Rand der pannonischen Ebene erkunden wollen. Es gibt auch viele grenzüberschreitende Fuß- und Wanderwege.

▸ Karte: hintere Umschlagklappe

Vom Lafnitztal nach Heiligenbrunn

Tourismusverband Stegersbach, Thermenstraße 12, 7551 Stegersbach, Tel. 03326/52052, www.stegersbach.at.

Naturparkbüro in der Weinidylle, 7540 Moschenbrunn, Tel. 3324/6318, www.naturpark.at.

Kulturverein Grenzgänger, Florianigasse 1, 7521 Bildein, Tel. 03323/21999.

Tourismusverband Heiligenbrunn, 7522 Heiligenbrunn Nummer 33, Tel. 03324/7281, www.kellerviertel-heiligenbrunn.at.

Fischrestaurant KOI (Kulinarik am Teich), Teichwald 1, 7501 Oberdorf, Tel. 0676/460 5745, www.koi-kulinarik.at, Mi–So, warme Küche 11–14 und 18–21 Uhr.

Landhotel Novosel-Wagner, Ägidiplatz 6, 7551 Stegersbach, Tel. 03326/52300, www.hotel-novosel-wagner.at, p. P. im DZ 35–39 €.

Die Wirten, Hauptstraße 113, 7521 Bildein, Tel. 03321/21918, www.diewirten.at, Di/Mi geschlossen, So nur 9–17 Uhr.

Pension Buch, Hauptplatz 31, 7521 Eberau, Tel. 03323/2900, www.pensionbuch.at, p. P. im DZ ab 34 €.

Landhotel Schwabenhof 7522 Heiligenbrunn/Hagensdorf 22, Tel. 03324/7333, www.schwabenhof.at, p. P. im DZ je nach Saison 32–55 €. Eines der schönstgelegenen, bestausgestatteten 3-Sterne-Hotels des ganzen Burgenlandes, mit ausgezeichnetem Preis-Leistungs-Verhältnis. Biergarten, Swimming-Pool, Fahrradverleih sowie vorzügliche Küche; in ruhiger Umgebung.

Café Mühle, Golfstraße 9, 7551 Stegersbach, Tel. 03326/533030, www.cafe-muehle.at. Weithin bekanntes Lokal, errichtet in Form einer überdimensionierten Kaffeemühle mit Kurbel. Es bietet Eis, Kaffee, Mehlspeisen, Disko, Konzerte.

Café Crustulum, Hauptplatz 10, 7521 Eberau, Tel. 03323/21925, www.mehlspeisparadies.com.

Eiscafé Scampi, Obere Hauptstraße 21, 7535 St. Michael im Burgenland, Tel. 03327/856113.

Kroatisches Heimatmuseum (Heimathaus), Hauptstraße 19, 7552 Stinatz, Tel. 03358/3484. Besuch nur nach Voranmeldung.

Regional- und Telegraphenmuseum Stegersbach, im Kastell, Tel. 03326/52342.

Landtechnisches Museum, Schulstraße 12, 7535 St. Michael, Tel. 03327/8124, www.landtechnikmuseum.at, April bis Okt. tgl. 9–12 u. 13–17 Uhr.

Burgenländisches Geschichte(n)haus, Florianigasse 1, 7521 Bildein, Tel. 03323/21999, www.geschichtenhaus.at, Ostern bis Ende Okt. jeweils Sa/So 14–17 Uhr, jedoch nach Voranmeldung zu jeder beliebigen Zeit möglich. Sehr sehenswert.

Weinmuseum Moschendorf, Tel. 03324/6317, www.weinidylle.at. Mit Vinothek und Weinlehrpfad.

Wassererlebniswelt Moschendorf, Pinkataler Weinstraße 66, Tel. 03324/20078, www.wassererlebniswelt.at.

Rockfestival Picture On, www.pictureon.at. Kleines Festival, stets an zwei Tagen im August; Mischung aus Rockseminar, Konzerten und vielem anderen.

Teigwarenproduktion Bischof, Bundesstraße 1, 7533 Ollersdorf, www.bischof-nudeln.at, Mo–Fr 7.30–12 u. 14–18, Sa 8.30–12 Uhr.

Therme/Golfplatz in Stegersdorf: Kontakt und Info über den Tourismusverband.

Durchs Uhudlerland nach Güssing

Die bergige Region westlich von Stegersbach um den Burgauberg und Sauberg bietet besondere Wandermöglichkeiten: Ein ›Krämerwanderweg‹, ein ›Kinder-Kräuterweg‹, ein ›Uhudler-Wanderweg‹ und ein ›Kuruzzenwanderweg‹, alle mit Schautafeln versehen, führen in die Umgebung von Burgauberg, teils auch schon auf steirisches Gebiet. Am Kuruzzenwanderweg steht die Nachbildung eines ›Tschartaken‹, eines Grenzwachtturms des altungarischen Grenzsicherungssystems (www.burgauberg-neudauberg.at). Von der Burgauberger Aussichtswarte hat man einen schönen Blick über das Lafnitztal. Hier befindet man sich am Rand des Uhudler-Gebiets, das sich bis nach Heiligenbrunn hinzieht. Und wenn man einen Schritt ins nahe steirische Burgau macht, lohnt ein Blick auf das Wasserschloss von 1367, in dessen Turm sich das Gemeindeamt befindet. Das Schloss wird für verschiedenste kulturelle Veranstaltungen genutzt.

Rohr im Burgenland

In Rohr im Burgenland (Nád) trifft man mit den **Auwiesen Zickenbachtal** auf das mit 42 Hektar größte Niedermoor Österreichs. Es wird vom Zickenbach gespeist; die Torfschichten sind bis zu 13 Meter mächtig. Am Rande des Moors wurden Heilschlämme entdeckt, die in Kürze auch medizinisch verwendet werden sollen. Ein sehr informativer **Rundwanderweg** führt von der Kirche im Ortszentrum in das Moor hinein (www.moorochse.at).

Rauchwart im Burgenland

Ein Badesee mit zugehörigem Campingplatz lässt viele Besucher nach Rauchwart (Rábort) gelangen, das auf eine alte Gyepü-Station zurückgeht. Um den See kann man auf einem **Fischereilehrpfad** seine Bildung erweitern. Eine alte **Spiritusfabrik** dient als Galerie und als Spielstätte für zeitgenössische Bühnenstücke.

Rudersdorf

Die **Fritz-Mühle** in Rudersdorf (Radafalva) ist ein vielbesuchtes Objekt. Hier wird seit mehr als 100 Jahren aus Kürbiskernen Öl gewonnen – die Steiermark ist nicht weit, und der Kürbisanbau erfolgt auch in diesen grenznahen Regionen des Burgenlandes. Die Fritz-Mühle ist eine der wenigen noch bestehenden Ölmühlen des steirisch-burgenländischen Kürbisgebiets. Es gibt hier eine Fülle von Ölsorten zu kaufen, doch kann man auch

Ölproduktion in der Fritz-Mühle

▸ Karte: hintere Umschlagklappe

dem Herstellungsprozess zu sehen. Zusätzlich produziert man eigene Schokoladen, es gibt Honigsorten, Essig, Schnäpse und einen grandiosen Kürbisöl-Likör. In der Fritz-Mühle werden die getrockneten Kürbiskerne zwischen zwei Mahlsteinen vermahlen, wodurch die besondere Sorte des Steinmühlenöls entsteht, das einen nussigen Geschmack besitzt. Die Mahlmasse wird mit Wasser vermengt, dann geröstet und danach mit 300 Bar hydraulisch ausgepresst. Der Rückstand, der sogenannte Ölkuchen, wird gepresst oder gemahlen und findet als Tierfutter oder Fischköder Verwendung. Um einen Liter Kernöl zu produzieren, benötigt man etwa 33 Kürbisse und dafür wiederum 33 Quadratmeter Anbaufläche.

Von Rudersdorf kann man Kanufahrten auf der Lafnitz machen; durch die Auenlandschaft des Flusses führen eine Vielzahl von Wander- und Radwegen Richtung Deutsch Kaltenbrunn oder Königsdorf, so dass Rudersdorf ein Ort mit attraktivem, vielseitigem touristischen Potential ist.

Die nahe **Therme** in Loipersdorf – schon auf steirischem Gebiet – ist eine der größten Attraktionen in Südostösterreich, laut www.therme.at der »weltbeste Wasserspaß«: Wildbach, Sprungbecken, eine weltweit einzigartige Wasserrutsche, Kosmetikangebote und vieles andere mehr berechtigen zu dieser Aussage. Es gibt sogar einen Thermengolfplatz.

Ein anderer Rudersdorfer Betrieb ist ein Mekka für die Freunde des Obstessigs. Die **Essigmanufaktur Hirmann** produziert neben hervorragenden Obstbränden auch ungewohnte Produkte, beispielsweise Bärlauch- und Paprikaessig sowie Tomatenschnaps. Achtung: Die Manufaktur liegt im Ortsteil Puszta, weit außerhalb von Rudersdorf in den Bergen, Richtung Nordnordost.

Im sehr sehenswerten Freilichtmuseum Gerersdorf-Sulz

Um Kukmirn

Im Zentrum eines großen Apfelanbaugebiets gelegen, ist Kukmirn (Kukmér) mit seiner landschaftlich reizvollen, von tief eingeschnittenen Tälern gekennzeichneten Umgebung sehr besuchenswert. Gut hundert Meter höher als das Lafnitztal gelegen, zeigt sich die Landschaft in ganz anderer Form.

Das reiche Obstanbaugebiet, das übrigens ursprünglich Weinanbaugebiet war und um 1870 durch die Reblaus vernichtet wurde, forciert gleichsam die Herstellung von Obstbränden: Im privaten **Schnapsbrennermuseum** im nahen Neusiedl kann man probieren und kaufen. Es gehört zur weitbekannten Brennerei Lagler, die hier seit 1853 feine Spirituosen produziert. Zur Brennerei gehört weiterhin ein feudales Wellnesshotel, das wegen seiner herrlichen Lage und der nahen Obstbrandverköstigung vielbesucht ist. Am Zellenberg westlich von Kukmirn ermöglicht die bergige Landschaft sogar den Skisport: Hier gibt es eine Grasskipiste, die der lokale Ski- und Wanderclub betreibt, sowie verschiedene kleine Liftanlagen in der Umgebung (www.swc-kukmirn.com).

Weithin sichtbar: Burg Güssing

Gerersdorf-Sulz

In der Gemeinde Gerersdorf-Sulz, im Ortsteil Gerersdorf, findet man das größte **Freilichtmuseum** im Burgenland: 32 teils strohgedeckte Häuser aus dem 18. und 19. Jahrhundert, die hier neu aufgebaut wurden, dokumentieren das bäuerliche Leben der Region. Es entstand 1976 aus einer privaten Initiative und wird heute von einem extra dafür gegründeten Verein verwaltet. In den Sommermonaten werden auch handwerkliche Kurse veranstaltet, in denen man unter anderem Tischlerei, Kunstschmiede und Möbelrestauration erlernen kann.

In Sulz befindet sich ein gut erhaltenes ländliches **Schlösschen** aus dem 18. Jahrhundert, das Kastell, das mit seinen sechs großen, toskanischen Säulen sehr auffällig ist. Es diente ursprünglich als Gäste- und Badehaus, ihm gegenüber liegen die berühmten Mineralquellen von Sulz. Nach 1945 verfiel es schnell, doch ist es heute gesichert und soll rekonstruiert werden. Die Sulzer Quellen waren schon zur Römerzeit ein Begriff. Seit 1905 wird das Mineralwasser großtechnisch abgefüllt und war als ›Vita Quelle‹ monarchieweit bekannt. Auch heute noch erfolgt die Abfüllung. Seit 2004 ist die Firma Abdel Hadi Abdullah Al-Qahtani & Sons Co. der Besitzer, ein saudi-arabischer Mischkonzern, der weltweit 4000 Mitarbeiter in verschiedenen Branchen beschäftigt. Das Sulzer Unternehmen firmiert seither unter Güssinger Beverages & Mineralwater GmbH.

Güssing und Umgebung

Die Bezirksstadt mit ihren 3800 Einwohnern ist historisch und wirtschaftlich eine der wichtigsten burgenländischen Siedlungen. Durch eine Vielzahl von Veranstaltungen und Events ist sie das kulturelle Zentrum des Südburgenlandes. Und der aus sumpfiger Niederung emporragende vulkanische Kegel des Burgbergs beherrscht weithin die Lande.

Burg Güssing

Die Anfänge von Burg und Stadt gehen auf die Zeit um 1150 zurück, als eine erste Holzburg auf dem markanten vulkanischen Kegel errichtet wurde. Der un-

▸ Karte: hintere Umschlagklappe

garische König Géza II. hatte den Berg ›Quizun‹ kurz davor einem steirischen Adligen namens Walfer überlassen, der bald auch ein Benediktinerkloster errichten ließ, womit der Grundstock für die spätere mächtige Herrschaft Güssing entstand. Etwa 100 Jahre später baute man eine erste gemauerte Burg, nachdem 1270 die Grafen von Güssing als eigenes Geschlecht erstmals genannt waren. Die Lage an der Grenze zu Österreich, wie auch die Position auf dem Vulkanberg ließ die Güssinger Burg zu einer der wichtigsten ungarischen Grenzburgen werden. Die Familie der Güssinger war in jener Zeit im Besitz großer Ländereien des südlichen Westungarn und auch bei den ungarischen Königen und österreichischen Herzögen sehr angesehen, obwohl sie immer ein eigenständiges Fürstentum mit möglichst geringer Abhängigkeit von Ungarn anstrebte. 1285 begann der Güssinger Graf Iwan einen Feldzug gegen die Österreicher, denen er 1289 bei Bernstein eine vernichtende Niederlage bereitete. Doch das blieb nur kurze Zeit so: Die Österreicher schlugen die Güssinger ihrerseits in den folgenden Jahren immer wieder – gegen 1327 waren sie endgültig unterworfen und wurden bedeutungslos. Wechselnde Eigentümer folgten. Gegner des ungarischen Königs Matthias Corvinus, der gerade ein Jahr im Amt war, wählten 1459 in Güssing den habsburger Kaiser Friedrich III. zum ungarischen König. Zu dieser Zeit war die Burg im Besitz des siebenbürgischen Woiwoden Nikolaus Ujlaki. Er nahm eine wechselnde Position zwischen Corvinus und Friedrich ein, was letztlich zu Kämpfen um die Burg führte, in deren Folge sie 1490 von dem Habsburger Maximilian I. (1452–1519) eingenommen wurde. Als Auswirkung weiterer Streitigkeiten fiel sie an die ungarische Krone. König Ludwig II. (1506–1526), der letzte Jagiellonenkönig – er fiel in der Türkenschlacht bei Mohács –, übertrug sie 1522 aus Dankbarkeit für die Verdienste bei der Türkenabwehr dem Adeligen Franz Batthyány. Durch die drohenden Türkenangriffe wurde die Burg zur Festung ausgebaut. Tataren, Kuruzzen und natürlich auch die Türken berannten sie vergeblich – wie auch die nahe gelegene steirische Riegersburg wurde sie nie eingenommen. Überhaupt war die Batthyány-Zeit eine Epoche der kulturellen Blüte: Der kunstsinnige Balthasar Batthyány (1543–1590) rief verschiedene Forscher nach Güssing. Auch Carolus Clusius (1526–1609) verbrachte einige Zeit in Güssing und Stadtschlaining, um die pannonische Pflanzenwelt zu erforschen. Clusius schrieb in dieser Zeit drei Bücher, die jahrhundertelang als die wissenschaftlichen Standardwerke über die Flora Pannoniens galten. Straßennamen und botanische Lehrpfade erinnern um Güssing an diesen großen Forscher. Auch die forschende Clusius-Gesellschaft hat hier ihren Sitz. Der Maler Pieter Brueghel der Jüngere (1564–1638), der Sohn des großen ›Bauern-Brueghel‹, wirkte im Dienste des Fürsten auf der Burg.

Doch im 18. Jahrhundert, als nach der Niederlage vor Wien 1683 kaum noch die Gefahr eines erneuten Türkeneinfalls bestand, begann die Burg zu verfallen. Denn die Batthyány wollten die hohe Dachsteuer nicht entrichten, die an den Fiskus für alle Privathäuser gezahlt werden musste. Sie errechnete sich in Abhängigkeit von der Fläche des jeweiligen Gebäudedaches – soweit ein solches vorhanden war. Und die Güssinger Burg hatte inzwischen keines mehr, denn sie war in den vorausgegangenen Jahrzehnten kaum instandgehalten worden. Erst 1870 besann man sich ihrer wieder. Fürst Philipp Batthyány-Strattmann gründete eine Stiftung, um die für die Geschichte Ungarns und seine Familie so bedeutende Burganlage zu erhalten. Die Stiftung ist immer noch Eigentümer der Burg. Nach einer größeren Renovierung der um 1980 ruinös gewordenen Burg zwischen 1990 und 2000, zeigt sie heute wieder das Aussehen des 17. Jahrhunderts.

Nicht nur von Weitem ist sie ein unvergleichlicher Blickfang: Auch der Anstieg zu ihr, der über steile Fahrwege und durch zahlreiche enge Torbögen führt, ist eindrucksvoll. Nach dem ersten Tor (Jahreszahlen 1544 beziehungsweise 1672 am Torbogen) passiert man eine gewaltige Kasematte, über der sich der sogenannte Witwenturm erhebt. Dann steigt der Weg steil an – kaum zu glauben, dass Fahrzeuge hier hinauf und hinab fahren können. Durch zwei enge, verlängerte, tunnelähnliche Tore erreicht man nun den weiten Hof der Vorburg mit Veranstaltungstribünen und dem sehr empfehlenswerten Burgrestaurant rechts. Das Restaurant ist auch bequem mit einem Schrägbahnlift vom Parkplatz unterhalb der Burg erreichbar. Eine breite Treppe führt vom äußeren Burghof zur Hochburg und damit zum inneren Burghof hinauf. Rechts von der Treppe gelangt man zu einer **Aussichtsterrasse** auf einer ehemaligen Bastei. Der Blick von der Burg ist grandios: Im Süden gleißen die Fischteiche, im Norden erhebt sich als weiterer Vulkankegel der Tobajer Kogel empor. Er ist bei Mineraliensuchern bekannt und beliebt.

Der innere Burghof ist sehr eng. Von hier geht es vorbei am Bergfried (17. Jahrhundert) mit seinem romanischen Unterbau zur **Burgkapelle**. Romanische Reste finden sich auch an ihrem Portalrahmen. Der Hochaltar ist neugotisch von 1794, der barocke Seitenaltar zeigt die Pestheiligen Rochus und Sebastian.

▲ Karte: hintere Umschlagklappe

Totenschild in der Burgkapelle

Er entstammt der alten Friedhofskirche außerhalb der Stadt, die trotz ihrer abgelegenen Position im Mittelalter die Stadtpfarrkirche war. An den Wänden befinden sich Totenschilde der Familie Batthyány, auch gibt es einen barocken Wappengrabstein.

Das **Burgmuseum** zeigt Sammlungen aus dem Besitz der Familie Batthyány, Österreichs größte Sammlung von Kunstwerken aus Eisenguss, im Keller eine große Kollektion von Zinnfiguren und im Rittersaal Gemälde aus 400 Jahren. Natürlich wird auch die Burggeschichte dokumentiert. Die Burgspiele im Burghof in den Sommermonaten zeigen vergnügliche, familienfreundliche Theaterstücke mit eigens dafür komponierten Musiken (www.burgspiele.eu). 2012 kommen ›Der Zauberer von Oz‹ von Frank Baum und ›Bunbury‹ von Oscar Wilde zur Aufführung. Die Burgspiele sind das Herz des Güssinger Kultursommers, der eine Fülle unterschiedlichster Veranstaltungen anbietet (www.kultursommer.net). Dazu zählen zum Beispiel verschiedene Musicals, die einheimische Talente unter professioneller Leitung einstudieren (www.musicalguessing.com).

Der Uhudler

Vielleicht die typischste südburgenländische Spezialität ist der Uhudler – ein Wein, der je nach Sorte an einen Rosé oder einen hellen Rotwein erinnert. Das besondere an ihm ist, dass er ein Verschnitt aus Trauben verschiedener regionaler Sorten ist: Ripatella, Isabelle, Elvira. Sein Geschmack erinnert an Walderdbeeren oder schwarze Johannisbeeren. Der Wein wurde ›entwickelt‹, als man nach den großen Reblauskatastrophen in Österreich von 1870 versuchte, einen Ersatzwein zu schaffen, wobei man österreichische Traubenarten mit besonders lausresistenten amerikanischen Sorten kreuzte. Diese Sorten waren nicht veredelt, waren also sogenannte ›Direktträger‹; der aus ihnen resultierende Wein hatte einen gering erhöhten Methanolgehalt, war etwas stärker säurebetont und genoss daher wegen angeblicher negativer Wirkungen einen schlechten Ruf. Vor allem der Geschmack war ein ganz anderer als der, den man von einem Rosé oder hellen Rotwein bisher kannte. Um den Absatz und die Reputation der ›seriösen‹ Weine nicht zu beschädigen, wurde der Uhudler ab 1936 und bis in die 1970er Jahre nicht öffentlich ausgeschänkt und war auf die Funktion eines reinen Haustrunks beschränkt. Im Rahmen des Glykolskandals in den 1980er Jahren wurde die Herstellung des Uhudlers überhaupt untersagt, wobei Mitarbeiter der Gesundheitsämter im ganzen Südburgenland vorhandene Uhudlervorräte vernichten ließen. Besonders burgenländische Winzer hatten ihren Wein mit Diethylenglykol versetzt, um ihn aromatischer zu machen.

Erst nach 1992 änderte sich die Situation: Den traditionsverbundenen Weinbauern gelang es, den Uhudler als besondere regionale Spezialität zu etablieren. Er darf offiziell in acht Gemeinden produziert werden. Die Deutung des Namens ist nicht gesichert: Angeblich sollen Augenringe, die nach übermäßigem Genuss des Weines entstehen, an das Aussehen eines Uhus erinnern (www.uhudlerverein.at).

Ripatellatrauben kurz vor der Lese

Die Stadt Güssing

Die Siedlung am Fuß des Burgbergs geht auf das späte 14. Jahrhundert zurück und blühte rasch auf, war ein Zentrum des Protestantismus und schnell wohlhabend geworden; ›Adlige und freie Stadt‹ heißt sie in den Chroniken der Epoche. Mit 3800 Einwohnern ist Güssing die achtgrößte Stadt im Burgenland.

Der erste Eindruck des heutigen Stadtbilds ist etwas nüchtern: Güssing hinterlässt den Eindruck einer nach 1945 vollständig neu im Stil der Zeit aufgebauten Stadt. So gut wie keine älteren Profangebäude sind vorhanden. Doch mit dem Franziskanerkloster und der Klosterkirche gibt es zwei bedeutende Sehenswürdigkeiten.

Das **Kloster** wurde 1649 von Adam I. Graf Batthyány (1609–1659) gestiftet. Der dreiflügelige Bau stellte damals gleichzeitig eine Eckbastion der Stadtmauer dar. Erhalten ist die wertvolle Klosterbibliothek, die ursprünglich eine Sammlung Balthasar Batthyánys war. An der **Kirche** von 1638 mit vielen Renaissance-Elementen ist der große Ostturm auffallend – normalerweise sind Kirchen mit dem Turm nach Westen ausgerichtet. Der Hochaltar ist ungewöhnlich dreigeschossig gehalten; im ersten Stock befindet sich das Gemälde ›Maria Heimsuchung‹ aus dem 19. Jahrhundert, im zweiten eine ›Himmelfahrt Maria‹. Besonders bekannt ist die Güssinger Klosterkirche durch die Familien-

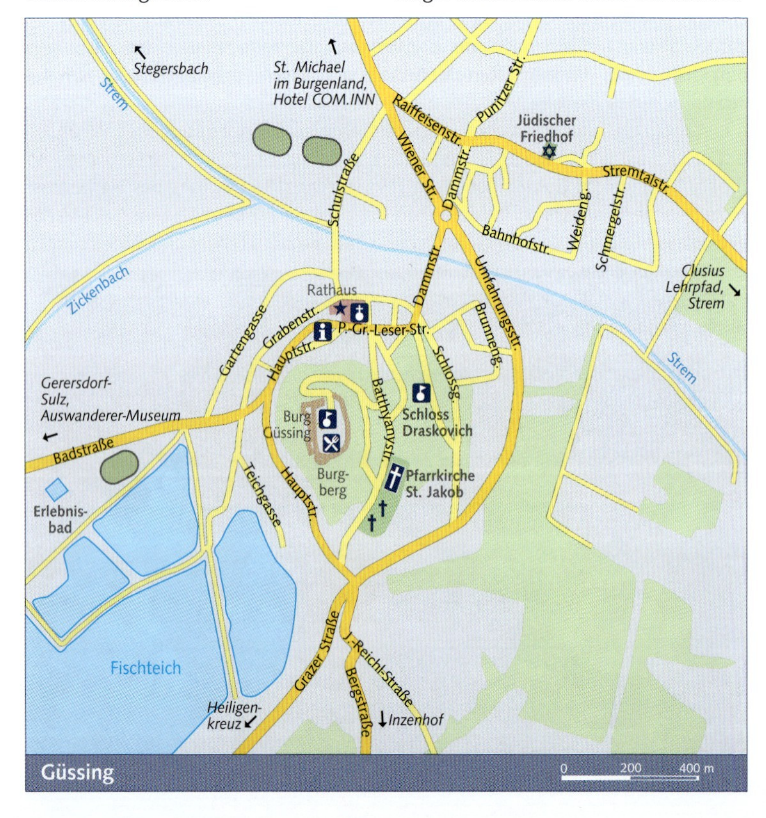

Hier ruht Karl Batthyány

gruft der Batthyánys, die noch aus der Zeit der Klostergründung stammt. Im Erdgeschoss ist ein Reliquienschrein mit den Resten des 2003 seliggesprochenen Augenarztes Ladislaus Batthyány-Strattmann (1870–1931), der die Verehrung des Seligen durch Gläubige jederzeit möglich machen soll. Allerdings hat er nie in Güssing gearbeitet. In Kittsee im Nordburgenland, wo der Familie das örtliche Schloss gehörte, errichtete Batthyány im Jahr 1902 ein Spital. Anfangs war er nur als praktischer Arzt tätig, nebenbei spezialisierte er sich als Chirurg und später als Augenarzt. Täglich behandelte er 80 bis 100 Patienten. Er verstand sich als Armenarzt, behandelte seine Patienten unentgeltlich, und den Ärmsten spendete er sogar Geld. Den größten Teil seines ererbten Vermögens verschenkte er. Nach dem Ersten Weltkrieg übersiedelte die Familie nach Körmend in Ungarn. Auch hier errichtete Batthyány ein Krankenhaus. Anfang September 1929 erkrankte er an Krebs und starb am 22. Januar 1931.

Die Güssinger **Batthyány-Gruft** ist nach der Wiener Kapuzinergruft die größte Familiengrablege Österreichs. Vor dem Gruftportal halten der Todesengel und eine symbolische Figur des Glaubens Wache. Neben einigen Prunksärgen – wie jenem Bleisarkophag des Fürsten Karl Batthyány (1692–1772), der überwiegend in Rechnitz residierte – sieht man hier auch die eher schlichte Grabstätte des erwähnten Ladislaus Batthyány. Die Gruft ist nur nach Voranmeldung beim Tourismusamt zugänglich.

Die Hauptstraße Güssings führt um den Burgberg herum. Der Hauptplatz war ursprünglich ein Dorfanger. Das barocke Rathaus ist bis zur Unkenntlichkeit umgebaut. Hier steht auch das **Kastell Batthyány**, ein stark veränderter zweiflügeliger Bau mit Hofarkaden von 1740. An der Südseite des Hauptplatzes befindet sich noch die alte Bezirkshauptmannschaft. Das sogenannte **Judengebäude** (P. Gratian Leser-Straße 15) von 1740 zeigt schöne Pfeilerarkaden an der Hofseite. Außerhalb der alten Stadtmauer, die im Nordwesten noch erhalten ist, sollte man die ehemalige **Pfarrkirche St. Jakob** auf dem alten Friedhof besuchen (Batthyánystraße 21). Sie stammt vom Anfang des 13. Jahrhunderts. Sehenswert ist auch das **Schloss** – besser: Sommervilla –

Die Pfarrkirche St. Jakob

Draskovich, ein klassizistischer Bau von 1804 (Schlossgasse). Künstlerisch wertvoll ist der spätgotische Flügelaltar in der Schlosskapelle, der Passionsszenen vom Abendmahl bis zum Jüngsten Gericht zeigt. Wegen seiner realistisch-beklemmenden Darstellung nennen ihn manche Kunsthistoriker den Isenheimer Altar des Burgenlandes. Leider sind Schloss und Kapelle in Privatbesitz und nicht öffentlich zugänglich.

Auch ein interessantes Museum gibt es in Güssing: das **Auswanderermuseum**, das die Geschichte der Amerikazüge der Burgenländer präsentiert. Die größte Burgenländergemeinde heute besteht dabei in Chicago.

Güssing ist weltweit bekannt für seine Bemühungen im Bereich der Erneuerbaren Energie. Zu Beginn der 1990er Jahre stand das neu kreierte ›Modell Güssing‹ im Raum, in dem die Abhängigkeit von fossilen Energieträgern reduziert und gleichzeitig die schwache Infrastruktur gestärkt werden sollte; lokale Ressourcen sollten für den Energiebedarfs eingesetzt werden (www.oekoenergieland.at). Erfolgreich wurde diese ökologische Pioniertat realisiert: Verschiedene Biomasseanlagen in der näheren Umgebung, bei denen überwiegend Holzhackschnitzel verbrannt werden, versorgen die Stadt (www.eee-info.net). Selbsterzeugtes Biogas für Kraftfahrzeuge wird auch an Güssinger Tankstellen angeboten. Damit ist Güssing die einzige energieautarke Stadt Österreichs – und damit so bekannt, dass selbst Japaner nach Europa kommen, um Güssings Energiewirtschaft zu studieren.

Clusius-Lehrpfad

Im Stremtal, südöstlich von Güssing gelegen, gibt es für Naturfreunde den Clusius-Lehrpfad, der sich um den kleinen Urbersdorfer Stausee zieht und auch den nahegelegenen Wildpark berührt. Auf zweieinhalb Kilometern Länge wird hier sehr informativ die heimische Pflanzen- und Tierwelt – auch mit lebenden Exemplaren – präsentiert.

Inzenhof und die Emmerichskirche

Eine ganz besondere Sehenswürdigkeit ist die **Wallfahrtskirche St. Emmerich** bei Inzenhof, etwa acht Kilometer südlich von Güssing. Am östlichen Ortsende von Inzenhof zweigt von der Hauptstraße ein asphaltierter Weg ostwärts durch eine schöne Tallandschaft ab. Nach etwa zweieinhalb Kilometern kommt man zu einem Parkplatz direkt an der ungarischen Grenze. Unmittelbar dahinter erhebt sich die Kirche – auf heutigem ungarischen Gebiet, zur Gemeinde Rönök (Radling) gehörig. Schon vor 1000 Jahren, zur Zeit des legendären Ungarnherrschers Árpád, befand sich hier ein christliches Gotteshaus. Nachdem der Vorgängerbau 1898 bei einem Sturm schwer beschädigt wurde, entschied man sich für einen Neubau. Diese 1904 fertiggestellte, neugotische Kirche hatte das Unglück, dass sich nur wenige Meter westlich von ihr der Eiserne Vorhang herabsenkte: Sie befand sich in unmittelbarer Grenznähe und konnte nicht mehr aufgesucht werden. Bis 1951 durften zumindest von burgenländischer Seite noch Gläubige zu ihr hinüberkommen – von Ungarn aus war es nicht möglich, da sie sich im inneren Sperrstreifen der Grenzzone befand. Bis 1990 verfiel die Kirche in sehr starkem Maß. Einige Burgenländer entschlossen sich, sie durch Privatinitiative zu retten.

Die nun wiederhergestellte Kirche ist neu geweiht und wieder Ziel von Wallfahrern aus Ungarn und dem Burgenland, und auch eine internationale Begegnungsstätte geworden. In der parkähnlichen Landschaft um die Kirche lassen sich schöne Spaziergänge machen.

▸ Karte: hintere Umschlagklappe/S. 214

Durchs Uhudlerland nach Güssing

Mittel- und Südburgenland-Tourismus, Waldmüllergasse 2–4, 7400 Oberwart, Tel. 03352/31313-0, www.suedburgenland.info.

Tourismusverband Burgauberg-Neudauberg, Höhenstraße 4, 8291 Burgauberg, Tel. 03326/52191, www.burgauberg-neudauberg.at.

Gemeindeverband und Tourismusinformation Güssing, Hauptplatz 7, 7540 Güssing, Tel. 03322/42311-23, www.suedburgenland.info, www.guessing.at.

Gasthof zum Hirschen, Bahnhofstraße 37, 8291 Burgau, Tel. 03383/2226, www.gasthof-zumhirschen.at, p. P. im DZ 25–43 €.

Ferienhof Uhudler-Arkaden, 8292 Neudauberg 15, Tel. 03326/53000, www.uhudler-arkaden.com. Prämierter Ferienhof unweit Stegersbach, mitten im Uhudlerviertel gelegen, eigene Uhudlerproduktion.

Landgasthof zum Alten Weinstock, Hauptstraße 13, 7571 Rudersdorf, www.zumaltenweinstock.at, p. P. im DZ 29–34 €. Der Gastgarten wird von den Blättern eines mehr als hundertjährigen Weinstocks überdacht.

Wellness- und Seminarhotel Lagler, Hotelgasse 1, 7543 Kukmirn, Tel. 03328/32003, www.lagler.cc, p.P im DZ 89–100 €. Angeschlossene Obstbrandherstellung.

Apfelhof Flieder, Apfelweg 11, 7543 Kukmirn, Tel. 03328/32164, www.apfelhof-flieder.at, p. P. im DZ 25–35 €. Naturbadesee und Fischteich gleich nebenbei.

Burgrestaurant Burg Güssing, Batthyánystraße 10, 7540 Güssing, Tel. 03322/42579, www.burgrestaurant.net.

COM.INN Güssing, Europastraße 16, 7540 Güssing, Tel. 03322/44045, www.cominn.com, p. P. im DZ ab 48 €. Hotelanlage von klarem Design, mit Reduktion auf das Wesentliche in zeitgemäß sachlicher Architektur.

Campingplatz Rauchwart, 7535 Rauchwart, Tel. 03327/25155, www.camping.info/österreich/burgenland.

Fritz-Mühle, Am Mühlengrund 1a, 7571 Rudersdorf, Tel. 03382/71649, www.fritzmuehle.at, Mo–Fr 7–12 u. 13–17, Sa 8–12 Uhr.

Schnapsbrennereimuseum Lagler, 7543 Kukmirn Nummer 137 (Hotelgasse 1), Tel. 03328/32003, www.lagler.cc.

Freilichtmuseum Gerersdorf, 7542 Gerersdorf-Riegelberg, Tel. 03328/32355, www.freilichtmuseum-gerersdorf.at.

Burg Güssing, Batthyánystraße 10, 7540 Güssing, Tel. 03322/43700, www.burg-guessing.info; Ostermontag bis Ende Okt. tgl. außer Mo 10–17 Uhr.

Auswanderermuseum Alte Hofmühle, Stremtalstraße 2, 7540 Güssing, Tel. 03322/42598, Mai–Okt. Sa/So 14–18 Uhr oder nach Vereinbarung.

Therme Loipersdorf, 8282 Loipersdorf Nummer 152, Tel. 03382/8204-0, www.therme.at, für Tagesgäste tgl. 8.30–19 Uhr.

Thermengolfplatz, Gillersdorf 50, 8282 Loipersdorf, Tel.03382/8533-0, www.thermengolf.at.

Obstverarbeitung und Essigmanufaktur Hirmann, Puszta 5, 7571 Rudersdorf, Tel. 0664/1138966, www.direktvermarkter-hirmann.at. Schwierig zu finden: Von der Straße nach Deutsch Kaltenbrunn hinter dem Abzweig nach Fürstenfeld dem Schild ›Direktvermarkter‹ folgen.

Sommerspiele in der Burg Güssing, www.burgspiele.eu. Im Juli und August Theater, von Klassikern bis zur Moderne.

Der äußerste Süden

Zu seinem Südende hin verengt sich das Burgenland, wird eingekeilt zwischen der Steiermark, Ungarn und Slowenien und läuft bei Neuhaus am Klausenbach, seiner südlichsten Gemeinde, spitz aus. Diesen südlichsten Teil bildet der Bezirk Jennersdorf. Auch für Österreicher ist dies ein kaum bekannter Landstrich. Die letzten Ausläufer des Oststeirischen Hügellandes wie auch die breiten Täler von Lafnitz und Raab geben dieser abseits gelegenen Gegend ihren Reiz. Sie ist ein Land der Kürbisfelder, dunkler Pappelsäulen und üppiger Wiesen. Hier, um den Dreiländer-Naturpark Raab-Örség-Goričko, fand 1664 eine der wichtigsten Abwehrschlachten gegen die Türken statt.

An der unteren Lafnitz

Südöstlich des steirischen Fürstenfeld hat die Lafnitz eine bis zu zwei Kilometer breite Schneise in das Oststeirische Hügelland gefräst, ein Biotop für viele seltene Tier- und Pflanzenarten. Die breite Aue bietet ein großes Betätigungsfeld für Radler und Wanderer (Lafnitzradwege B72 und B75). Sehr beliebt ist der Badesee von Königsdorf, der aus einer Kiesgrube entstand. Die Flussschotter des Lafnitztals werden um Königsdorf großtechnisch gefördert. Östlich von Königsdorf wurde die Lafnitz kanalisiert, die bezaubernden Mäanderauen enden leider hier.

■ Eltendorf

In Eltendorf (Ókörtvélyes) sollte man keineswegs einen Halt versäumen. Zunächst findet man im etwa drei Kilometer nördlich gelegenen Ortsteil Zahling die ursprünglich romanische **Laurentiuskirche**, die Urpfarre des unteren Lafnitztals. Sie hat eine eingezogene niedrige Apsis. In ihr wurden kürzlich frühgotische Fresken aufgefunden, die Christus als Weltenrichter zeigen. Das **evangelische Schul- und Bethaus** von 1900 überrascht durch seinen weißen Stuckdekor. Außerdem gibt es bei Eltendorf am 345 Meter hohen Hochkogel das berühmte, malerische **Uhudler-Kellerdorf**. Wer Zeit mitbringt, sollte von Eltendorf über den Uhudler-Wanderweg bis zu diesem Kellerviertel spazieren – dort gibt es auch eine Vinothek – und wei-

In Uhudler-Kellerdorf

▲ Karte: hintere Umschlagklappe

ter über Zahling zurückgehen. So kann man in knapp drei Stunden die beiden Sehenswürdigkeiten erkunden.

Heiligenkreuz im Lafnitztal

In Heiligenkreuz im Lafnitztal (Rábakeresztúr) und seiner Umgebung tragen viele Bewohner den Nachnamen Gibiser. Kein Wunder, dass auch die Besitzerin des ersten Gasthofs am Ort so heißt. In ihrem Garten ist wie in einem Freilichtmuseum ein pannonisches Dörfchen nachgestellt, dessen Häuschen als Ferienwohnungen gemietet werden können. Wiederholt wurde Heiligenkreuz wegen seines reichen Blumenschmucks zum ›schönsten Ort des Burgenlands‹ gekürt – wenngleich es nur wenige Sehenswürdigkeiten im eigentlichen Sinn aufweist. Ähnlich wie Güssing wird auch Heiligenkreuz mit Biomasse versorgt. Das große Biomassekraftwerk steht südlich des Orts am Logistikzentrum beim Eisenbahngrenzübergang. Vor 1990 war der Straßengrenzübergang einer der wichtigsten ins nahe Ungarn: Wer aus der Steiermark nach Körmend und seine Umgebung wollte, fuhr über Heiligenkreuz. Auch heute noch ist es ein wichtiger Durchgangsort.

Der Naturpark Raab-Örség-Goričko

Der Drei-Länder Naturpark wurde 1998 eröffnet. Davon umfasst die Region Raab in Österreich eine Fläche von 142 Quadratkilometern, die Region Örség in Ungarn 440 Quadratkilometer, und die Region Goričko in Slowenien besitzt mit 462 Quadratkilometern das größte Teilgebiet. Neun **Themenwege** durchziehen den österreichischen Teil des Naturparks, jeder nimmt auf eine lokale Besonderheit Bezug. So gibt es unter anderem einen Friedensweg, einen Pilgerweg, einen Alten Grenzweg, einen Apfelweg und weitere interessante Wege (www.naturpark-raab.at).

Mittlerweile ein Relikt der Vergangenheit: der Grenzübergang in Heiligenkreuz

Im Tal der Raab

Die Raab (ungarisch Rába) ist ein 250 Kilometer langer rechter Donauzufluss, der an der Teichalm in der Steiermark entspringt und westlich von Jennersdorf auf burgenländisches Gebiet gelangt. Nach nur etwa zehn Kilometern tritt die Raab auf ungarisches Territorium über. Die Verschmutzung der Raab durch österreichische Lederfabriken wie auch durch die Geothermie Fürstenfeld führte immer wieder zu Konflikten mit Ungarn. Nachdem die Gerbereien schärfere Umweltauflagen erhalten hatten, ging in den vergangenen Jahren ging die Verunreinigung zurück.

Mogersdorf

Der kleine Ort Mogersdorf ging durch eine Schlacht in die Geschichte ein, die in manchen Darstellungen auch die Schlacht von St. Gotthard (Szentgotthárd) genannt wird. Hier errangen am 1. August 1664 die kaiserlich habsburgischen Truppen unter Feldmarschall Raimund Graf Montecuccoli einen großen Sieg über ein türkisches Heer unter dem Großwesir Achmed Köprülü. Es war ein Sieg, der Mitteleuropa 20 Jahre

Im Museum zur Erinnerung an die Schlacht gegen die Türken

Pause verschaffte, bevor die Türken 1683 zum letzten Mal gegen Westeuropa drängten. Die Schlacht fand in der Ebene der Raab zwischen dem Mogersdorfer Schlossberg – oft auch Schlösslberg genannt – und dem heutigen Rábatótfalu statt. Auf dem Schlossberg erinnern drei Sehenswürdigkeiten an das denkwürdige Geschehen: ein Museum, ein Gedenkkreuz und eine Kapelle. Auf dem Schlossberg soll um 1160 ein Wirtschaftshof des nahen Klosters in St. Gotthard gestanden haben. Aus diesem war wahrscheinlich ein kleines befestigtes Kastell erwachsen, von dem aber nichts mehr vorhanden ist. Ein strohgedeckter Stadel wurde in den 1970er Jahren auf den Berg gebracht und neu aufgebaut. In ihm befindet sich ein kleines **Erinnerungsmuseum** an die Schlacht, das während der Öffnungszeiten des kleinen Gasthauses Kreuzstadl zugänglich ist. Unterhalb des Gasthauses gibt es einen **Türkengarten**, in dem Pflanzen zu finden sind, die ursprünglich aus den osmanischen Ländern nach Mitteleuropa gekommen sind, unter anderem Hyazinthen, Kaiserkronen und Gartenranunkeln. Das Gedenkkreuz und die Kapelle, die 1964 anlässlich des 300-Jahr-Gedenkens an die Schlacht erbaut wurde, bilden die eigentliche **Gedenkstätte Schlösslberg**, an der Tafeln den Verlauf der Schlacht nachvollziehen lassen.

Einer der erwähnten Themenwege, der **Friedensweg**, zieht sich vom Schlossberg hinab in die Ebene bis zum großen ›Weißen Kreuz‹ und zur Annakapelle von 1670 am Westrand von Mogersdorf, den beiden anderen Punkten, die an die Schlacht erinnern. Der Friedensweg nimmt nicht nur auf die Schlacht Bezug, sondern thematisiert Frieden auf überzeitliche, allgemeine Art. Das ›Weiße Kreuz‹ am sogenannten Türkenfriedhof ist 1840 über einem Massengrab von 1664 errichtet worden. Die Annakapelle ist ein seltsamer Rundbau, einem türkischen Fez nachgebildet, und wurde aus Dankbarkeit über den Sieg unmittelbar nach dem Gemetzel erbaut. Das Altarbild wie auch die lateinische Inschrift nehmen direkt auf die Schlacht Bezug.

Rainer Maria Rilke verwendete in seiner Novelle ›Die Weise von Liebe und Tod des Cornets Christoph Rilke‹ die Schlacht von Mogersdorf als historischen Hintergrund. Auch in Wand- und Deckenmalereien der Mogersdorfer Pfarrkirche erscheint sie.

▸ Karte: hintere Umschlagklappe

Die Türkenschlacht bei Mogersdorf

Bereits seit der Schlacht von Mohács 1526 stand der Großteil Ungarns unter türkischer Herrschaft. Um einerseits ihr weiteres Vordringen aufzuhalten und andererseits die eigenen Verteidigungsstellungen ausbauen zu können, waren nach 1526 mehrmals längere Waffenruhen mit den Türken ausgehandelt worden, zuletzt 1649. Dass 1663/64 die Türken erneut nach Mitteleuropa vordrangen, hatte zwei politische Ereignisse zur Ursache: Im Januar 1657 marschierte der siebenbürgische Fürst Georg II. Rákóczi (1621–1660) in Polen ein, um dort auf eigene Rechnung Krieg zu führen. Er war aber kein autonomer Fürst, sondern türkischer Statthalter, da das vorher zu Ungarn gehörende Siebenbürgen nach 1526 zum osmanischen Vasallenstaat geworden war. Um Rákóczis Unbotmäßigkeit zu bestrafen, besetzten osmanische Truppen Siebenbürgen.

Hinzu kam als zweiter Grund, dass der Ban (Markgraf) des damals ungarischen Kroatien, Nikolaus Zrinski - ungarisch Zrínyi Miklós –, ebenfalls eine eigenmächtige Aktion durchführte: Er rechnete mit dem Aufflammen eines weiteren Türkenkrieges und errichtete 1661 eine Festung im Mündungsbereich von Mur und Drau an der Grenze des heutigen Slowenien und Kroatien. Von dieser Festung Neu-Zrin (kroatisch Novi Zrin) begann er Raubzüge in osmanisches Gebiet, da er den Kaiser zu einem Krieg gegen die Türken zu bewegen suchte. So waren die Türken gleichsam zum Gegenschlag gezwungen.

In Europa machte sich die Angst vor einem weiteren Vordringen der Türken breit, denn Köprülü Fâzıl Ahmed Pascha (1635–1676) - kurz: Achmed Köprülü –, der neue und junge Großwesir und Oberbefehlshaber des türkischen ›Westheers‹, wollte die Gunst der Stunde nutzen, auch Wien und damit große Teile des Abendlandes in seine Gewalt zu bringen.

Mit wahrscheinlich über 100 000 Soldaten zog das türkische Heer gen Mitteleuropa. Nachdem es ihm gelungen war, die Donau zu erreichen und im September 1663 die Festungen Neutra (Nitra) und Neuhäusl (Nove Zámky, beide heute Südslowakei) einzunehmen, wurde die für Europa drohende Gefahr akut. Dennoch

Darstellung der Schlacht aus dem 17. Jahrhundert

gelang es Kaiser Leopold I. nur unter größten Zugeständnissen an die deutschen Fürsten und an den französischen König, eine Koalitionsarmee aufzustellen. Der jugendliche Kaiser Leopold I. - erst 24 Jahre alt - konnte sich mit den Bayern, Brandenburgern und Sachsen verbünden; aus dem Vatikan kam Geld zur Rekrutierung weiterer Truppen. Die ungarischen Magnaten stellten zudem eigene Heere auf. Da große Teile der kaiserlichen Soldaten bisher nur als Wachen auf Festungen tätig gewesen waren, deshalb nur wenig Kampferfahrung hatten und das ganze Heer bunt zusammengewürfelt war, konnte man kaum von einem erfolgreichen Feldzug ausgehen. So musste zumindest ein fähiger Oberbefehlshaber her. Dieser fand sich schnell in Feldmarschall Raimund von Montecuccoli (1609–1680), einem erfahrenen Militärstrategen und Diplomaten.

Die türkische Armee zog sich überraschend im Herbst 1663 nach Belgrad ins Winterquartier zurück, rückte aber im Frühjahr wieder vor - diesmal aber mit aller Gewalt und mehr als 40 000 Mann. Der Ausgang des Kampfes gegen die türkische Armee konnte nur in Südungarn entschieden werden, von wo die Hauptmasse des osmanischen Heers anrückte. Montecuccoli entschied sich, zunächst eine offene Schlacht zu vermeiden. Am 15. Juni 1664 gelang es ihm an der Mur, das Übersetzen des türkischen Heers gerade noch zu verhindern. Daraufhin änderte Großwesir Köprölü seine Marschrichtung und bewegte sich nordwärts, nach Körmend an der Raab, das er am 26. Juli erreichte. Montecuccolis Truppen zogen sich zurück und eilten ebenfalls nordwärts nach St. Gotthard (Szentgotthárd), das nur etwa 30 Kilometer von Körmend entfernt ist. Durch geschicktes Manövrieren gelang es Montecuccoli zunächst, eine direkte Begegnung der beiden feindlichen Heere zu vermeiden; er konnte so Zeit gewinnen, bis die Reichsarmee und weitere Verbündete heraneilten. Übergangsversuche über die Raab bei Körmend wurden von Montecuccolis Reiterei zurückgeschlagen. Daraufhin zog der Großwesir von Körmend am Südufer der Raab entlang Richtung St. Gotthard/Mogersdorf, das er am 30. Juli erreichte. Dem kaiserlichen wie dem Koalitionsheer gelang es gerade noch, südwestlich von St. Gotthard auf das Nordufer der Raab überzusetzen. Nun standen sich die beiden Heere gegenüber, nur noch durch die breite, gerade Hochwasser führende Raab getrennt. Die multinationale Kampfallianz, die im Februar 1664 noch 28 500 Mann zählte, war wegen der schlechten sanitären Verhältnisse und der oft tagelang ausbleibenden Verpflegung nurmehr 25 000 Mann stark. Ihr gegenüber stand eine mit inzwischen 50 000 Mann doppelt so starke osmanische Armee. Wenn Montecuccoli bis dahin Achmed Koprölü nur am Überschreiten der Raab hindern konnte, war er jetzt mit den Bundesgenossen imstande, die türkische Rückzugslinie zu bedrohen. Montecuccolis Truppen bezogen beiderseits des damals nur aus wenigen Häusern bestehenden Mogersdorf Stellung, an einem strategisch geschickten Punkt an einer Schleife der Raab. Die kaiserlichen Truppen wurden am strategisch wichtigen Westflügel positioniert, die Koalitionstruppen unter Leopold Wilhelm von Baden in der Mitte und das französische Heer an der Ostflanke. 300 Mann sicherten separat den Flussbogen. Am Südufer der Raab teilte sich das türkische Heer in sechs ungleich große Gruppen. Am 31. Juli gelang es den Türken, durch Geschützfeuer die kleine Sicherungstruppe am Nordufer zu zerschlagen, gleichzeitig erfolgte eine zweite Attacke Richtung kaiserliches Heer am Westflügel. Doch zunächst schafften es die Janitscharen nicht, auf das Nordufer überzusetzen; erst in der Nacht zum 1. August gelang dies einigen wenigen Türken im Bereich der Flussschleife. Ein Täuschungsmanöver der Osmanen an der Westflanke band dort das kaiserliche Heer, während am Morgen des 1. August die Türken in großer Zahl im Bereich des Raabbogens auf das Nordufer des Flusses übersetzten. Mit furchterregendem Gebrüll gingen sie auf das Koalitionsheer los: Jetzt erst hatte die Schlacht begonnen. Die alte osmanische Taktik, den Gegner zu verwirren oder in Angst und Schrecken zu versetzen, war auch hier erfolgreich. Das Koalitionsheer stand gelähmt. Die heranstürmenden Janitscharen schlugen ganzen Regimentern die Köpfe ab; Panik setzte ein. Soldaten riefen nach der heiligen Maria, Offiziere warfen ihre Waffen weg und flohen. Und Maria half offenbar: Unter Aufbietung letzter Kräfte gelang es den kaiserlichen Truppen von der Westflanke her zu Hilfe zu eilen und in zunächst aussichtslosem Gemetzel die Türken zum Fluss zurückzutreiben. Mogersdorf ging dabei in Flammen auf. Der Großwesir hatte zwar weitere Kräfte auf dem Südufer zur Verfügung, ließ diese aber wegen des Hochwassers nicht übersetzen.

Gegen 12 Uhr ebbte die Schlacht ab und Montecuccoli gelang es, eine Schlachtbesprechung abzuhalten. Dabei traten die unterschiedlichen nationalen Interessen der einzelnen Heerführer hervor: Die Franzosen wollten die Türken weitgehend verschonen, die Kaiserlichen bestanden auf der Vernichtung des osmanischen Heers, da ein Angriff auf Graz oder Wien keineswegs gebannt war. Als aber die Türken versuchten, das Koalitionsheer über die Flanken erneut anzugreifen, sammelte man sich mit dem gemeinsamen Entschluss, den Feind über den Fluss zurückzujagen. Es gelang dem schon bejahrten Kavalleriegeneral Johann von Sporck (1600–1676) in einer abenteuerlichen Attacke mit sieben Kompanien des kaiserlichen Heeres, die Türken an der Westflanke über die Raab zurückzutreiben. Nun konnte die Entscheidung in der Mitte herbeigeführt werden: 15 000 Mann Infanterie und Kavallerie traten gegen die Türken an, die sich in etwa 300 Meter Entfernung flussnah in Gräben verschanzt hatten. Sie wurden nun ihrerseits von den in geschlossener Schlachtreihe anrückenden kaiserlichen und Koalitionstruppen in Schrecken versetzt, da sie sich schon zu sehr als Sieger gefühlt hatten. Unter starkem Geschützfeuer stehend, flohen nun etwa 30 000 Mann des türkischen Heers zurück zur Raab. Erbarmungslos wurden sie in den Fluss getrieben. Wegen des Hochwassers gelang es nur wenigen, das gegenüberliegende, durch die Regenfälle sehr schlüpfrige Ufer zu erreichen. Schnell war der Fluss voller Leichen und Tierkadaver, die alsbald von den ansteigenden Fluten der Raab hinweggerissen wurden.

In Folge dieses Sieges, der eigentlich nur ein Abwehrsieg war, wurde am 10. August 1664 der Friede von Eisenburg (ungarisch Vasvár) zwischen Kaiser Leopold I. und Sultan Mehmet IV. unterzeichnet. Er sollte für 20 Jahre gelten und war genaugenommen nur ein zeitlich begrenzter Waffenstillstand. Einige Punkte in diesem Frieden, besonders die Tributzahlung von 200 000 Gulden an den Sultan und die Überlassung einiger ungarischer Territorien an die Türken, brachte den größten Teil der ungarischen Magnaten gegen Habsburg auf – dieses wiederum führte zur Magnatenverschwörung der Jahre 1664 bis 1671. Die Türken hielten sich außerdem nicht an dieses Friedensabkommen: Bereits 1683 zogen sie wieder gen Westen. Nur ein gütiges Geschick bewahrte dann in jenem Jahr Wien vor der türkischen Einnahme.

Ein Ausflug nach Szentgotthárd

Szentgotthárd, die Stadt an der Raab (Rába) mit ihren fast 9000 Bewohnern, ist ebenfalls durch die Mogersdorfer Schlacht berühmt; sehr oft spricht man auch von der Schlacht von Szentgotthárd (St. Gotthard), da das Gemetzel von 1664 im Gebiet zwischen beiden Orten stattgefunden hat. Heute ist Szentgotthard das Zentrum der slowenischen Minderheit in Ungarn. Slowenisch nennt sich die Stadt Monošter; der Name ist vom lateinischen Wort monasterium (Kloster) abgeleitet.

Besuchenswert ist Szentgotthárd wegen des ehemaligen **Zisterzienserklosters**, das 1183 von König Béla III. gestiftet wurde. Die mittelalterliche Anlage des 1532 aufgehobenen Klosters wurde 1605 abgetragen. In den Jahren zwischen 1748 und 1764 errichteten die Zisterzienser von Stift Heiligenkreuz Kloster und Kirche nach Plänen von Franz Anton Pilgram neu. Die reich gegliederte Fassade gibt dem Kloster eine Sonderstellung unter den barocken Klostern Ungarns. 1784 schuf Stefan Dorffmeister die Fresken der Klosterkirche. Im Gewölbe oberhalb des Eingangs ist die Schlacht gegen die Türken von 1664 dargestellt. Auch Jennersdorf war übrigens bis 1848 im Eigentum des Klosters. 1878 geriet das Kloster unter die Aufsicht der Zisterzienser von Zirc. Im Zuge der kommunistischen Klosterauflösungen in Ungarn wurde das Kloster Szentgotthárd 1950 aufgelöst.

■ Maria Bild

Nördlich von Weichselbaum liegt Maria Bild, eine **Wallfahrtskirche** seit der Mitte des 18. Jahrhunderts. Das Gnadenbild ›Maria Pötsch‹ ist eine Kopie, das Original befindet sich im Wiener Stephansdom. Die herrliche Landschaft um Maria Bild lädt zu ausgiebigen Wanderungen ein: So gibt es den Engel-, den Rosen- und den Wasserweg – mit unterschiedlichen Farbmarkierungen und unterschiedlichem Wegcharakter –, die gleichsam als Pilgerwege angelegt sind und mit wechselnder Länge die Lande um Maria Bild durchziehen (www.maria-bild.at).

■ Jennersdorf und seine Umgebung

Wer die Loipersdorfer Therme besuchen und nicht bloß Tagesgast bleiben will, nimmt oft Quartier im nur fünf Kilometer entfernten Jennersdorf (Gyanafalva, slowenisch Ženavci). Die südlichste Bezirksstadt des Burgenlandes ist mit 4250 Bewohnern der siebtgrößte burgenländische Ort. Sehenswert sind die **Pfarrkirche** (1780–1800) mit einem neugotischen Schnitzaltar von 1904 und auch das private **Bauernmuseum** am westlichen Ortsausgang. 3000 Exponate, darunter alte landwirtschaftliche Geräte, Bilder und Einrichtungsgegenstände laden Besucher ein. Viele Menschen strömen auch zur Jennersdorfer Traditionsmühle. Ein Ladengeschäft mit dem Namen

Die schlichte Pfarrkirche in Jennersdorf

▸ Karte: hintere Umschlagklappe

›Jennersdorf Oilsaloon‹ bietet Ölspezialitäten aller Art an. Jennersdorf ist auch ein beliebter Ausgangspunkt für Kanufahrten auf der Raab (Info und Anmeldung beim Tourismusbüro).

Nordöstlich der Stadt, bei Rax, liegt ein **römisches Hügelgräberfeld**, das man einfach findet, wenn man im Dorf von der Hauptstraße Richtung Wald abbiegt. Am Steinberg – volkstümlich ›Stoagupf‹ genannt – bei Grieselstein, einem eingemeindeten Dorf zwei Kilometer nordwestlich von Jennersdorf, liegt eines der ältesten Siedlungsgebiete des südlichen Burgenlandes: Funde von Keramikbruchstücken weisen auf eine neolithische Besiedlung, aber auch auf eine mittelalterliche Anlage aus dem 13./14. Jahrhundert hin. Durch den Abbau von vulkanischem Gestein am Beginn des 20. Jahrhunderts ist ein großer Teil dieser Anlage zerstört worden. Heute steht das gesamte Areal unter Denkmalschutz und ist durch einen Themenweg erschlossen. Eine schöne Wanderung führt von hier weiter zum Maria-Theresien-Stein, zur alten Grenze Österreichs (etwa ein Kilometer, einfache Strecke, Wanderkarte empfehlenswert). Am Steinberg entspringt die Barbaraquelle, deren heilkräftiges Wasser in der Loipersdorfer Therme Verwendung findet.

St. Martin an der Raab und seine Umgebung

Vieles erinnert in St. Martin an die Römerzeit: Ein drei Kilometer langer, dreisprachiger Rundweg unter anderem entlang an streng denkmalgeschützten Hügelgräbern und den Fundamenten eines römischen Landhauses erläutert die Römerzeit. Dazu gibt es ein **Römermuseum** mit Funden langjähriger Ausgrabungen. Die barocke Pfarrkirche wurde 1945 schwer beschädigt, jedoch nach fast 30-jähriger Bauzeit 1973 wieder geweiht.

Im Neumarkter Künstlerdorf

Im nahen **Neumarkt an der Raab** existiert ein einzigartiges **Künstlerdorf**. In einem größeren Komplex alter burgenländischer, unverfälschter Bauernhäuser (mit einer berühmten ›Rauchkuchl‹) kann man einzelne Gebäude mieten, um darin zu dichten, bildzuhauern oder zu komponieren. Die Häuser dienen auch für Seminare, zusätzlich werden Kunstkurse angeboten. Peter Handke – er verfasste hier seinen Roman ›Die Angst des Tormanns beim Elfmeter‹ –, Wim Wenders, Giuseppe Sinopoli und H. C. Artmann, um nur einige zu nennen, hielten sich bereits hier auf. Aber auch für bloße Besucher ist der Komplex eine wunderbares Freilichtmuseum. Ein Batthyány-Schlösschen – leider nicht zugänglich – grüßt von einer Waldhöhe herunter.

Eisenberg an der Raab und das Dreiländereck

Eisenberg an der Raab, etwa vier Kilometer südlich von Neumarkt, ist als Wallfahrtsort bekannt. Am 8. Oktober 1954 soll hier einer gottesfürchtigen Frau namens Aloisia Lex die heilige Maria und am 6. September 1956 ein Engel erschienen sein. Am 14. September dieses Jahres bildete sich auf ihrem Grundstück an der Stelle, an der die Erscheinungen stattgefunden haben sollen, ein seltsames, durch veränderte Vegetation abgegrenztes, etwa 120 Zentimeter großes Kreuz im Gras, das so genannte ›Rasenkreuz von Eisenberg‹. Bis 1992 blieb es deutlich sichtbar. 1968 begann plötzlich eine Quelle an dem Kreuz zu fließen; ihr Wasser heilte viele Gebrechliche.

Aloisia Lex blieb nach der Erscheinung und bis zu ihrem Tod eine medial veranlagte Frau, die burgenlandweit um Rat gefragt wurde und als Seherin verehrt war. »Am Tag ihrer Beisetzung, dem 31. Dezember 1984, erhob sich die Sonne morgens aus den Schneewolken und fing, allen sichtbar, sofort zu tanzen an. Es bildeten sich verschiedenfarbige Höfe um die Sonne. Weitere wunderbare Formen und Farben folgten. Am verschneiten Rasenkreuz sandte die Sonne einen starken Strahl zum Kreuz herab, der wie ein hindeutender Lichtfinger, immer hindeutend und sich zurückziehend, auf das Kreuz am Boden zielte.« – so ein Augenzeuge. Wissenschaftliche Untersuchungen ergaben, dass die Bildung dieses Kreuzes weder auf Chemikalien noch auf Magnetismus, Erdstrahlen oder dergleichen zurückgeführt werden kann. Die römische Amtskirche erkannte die Marienerscheinung allerdings nicht an. Dennoch pilgern viele Gläubige aus aller Welt zu der Stelle (www.eisenberg.org); in St. Martin baute man daher für die vielen Pilger eine Herberge.

Dreiländereck und Umgebung

Eine landschaftlich ausnehmend schöne Straße führt von Eisenberg südwärts nach Oberdrosen, wo es mit der ›Mostluisl‹ eine vorzügliche Einkehrmöglichkeit gibt – allerdings nicht direkt an dieser Straße, sondern am Weg nach Windisch-Minihof.

Bald hinter dem Ortsende führt ein – offiziell für Kraftfahrzeuge gesperrter – Weg nach links empor zum **Dreiländereck**. Für diejenigen, sich nicht hinaufzufahren trauen: Zu Fuß braucht man etwa 40 Minuten für den Weg. Es geht zum Teil steil empor, zweimal quert man kreuzende Waldwege und wendet sich dann, fast auf dem Kamm des Bergs, nach links, wo es nur noch etwa

Auch die Region um Eisenberg ist vom Weinanbau geprägt

▲ Karte: hintere Umschlagklappe

Bei Eisenberg treffen Ungarn, Österreich und Slowenien aufeinander

200 Meter zur Grenze sind. Ein beeindruckendes Denkmal markiert auf 388 Metern Meereshöhe jene Stelle, an der seit 1919 die Grenzen Ungarns, Österreichs und des ehemaligen Jugoslawiens – heute Sloweniens – zusammenstoßen.

Minihof-Liebau und Mühlgraben

Minihof-Liebau (slowenisch Suhi Mlin) ist durch drei alte **Wassermühlen** – Landhofmühle, Ölmühle, Jostmühle – sehenswert, die noch in Betrieb sind und durch den interaktiven, interessanten **Kornweg**, der die Geschichte des Ackerbaus in Mitteleuropa erlebbar macht. Er zieht sich nördlich des Dolberbachs am Waldrand dahin. Von Minihof fährt man weiter nach Mühlgraben, entlang einer landschaftlich bezaubernden Strecke durchs Tal des Mühlgrabenbachs. In Mühlgraben laden zwei **Themenwege** zum Spaziergang ein: der Wildwechselweg, auf dem man den Stimmen des Walds und der Wildtiere lauschen kann, und der Lebensweg, der sich dem Wasser und seinen Energien verschrieben hat. Die Wege befinden sich südlich des Orts.

An der Straße nach Neuhaus liegt der **Märchenwald**, in dem an 15 Stationen verschiedenen Szenen aus den Grimmschen Märchen nachgestellt sind. Auch gibt es einen Streichelzoo, und Kindern wird ein umfassendes Zusatzprogramm mit Lagerfeuer, Nachtwanderungen und Naturexkursionen geboten.

Schloss Tabor

Von Mühlgraben ist es nicht weit zum Schloss Tabor (slawisch für befestigtes Lager), einem ehemals Batthyányschen Besitz, der heute dem Naturpark Raab angehört. Es ist das älteste erhaltene Bauwerk im ganzen Jennersdorfer Bezirk. Das Schloss mit seinem seltsamen hakenförmigem Grundriss ließ 1469 der steirische Söldnerführer Ulrich Pessnitzer erbauen, ein Bundesgenosse Andreas Baumkirchers. 1607 kam es in den Besitz der Batthyány, die es als Ersatzwohnsitz für das von Baumkircher zerstörte Schloss im nahen Neuhaus nutzten. Die ursprünglich protestantisch gesinnten Batthyány gaben während des Dreißigjährigen Kriegs vielen verfolgten

Der Arkadenhof des Schlosses Tabor

Protestanten auf Schloss Tabor Asyl. Im 17. Jahrhundert wurde es barock umgebaut; ab dem 18. Jahrhundert war es nur noch Verwaltungsgebäude beziehungsweise Wohnsitz von Batthyányschen Amtsleuten. 1848 war hier Graf Ludwig (Lajos) Batthyány (1807–1849) eingekerkert, bevor er im Jahr darauf in Budapest erschossen wurde. Er leitete den Aufstand gegen Habsburg 1848, mit dem Ungarn sich von Österreich frei machen wollte, und war für kurze Zeit Ungarns erster gewählter Ministerpräsident. Nach 1945 wurde im Schloss eine Kfz-Reparaturstelle der sowjetischen Besatzungsmacht eingerichtet. Dies tat der Anlage keineswegs gut.

Der zweigeschossige Arkadenhof, bei dem nach der Barockisierung erst 1968 die Arkaden wieder freigelegt wurden, dient im Sommer für Opernaufführungen. Das Ensemble der J:opera, der Jennersdorfer Oper, führt hier jeweils im August siebenmal eine populäre Oper auf. 2012 ist es Lortzings ›Wildschütz‹ (www.jopera.at). Schloss Tabor ist auch als Ort für Ausstellungen mit Werken zeitgenössischer bildender Künstler bekannt, die vom rührigen Kulturverein Schloss Tabor organisiert werden (Tel. 0664/253359).

Gäste und Bewohner der Straußenfarm

▸ Karte: hintere Umschlagklappe

Ein ganz anderes Erlebnis bietet die nahe **Straußenfarm**. 21 Strauße und 5 Lamas können hier, unter anderem auf einer Straußensafari in einem Großgehege, bewundert und berührt werden. Die private Anlage besteht seit 2001. Die Strauße werden aufgezogen – und vermarktet: Ein großes Angebot an Straußensalami, -leberkäse, -eierlikör, -ringelblumencreme und vielen anderen Straußenprodukten ist hier zu finden.

Neuhaus am Klausenbach

Das Neuhauser Hügelland ist, obwohl es wenig besucht wird, zweifellos eine der schönsten Landschaften Österreichs. Malerisch wird Neuhaus von einem Burgberg überragt. Zur Idylle des Bilds tragen noch die beiden Dorfkirchen mit ihren Zwiebeltürmen am Fuß des Bergs bei: eine katholische und eine evangelische Ausgburgischen Bekenntnisses. Die **katholische Stephanskirche** wurde 1690 erbaut. Das ursprüngliche Hochaltarbild mit dem heiligen Stephan hängt heute an der Chorwand. Die 1794 erbaute **evangelische Kirche** war ursprünglich ein ›Toleranzbethaus‹, wie nach den josephinischen Reformen die evangelischen Kirchen genannt wurden.

Neuhaus ist ein Zentrum der Apfelproduktion – kein Wunder, dass es hier auch einen **Apfelweg** mit Apfelquizstationen gibt, der Neuhaus umrundet. Wer genügend Fragen richtig beantwortet, darf am Ende an ausgewiesener Stelle ein Glas Apfelmost in Empfang nehmen. Die Gemeinde bietet auch geführte Wanderungen an.

Die **Burg Neuhaus** wurde im 14. Jahrhundert errichtet und trug zunächst den Namen Dobra. Sie wurde im Jahr 1467 durch den Söldnerführer Andreas Baumkircher zerstört und danach durch die Familie Batthyány provisorisch wiederhergestellt. Diese verlegte ihren Sitz nach

Der Rest der Burg Neuhaus

Schloss Tabor, wodurch Neuhaus endgültig dem Verfall preisgegeben wurde. Seit etwa 1680 ist sie Ruine, die alten Mauern mit ihren gotisch-spitzbogigen Öffnungen vermitteln aber noch eine Anmutung des Originalzustandes. Im Burghof befindet sich eine etwa 40 Meter tiefe, mit Quadern ausgekleidete Zisterne. Beim Aufstieg zur Burg vom Neuhauser Friedhof aus sind Reste einer Vorburg, eines Grabens und Befestigungen erkennbar. Der Blick von der Ruine geht weit hinüber ins steirische Land – deutlich ragt die Burg Kapfenberg in den Himmel – und über Apfelbaumhaine hin zum anderen Dreiländereck westlich des kleinen Ortes Kalch. Hier treffen Burgenland, Steiermark und Slowenien zusammen. Die kleine Straße von Neuhaus hoch über Romischeck führt zum Maria-Theresia-Stein, der die alte österreichisch-ungarische Grenze markiert, und dann südwärts in Richtung des markanten Gipfels Tschartake (346 m), auf dem der schön gelegene Weiler Liembleck über die Lande blickt. Hier beginnt die Steiermark, hier endet das alte Ungarn.

i Der äußerste Süden

Tourismusverband Eltendorf, 7562 Eltendorf, Tel. 03325/2216, www.eltendorf.com.

Marktgemeindeamt Mogersdorf, 8382 Mogersdorf Nummer 2, Tel. 03325/8200, www.mogersdorf.at.

Naturpark Raab, Informationsstelle Jennersdorf, Kirchenstraße 4, 8380 Jennersdorf, Tel. 03329/48453, www.naturpark-raab.at.

Stadtgemeinde Jennersdorf, Eisenstädter Str. 11, 8380 Jennersdorf, Tel. 03329/48683, www.jennersdorf.eu.

Gasthof Kirchenwirt Mirth, Kirchenstraße 7, 7562 Eltendorf, Tel. 03325/2216, www.uhudlerei-mirth.at, p. P. im DZ ab 35 €.
Gasthof Gerlinde Gibiser, Obere Hauptstraße 10, 7561 Heiligenkreuz i. L., Tel. 03325/4216, www.g-gibiser.at. Preise auf Anfrage.
Gasthaus Kreuzstadl am Schlösslberg, 8382 Mogersdorf Nummer 77, Tel. 03325/8217. Gemütliche Einkehrmöglichkeit auf dem Schlossberg. Mi–Mo ab 9 Uhr, es wird geschlossen, wenn keiner mehr da ist. Mit angeschlossenem kleinen Türkenschlachtmuseum.
Gasthaus zum Türkenwirt, 8382 Mogersdorf 23, Tel. 03325/8245, www.tuerkenwirt.com.
Gasthof-Pension Burgenlandhof, Kirchenstraße 4, 8380 Jennersdorf, Tel. 03329/45341, www.burgenlandhof.at, p. P. im DZ ab 28 €.
Hotel Garni Maria Theresien Hof, Grieselstein-Therme 111, 8380 Jennersdorf, Tel. 03329/45498, www.theresienhof.net, p. P. im DZ 30–44 €.
Panoramahof Loipersdorf, Grieselstein-Schaufelberg Nummer 54, 8380 Jennersdorf, Tel. 03329/45845, www.panoramahof.com, p. P. im DZ 30–50 €.
Grenzwirt Holzmann, Hauptstraße 59, 8380 Neumarkt an der Raab, Tel. 03329/46060. Rustikale Einkehrmöglichkeit.
Jausenstation Mostluisl, Grundberg 13, 8383 Oberdrosen, Tel.03329/2790, www.mostluisl.at. Bodenständige Köstlichkeiten im Dreiländereck.
Hotel Landhofmühle, 8384 Minihof-Liebau, Tel. 03329/2814, www.landhofmuehle.at, p. P. im DZ ab 38 €.
Gästehaus Ruck, Altenhof 8, 8385 Neuhaus am Klausenbach, Tel. 03329/2491, www.tiscover.com/ruck. Wunderbar zwischen endlos-unergründlichen Obsthainen gelegen, p. P. im DZ 20–25 €.

Campingplatz Jennersdorf, Freizeitzentrum 3, 8380 Jennersdorf, Tel. 03329/46133, www.camping-jennersdorf.at.

Bauernmuseum Forjan, Bergsiedlung 76, 8380 Jennersdorf, Tel. 0681/20201232, www.bauernmuseum-jennersdorf.at, Anfang April bis Ende Okt. Mo–Sa 9–17 Uhr, So nach Voranmeldung.
Jennersdorfer Traditionsmühle, Hohenbrugger Str. 63, 8380 Jennersdorf, Tel. 03329/48918, Mi und So geschlossen, Mo, Di und Do 9–12 und 13–16 Uhr, Sa 9–13 Uhr.
Römermuseum St. Martin, Ausstellungsraum Hauptplatz 7 (Rathaus), Tel. 03329/45366, www.sankt-martin-raab.at, Di und Sa 9–12, Fr 9–12 und 14–18 Uhr.
Künstlerdorf, Hauptstraße 45, 8380 Neumarkt an der Raab, Tel. 03329/46257, www.neumarkt-raab.at.
Märchenwald Mühlgraben, www.kindermaerchenwald.at, Ende April bis Ende Okt. sowie Mai, Juni und Sept. Sa/So 9.30–18 Uhr, Juli und August tgl. 9.30–18 Uhr, Okt. Sa/So 9.30–17 Uhr.
Straußenfarm Donner, Taborstraße 12, 8385 Neuhaus am Klausenbach, Tel. 03329/20107, www.straussenhof.at, April–Okt. Sa/So 14–19 Uhr oder nach Vereinbarung. Führungen Sa/So 14 Uhr.

Opernaufführungen der J:opera im Schloss, Kartenbüro Tel. 03329/43037, www.jopera.at. 2012 spielt man Lortzings ›Wildschütz‹.

▸ Karte: hintere Umschlagklappe

Reisetipps von A bis Z

Allgemeine Informationen

Burgenland Tourismus, Johann-Permayer-Str. 13, 7000 Eisenstadt, Tel. 02682/63384-0, www.burgenland.info.
Austria-Info Urlaubsservice, Postfach 83, 1043 Wien, Tel. 0810/101818, www.austria.info.
Österreich Werbung Wien, Margaretenstr. 1, 1040 Wien, Tel. 01/588660, www.austria.info.
Österreich Werbung Deutschland, Klosterstr. 64, 10179 Berlin, Tel. 030/21914813, www.austria.info.

Ärztliche Versorgung

In Österreich gibt es ein flächendeckendes Netz von allgemeinen und fachärztlichen Praxen. Im Allgemeinen muss man als Ausländer die Kosten zunächst selbst tragen und nach der Rückkehr die Rechnung bei seiner Krankenversicherung einreichen. Ambulanz oder Notarzt sind aus jedem Netz unter der Tel. 144 erreichbar.

Camping

Im Burgenland gibt es etwas weniger Campingplätze als in anderen österreichischen Bundesländern, die meisten davon befinden sich um den Neusiedler See. Aktuelle Informationen unter www.camping.info.

Einreiseformalitäten

Der Schengenstaat Österreich ist von Staaten umgeben, die sämtlich ebenfalls dem Schengener Abkommen beigetreten sind, so dass keine Passkontrollen mehr bestehen, auch an der Grenze zur Schweiz nicht. Zollkontrollen sind allerdings möglich. Bei Anreisen aus Nicht-EU-Ländern informiere man sich speziell.

Essen und Trinken

Die traditionell vorzügliche Küche Österreichs ist auch im Burgenland in kleinen und großen, teuren und preiswerten Gasthöfen anzutreffen. Die Empfehlungen im Textteil können daher unmöglich alle Gasthäuser und -höfe des Landes berücksichtigen und stellen eine begründete Auswahl dar. Wie überall, sind Trinkgelder beim Servierpersonal gern gesehen. Wer mit dem Service zufrieden war, darf durchaus 10 Prozent des Rechnungspreises dazulegen.

Feiertage

Neujahr (1.1.)
Heilige Drei Könige (6.1.)
Karfreitag und Ostermontag
Staatsfeiertag (1.5.)
Christi Himmelfahrt
Pfingstmontag
Fronleichnam
Maria Himmelfahrt (15.8.)
Nationalfeiertag (26.10.)
Allerheiligen (1.11.)
Maria Empfängnis (8.12.)
Weihnachten (25./26.12.)

Gesundheit

Das Burgenland gilt bisher nicht als ausgewiesenes Zeckengebiet, doch sind im Mittel- und Südburgenland Fälle von FSME-Infektionen bekannt geworden, so dass man zumindest in diesen Regionen Vorsicht walten lassen sollte. Der Seewinkel wie die nähere Umgebung des Neusiedler Sees gelten als zeckenfrei (www.zecken.at).

Golf

Dank der klimatischen Bedingungen kann man im Burgenland für gewöhnlich von Februar bis November spielen. Die Golfplätze in Donnerskirchen, Sonnengolf Lutzmannsburg, Bad Tatzmannsdorf, Loipersdorf und die ›Reiter's Golfschaukel‹ Stegersbach-Lafnitztal laden dazu ein (www.burgenland.info/de/themen/sport/golfen).

Haustiere

Hunde und Katzen benötigen ein tierärztliches Zeugnis und den Nachweis einer Tollwutimpfung. In Bussen und Bahnen müssen Hunde einen Maulkorb tragen sowie angeleint sein. Gleiches gilt auch in Parkanlagen und im Freien überhaupt.

Internet

Die meisten der burgenländischen Hotel- und Nächtigungsbetriebe haben WLAN-Zugang, auch sind über das ganze Land zahllose WLAN-Hotspots verstreut (www.freewlan.at/burgenland); sollte der Zugang kostenpflichtig sein, kann am Ort eine Access-Card erworben werden.

Öffentliche Verkehrsmittel

Mit der Eisenbahn ist zumindest das nördliche Burgenland gut erreichbar. Von Wien aus gelangt man über Bruck oder Parndorf bequem nach Neusiedl am See und mit Umsteigen nach Eisenstadt. Die mittleren und südlichen Landesteile sind mit der Bahn nur schlecht erreichbar, da viele Linien stillgelegt wurden. Wer die Anreise von Graz beziehungsweise der Steiermark aus unternimmt, findet aber Möglichkeiten, mit der Eisenbahn zu kommen.
Es gibt ein landesweit gutes und alle Ecken abdeckendes Buslininennetz, www.postbus.at gibt Auskunft. Im Internet lassen sich auf www.busbahnbim.at alle regionalen Fahrpläne und Verbindungen einsehen.

Öffnungszeiten

Nur in den großen Städten haben die Geschäfte durchgehend geöffnet. Große Supermärkte haben dabei von 9/9.30 bis 19/19.30 Uhr geöffnet. In Österreich besteht in kleineren Orten meist eine Mittagspause von 12 bis 14.30 Uhr. Geöffnet wird dabei meist um 8 Uhr, spätestens um 9 Uhr, geschlossen wird um 18 Uhr. Samstags wird meistens um 12 Uhr geschlossen, sonntags ist generell nicht geöffnet. Ausnahme: Museums-, Kirchen- und Klosterläden sowie Spezialitätengeschäfte, die an gastronomische Einrichtungen oder Hotels angeschlossen sind. Museen haben fast immer montags geschlossen.

Post

Briefmarken erhält man auf Postämtern und in den sogenannten Tabaktrafiken, wie die besonderen Verkaufsstellen von Zigaretten und Zigarren heißen. Die Briefmarke für eine Postkarte in ein EU-Land kostet 55 Cent.

Radfahren

Das Burgenland ist berühmt für sein großes Radwegenetz. 2500 Kilometer bestens ausgebauter Wege, davon 440 Kilometer für Mountainbikes – um den Neusiedler See herum, an der Leitha entlang, durch's Mittel- und Südburgenland, entlang der antiken Bernsteinstraße – sind fürwahr ein Radlerparadies. Neben dem Jubiläumsradweg R1, der das Burgenland von Kittsee bis Kalch durchzieht, gibt es in jedem Landesteil eine Vielzahl weiterer ausgewiesener Radwege. Um Bad Tatzmannsdorf wurde mit www.radarena.at eine eigene Internetplattform geschaffen, die von der Streckenübersicht bis zum Wettertipp alle Informationen für den Radfahrer enthält. Hier wurde neben GPS-Daten der einzelnen Strecken auch die Bergetappe der Junioren-Rad-WM 2006 integriert. Im Süden des Burgenlandes wurde im Zuge des Projektes ökoEnergieland auch der 125 Kilometer lange ökoEnergie-Radweg geschaffen (www.oekoenergieland.at).

Unter www.burgenland.at/tourismus/radlerland sind alle Radwege und -routen aufgeführt, ein ergänzender Routenplaner ist auf www.burgenland.info/de/themen/sport/radfahren zu finden.

Straßen

Österreich besitzt ein sehr gut ausgebautes Straßennetz, insbesondere die Autobahnen sind in einem hervorragenden Zustand. Die Benutzung der Autobahnen ist gebührenpflichtig. Man benötigt eine Plakette (Vignette), die zum Beispiel beim ADAC, an österreichischen Tankstellen und bei den Touristenämtern erworben werden kann. Für zehn Tage kostet sie rund 8 €. Sie ist auch für zwei Monate bzw. ein Jahr erhältlich. Man sollte beim Fahren auf den österreichischen Autobahnen unbedingt eine solche Plakette besitzen, denn es gibt zahlreiche Kontrollen, die bei Nichtbesitz der Plakette hohe Geldstrafen nach sich ziehen.

Größere Autobahntunnels sind zusätzlich mautpflichtig. Im Gebirge sind zahlreiche Nebenstraßen, die zu touristisch interessanten Lokalitäten oder Panoramapunkten führen, ebenfalls mautpflichtig (meist 2–4 €). Reisende, die in den jeweiligen Regionen untergekommen sind, erhalten von ihren Vermietern oft bestimmte Karten, die während des ganzen Aufenthalts verschiedene Vergünstigungen beinhalten. Mit solchen Karten ist die Benutzung der kleinen Bergstraßen fast immer kostenlos.

Telefonnummern/Notsignale

Vorwahl Österreich: 0043.
Medizinischer Notdienst: 141.
Feuerwehr: 122.
Polizei: 133.
Rettungsdienst: 144.
Internationaler Notdienst: 112.
Bergrettung: 140. Zusätzlich kann akustisch oder optisch das ›alpine Notsignal‹ abgegeben werden. Es erfolgt sechsmal in kurzen Abständen bei Tag mittels Ruf oder Signalpfeife, bei Dunkelheit mit einer Taschenlampe oder ähnlichem.
Autopannendienste: ÖAMTC: 120, ARBÖ: 123.

Verkehrsvorschriften

In Österreich besteht die Gurtpflicht, die Promillehöchstgrenze liegt bei 0,5. Die maximale Geschwindigkeit auf Autobahnen beträgt 130 km/h (22–5 Uhr 110 km/h). 100 km/h darf man auf der Landstraße und 50 km/h innerorts fahren, wenn keine gegenteiligen Hinweise bestehen. Das Mitführen einer Warnweste für den Pannenfall ist Pflicht. Im Winter dürfen manche Strecken nur mit Schneeketten befahren werden.

Literaturhinweise

Axelrod, Gerald, Die Geheimnisse der Blutgräfin Elisabeth Bathory. Stürtz Verlag, Würzburg 2011. Großartiger Bildband mit magischen Fotos.

Czeike, Felix, Das Burgenland. DuMont-Kunstreiseführer. DuMont-Verlag, Köln 1998. Absolutes Standardwerk zum Land.

Esterházy, Peter, Harmonia Coelestis. Berlin Verlag, Berlin 2001. Epochales Buch über die Geschichte der Familie Esterházy – von einem ihrer Mitglieder verfasst. ›Ein Festtag für die europäische Literatur‹ (Süddeutsche Zeitung).

Hofmann, Thomas, Wien–Niederösterreich–Burgenland (Wanderungen in die Erdgeschichte, Bd. 22). Verlag Dr. Dietrich Pfeil, München 2007.

Lienhart, Peter, Burgenland. Natur und Kultur im Osten Österreichs entdecken. books on demand 2009.

Morscher, Wolfgang und **Mrugalska, Berit**, Die schönsten Sagen aus dem Burgenland. Haymon Verlag, Innsbruck und Wien 2010. Politisch korrekt aufbereitete Sammlung.

Perschy, Jakob M., Sprechen Sie burgenländisch? Humoriges über und in den verschiedenen Sprachen des Burgenlandes. Ueberreuter Verlag, Wien 2004.

Petschar, Hans, Das Burgenland in alten Fotografien, Ueberreuter Verlag, Wien 2006.

Rieple, Max, Burgenland und Steiermark. So schön ist Österreichs Osten. Hallwag Verlag, Bern 1976. Poetische Reiseessays. Eines der lesenswertesten Bücher seiner Art.

Stöckl, Marcus und **Stöckl, Rosemarie,** Neusiedler See mit Leithagebirge und Rosaliengebirge. Rother Wanderführer. Bergverlag Rother, München 2006.

Tesch, Hans, Mittelburgenland. Reise- und Erlebnisführer. Verlag Alois Mayrhofer, Kirchschlag i. Niederösterreich 2007. Information, Fakten, Plaudereien – auch abseits der gewohnten touristischen Orte und Routen.

Volfing, Gerhard, Auf den Spuren der Templer in Österreich. Weishaupt-Verlag, Graz 2007.

Karten

Burgenland (Wandern und Rad) 1:50 000, Kompaß Verlag Nr. 227. Zweiteilig, sehr detailliert, bestens für Wanderer und Radler zu empfehlen.

Burgenland 1: 150 000, Verlag freytag & berndt. Sehr gute Übersichtskarte insbesondere für Kraftfahrer.

Das Burgenland im Internet

www.burgenland.at
Offizielle Seite der Landesregierung.

www.burgenland.info
Seite des Burgenland-Tourismus..

www.oesterreich-auf-einen-blick.de
Statistische Daten, Hotels, Dienstleistungen, Firmen etc.

www.bikeburgenland.at
Alles für Radfahrer.

www.esterhazy.at
Alles über die in Esterházyschen Besitz befindlichen touristischen Einrichtungen.

www.naturschutzbund-burgenland.at
Umfassende Seite, insbesondere über die aktuellen naturschützerischen Aktivitäten.

www.pilgerinfo.at
Auf den Spuren von Pilgern und Wallfahrern in Burgenland.

http://sommer.austria.info
Offizieller Reiseführer und Gastgeberverzeichnis des österreichischen Tourismusverbands.

www.burgenlandkultur.at
Alle Daten über alle Museen, Klöster, Burgen, Schlösser, selbst Ruinen, auch landesweite Künstlerdatenbank.

burgenland.radio.at
Online-Radiosender, kompetente Info-Service-Musik-Schiene.

regionaut.meinbezirk.at/burgenland
Politik, Kultur und Lokales aus allen burgenländischen Regionen.

www.pannonische-schmankerlwirte.at
Kulinarische und gastronomische Infos.

http://lehrpfade.lebensministerium.at.
Alles über die österreichischen Lehrpfade, Themen- und Erlebniswege.

http://burgenland.orf.at
Das Burgenland im staatlichen österreichischen Rundfunk und Fernsehen.

Der Autor

Gunnar Strunz, Jg. 1961, ist promovierter Geologe und seit vielen Jahren publizistisch tätig. Er arbeitet in der Erwachsenenfortbildung und leitet Studienreisen insbesondere nach Polen, Russland, ins Baltikum und in die alten Habsburgerlande. Für den Trescher Verlag schrieb er bereits die Bände ›Königsberg–Kaliningrader Gebiet‹, ›Bratislava‹, ›Steiermark‹, ›Niederösterreich‹, ›Vorarlberg‹, ›Kärnten‹ und ›Südtirol‹. Zusammen mit seiner Frau Alla gab er – ebenfalls im Trescher Verlag – das ›Königsberg-Kaliningrad-Lesebuch‹ heraus. Als Gemeinschaftsprojekt mit dem renommierten Fotografen Wolfgang Korall entstanden für das Verlagshaus Würzburg eine ›Reise durch Ostpreußen‹ sowie ein Band über die Burgen des Deutschen Ritterordens. Gunnar Strunz lebt abwechselnd in Berlin, Feilitzsch (Oberfranken) sowie am Kurischen Haff.

Danksagung

Herzlichster Dank sei hier den Vertretern der einzelnen burgenländischen Tourismusverbände für ihr Sponsoring meiner Recherchereise gesagt. Zunächst geht ein besonderer Dank an Frau Birgit Kössler vom Burgenland Tourismus in Eisenstadt für die Herstellung von Kontakten zu den Verbänden der einzelnen Landesteile. Frau Melanie Gruber vom Neusiedler See Tourismus war mir stets eine besonders herzliche Ansprechpartnerein für alle Fragen der Landeskunde. Frau Michaela Tesch vom Regionalverband Blaufränkischland sei Dank gesagt für die ganztägige Sonderführung durch ihr Revier. Besonderer Dank soll an Hans Peter Neun vom TV Südburgenland/Region Oberwart gehen, mit dem die Befahrung des Landes ein besonderes Erlebnis war. Auch von Harald Popofsits vom Südburgenland-Tourismus lernte ich bei einer ganztägigen Führung viel über Land und Leute. Nicht zuletzt möchte ich noch Dank an Frau Sonja Janisch vom Mittel- und Südburgenland-Tourismus sagen, die sich mit der Organisation der zahlreichen Programmpunkte während meiner Recherche sehr viel Mühe gegeben hat.

Register

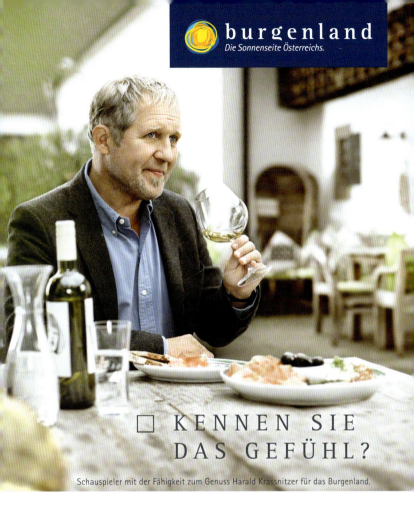

Kartenlegende

Bahnhof
Brunnen
Burg/Festung
Burgruine
Busbahnhof
Café
Campingplatz
Denkmal
Dorfkirche
Flughafen
Höhle
Hotel
Kirche
Kloster
Klosterruine
Krankenhaus
Museum
Naturschutzgebiet
Oper
Parken
Restaurant
Ruine/Ausgrabungsstätte
Sehenswürdigkeit
Strand
Synagoge
Theater
Tor
Touristeninformation
Turm
Zoo

Autobahn
Autobahn im Bau
sonstige Straßen
Straßennummern
243
Eisenbahn
Grenzübergang
Staatsgrenze
Hauptstadt
Stadt/Ortschaft

Kartenregister

Bildnachweis

Alle Fotos von Gunnar Strunz, außer:
Balazs Barnucz (S. 96/97); Burgenland Tourismus (Vordere Klappe, S. 14/15, 19, 20, 23, 44, 46, 48, 105, 121, 126, 145, 160, 165, 177, 190, 201); Bwag (S. 75u., 110, 116, 135); Clemens (S. 64); dina/fotolia (S. 84); dralon@ (S. 77); Michal Drotovan (S. 99); Ewald Fröch/fotolia (S. 50/51); Gerva (S. 170); GuentherZ (S. 89); Isiwal (S. 209, 215u.); Wolfgang Lendl (S. 213); nyiragongo/fotolia (S. 88); Prof. Heinz Schinner/Schloss Rotenturm Liegenschaftsverwaltung GmbH (S. 196); Steindy (147, 154o., 155, 157, 161, 174/75, 176); Ungarisches Tourismusamt (S. 82, 136, 138, 172o., 172u.)
Titel: Burg Forchtenstein
Vordere Klappe: In der pannonischen Ebene
Hintere Klappe: Kellerhäuser in Heiligenbrunn